国土交通省鉄道局監修

鉄道要覧

鉄　　　道

軌　　　道

索 道 事 業

目　　　次

（区　　分）	（ページ）
1．五 十 音 別 索 引	3 〜　 8
2．運輸局別開業者数・キロ程表	9
3．運輸局別営業キロ一覧表（鉄道・軌道）	10
4．運輸局別営業キロ一覧表（索道）	10
5．平成29年度鉄道・軌道の許可・特許等一覧表	12
6．鉄　　　　　　　道	17
（1）普 通 鉄 道〔J R〕	17 〜　63
（2）普 通 鉄 道	65 〜 181
（3）鋼 索 鉄 道	183 〜 195
（4）懸 垂 式 鉄 道	197 〜 199
（5）跨 座 式 鉄 道	201 〜 203
（6）案 内 軌 条 式 鉄 道	205 〜 211
（7）無 軌 条 電 車	213 〜 215
7．軌　　　　　　　道	217
（1）軌　　　　　道	217 〜 235
（2）懸 垂 式 モ ノ レ ー ル	237 〜 240
（3）跨 座 式 モ ノ レ ー ル	241 〜 244
（4）案 内 軌 条 式	245 〜 250
（5）浮 上 式	251 〜 253
8．鉄道・軌道事業者の主な株主一覧表	254 〜 258
9．全国運輸局別路線略図	259 〜 272
10．J R 7 社の各社別線路図	273 〜 295
11．鉄道・軌道の各社別線路図	297 〜 365
12．索　　　　　　　道	367
（1）普 通 索 道	370 〜 377
（2）特 殊 索 道	378 〜 457

凡　　　例

1．この要覧は，判明しているものはなるべく現況によるもの（平成30年7月末時点についての現状について記載）
であるが，運輸局別開業者数・キロ程表，運輸局別営業キロ一覧表，鉄道・軌道事業者の主な株主一覧表につ
いては，平成30年3月31日現在で整理した。

　　　（参　考）第1種鉄道事業……自らが鉄道線路を敷設し，運送を行うとともに，自己の線路容量に余裕がある場合
　　　　　　　　　　　　　　　　に第2種鉄道事業者に使用させることができる事業。

　　　　　　　　第2種鉄道事業……第1種鉄道事業者，又は，第3種鉄道事業者が敷設した鉄道線路を使用して運送を
　　　　　　　　　　　　　　　　行う事業。

　　　　　　　　第3種鉄道事業……鉄道線路を敷設して第1種鉄道事業者に譲渡するか，又は，第2種鉄道事業者に使
　　　　　　　　　　　　　　　　用させる事業で自らは運送を行わない。

2．鉄道，軌道について

　（1）　未　開　業　線

　　　　掲載区分は，免許・特許・許可別及び下記によった。

　　　　　免許・特許・許可線………免許・特許・許可線で工事施行未認可のもの

　　　　　工　　施　　　　線………工事施行認可をうけたもの

　　　　　一　次　工　施　線………土木関係工事施行認可をうけたもの

　　　　　二　次　工　施　線………電気関係工事施行認可をうけたもの

　　　　　粁　　　　　　　程………免許・特許・許可キロ程

　（2）　開　業　線

　　　　掲載区分は，線名別，免許・特許・許可別，開業別とした。

　　　　　区　　間………ゴシック書体は，各線毎の一括記載で，細字はその内訳，内訳のないものは免許・特許
　　　　　　　　　　　　・許可及び開業とも，それぞれ分割しないで一度になされたものである。（　　）内駅
　　　　　　　　　　　　名はすでに廃止されたもの。

　　　　　粁　程………営業キロ程

　　　　　動　力………認可動力で，電気（　）は電圧（V）を示す。

　（3）　鉄道施設の変更（線路等の現状変更手続）

　　　　動力の変更，軌間の変更及び複線化等の線増を記載した。（鉄道事業法による変更を鉄道施設の変更と
　　　し，軌道法によるものは従来どおり工変とする。）

　　　　また，変更認可年月日における「計画変更」は鉄道事業法第7条に基づく事業基本計画の変更認可であ
　　　り，「施設変更」は同法第12条に基づく鉄道施設の変更認可である。

3．索道について

　　　　キロ程は傾斜長を表示した。

鉄 道 ・ 軌 道 索 引

（五 十 音 別）

鉄 道 名	本文ページ	路線図ページ	鉄 道 名	本文ページ	路線図ページ
〔ＪＲ〕			伊 豆 箱 根 鉄 道 （その一）	119	332
北 海 道 旅 客 鉄 道	19	276	〃 （その二）	121	332
東 日 本 旅 客 鉄 道	23	278	〃 （その三）（鋼索）	188	―
東 海 旅 客 鉄 道	36	282	伊 豆 急 行	122	332
西 日 本 旅 客 鉄 道	40	284	伊 勢 鉄 道	135	339
四 国 旅 客 鉄 道	50	289	伊 賀 鉄 道	137	339
九 州 旅 客 鉄 道	53	290	伊 賀 市	137	339
日 本 貨 物 鉄 道	58	292	井 原 鉄 道	168	355
〔あ〕			一 畑 電 車	172	355
青 森 県	69	301	伊 予 鉄 道 （その一）	173	358
青 い 森 鉄 道	69	301	〃 （その二）（軌道）	232	358
アイジーアールいわて銀河鉄道	70	301	〔う〕		
阿 武 隈 急 行	75	303	上 田 電 鉄	79	307
会 津 鉄 道	76	304	ＷＩＬＬＥＲ ＴＲＡＩＮＳ	145	342
秋 田 内 陸 縦 貫 鉄 道	74	304	宇 都 宮 ライ ト レ ー ル	222	―
秋 田 臨 海 鉄 道	74	305	宇 都 宮 市	222	―
あ い の 風 と や ま 鉄 道	83	308	〔え〕		
ＩＲ い し か わ 鉄 道	84	310	え ち ご トキ め き 鉄 道	78	308
愛 知 環 状 鉄 道	127	337	江 ノ 島 電 鉄	117	331
愛 知 高 速 交 通 （軌道・浮上式）	253	338	遠 州 鉄 道	124	333
明 知 鉄 道	140	340	え ち ぜ ん 鉄 道	141	340
阿 佐 海 岸 鉄 道	174	359	叡 山 電 鉄	143	341
甘 木 鉄 道	177	361	〔お〕		
ア ル ピ コ 交 通	80	306	小 田 急 電 鉄	113	325
〔い〕			大 山 観 光 電 鉄 （鋼索）	188	―
岩 手 開 発 鉄 道	71	301	大 井 川 鐵 道	123	333
い す み 鉄 道	91	317	近 江 鉄 道	143	341

鉄 道 ・ 軌 道 索 引

（五 十 音 別）

鉄 道 名	本文ページ	路線図ページ	鉄 道 名	本文ページ	路線図ページ
大阪市高速電気軌道（その一）	147	349	北大阪急行電鉄 （その一）	147	350
〃 （その二）（案内軌条式）	210	349	〃 （その二）（軌道）	230	350
〃 （その三）（軌道）	228	349	紀 州 鉄 道	162	351
〃 （その四）（軌道・案内軌条式）	249	349	北 九 州 市 （その一）	178	361
大阪港トランスポートシステム（その一）	158	351	〃 （その二）（鋼索）	195	—
〃 （その二）（案内軌条式）	210	351	北九州高速鉄道 （軌道・跨座式）	244	361
大 阪 外 環 状 鉄 道	146	351	〔く〕		
大 阪 高 速 鉄 道 （軌道・跨座式）	243	350	黒 部 峡 谷 鉄 道	81	309
岡 山 電 気 軌 道 （軌道）	232	355	鞍 馬 寺 （鋼索）	190	—
沖縄都市モノレール（軌道・跨座式）	244	365	熊 本 電 気 鉄 道	179	364
〔か〕			く ま 川 鉄 道	180	363
関 西 電 力 （無軌条電車）	215	307	熊 本 市 （軌道）	234	363
関 東 鉄 道	85	312	〔け〕		
鹿 島 臨 海 鉄 道	85	312	京 葉 臨 海 鉄 道	91	317
神 奈 川 臨 海 鉄 道	119	331	京 成 電 鉄	102	322
岳 南 電 車	122	332	京 王 電 鉄	104	324
上 飯 田 連 絡 線	127	267	京 浜 急 行 電 鉄	108	327
関 西 高 速 鉄 道	158	286	京 福 電 気 鉄 道 （その一）（鋼索）	189	—
鹿 児 島 市 （軌道）	235	365	〃 （その二）（軌道）	226	342
〔き〕			京 阪 電 気 鉄 道 （その一）	154	343
衣 浦 臨 海 鉄 道	125	337	〃 （その二）（鋼索）	191	343
北 近 畿 タ ン ゴ 鉄 道	145	342	〃 （その三）（軌道）	227	343
京 都 市	144	341	〔こ〕		
近 畿 日 本 鉄 道 （その一）	148	344	弘 南 鉄 道	68	300
〃 （その二）（鋼索）	191	344	小 湊 鉄 道	90	316
〃 （その三）（軌道）	226	344	甲 賀 市	142	341
			神 戸 電 鉄	166	353

鉄 道 ・ 軌 道 索 引

（五 十 音 別）

鉄　　道　　名	本文ページ	路線図ページ	鉄　　道　　名	本文ページ	路線図ページ
神　戸　市	163	353	島　原　鉄　道	179	364
神戸新交通　（その一）（案内軌条式）	211	354	新　関　西　国　際　空　港	159	351
〃　　（その二）（案内軌条式）	249	354	〔す〕		
神　戸　高　速　鉄　道	167	354	スカイレールサービス（軌道・懸垂式）	240	357
神戸すまいまちづくり公社（鋼索）	193	—	〔せ〕		
〔さ〕			青　函　トンネル記念館（鋼索）	185	—
札　幌　市（その一）（案内軌条式）	207	299	仙　台　市	72	302
〃　　（その二）（軌道）	219	299	仙　台　空　港　鉄　道	72	302
三　陸　鉄　道	71	302	仙　台　臨　海　鉄　道	73	303
埼　玉　高　速　鉄　道	97	318	西　武　鉄　道　（その一）	100	323
埼玉新都市交通（案内軌条式）	208	315	〃　　（その二）（案内軌条式）	209	323
相　模　鉄　道	118	330	西　濃　鉄　道	139	338
三　岐　鉄　道	135	339	泉　北　高　速　鉄　道	146	350
嵯　峨　野　観　光　鉄　道	144	342	〔た〕		
山　陽　電　気　鉄　道	165	352	太　平　洋　石　炭　販　売　輸　送	67	300
皿　倉　登　山　鉄　道	194	—	立　山　黒　部　貫　光（その一）（鋼索）	185	—
〔し〕			〃　　（その二）（無軌条電車）	215	310
し　な　の　鉄　道	79	306	高　尾　登　山　電　鉄（鋼索）	186	—
上　毛　電　気　鉄　道	87	314	多摩都市モノレール（軌道・跨座式）	243	319
上　信　電　鉄	88	314	樽　見　鉄　道	139	340
新　京　成　電　鉄	93	316	丹　後　海　陸　交　通（鋼索）	190	—
芝　山　鉄　道	95	318	高　松　琴　平　電　気　鉄　道	172	358
首　都　圏　新　都　市　鉄　道	97	311	〔ち〕		
湘　南　モノレール　（懸垂式）	199	331	秩　父　鉄　道	89	315
静　岡　鉄　道	123	332	銚　子　電　気　鉄　道	90	317
信　楽　高　原　鐵　道	142	341	千　葉　ニュータウン鉄道	95	316
四　国　ケ　ー　ブ　ル（鋼索）	194	—	千葉都市モノレール（軌道・懸垂式）	239	317

鉄 道 ・ 軌 道 索 引

(五 十 音 別)

鉄　道　名	本文ページ	路線図ページ	鉄　道　名	本文ページ	路線図ページ
中 部 国 際 空 港 連 絡 鉄 道	126	337	豊 橋 鉄 道 （その一）	125	336
智 頭 急 行	170	357	〃 （その二）（軌道）	225	336
筑 豊 電 気 鉄 道	174	360	土 佐 く ろ し お 鉄 道	173	359
〔つ〕			と さ で ん 交 通 （軌道）	233	359
津 軽 鉄 道	68	300	〔な〕		
筑 波 観 光 鉄 道 （鋼索）	186	—	長 野 電 鉄	78	307
〔て〕			成 田 空 港 高 速 鉄 道	96	281 322
天 竜 浜 名 湖 鉄 道	124	333	成 田 高 速 鉄 道 ア ク セ ス	96	322
〔と〕			名 古 屋 鉄 道 （その一）	128	334
富 山 地 方 鉄 道 （その一）	82	309	〃 （その二）（軌道）	224	334
〃 （その二）（軌道）	220	309	名 古 屋 市	132	336
富 山 市 （軌道）	220	309	名 古 屋 臨 海 高 速 鉄 道	126	338
富 山 ラ イ ト レ ー ル （その一）	81	311	名 古 屋 臨 海 鉄 道	134	337
〃 （その二）（軌道）	221	311	名 古 屋 ガ イ ド ウ ェ イ バ ス （軌道・案内軌条式）	248	337
東 葉 高 速 鉄 道	92	318	長 良 川 鉄 道	140	338
東 京 臨 海 高 速 鉄 道	116	319	中 之 島 高 速 鉄 道	159	350
東 武 鉄 道	98	320	南 海 電 気 鉄 道 （その一）	152	348
東 京 急 行 電 鉄 （その一）	106	326	〃 （その二）（鋼索）	192	348
〃 （その二）（軌道）	223	326	奈 良 生 駒 高 速 鉄 道	161	350
東 京 地 下 鉄	110	328	長 崎 電 気 軌 道 （軌道）	234	362
東 京 都 （その一）	114	329	〔に〕		
〃 （その二）（懸垂式）	199	329	西 大 阪 高 速 鉄 道	160	350
〃 （その三）（軌道）	224	329	錦 川 鉄 道	169	357
〃 （その四）（軌道・案内軌条式）	247	329	西 日 本 鉄 道	175	360
東 京 モ ノ レ ー ル （跨座式）	203	330	〔の〕		
東 海 交 通 事 業	134	337	の と 鉄 道	83	310
道 南 い さ り び 鉄 道	67	300	能 勢 電 鉄 （その一）	164	351

鉄 道 ・ 軌 道 索 引

（五 十 音 別）

鉄 道 名	本文ページ	路線図ページ	鉄 道 名	本文ページ	路線図ページ
能 勢 電 鉄 （その二）（鋼索）	193	351	〔ほ〕		
〔は〕			北 越 急 行	77	306
函 館 市 （軌道）	219	299	北 陸 鉄 道	84	310
芳 賀 町	223	—	北 総 鉄 道	94	316
八 戸 臨 海 鉄 道	70	300	北 神 急 行 電 鉄	164	353
箱 根 登 山 鉄 道 （その一）	117	331	北 条 鉄 道	167	354
〃 （その二）（鋼索）	187	331	〔ま〕		
阪 急 電 鉄	156	346	万 葉 線 （その一）	80	310
阪 神 電 気 鉄 道	155	347	〃 （その二）（軌道）	221	310
阪 堺 電 気 軌 道 （軌道）	230	348	舞 浜 リ ゾ ー ト ラ イ ン	203	319
〔ひ〕			松 浦 鉄 道	178	362
ひ た ち な か 海 浜 鉄 道	86	313	〔み〕		
比 叡 山 鉄 道 （鋼索）	189	—	御 岳 登 山 鉄 道 （鋼索）	187	—
広 島 電 鉄 （その一）	169	356	水 間 鉄 道	160	350
〃 （その二）（軌道）	231	356	水 島 臨 海 鉄 道	168	355
広 島 高 速 交 通 （その一）（案内軌条式）	211	357	南 阿 蘇 鉄 道	180	363
〃 （その二）（軌道・案内軌条式）	250	357	〔も〕		
肥 薩 お れ ん じ 鉄 道	181	364	真 岡 鐵 道	86	313
〔ふ〕			〔や〕		
福 島 交 通	76	303	山 形 鉄 道	75	305
福 島 臨 海 鉄 道	77	305	野 岩 鉄 道	87	313
富 士 急 行	121	332	山 万 （案内軌条式）	208	317
福 井 鉄 道 （その一）	141	340	八 頭 町	171	357
〃 （その二）（軌道）	225	340	〔ゆ〕		
福 岡 市	176	359	由 利 高 原 鉄 道	73	305
〔へ〕			ゆ り か も め （その一）（案内軌条式）	209	318
平 成 筑 豊 鉄 道	177	361	〃 （その二）（軌道・案内軌条式）	247	318

鉄 道 ・ 軌 道 索 引

（五 十 音 別）

鉄 道 名	本 文 ページ	路線図 ページ	鉄 道 名	本 文 ページ	路線図 ページ
〔よ〕					
横 浜 市	120	330			
横 浜 高 速 鉄 道	116	331			
横 浜 シ ー サ イ ド ラ イ ン （軌道・案内軌条式）	248	331			
養 老 鉄 道	138	339			
養 老 線 管 理 機 構	138	339			
四 日 市 あ す な ろ う 鉄 道	136	339			
四 日 市 市	136	339			
〔ら〕					
ラ ク テ ン チ （鋼索）	195	—			
〔り〕					
流 鉄	92	315			
〔ろ〕					
六 甲 山 観 光 （鋼索）	192	—			
〔わ〕					
わ た ら せ 渓 谷 鐵 道	88	314			
和 歌 山 電 鐵	162	351			
和 歌 山 県	161	348			
若 桜 鉄 道	170	357			
若 桜 町	171	357			

運輸局別開業者数・キロ程表

（平30．3.31現在）

種別 地区	鉄道		軌道		計	
	開業者数	キ　ロ　程	開業者数	キ　ロ　程	開業者数	キ　ロ　程
北 海 道 運 輸 局	3	89.8	2	19.8	5	109.6
東 北 運 輸 局	20	710.9	—	—	20	710.9
北 陸 信 越 運 輸 局	16	626.3	4	16.6	20	642.9
関 東 運 輸 局	51	2,368.5	6	76.6	57	2,445.1
中 部 運 輸 局	32	1,461.2	5	31.4	37	1,492.6
近 畿 運 輸 局	42	1,222.8	7	227.0	49	1,449.8
中 国 運 輸 局	10	194.7	4	43.1	14	237.8
四 国 運 輸 局	5	215.1	2	32.2	7	247.3
九 州 運 輸 局	14	527.8	4	45.5	18	573.3
沖 縄 総 合 事 務 局	—	—	1	12.9	1	12.9
計	193	7,417.1	35	505.1	228	7,922.2

〔注〕　（1）　開業者数には鉄道，軌道を併有するもの18社を重複して計上してある．

　　　　（2）　鉄道開業者には2運輸局にわたる3社を重複計上してある．

　　　　（3）　JR各社については除外してある．

運輸局別鉄道・軌道営業キロ一覧表

運輸局	鉄							道			
北海道	太平洋石炭販売輸送	4.0	◇札幌市	48.0	道南いさりび鉄道	37.8					
東　北	弘南鉄道	30.7	津軽鉄道	20.7	八戸臨海鉄道	8.5	三陸鉄道	107.6	岩手開発鉄道	11.5	
	仙台臨海鉄道	9.5	仙台空港鉄道	7.1	阿武隈急行	54.9	福島交通	9.2	福島臨海鉄道	4.8	
	由利高原鉄道	23.0	秋田内陸縦貫鉄道	94.2	青函トンネル記念館	0.8	秋田臨海鉄道	7.9	山形鉄道	30.5	
	青い森鉄道	121.9	アイジーアールいわて銀河鉄道	82.0							
北　陸 信　越	長野電鉄	33.2	アルピコ交通	14.4	上田電鉄	11.6	北越急行	59.5	しなの鉄道	102.4	
	◇万葉線	4.9	のと鉄道	33.1	北陸鉄道	20.6	関西電力	6.1	◇富山地方鉄道	93.2	
	◇富山ライトレール	6.5	えちごトキめき鉄道	97.0	IRいしかわ鉄道	17.8	あいの風とやま鉄道	100.1			
関　東	関東鉄道	55.6	鹿島臨海鉄道	72.2	ひたちなか海浜鉄道	14.3	首都圏新都市鉄道	58.3	真岡鐵道	41.9	
	わたらせ渓谷鐵道	44.1	上信電鉄	33.7	上毛電気鉄道	25.4	秩父鉄道	79.3	流鉄	5.7	
	北総鉄道	32.3	銚子電気鉄道	6.4	小湊鉄道	39.1	いすみ鉄道	26.8	京葉臨海鉄道	23.8	
	(成田空港高速鉄道	18.3)	東武鉄道	463.3	西武鉄道	176.6	芝山鉄道	2.2			
	◇東京急行電鉄	92.5	京浜急行電鉄	87.0	東京地下鉄	192.1	◇東京都	109.3	東京モノレール	17.8	
	横浜高速鉄道	4.1	江ノ島電鉄	10.0	横浜市	53.4	箱根登山鉄道	16.2	東京臨海高速鉄道	12.2	
	◆伊豆箱根鉄道	9.6	筑波観光鉄道	1.6	高尾登山電鉄	1.0	神奈川臨海鉄道	13.5	◇ゆりかもめ	6.8	
	大山観光電鉄	0.8	湘南モノレール	6.6	埼玉新都市交通	12.7	御岳登山鉄道	1.0	山万	4.1	
	埼玉高速鉄道	14.6	舞浜リゾートライン	5.0	(成田高速鉄道アクセス	10.7)					
中　部	◆伊豆箱根鉄道	20.1	伊豆急行	45.7	静岡鉄道	11.0	大井川鐵道	65.0	遠州鉄道	17.8	
	天竜浜名湖鉄道	67.7	◇名古屋鉄道	437.0	◇豊橋鉄道	18.0	愛知環状鉄道	45.3	名古屋市	93.3	
	衣浦臨海鉄道	11.6	三岐鉄道	48.0	伊勢鉄道	22.3	明知鉄道	25.1	長良川鉄道	72.1	
	西濃鉄道	2.0	東海交通事業	11.2	◇福井鉄道	18.1	えちぜん鉄道	53.0	(上飯田連絡線	3.1)	
	名古屋臨海高速鉄道	15.2	(中部国際空港連絡鉄道	4.2)	伊賀鉄道	16.6	養老鉄道	57.5			
	(四日市市	7.0)	(伊賀市	16.6)	(養老線管理機構	57.5)					
近　畿	近江鉄道	59.5	信楽高原鐵道	14.7	叡山電鉄	14.4	WILLER TRAINS	114.0	京都市	31.2	
	◆◇近畿日本鉄道	279.6	◇京阪電気鉄道	69.5	阪急電鉄	141.2	南海電気鉄道	154.8	阪神電気鉄道	48.9	
	泉北高速鉄道	14.3	水間鉄道	5.5	(和歌山県	2.0)	(新関西国際空港	6.9)	紀州鉄道	2.7	
	山陽電気鉄道	63.2	能勢電鉄	15.4	北神急行電鉄	7.5	神戸市	30.6	(神戸高速鉄道	15.1)	
	◆智頭急行	28.4	比叡山鉄道	2.0	丹後海陸交通	0.4	鞍馬寺	0.2	◇京福電気鉄道	1.3	
	◇大阪市	5.7	◇神戸新交通	4.5	(関西高速鉄道	12.5)	(西大阪高速鉄道	3.8)	(大阪港トランスポートシステム	3.0)	
	(奈良生駒高速鉄道	8.6)	和歌山電鐵	14.3	(大阪外環状鉄道	9.2)	(中之島高速鉄道	3.0)	(甲賀市	14.7)	
中　国	水島臨海鉄道	14.8	井原鉄道	41.7	◇広島電鉄	16.1	◇広島高速交通	0.3	錦川鉄道	32.7	
	若桜鉄道	19.2	一畑電車	42.2	(若桜町	2.7)	(八頭町	16.5)			
四　国	高松琴平電気鉄道	60.0	◇伊予鉄道	36.6	土佐くろしお鉄道	109.3	四国ケーブル	0.7	阿佐海岸鉄道	8.5	
九　州	西日本鉄道	106.1	筑豊電気鉄道	16.0	甘木鉄道	13.7	平成筑豊鉄道	51.3	福岡市	29.8	
	島原鉄道	43.2	熊本電気鉄道	13.1	南阿蘇鉄道	17.7	肥薩おれんじ鉄道	116.9	くま川鉄道	24.8	
	岡本製作所	0.3	(北九州市	3.2)							
沖　縄											
全　国											

〔注〕
(1) ◆印は他局にまたがる事業者，◇印は鉄道・軌道を併有する事業者である．なお，開業者数には鉄道・軌道を併有する事業者を
(2) 他局にまたがる事業者はそれぞれ1事業者として計算してある．（伊豆箱根鉄道－関東・中部，近畿日本鉄道－中部・近畿，智
(3) （ ）内は第3種鉄道事業者・軌道整備事業者であり，これらの営業キロ数は含まれない．なお，開業者数の（ ）内の数字は
(4) 路線が2運輸局にまたがる場合は，運輸局の管轄に基づきキロ程を記載してある．
(5) JR各社については除外してある．

運輸局別索道営業キロ一覧表

地区 種別		北　海　道		東　　北		北　陸　信　越		関　　東		中　　部	
		設置数	延長 (m)	設置数	延長 (m)	設置数	延長 (m)	設置数	延長 (m)	設置数	延長 (m)
普通索道	開　業	31	57,140	23	49,952	45	96,932	22	32,105	12	17,109
	未開業	1	895	—	—	—	—	—	—	1	4,201
	計	32	58,035	23	49,952	45	96,932	22	32,105	13	21,310
特殊索道	開　業	299	207,272	396	292,539	831	532,988	179	115,503	124	84,992
	未開業	—	—	—	—	—	—	—	—	—	—
	計	299	207,272	396	292,539	831	532,988	179	115,503	124	84,992

(平30. 3.31現在)

	（鉄道計） 開業者数	キロ程	軌 道		（軌道計） 開業者数	キロ程	合 計 開業者数	キロ程
	3	89.8	◇札幌市 8.9	函館市 10.9	2	19.8	5	109.6
仙台市 28.7 会津鉄道 57.4 （青森県 121.9）	20(1)	710.9			—	—	20(1)	710.9
黒部峡谷鉄道 20.1 立山黒部貫光 5.8	16	626.3	◇富山地方鉄道 7.5 ◇富山ライトレール 1.1	◇万葉線 8.0 （富山市 2.2）	4(1)	16.6	20(1)	642.9
野岩鉄道 30.7 新京成電鉄 26.5 （千葉ニュータウン鉄道 12.5） 小田急電鉄 120.5 京王電鉄 84.7 相模鉄道 38.1 富士急行 26.6 東葉高速鉄道 16.2	51(3)	2,368.5	◇東京急行電鉄 5.0 千葉都市モノレール 15.2 ◇ゆりかもめ 7.9	◇東京都 21.9 横浜シーサイドライン 10.6 多摩都市モノレール 16.0	6	76.6	57(3)	2,445.1
岳南電車 9.2 名古屋臨海鉄道 20.5 樽見鉄道 34.5 ◆近畿日本鉄道 216.4 四日市あすなろう鉄道 7.0	32(5)	1,461.2	◇名古屋鉄道 7.2 ◇福井鉄道 3.4 愛知高速交通 8.9	◇豊橋鉄道 5.4 名古屋ガイドウェイバス 6.5	5	31.4	37(5)	1,492.6
嵯峨野観光鉄道 7.3 北大阪急行電鉄 5.9 神戸電鉄 69.6 北条鉄道 13.6 六甲山観光 1.7 神戸すまいまちづくり公社 0.9 （北近畿タンゴ鉄道 114.0）	42(11)	1,222.8	◇京福電気鉄道 11.0 ◇近畿日本鉄道 5.1 阪堺電気軌道 18.4 ◇神戸新交通 10.8	◇京阪電気鉄道 21.6 ◇大阪市 132.1 大阪高速鉄道 28.0	7	227.0	49(11)	1,449.8
◆智頭急行 27.7	10(2)	194.7	岡山電気軌道 4.7 ◇広島高速交通 18.1	◇広島電鉄 19.0 スカイレールサービス 1.3	4	43.1	14(2)	237.8
	5	215.1	◇伊予鉄道 6.9	とさでん交通 25.3	2	32.2	7	247.3
松浦鉄道 93.8 皿倉登山鉄道 1.1	14(1)	527.8	長崎電気軌道 11.5 鹿児島市 13.1	熊本市 12.1 北九州高速鉄道 8.8	4	45.5	18(1)	573.3
			沖縄都市モノレール 12.9		1	12.9	1	12.9
	193(23)	7,417.1			35(1)	505.1	228(24)	7,922.2

重複して計上してある.
頭急行－近畿・中国）
内数である.

(平30. 3.31現在)

近 畿 設置数	延 長（m）	中 国 設置数	延 長（m）	四 国 設置数	延 長（m）	九 州 設置数	延 長（m）	沖 縄 設置数	延 長（m）	合 計 設置数	延 長（m）
17	20,280	8	8,148	8	11,329	5	5,733	—	—	171	298,728
—	—	—	—	—	—	—	—	—	—	2	5,096
17	20,280	8	8,148	8	11,329	5	5,733	—	—	173	303,824
143	71,969	126	68,279	15	5,775	19	7,465	1	283	2,133	1,387,065
—	—	—	—	—	—	—	—	—	—	—	—
143	71,969	126	68,279	15	5,775	19	7,465	1	283	2,133	1,387,065

平成29年度鉄道・軌道の許可・特許等一覧

（1）　許　　　可（鉄　　道）

事　業　者	区　　　　間	キロ程	種　別	動　力	軌　間	単複の別	許　可年月日	備　　考
(一社)養老線管理機構	桑　名　－　揖　斐	（粁）(57.5)	第3種	電　気	1.067	単	平29.12.21	地域公共交通の活性化及び再生に関する法律によるみなし許可
	計	(57.5)						
(参考：平30.4〜)								

（2）　特　　　許（軌　　道）
　　　　な　　　し

（３）　開　　業（鉄　　道）

事　業　者	区　　　間	キロ程	種　別	動　力	軌　間	単複の別	開　業年 月 日	備　考
伊　賀　市(一社)養老線管理機構	伊賀上野－伊賀神戸桑　名－揖　斐	(粁)(16.6)(57.5)	第3種第3種	電　気電　気	1.0671.067	単単	平29. 4. 130. 1. 1	
	計	(74.1)						
(参考：平30.4～)								

（４）　開　　業（軌　　道）
　　　　な　　　　し

（５）　営業休・廃止（鉄　　道）
　（ⅰ）　営　業　廃　止

事　業　者	区　　　間	キロ程	種　別	動力	軌　間	届　出年 月 日	実　施年 月 日	備　考
近畿日本鉄道㈱	伊賀線　伊賀上野－伊賀神戸	(粁)16.6	第3種	電気	(米)1.067	平－	平29. 4. 1	
日本貨物鉄道㈱	城端線　高　岡－二　塚	3.3	第2種	蒸気内燃	〃	28.12.21	29. 4. 1	
神奈川臨海鉄道㈱	水江線　川崎貨物－水江町	2.6	第1種	電気	〃	29. 6.20	29. 9.30	
西　武　鉄　道㈱	安比奈線　南大塚－安比奈	3.2	第1種	〃	〃	28.11.30	29. 5.31	
近畿日本鉄道㈱	養老線　桑　名－揖　斐	57.5	第3種	〃	〃	－	30. 1. 1	
	計	83.2						
(参考：平30.4～)								
西日本旅客鉄道㈱	三江線　江　津－三　次	108.1	第1種	内燃蒸気	1.067	28. 9.30	30. 4. 1	
関　西　電　力㈱	関電トンネル無軌条電車線扇　沢－黒部ダム	6.1	第1種	電気	無軌条電車	29. 8.28	30.12. 1	

　（ⅱ）　未開業線廃止
　　　　な　　　　し

13

（iii）営 業 休 止

事 業 者	区　　　間	キロ程	種 別	動力	軌 間	届　出 年 月 日	休 止 期 間	備 考
		（粁）		電気 内燃 蒸気	（米）	平	平	
東日本旅客鉄道㈱	東海道線　浜松町－東京貨物(夕)	7.1	第1種		1.067	29. 2.17	29. 4. 1～30. 3.31	
日本貨物鉄道㈱	信越線　焼島－東新潟港	1.7	〃	内燃	〃	29. 5.23	29. 6. 1～30. 5.31	
	北陸線　敦賀－敦賀港	2.7	〃	〃	〃	29. 3.28	29. 4. 1～30. 3.31	
名古屋臨海鉄道㈱	昭和町線　東港－昭和町	1.1	〃	〃	〃	29. 7.28	29. 8. 1～30. 7.31	
	汐見町線　東港－汐見町	3.0	〃	〃	〃	〃	〃	
	南港線　名古屋南貨物－知多	4.4	〃	〃	〃	〃	〃	
秋田臨海鉄道㈱	北線　秋田港－秋田北港	2.5	〃	〃	〃	29. 6.12	29. 7. 1～30. 6.30	
計		22.5						
（参考：平30.4～）								
東日本旅客鉄道㈱	東海道線　浜松町－東京貨物(夕)	7.1	第1種	電気 内燃 蒸気	1.067	30. 3.23	30. 4. 1～31. 3.31	
日本貨物鉄道㈱	信越線　焼島－東新潟港	1.7	〃	内燃	〃	30. 5.28	30. 6. 1～31. 5.31	
	北陸線　敦賀－敦賀港	2.7	〃	〃	〃	30. 3.27	30. 4. 1～31. 3.31	
秋田臨海鉄道㈱	北線　秋田港－秋田北港	2.5	〃	〃	〃	30. 6. 1	30. 7. 1～31. 6.30	

（6）　営業休・廃止　（軌　　　道）

（i）営 業 廃 止

　　　な　　　し

（ii）　未開業線廃止

　　　な　　　し

（iii）営 業 休 止

　　　な　　　し

（7）合　　　　併

　　　な　　　し

（8） 分　　　割

区　分	分割後鉄軌道事業承継会社	分　割　前　会　社	認可年月日	実施年月日	備　　　　　考
鉄　道 軌　道	伊予鉄道分割準備㈱	伊　予　鉄　道　㈱	30. 3.19	30. 4. 1	

（9） 譲　　　渡

区　分	譲　受　会　社	譲　渡　会　社	認可年月日	実施年月日	備　　　　　考
鉄　道 軌　道	大阪市高速電気軌道㈱	大　阪　市　交　通　局	29.12.17	30. 4. 1	

（10）　社　名　変　更
　　　　　な　　　　　　し

（11）　失　　　　　効
　　　　　な　　　　　　し

○平成29年度　新駅設置状況一覧

事 業 者 名	路 線 名	駅 　 名	開業年月日
東日本旅客鉄道㈱	磐越西線	郡山富田	平29. 4. 1
秩父鉄道㈱	秩父本線	ソシオ流通センター	29. 4. 1
東武鉄道㈱	鬼怒川線	東武ワールドスクウェア	29. 7. 22
西日本旅客鉄道㈱	東海道線	ＪＲ総持寺	30. 3. 17
	おおさか東線	衣摺加美北	30. 3. 17
伊賀鉄道㈱	伊賀線	四十九	30. 3. 17
あいの風とやま鉄道㈱	あいの風とやま鉄道線	高岡やぶなみ	30. 3. 17
(参考：平30.4～)			
東日本旅客鉄道㈱	両毛線	あしかがフラワーパーク	平30. 4. 1
錦川鉄道㈱	錦川清流線	清流みはらし	平30. 9. 1以降

鉄　　道（普通鉄道・ＪＲ）

（平 30. 3.31現在）

種　　別		経営者数	キ ロ 数	備　　考
開 業 線	第1種	7 社	20,020.8 キロ	
	第2種	3	7,961.7	
未開業線	第1種	0	0	
	第2種	1	11.1	
計	第1種	7	20,020.8	
	第2種	3	7,972.8	

北海道旅客鉄道株式会社

会 社 設 立　　昭62. 4. 1　　　本 社　〒060-8644　札幌市中央区北11条西15丁目1番1号　　他主要事業

株　式 {授　権　72万株　　　　電話　011(700)5710　　　　　　　　　　　　　　　{旅行業,
　　　　 発行済　18万株　　　　　　　　　　　　　　　　　　　　　　　　　　　　　　不動産業

資　本　金　　90億円　　　代表者　社長　島田　　修

種別	動　力	軌間(米)	線　名	区　　　　間	キロ程(粁)	単複	運輸開始実施年月日	摘　　要
開業線	蒸　気 内　燃 電　気 (20,000)	全　線 1.067	函館線	函　館,旭　川	423.1	単複		函館,新函館北斗間 17.9粁電化区間
				函　館,五稜郭	3.4	}複	明37. 7. 1	
				五稜郭,新函館北斗	14.5		35. 12. 10	
				新函館北斗,森	31.6	単複	36. 6. 28	一部線路変更
				森　,熱　郛	90.9	単複	36. 11. 3	
				熱　郛,小　沢	63.2		37. 10. 15	
				小　沢,(山　道)	}20.5	}単	37. 7. 18	
				(山　道),然　別			36. 6. 28	
				然　別,蘭　島	13.8		35. 12. 10	
				蘭　島,小　樽	14.6		36. 6. 28	
				小　樽,南小樽	1.6		38. 8. 1	
				南小樽,札　幌	32.2		13. 11. 28	
				札　幌,岩見沢	40.6	}複	15. 11. 13	小樽,旭川間 170.6粁電化区間
				岩見沢,砂　川	35.3		24. 7. 5	
				砂　川,(空知太)	}60.9		25. 2. 1	
				(空知太),旭　川			31. 7. 16	
				大　沼,森	35.3	単		
				大　沼,渡島砂原	25.3		昭20. 6. 1	
				渡島砂原,東　森	8.2		2. 12. 25	
				東　森,森	1.8		3. 9. 13	
	蒸　気 内　燃 電　気 (20,000)		札沼線	桑　園,新十津川	76.5	単複		太平,あいの里教育 大間6.3粁複線 　（平9. 3. 22） 八軒,太平間 5.1粁 複線　（平12. 3. 11） 桑園,北海道医療大 学間28.9粁電化区間 　（平24. 6. 1）
				桑　園,石狩当別	25.9	単複	昭9. 11. 20	
				石狩当別,浦　臼	36.8	}単	10. 10. 3	
				浦　臼,(中徳富)	}13.8		9. 10. 10	
				(中徳富),新十津川			6. 10. 10	

北海道・青森県

（路線図　276ページ）

北海道・青森県

種別	動力	軌間(米)	線名	区間	キロ程(粁)	単複	運輸開始実施年月日	摘要
開		全線 1.067						
	蒸気内燃 電気(20,000)		千歳線	沼ノ端,白石	56.6	複		全線電化
				沼ノ端,上野幌	48.6		大15. 8.21	
				上野幌,白石	8.0		昭48. 9. 9	
				南千歳,新千歳空港	2.6	単	平 4. 7. 1	全線電化
	蒸気内燃		石勝線	南千歳,新得	132.4	単		
				南千歳,追分	17.6		昭56.10. 1	
				追分,新夕張	25.4		明25.11. 1	
				新夕張,新得	89.4		昭56.10. 1	
				新夕張,夕張	16.1	単	明25.11. 1	
業	蒸気内燃 電気(20,000)		室蘭線	長万部,岩見沢	211.0	単複		東室蘭,沼ノ端間 66.8粁電化区間 志文,岩見沢間線路変更(平6.11.1)
				長万部,静狩	10.6	単	大12.12.10	
				静狩,伊達紋別	43.9	複	昭 3. 9.10	
				伊達紋別,東室蘭	22.7	単複	大14. 8.20	
				東室蘭,岩見沢	133.8	単複	明25. 8. 1	
				東室蘭,室蘭	7.0	複	30. 7. 1	全線電化
	蒸気内燃		日高線	苫小牧,様似	146.5	単		苫小牧,浜厚真間線路変更(昭37.12.1)
				苫小牧,浜厚真	22.7		大 2.10. 1	
				浜厚真,富川	20.9		2.10. 1	
				富川,厚賀	22.0		13. 9. 6	
				厚賀,静内	16.5		15.12. 7	
				静内,日高三石	23.7		昭 8.12.15	
				日高三石,浦河	24.5		10.10.24	
				浦河,様似	16.2		12. 8.10	
	蒸気内燃		留萌線	深川,留萌	50.1	単	明43.11.23	
線	蒸気内燃		富良野線	旭川,富良野	54.8	単		
				旭川,美瑛	23.8		明32. 9. 1	
				美瑛,上富良野	15.9		32.11.15	
				上富良野,富良野	15.1		33. 8. 1	

種別	動力	軌間(米)	線名	区　間	キロ程(粁)	単複	運輸開始実施年月日	摘　要	
開		全線 1.067							北海道・青森県
	蒸気 内燃		根室線	滝川,根室	443.8	単		野花南,島ノ下間線路変更(平3.10.22)	
				滝川,富良野	54.6		大2.11.10		
				富良野,(鹿越)	} 53.6		明33.12.2		
				(鹿越),落合			34.9.3		
				落合,新得	28.1		昭41.9.30		
				新得,帯広	43.8		明40.9.8		
				帯広,利別	20.7		38.10.21		
				利別,豊頃	17.4		37.12.15		
				豊頃,浦幌	13.5		37.8.12		
				浦幌,音別	33.4		36.12.25		
				音別,白糠	16.0		36.3.1		
				白糠,釧路	27.3		34.7.20		
				釧路,厚岸	46.6		大6.12.1		
				厚岸,厚床	43.9		8.11.25		
				厚床,西和田	34.7		9.11.10		
				西和田,根室	10.2		10.8.5		
業	蒸気 内燃 電気(20,000)		宗谷線	旭川,稚内	259.4	単複		旭川,北旭川(貨)間4.8粁電化(平15.5.10) 新旭川,北旭川(貨)間1.8粁複線化(平14.11.4)	
				旭川,永山	9.3	単複	明31.8.12		
				永山,蘭留	13.5		31.11.25		
				蘭留,和寒	13.5		32.11.15		
				和寒,士別	17.6		33.8.5		
				士別,名寄	22.3		36.9.3		
				名寄,恩根内	35.9		44.11.3		
				恩根内,音威子府	17.2	単	大1.11.5		
				音威子府,天塩中川	32.6		11.11.8		
				天塩中川,問寒別	13.9		12.11.10		
				問寒別,幌延	23.6		14.7.20		
				幌延,兜沼	31.5		15.9.25		
				兜沼,南稚内	25.8		13.6.25		
				南稚内,稚内	2.7		昭3.12.26		
線	蒸気 内燃		石北線	新旭川,網走	234.0	単			
				新旭川,愛別	25.9		大11.11.4		
				愛別,上川	19.0		12.11.15		
				上川,(中越)	} 37.3		昭4.11.20		
				(中越),白滝			7.10.1		
				白滝,丸瀬布	19.7		4.8.12		
				丸瀬布,遠軽	18.9		2.10.10		
				遠軽,安国	8.0		大4.11.1		
				安国,留辺蘂	29.4		3.10.5		
				留辺蘂,北見	22.8		1.11.18		
				北見,網走	53.0		1.10.5		

北海道・青森県　開業線

種別	動力	軌間 (米)	線名	区間	キロ程 (粁)	単複	運輸開始 実施 年月日	摘要
		全線 1.067						
	蒸気 内燃		釧網線	東釧路,網走	166.2	単		
				東釧路,標茶	45.2		昭2. 9.15	
				標茶,摩周	25.3		4. 8.15	
				摩周,川湯温泉	15.9		5. 8.20	
				川湯温泉,札弦	22.8		6. 9.20	駅名変更
				札弦,知床斜里	19.7		4.11.14	}(斜里→知床斜里)
				知床斜里,北浜	25.8		大14.11.10	（平10. 4.11）
				北浜,網走	11.5		13.11.15	
	電気 (25,000)		海峡線	中小国,木古内	87.8	複	昭63. 3.13	
	電気 (25,000)		北海道新幹線	新青森,新函館北斗	148.8	複	平28. 3.26	
				計	2552.0			

東日本旅客鉄道株式会社

会　社　設　立　昭62.4.1　　　本　社　〒151-8578　東京都渋谷区代々木二丁目2番2号　　他主要事業
株　式 { 授権　16億株　　　電話　03(5334)1126 　　　　　　　　　　　　{ 生活サービス事業,
　　　　　{ 発行済　4億株 　　　　　　　　　　　　　　　　　　　　　　　　　IT・Suica事業
資　本　金　2,000億円　　代表者　社長　深澤祐二

種別	動力	軌間(米)	線名	区間	キロ程(粁)	単複	運輸開始実施年月日	摘要
開		全線 1.067						
				東　京,熱　海	104.6	複		
				東　京,(呉服橋)	} 0.8		大 3.12.20	
				(呉服橋),有楽町			明43. 9.15	
				有楽町,新　橋	1.1		43. 6.25	
				新　橋,品　川	4.9		5. 9.12	(新暦:明 5.10.14)
				品　川,横　浜	22.0		5. 5. 7	(新暦:明 5. 6.12)
	電　気 (1,500)		東海道線	横　浜,国府津	48.9		20. 7.11	東神奈川,保土ヶ谷間
				国府津,小田原	6.2		大 9.10.21	線路変更
				小田原,真　鶴	11.9		11.12.21	(大 4. 8.15)
				真　鶴,湯河原	3.3		13.10. 1	
業	内　燃 蒸　気			湯河原,熱　海	5.5		14. 3.25	
				品　川,新川崎,鶴見	17.8	複	昭 4. 8.21	
				浜松町,浜川崎	20.0	複		浜松町,東京貨物(タ)
				浜松町,(塩浜(操))	} 20.0		昭48.10. 1	間 7.1粁休止中
				(塩浜(操)),浜川崎			39. 3.25	(平10. 1.30~31. 3.31)
				鶴　見,横浜羽沢,東戸塚	16.0	複	54.10. 1	浜松町駅構内縮小0.6
				鶴　見,八丁畷	2.3	複	51. 3. 1	粁(平28. 9.30)
				鶴　見,桜木町	8.5	単複		
				鶴　見,(東高島)	5.6	複	大 6. 6.17	
				(東高島),桜木町	2.9	単	昭39. 6. 1	
	電　気 (1,500)			品　川,田　端	20.6	複		
			山手線	品　川,池　袋	15.4		明18. 3. 1	
	内　燃 蒸　気			池　袋,田　端	5.2		36. 4. 1	
	電　気 (1,500)		赤羽線	池　袋,赤　羽	5.5	複	明18. 3. 1	
	内　燃							
				川　崎,立　川	35.5	複		
				川　崎,登　戸	17.3		昭 2. 3. 9	
				登　戸,南多摩	8.2		2.11. 1	
	電　気 (1,500)			南多摩,分倍河原	3.3		3.12.11	
			南武線	分倍河原,立　川	6.7		4.12.12	
線	内　燃 蒸　気			尻　手,浜川崎	4.1	単複	昭 5. 3.25	
				尻　手,鶴　見	5.4	単		
				尻　手,(新鶴見)	} 5.4		昭48.10. 1	
				(新鶴見),鶴　見			4. 8.21	

青森県・岩手県・宮城県・福島県・秋田県・山形県・新潟県・長野県・茨城県・栃木県・群馬県・埼玉県・千葉県・東京都・神奈川県・山梨県・静岡県・

（路線図　278ページ）

種別	動力	軌間(米)	線名	区　　間	キロ程(粁)	単複	運輸開始実施年月日	摘要
		全線 1.067						
開	電気(1,500) 内燃		鶴見線	鶴見,扇町	7.0	単複		
				鶴見,(鶴見(仮))	} 2.4	} 複	昭9.12.23	
				(鶴見(仮)),弁天橋			5.10.28	
				弁天橋,浜川崎	3.3		大15.3.10	
				浜川崎,扇町	1.3	単	昭3.8.18	
				浅野,海芝浦	1.7	単複		
				浅野,新芝浦	0.9	複	昭7.6.10	
				新芝浦,海芝浦	0.8	単	15.11.1	
				武蔵白石,大川	1.0	単	大15.3.10	
	電気(1,500) 内燃 蒸気		武蔵野線	鶴見,西船橋	100.6	単複		
				鶴見,(新鶴見)	} 28.8		昭4.8.21	
				(新鶴見),府中本町			51.3.1	
				府中本町,新松戸	57.5		48.4.1	
				新松戸,西船橋	14.3		53.10.2	
				西浦和,与野	4.9	複	48.4.1	
	電気(1,500) 内燃 蒸気		横浜線	東神奈川,八王子	42.6	複	明41.9.23	
業	電気(1,500) 内燃 蒸気		根岸線	横浜,大船	22.1	複		
				横浜,桜木町	2.0		昭3.10.15	
				桜木町,磯子	7.5		39.5.19	
				磯子,洋光台	4.6		45.3.17	
				洋光台,大船	8.0		48.4.9	
	電気(1,500) 内燃 蒸気		横須賀線	大船,久里浜	23.9	単複		
				大船,横須賀	15.9	複	明22.6.16	
				横須賀,久里浜	8.0	単	昭19.4.1	
	電気(1,500) 内燃 蒸気		相模線	茅ヶ崎,橋本	33.3	単		
				茅ヶ崎,寒川	5.1		大10.9.28	
				寒川,倉見	3.5		15.4.1	
				倉見,厚木	5.6		15.7.15	
				厚木,橋本	19.1		昭6.4.29	
	電気(1,500) 内燃 蒸気		伊東線	熱海,伊東	16.9	単複		
				熱海,網代	8.7	単複	昭10.3.30	
				網代,伊東	8.2	単	13.12.15	
線	電気(1,500) 内燃 蒸気		中央線	神田,代々木	8.3	複		
				神田,(万世橋)			大8.3.1	
				(万世橋),(昌平橋)	} 1.3		明45.4.1	
				(昌平橋),御茶ノ水			41.4.19	
				御茶ノ水,(飯田町)			37.12.31	
				(飯田町),(牛込)	} 7.0		28.4.3	
				(牛込),代々木			27.10.9	

青森県・岩手県・宮城県・福島県・秋田県・山形県・新潟県・長野県・茨城県・
栃木県・群馬県・埼玉県・千葉県・東京都・神奈川県・山梨県・静岡県

種別	動力	軌間(米)	線名	区 間	キロ程(粁)	単複	運輸開始実施年月日	摘 要
開		全 線 1.067		新 宿,塩 尻	211.8	単複		
				新 宿,立 川	27.2		明22. 4.11	
				立 川,八 王 子	9.9		22. 8.11	
				八 王 子,上 野 原	22.4		34. 8. 1	
				上 野 原,鳥 沢	11.4		35. 6. 1	
				鳥 沢,大 月	6.6	複	35. 10. 1	
	電 気 (1,500)		中 央 線	大 月,甲 斐 大 和	18.7		36. 2. 1	
	内 燃			甲 斐 大 和,甲 府	27.6		36. 6.11	
	蒸 気			甲 府,韮 崎	12.9		36. 12.15	
				韮 崎,富 士 見	35.9		37. 12.21	
				富 士 見,岡 谷	27.5	単複	38. 11.25	
				岡 谷,塩 尻	11.7	複	昭58. 7. 5	
				岡 谷,辰 野,塩 尻	27.7	単	明39. 6.11	
				立 川,奥 多 摩	37.2	単複		
				立 川,青 梅	18.5	単複	明27. 11.19	
	電 気 (1,500)		青 梅 線	青 梅,日 向 和 田	2.9		28. 12.28	
	内 燃			日 向 和 田,二 俣 尾	2.2	単	大 9. 1. 1	
	蒸 気			二 俣 尾,御 嶽	3.6		昭 4. 9. 1	
				御 嶽,奥 多 摩	10.0		19. 7. 1	
	電 気 (1,500)		五 日 市 線	拝 島,武 蔵 五 日 市	11.1	単	大14. 4.21	
業	内 燃			八 王 子,倉 賀 野	92.0	単		
	蒸 気			八 王 子,東 飯 能	25.6		昭 6. 12.10	八王子,高麗川間31.1
	電 気 (1,500)		八 高 線	東 飯 能,越 生	14.0		8. 4.15	粁電化 (平 8. 3.16)
	内 燃			越 生,小 川 町	13.2		9. 3.24	
	蒸 気			小 川 町,寄 居	11.1		9. 10. 6	
				寄 居,児 玉	12.0		8. 1.25	
				児 玉,倉 賀 野	16.1		6. 7. 1	
				小 諸,小 淵 沢	78.9	単		
				小 諸,中 込	13.4		大 4. 8. 8	
				中 込,羽 黒 下	7.7		4. 12.28	
	内 燃		小 海 線	羽 黒 下,小 海	9.5		8. 3.11	
	蒸 気			小 海,佐 久 海 ノ 口	8.9		昭 7. 12.27	
				佐 久 海 ノ 口,信 濃 川 上	7.9		10. 1.16	
				信 濃 川 上,清 里	14.0		10. 11.29	
				清 里,小 淵 沢	17.5		8. 7.27	
線				篠 ノ 井,塩 尻	66.7	単複		
	電 気 (1,500)		篠 ノ 井 線	篠 ノ 井,西 条	29.5	単	明33. 11. 1	西条,明科間線路変更
	内 燃			西 条,松 本	23.9	単複	35. 6.15	(昭63. 9.10)
	蒸 気			松 本,塩 尻	13.3	複	35. 12.15	

青森県・栃木県・岩手県・群馬県・宮城県・埼玉県・城県・千葉県・福島県・秋田県・東京都・山形県・神奈川県・新潟県・山梨県・長野県・静岡県・茨城県・

種別	動力	軌間(米)	線名	区間	キロ程(粁)	単複	運輸開始実施年月日	摘要
開業線	電気(1,500) 内燃 蒸気	1.067	大糸線	松本,南小谷	70.1	単		
				松本,北松本	0.7		大4.4.5	
				北松本,豊科	10.7		4.1.6	
				豊科,柏矢町	2.8		4.6.1	
				柏矢町,穂高	2.0		4.7.15	
				穂高,有明	2.2		4.8.8	
				有明,信濃松川	7.6		4.9.29	
				信濃松川,(仏崎)	} 9.1		4.11.2	
				(仏崎),信濃大町			5.7.5	
				信濃大町,簗場	11.2		昭4.9.25	
				簗場,神城	8.9		5.10.25	
				神城,信濃森上	6.4		7.11.20	
				信濃森上,南小谷	8.5		10.11.29	
	電気(1,500/20,000) 内燃 蒸気	1.067	東北線	東京,盛岡	535.3	複		全線電化
				東京,神田	1.3		大8.3.1	
				神田,秋葉原	0.7		14.11.1	
				秋葉原,上野	1.6		明23.11.1	
				上野,大宮	26.7		16.7.28	
				大宮,宇都宮	79.2		18.7.16	
				宇都宮,西那須野	42.3		19.10.1	
				西那須野,黒磯	11.5		19.12.1	
				黒磯,白河	24.9		20.7.16	
				白河,郡山	38.5		20.7.16	
				郡山,陸前山王	135.5		20.12.15	盛岡,八戸間107.9粁廃止(平14.12.1)
				陸前山王,品井沼	19.4		昭19.11.15	
				品井沼,一ノ関	63.5		明23.4.16	八戸,青森間96.0粁廃止(平22.12.4)
				一ノ関,盛岡	90.2		23.11.1	
				日暮里,尾久,赤羽	7.6	複	昭4.6.20	全線電化
				赤羽,武蔵浦和,大宮	18.0	複	60.9.30	〃
				長町,東仙台	6.6	複	昭35.10.1	〃
				岩切,利府	4.2	単	明23.4.16	〃
				松島,高城町	0.3	単	平27.5.30	
	電気(25,000)	1.435	東北新幹線	東京,新青森	713.7	複		
				東京,上野	3.6		平3.6.20	
				上野,大宮	26.7		昭60.3.14	
				大宮,盛岡	505.0		57.6.23	
				盛岡,八戸	96.6		平14.12.1	
				八戸,新青森	81.8		22.12.4	
	電気(1,500/20,000) 内燃 蒸気	1.067	常磐線	日暮里,岩沼	343.7	単複		
				日暮里,三河島	1.2		明38.4.1	
				三河島,土浦	62.6		29.12.25	
				土浦,友部	35.0	複	28.11.4	
				友部,水戸	16.5		22.1.16	
				水戸,いわき	94.1	複	30.2.25	
				いわき,久ノ浜	14.6	単複	30.8.29	

青森県・岩手県・宮城県・福島県・秋田県・山形県・新潟県・長野県・茨城県・
栃木県・群馬県・埼玉県・千葉県・東京都・神奈川県・山梨県・静岡県

種別	動力	軌間(米)	線名	区間	キロ程(粁)	単複	運輸開始実施 年月日	摘要
開業	電気 (1,500/ 20,000)	1.067	常磐線	久ノ浜,小高	53.5	単複	明31. 8.23	駒ヶ嶺,浜吉田間震災復旧による位置変更
				小高,原ノ町	9.4		31. 5.11	
				原ノ町,相馬	20.1	〕単	31. 4. 3	
				相馬,岩沼	36.7		30.11.10	
	内燃蒸気			三河島,南千住	5.7	単		
				三河島,隅田川	3.2		明29.12.25	
				隅田川,南千住	2.5		31.12.15	
				三河島,田端	1.6	複	29.12.25	
	内燃蒸気	1.067	水郡線	水戸,安積永盛	137.5	単		
				水戸,上菅谷	10.1		明30.11.16	
				上菅谷,瓜連	6.6		大 7. 6.12	
				瓜連,常陸大宮	6.7		7.10.23	
				常陸大宮,山方宿	11.8		11.12.10	
				山方宿,上小川	12.1		14. 8.15	
				上小川,常陸大子	8.3		昭 2. 3.10	
				常陸大子,東館	15.4		5. 4.16	
				東館,磐城塙	10.3		6.10.10	
				磐城塙,磐城棚倉	9.2		7.11.11	
				磐城棚倉,川東	31.7		9.12. 4	
				川東,谷田川	6.7		6.10.30	
				谷田川,安積永盛	8.6		4. 5.10	
業	電気 (1,500)	1.067		上菅谷,常陸太田	9.5	単	明32. 4. 1	
			川越線	大宮,高麗川	30.6	単複	昭15. 7.22	
	内燃蒸気 電気 (1,500)	1.067	高崎線	大宮,高崎	74.7	複		
				大宮,熊谷	34.4		明16. 7.28	
				熊谷,本庄	21.3		16.10.21	
				本庄,新町	8.5		16.12.27	
	内燃蒸気			新町,高崎	10.5		17. 5. 1	
				高崎,宮内	162.6	複		
				高崎,新前橋	7.3		明17. 8.20	
				新前橋,渋川	13.8		大10. 7. 1	
				渋川,沼田	20.3		13. 3.31	
				沼田,後閑	5.2		15.11.20	
線	電気 (1,500)	1.067	上越線	後閑,水上	12.5		昭 3.10.30	
				水上,越後湯沢	35.1		6. 9. 1	
				越後湯沢,塩沢	13.7		大14.11. 1	
	内燃蒸気			塩沢,浦佐	16.0		12.11.18	
				浦佐,越後堀之内	10.8		12. 9. 1	
				越後堀之内,越後川口	8.1		11. 8. 1	
				越後川口,小千谷	6.6		10. 8. 5	
				小千谷,宮内	13.2		9.11. 1	
	電気 (25,000)	1.435		越後湯沢,ガーラ湯沢	1.8	複	平 2.12.20	

青森県・栃木県・岩手県・群馬県・宮城県・埼玉県・福島県・千葉県・秋田県・東京都・山形県・神奈川県・新潟県・山梨県・長野県・静岡県・茨城県・

種別	動　力	軌　間 (米)	線　名	区　　　　間	キロ程 (粁)	単複	運輸開始実施年月日	摘　　要
開	電　気 (25,000)	1.435	上越新幹線	大　宮, 新　潟	303.6	複	昭57.11.15	
	電　気 (1,500)	1.067	吾　妻　線	渋　川, 大　前	55.3	単		岩島, 長野原草津口間 線路変更
				渋　川, 長野原草津口	42.0		昭20. 1. 2	
	内　燃 蒸　気			長野原草津口, 大　前	13.3		46. 3. 7	
			両　毛　線	小　山, 新　前　橋	84.4	単複		
	電　気 (1,500)	1.067		小　山, 足　利	38.2	単複	明21. 5.22	
				足　利, 桐　生	14.7	単	21.11.15	
	内燃・蒸気			桐　生, 前　橋	29.0	単複	22.11.20	
				前　橋, 新　前　橋	2.5	単	17. 8.20	
	電　気 (20,000)	1.067	水　戸　線	小　山, 友　部	50.2	単	明22. 1.16	
	内燃・蒸気 電　気 (1,500)	1.067	日　光　線	宇　都　宮, 日　光	40.5	単		
				宇　都　宮, 今　市	33.9		明23. 6. 1	
	内燃・蒸気			今　市, 日　光	6.6		23. 8. 1	
	電　気 (蓄電式)	1.067	烏　山　線	宝　積　寺, 烏　山	20.4	単	大12. 4.15	
業	内　燃 蒸　気	1.067	仙　山　線	仙　台, 羽前千歳	58.0	単		
				仙　台, 愛　子	15.2		昭4. 9.29	
	電　気 (20,000)			愛　子, 作　並	13.5		6. 8.30	
				作　並, 山　寺	20.0		12.11.10	
	内　燃 蒸　気			山　寺, 羽前千歳	9.3		8.10.17	
			仙　石　線	あおば通, 石　巻	49.0	単複		
				あおば通, 仙　台	0.5	複	平12. 3.11	
	電　気 (1,500)	1.067		仙　台, 西　塩　釜	14.7	複	大14. 6. 5	
				西　塩　釜, 本　塩　釜	0.8	複	15. 4.14	
	内　燃			本　塩　釜, 松島海岸	7.2	単複	昭2. 4.18	陸前大塚, 陸前小野間 震災復旧による位置変更
				松島海岸, 陸前小野	12.8	単	3. 4.10	
				陸前小野, 石　巻	13.0	単	3.11.22	
			石　巻　線	小　牛　田, 女　川	44.7	単		
	内　燃 蒸　気	1.067		小　牛　田, 石　巻	27.9		大1.10.28	浦宿, 女川間 震災復旧による位置変更
				石　巻, 女　川	16.8		昭14.10. 7	
			気仙沼線	前　谷　地, 気　仙　沼	72.8	単		
				前　谷　地, 柳　津	17.5		昭43.10.24	
	内　燃 蒸　気	1.067		柳　津, 本　吉	34.0		52.12.11	
				本　吉, 南気仙沼	16.8		32. 2.11	
				南気仙沼, 気　仙　沼	4.5		31. 4.11	
線			大船渡線	一　ノ　関, 盛	105.7	単		
				一　ノ　関, 摺　沢	30.6		大14. 7.26	
	内　燃 蒸　気	1.067		摺　沢, 千　厩	9.2		昭2. 7.15	
				千　厩, 折　壁	9.9		3. 9. 2	
				折　壁, 気　仙　沼	12.3		4. 7.31	
				気　仙　沼, 上　鹿　折	7.5		7. 3.19	

種別	動力	軌間(米)	線名	区間	キロ程(粁)	単複	運輸開始 実施 年月日	摘要
開 業 線	内燃蒸気	1.067	大船渡線	上鹿折,陸前矢作	10.0		昭8.2.15	
				陸前矢作,細浦	17.6		8.12.15	
				細浦,大船渡	6.0		9.9.3	
				大船渡,盛	2.6		10.9.29	
	内燃蒸気	1.067	北上線	北上,横手	61.1	単		岩沢,ほっとゆだ間線路変更(昭37.12.1)
				北上,横川目	14.3		大10.3.25	
				横川目,岩沢	3.8		10.11.18	
				岩沢,ほっとゆだ	17.1		13.11.15	
				ほっとゆだ,黒沢	9.1		11.12.16	
				黒沢,相野々	9.1		10.11.27	
				相野々,横手	7.7		9.10.10	
	内燃蒸気	1.067	釜石線	花巻,釜石	90.2	単		
				花巻,土沢	12.7		大2.10.25	
				土沢,晴山	3.2		3.4.16	
				晴山,岩根橋	5.8		3.12.15	
				岩根橋,柏木平	9.5		4.11.23	
				柏木平,鱒沢	2.4		4.7.30	
				鱒沢,遠野	12.4		3.12.15	
				遠野,足ケ瀬	15.2		3.4.18	
				足ケ瀬,陸中大橋	12.5		昭25.10.10	
				陸中大橋,釜石	16.5		19.10.11	
	電気(20,000) 内燃	1.435	田沢湖線	大曲,盛岡	75.6	単		大曲,盛岡間75.6粁 軌間変更1.435米 (平9.3.22)
				大曲,角館	16.8		大10.7.30	
				角館,神代	6.0		10.12.11	
				神代,田沢湖	12.7		12.8.31	
				田沢湖,赤渕	18.1		昭41.10.20	
				赤渕,雫石	6.0		39.9.10	
				雫石,盛岡	16.0		大10.6.25	
	内燃蒸気	1.067	山田線	盛岡,釜石	157.5	単		
				盛岡,上米内	9.9		大12.10.10	
				上米内,区界	25.7		昭3.9.25	
				区界,松草	8.0		5.10.31	
				松草,平津戸	8.6		6.10.31	
				平津戸,陸中川井	21.3		8.11.30	
				陸中川井,宮古	28.6		9.11.6	
				宮古,陸中山田	26.5		10.11.17	
				陸中山田,岩手船越	5.0		11.11.10	
				岩手船越,大槌	11.6		13.4.5	
				大槌,釜石	12.3		14.9.17	

青森県・栃木県・岩手県・群馬県・宮城県・埼玉県・福島県・千葉県・秋田県・東京都・山形県・神奈川県・新潟県・山梨県・長野県・静岡県・茨城県・

種別	動力	軌間(米)	線名	区　　間	キロ程(粁)	単複	運輸開始実施 年月日	摘　　要
		全　線 1.067		好　摩, 大　館	106.9	単		
				好　摩, 平　館	13.7		大11. 8.27	
				平　館, 赤坂田	16.3		15.11.10	
				赤坂田, 荒屋新町	7.6		昭 2.10.30	
				荒屋新町, 田　山	11.5		4.10.25	
開	内　燃 蒸　気		花　輪　線	田　山, 鹿角花輪	20.6		6.10.17	
				鹿角花輪, 十和田南	8.0		大12.11.10	
				十和田南, 末　広	4.5		9. 7. 4	
				末　広, 大滝温泉	9.9		4.12.25	
				大滝温泉, 扇　田	6.5		4. 1.19	
				扇　田, 大　館	8.3		3. 7. 1	
				八　戸, 久　慈	64.9	単		
	内　燃 蒸　気		八　戸　線	八　戸, 本八戸	5.5		明27. 1. 4	
				本八戸, 種　市	28.7		大13.11.10	
				種　市, 陸中八木	8.9		14.11. 1	
				陸中八木, 久　慈	21.8		昭 5. 3.27	
				野辺地, 大　湊	58.4	単		
	内　燃 蒸　気		大　湊　線	野辺地, 陸奥横浜	30.1		大10. 3.20	
				陸奥横浜, 大　湊	28.3		10. 9.25	
業				いわき, 郡　山	85.6	単		
	内　燃 蒸　気		磐越東線	いわき, 小川郷	10.3		大 4. 7.10	
				小川郷, 小野新町	29.8		6.10.10	
				小野新町, 三　春	33.6		4. 3.21	
				三　春, 郡　山	11.9		3. 7.21	
				郡　山, 新　津	175.6	単		
				郡　山, 中山宿	20.8		明31. 7.26	
				中山宿, 上　戸	6.5		32. 3.10	
				上　戸, 会津若松	37.3		32. 7.15	郡山, 喜多方間 81.2粁電化区間
	電　気 (20,000) 内　燃 蒸　気		磐越西線	会津若松, 喜多方	16.6		37. 1.20	
				喜多方, 山　都	9.9		43.12.15	
				山　都, 野　沢	15.1		大 2. 8. 1	
				野　沢, 津　川	30.8		3.11. 1	
				津　川, 馬　下	21.4		2. 6. 1	
				馬　下, 新　津	17.2		明43.10.25	
				小　出, 会津若松	135.2	単		
				小　出, 大白川	26.0		昭17.11. 1	
線				大白川, 只　見	20.8		46. 8.29	
	内　燃 蒸　気		只　見　線	只　見, 会津川口	27.6		38. 8.20	
				会津川口, 会津宮下	15.4		31. 9.20	
				会津宮下, 会津柳津	12.1		16.10.28	
				会津柳津, 会津坂下	11.7		3.11.20	
				会津坂下, 会津若松	21.6		大15.10.15	

種別	動　力	軌間(米)	線名	区　　間	キロ程(粁)	単複	運輸開始実施年月日	摘　　要
開業線	電　気(20,000)　内　燃　蒸　気	1.435　1.067	奥羽線	**福　島，青　森**	**484.5**	単複		福島，山形間87.1粁軌間変更 1.435米　(平4.7.1)　大曲，秋田間51.7粁軌間変更 1.435米及び1.067米　(平9.3.22)　山形，新庄間61.5粁軌間変更 1.435米及び1.067米　(平11.12.4)
				福　島，米　沢	40.1	単複	明32.5.15	
				米　沢，赤　湯	16.0	単	33.4.21	
				赤　湯，かみのやま温泉	18.9	単複	34.2.15	
				かみのやま温泉，山　形	12.1	複	34.4.11	
				山　形，村　山	26.4	単複	34.8.23	
				村　山，大　石　田	13.4	単	34.10.21	
				大　石　田，舟　形	13.4	単複	35.7.21	
				舟　形，新　庄	8.3	単	36.6.11	
				新　庄，院　内	45.8	単複	37.10.21	
				院　内，湯　沢	16.0		38.7.5	
				湯　沢，横　手	17.9	単	38.9.14	
				横　手，大　曲	18.7		38.6.15	
				大　曲，神　宮　寺	6.0		37.12.21	神宮寺，峰吉川間 12.4粁三線軌
				神　宮　寺，和　田	32.4	複	37.8.21	
				和　田，秋　田	13.3		36.10.1	
				秋　田，八　郎　潟	28.8	単複	35.10.21	
				八　郎　潟，東　能　代	27.9	単複	35.8.1	
				東　能　代，鷹　ノ　巣	29.5	単複	34.11.1	
				鷹　ノ　巣，大　館	18.0	単複	33.10.7	
				大　館，白　沢	6.5	複	32.11.15	
				白　沢，碇　ヶ　関	17.8		32.6.21	
				碇　ヶ　関，弘　前	19.9	単複	28.10.21	
				弘　前，青　森	37.4	単複	27.12.1	
	内　燃　蒸　気	1.067	米坂線	**米　沢，坂　町**	**90.7**	単		
				米　沢，今　泉	23.0		大15.9.28	
				今　泉，手　ノ　子	11.7		昭6.8.10	
				手　ノ　子，羽前沼沢	9.2		8.11.10	
				羽前沼沢，小　国	14.4		10.10.30	
				小　国，越後金丸	9.5		11.8.31	
				越後金丸，越後下関	11.9		8.11.30	
				越後下関，坂　町	11.0		6.8.10	
	内　燃　蒸　気	1.067	左沢線	**北　山　形，左　沢**	**24.3**	単		
				北　山　形，羽前長崎	11.0		大10.7.20	
				羽前長崎，寒　河　江	4.4		10.12.11	
				寒　河　江，左　沢	8.9		11.4.23	
	電　気(蓄電式)　内　燃　蒸　気	1.067	男鹿線	**追　分，男　鹿**	**26.6**	単		
				追　分，二　田	10.4		大2.11.9	
				二　田，脇　本	8.5		3.11.8	
				脇　本，羽　立	4.8		4.12.1	
				羽　立，男　鹿	2.9		5.12.16	

青森県・栃木県・群馬県・宮城県・埼玉県・福島県・千葉県・秋田県・東京都・山形県・神奈川県・新潟県・山梨県・長野県・静岡県・茨城県・

青森県・岩手県・宮城県・福島県・秋田県・山形県・新潟県・長野県・茨城県
栃木県・群馬県・埼玉県・千葉県・東京都・神奈川県・山梨県・静岡県

種別	動力	軌間(米)	線名	区　　間	キロ程(粁)	単複	運輸開始実施年月日	摘　　要
開業線		全線 1.067						
	内燃 蒸気		五能線	**東能代,川部**	**147.2**	単		
				東能代,能代	3.9		明41. 7. 1	
				能代,八森	18.8		大15. 4.26	
				八森,岩館	6.4		15.11.24	
				岩館,大間越	10.8		昭5.12.26	
				大間越,陸奥岩崎	11.0		7.10.14	
				陸奥岩崎,深浦	16.0		11. 7.30	
				深浦,大戸瀬	17.0		9.12.13	
				大戸瀬,北金ケ沢	6.7		8.11. 5	
				北金ケ沢,陸奥赤石	6.8		6.10.20	
				陸奥赤石,鰺ケ沢	6.4		4.11.26	
				鰺ケ沢,陸奥森田	10.7		大14. 5.15	
				陸奥森田,五所川原	11.2		13.10.21	
				五所川原,川部	21.5		7. 9.25	
	電気(20,000) 内燃 蒸気		津軽線	**青森,三厩**	**55.8**	単		青森,中小国間31.4粁電化区間 (昭63. 3.13)
				青森,蟹田	27.0		昭26.12. 5	
				蟹田,三厩	28.8		33.10.21	
	電気(1,500/20,000) 内燃 蒸気		羽越線	**新津,秋田**	**271.7**	単複		
				新津,新発田	26.0	単	大1. 9. 2	
				新発田,中条	13.1	単複	3. 6. 1	
				中条,村上	20.3	単複	3.11. 1	
				村上,鼠ケ関	41.6	単複	13. 7.31	
				鼠ケ関,あつみ温泉	8.8	単複	12.11.23	
				あつみ温泉,三瀬	13.4	}複	12. 3.18	
				三瀬,羽前大山	10.2		11. 5.22	
				羽前大山,鶴岡	6.0	単	8.12. 5	
				鶴岡,余目	15.3	単複	7. 9.21	
				余目,酒田	12.2	複	3.12.24	
				酒田,遊佐	12.2	単複	8.12. 5	
				遊佐,吹浦	7.0	複	9. 7.20	
				吹浦,象潟	17.3	単	10.11.15	
				象潟,羽後本荘	25.5	単複	11. 6.30	
				羽後本荘,羽後岩谷	7.1	複	11.10.16	
				羽後岩谷,羽後亀田	7.7	単複	13. 4.20	
				羽後亀田,道川	8.1	単	9. 7.30	
				道川,秋田	19.9	単複	9. 2.22	
	電気(1,500) 内燃 蒸気		白新線	**新潟,新発田**	**27.3**	単複		
				新潟,(上沼垂)	}15.0	複	明37. 5. 3	
				(上沼垂),豊栄		単複	31. 4.15	
				豊栄,新発田	12.3	単	27.12.23	
	内燃 蒸気		陸羽東線	**小牛田,新庄**	**94.1**	単		
				小牛田,岩出山	24.8		大2. 4.20	
				岩出山,川渡温泉	14.0		3. 4.19	
				川渡温泉,鳴子温泉	6.1		4. 4.18	

種別	動力	軌間(米)	線名	区　間	キロ程(粁)	単複	運輸開始実施年月日	摘　要
開業線	内燃蒸気	1.067	陸羽東線	鳴子温泉，最上	20.7		大6.11.1	
				最上，瀬見温泉	9.4		5.8.1	
				瀬見温泉，新庄	19.1		4.11.1	
	内燃蒸気	1.067	陸羽西線	新庄，余目	43.0	単		
				新庄，古口	17.0		大2.12.7	
				古口，清川	14.1		3.6.14	
				清川，狩川	3.8		3.8.16	
				狩川，余目	8.1		3.9.20	
	電気(1,500)内燃蒸気	1.067	信越線	高崎，横川	29.7	複	明18.10.15	横川，篠ノ井間76.8粁廃止(平9.10.1) 長野，直江津間75.0粁廃止(平27.3.14)
				篠ノ井，長野	9.3	複	明21.8.15	
				直江津，新潟	136.3	複		
				直江津，(春日新田仮)	} 23.5		明32.9.5	
				(春日新田仮)，米山			30.5.13	
				米山，柏崎	12.8		30.8.1	
				柏崎，北条	8.5		30.11.20	
				北条，長岡	28.2		31.12.27	
				長岡，東三条	23.2		31.6.16	
				東三条，(上沼垂)	} 40.1		30.11.20	上沼垂，新潟間線路変更(昭33.4.29)
				(上沼垂)，新潟			37.5.3	
	電気(25,000)	1.435	北陸新幹線	高崎，上越妙高	176.9	複		
				高崎，長野	117.4		平9.10.1	
				長野，上越妙高	59.5		27.3.14	
	内燃蒸気	1.067	飯山線	豊野，越後川口	96.7	単		
				豊野，飯山	19.2		大10.10.20	
				飯山，桑名川	18.4		12.7.6	
				桑名川，西大滝	2.1		12.12.1	
				西大滝，森宮野原	10.0		14.11.19	
				森宮野原，津南	8.2		昭2.8.1	
				津南，越後田沢	6.6		2.11.6	
				越後田沢，十日町	10.8		4.9.1	
				十日町，越後岩沢	12.8		2.11.15	越後岩沢，内ヶ巻間線路変更(昭45.11.29)
				越後岩沢，越後川口	8.6		2.6.15	
	電気(1,500)内燃蒸気	1.067	越後線	柏崎，新潟	83.8	単		
				柏崎，石地	18.7		大1.11.11	
				石地，出雲崎	6.1		1.12.28	
				出雲崎，分水	16.7		2.4.20	
				分水，吉田	8.3		1.12.28	
				吉田，関屋	29.4		1.8.25	
				関屋，新潟	4.6		昭18.11.1	
	電気(1,500)内燃蒸気	1.067	弥彦線	東三条，弥彦	17.4	単		
				東三条，燕	7.1		大14.4.10	
				燕，吉田	5.4		11.4.20	
				吉田，弥彦	4.9		5.10.16	

青森県・岩手県・宮城県・福島県・秋田県・山形県・新潟県・長野県・茨城県・
栃木県・群馬県・埼玉県・千葉県・東京都・神奈川県・山梨県・静岡県・

種別	動力	軌間(米)	線名	区　　間	キロ程(粁)	単複	運輸開始実施年月日	摘　要
		全線 1.067		東　京，銚　子	120.5	単複		全線電化
開				東　京，錦糸町	4.8	}複	昭47. 7.15	
				錦糸町，市　川	10.6		明27.12. 9	
				市　川，佐　倉	39.9		27. 7.20	
				佐　倉，成　東	21.6	}単	30. 5. 1	
				成　東，銚　子	43.6		30. 6. 1	
	電　気		総　武　線	錦糸町，御茶ノ水	4.3	複		全線電化
	(1,500)			錦糸町，両　国	1.5		明37. 4. 5	
	内　燃			両　国，御茶ノ水	2.8		昭7. 7. 1	
	蒸　気			小　岩，金　町	8.9	単		全線電化
				小　岩，(新小岩操)	}8.9		明27.12. 9	
				(新小岩操)，金　町			大15. 7. 1	
				小　岩，越中島貨物	11.7	単		
				小　岩，(新小岩操)	}11.7		明27.12. 9	
				(新小岩操)，(亀　戸)			昭46. 7. 5	
				(亀　戸)，(小名木川)			4. 3.20	
				(小名木川)，越中島貨物			33.11.10	
				千　葉，安房鴨川	93.3	単複		
				千　葉，蘇　我	3.8		明29. 2.25	
				蘇　我，大　網	19.1	}複	29. 1.20	
業	電　気		外　房　線	大　網，上総一ノ宮	20.1		30. 4.17	
	(1,500)			上総一ノ宮，大　原	14.2	}単・複	32.12.13	
	内　燃			大　原，勝　浦	13.7		大2. 6.20	
	蒸　気			勝　浦，上総興津	6.3	}単	昭2. 4. 1	
				上総興津，安房鴨川	16.1		4. 4.15	
				蘇　我，安房鴨川	119.4	単複		
				蘇　我，姉ヶ崎	15.1	}複	明45. 3.28	
				姉ヶ崎，木更津	16.2		大1. 8.21	
				木更津，上総湊	23.8	単複	4. 1.15	
				上総湊，浜金谷	8.9		5.10.11	
	電　気		内　房　線	浜金谷，安房勝山	6.8		6. 8. 1	
	(1,500)			安房勝山，那古船形	11.3		7. 8.10	
	内　燃			那古船形，館　山	3.8	}単	8. 5.24	
	蒸　気			館　山，南三原	16.3		10. 6. 1	
				南三原，江　見	9.2		11.12.20	
				江　見，太　海	4.6		13. 7.25	
				太　海，安房鴨川	3.4		14. 7.11	
線				西船橋，蘇　我	22.4	複		
	電　気		京　葉　線	西船橋，(新港)	}18.4		昭61. 3. 3	
	(1,500)			(新港)，千葉みなと			50. 5.10	
	内　燃 蒸　気			千葉みなと，蘇　我	4.0		50. 5.10	

青森県 栃木県・岩手県 群馬県・宮城県 埼玉県・福島県 千葉県・秋田県 東京都・山形県 神奈川県・新潟県 山梨県・長野県 静岡県・茨城県

種別	動力	軌間(米)	線名	区間	キロ程(粁)	単複	運輸開始実施年月日	摘要
開業線	電気(1,500) 内燃 蒸気	全線 1.067	京葉線	東京,南船橋	26.0	複		
				東京,新木場	7.4		平2.3.10	
				新木場,南船橋	18.6		昭63.12.1	
				市川塩浜,西船橋	5.9	複	昭63.12.1	
	電気(1,500) 内燃 蒸気		成田線	佐倉,松岸	75.4	単複		
				佐倉,成田	13.1	単複	明30.1.19	
				成田,滑河	12.4		30.12.29	
				滑河,佐原	14.5	単	31.2.3	
				佐原,笹川	17.7		昭6.11.10	
				笹川,松岸	17.7		8.3.11	
				成田,我孫子	32.9	単		
				成田,安食	9.7		明34.2.2	
				安食,我孫子	23.2		34.4.1	
				成田,成田線分岐点	2.1	単	平3.3.19	
	電気(1,500) 内燃 蒸気		鹿島線	香取,鹿島サッカースタジアム	17.4	単		
				香取,鹿島神宮	14.2		昭45.8.20	
				鹿島神宮,鹿島サッカースタジアム	3.2		45.11.12	
	内燃 蒸気		久留里線	木更津,上総亀山	32.2	単		
				木更津,久留里	22.6		大1.12.28	
				久留里,上総亀山	9.6		昭11.3.25	
	電気(1,500) 内燃 蒸気		東金線	大網,成東	13.8	単		
				大網,東金	5.8		明33.6.30	
				東金,成東	8.0		44.11.1	
				（第1種・計）	7448.6			
開業2線種	電気(1,500)	1.067	成田線	成田線分岐点,成田空港	8.7	単	平3.3.19	第3種鉄道事業者は成田空港高速鉄道㈱
				（第2種・計）	8.7			
				合　計	7457.3			

青森県・岩手県・宮城県・福島県・秋田県・山形県・新潟県・長野県・茨城県　栃木県・群馬県・埼玉県・千葉県・東京都・神奈川県・山梨県・静岡県

東海旅客鉄道株式会社

会 社 設 立 昭62.4.1　　本 社 〒450-6101　名古屋市中村区名駅一丁目1番4号　　他主要事業

株 式 ｛ 授 権 8億2千4百万株　　電話　050(3772)3910　　　　　　　　　　不動産賃貸業
　　　　発行済 2億6百万株

資 本 金 1,120億円　　代表者 社長 金 子 　慎

種別	動 力	軌間(米)	線 名	区 間	キロ程(粁)	単複	運輸開始 実施 年月日	摘 要
開	蒸 気 内 燃 電 気 (1,500)	1.067	東海道線	熱 海, 米 原	341.3	複		
				熱 海, 沼 津	21.6		昭9.12.1	
				沼 津, 静 岡	54.0		明22.2.1	
				静 岡, 浜 松	76.9		22.4.16	
				浜 松, 大 府	89.4		21.9.1	
				大 府, 熱 田	14.3		19.3.1	
				熱 田, 清 洲	13.0		19.4.1	名古屋, 稲沢間11.1
				清 洲, 尾張一宮	9.3		19.5.1	粁複々線
				尾張一宮, 木 曽 川	5.5		19.6.1	
				木 曽 川, 岐 阜	7.7		20.4.25	
				岐 阜, 大 垣	13.7		20.1.21	
				大 垣, 関 ヶ 原	13.8		17.5.25	
				関 ヶ 原, (深 谷)	｝22.1		16.5.1	関ヶ原, 近江長岡間線
				(深 谷), 米 原			22.7.1	路変更 (明32.10.15)
				大 垣, 関 ヶ 原	13.8	単	昭19.10.11	
				大 垣, 美濃赤坂	5.0	単	大8.8.1	
業	電 気 (25,000)	1.435	東海道新幹線	東 京, 新 大 阪	552.6	複	昭39.10.1	
	蒸 気 内 燃 電 気 (1,500)	1.067	御殿場線	国 府 津, 沼 津	60.2	単	明22.2.1	
	内 燃 電 気 (1,500)	1.067	身 延 線	富 士, 甲 府	88.4	単複		富士, 入山瀬間線路変
				富 士, 富 士 宮	10.7	複	大2.7.20	更 (昭44.9.28)
				富 士 宮, 芝 川	8.5		4.3.1	
				芝 川, 十 島	7.1		7.8.10	
				十 島, 内 船	7.8	単	7.10.8	
				内 船, 甲斐大島	5.7		8.4.8	
				甲斐大島, 身 延	3.7		9.5.18	
				身 延, 市川大門	26.3		昭2.12.17	
				市川大門, 甲 府	18.6		3.3.30	
線	蒸 気 内 燃 電 気 (1,500)	1.067	飯 田 線	豊 橋, 辰 野	195.7	単複		
				豊 橋, 豊 川	8.7	複	明30.7.15	
				豊 川, 三河一宮	3.3		30.7.22	
				三河一宮, 新 城	9.6	単	31.4.25	
				新 城, 大 海	6.3		33.9.23	

（左欄：長野県・山梨県・静岡県・愛知県・岐阜県・三重県・東京都・神奈川県・滋賀県・京都府・）

（路線図 282ページ）

種別	動力	軌間(米)	線名	区間	キロ程(粁)	単複	運輸開始実施年月日	摘要
開 業 線		全線 1.067						
	蒸気 内燃 電気 (1,500)		飯田線	大　海, 三河川合	17.3		大12. 2. 1	
				三河川合, 東　栄	6.0		昭 8.12.21	
				東　栄, 中部天竜	11.2		9.11.11	
				中部天竜, 佐久間	1.1		11.11.10	
				佐久間, 大　嵐	17.3		11.12.29	佐久間, 大嵐間線路変更(昭30.11.11)
				大　嵐, 小和田	3.0		12. 8.20	
				小和田, 平　岡	10.0		11.12.30	
				平　岡, 温　田	8.4		11. 4.26	
				温　田, 門　島	5.7		10.11.15	
				門　島, 天竜峡	8.3		7.10.30	
				天竜峡, 駄　科	4.9	単	2.12.26	｛川路駅移設△0.1粁 (平13. 4. 1)
				駄　科, 毛　賀	1.4		2. 4. 8	
				毛　賀, 伊那八幡	1.1		2. 2. 5	
				伊那八幡, 飯　田	5.7		大15.12.17	
				飯　田, 元善光寺	4.5		12. 8. 3	
				元善光寺, 市　田	3.0		12. 3.18	
				市　田, 山　吹	3.7		12. 3.13	
				山　吹, 伊那大島	2.6		12. 1.15	
				伊那大島, 上片桐	3.8		11. 7.13	
				上片桐, 高遠原	3.8		9.11.22	
				高遠原, 七久保	1.6		7.12.12	
				七久保, 飯　島	5.6		7. 7.23	
				飯　島, 伊那福岡	5.0		7. 2.11	
				伊那福岡, 駒ケ根	2.7		3.12.26	
				駒ケ根, 宮　田	3.5		3.10.31	
				宮　田, 伊那市	8.9		2.12.27	
				伊那市, 伊那松島	9.1		12.12. 1	
				伊那松島, 辰　野	8.6		12. 3.16	
	蒸気 内燃 電気 (1,500)		武豊線	大　府, 武　豊	19.3	単	明19. 3. 1	全線電化
	蒸気 内燃 電気 (1,500)		高山線	岐　阜, 猪　谷	189.2	単		
				岐　阜, 各務ケ原	13.2		大 9.11. 1	
				各務ケ原, 美濃太田	14.1		10.11.12	
				美濃太田, 下麻生	10.6		11.11.25	
				下麻生, 上麻生	5.3		13. 3.20	
				上麻生, 白川口	9.9		15. 3.15	
				白川口, 飛驒金山	13.6		昭 3. 3.21	
				飛驒金山, 焼　石	9.0		4. 4.14	
				焼　石, 下　呂	12.6		5.11. 2	
				下　呂, 飛驒萩原	8.4		6. 5. 9	
				飛驒萩原, 飛驒小坂	12.1		8. 8.25	
				飛驒小坂, 高　山	27.6		9.10.25	
				高　山, 坂　上	30.2		9.10.25	
				坂　上, 杉　原	13.9		8.11.12	
				杉　原, 猪　谷	8.7		7. 8.20	

長野県・山梨県・静岡県・愛知県・岐阜県・三重県・東京都・神奈川県・滋賀県・京都府・大阪府

種別	動力	軌間(米)	線名	区　間	キロ程(粁)	単複	運輸開始実施年月日	摘　要
長野県・山梨県・静岡県・愛知県・岐阜県・三重県・東京都・神奈川県・滋賀県・京都府・大阪府 開 業 線		全　線 1.067						
	蒸　気 内　燃 電　気 (1,500)		中 央 線	塩　尻,名　古　屋	174.8	単複		
				塩　尻,奈　良　井	21.1	単複	明42.12. 1	
				奈　良　井,藪　原	6.6	複	43.10. 5	一部区間線路変更
				藪　原,宮　ノ　越	5.7	複	43.11.25	
				宮　ノ　越,木曽福島	8.3	単複	44. 5. 1	
				木曽福島,上　松	7.3	複	43.11.25	
				上　松,須　原	11.4	単複	43.10. 5	
				須　原,野　尻	6.3	単	42.12. 1	
				野　尻,南　木　曽	9.2	単複	42. 9. 1	
				南　木　曽,坂　下	9.1	複	42. 7.15	一部区間線路変更
				坂　下,中　津　川	9.9	複	41. 8. 1	
				中　津　川,多　治　見	43.7	複	35.12.21	
				多　治　見,名　古　屋	36.2	複	33. 7.25	
	蒸　気 内　燃		太 多 線	多　治　見,美　濃太田	17.8	単		
				多　治　見,可　児	12.8		大 7.12.28	
				可　児,美　濃太田	5.0		昭 3.10. 1	
	蒸　気 内　燃		城 北 線	勝　川,枇　杷　島	11.2	複		第2種鉄道事業者は㈱東海交通事業
				勝　川,尾張星の宮	9.3		平 3.12. 1	
				尾張星の宮,枇　杷　島	1.9		5. 3.18	
	蒸　気 内　燃 電　気 (1,500)		関 西 線	名　古　屋,亀　山	59.9	単複		全線電化
				名　古　屋,弥　富	16.4	単複	明28. 5.24	
				弥　富,桑　名	7.4	複	28.11. 7	⎧富田浜,四日市間4.2
				桑　名,四　日　市	13.4	単複	27. 7. 5	⎨粁複線（平5.7.24）
				四　日　市,亀　山	22.7	単複	23.12.25	
	蒸　気 内　燃		紀 勢 線	亀　山,新　宮	180.2	単		
				亀　山,一　身　田	12.1		明24. 8.21	
				一　身　田,津	3.4		24.11. 4	
				津,多　気	27.0		26.12.31	
				多　気,栃　原	12.6		大12. 3.20	
				栃　原,川　添	5.7		12. 9.25	
				川　添,三　瀬　谷	7.1		14. 8.15	
				三　瀬　谷,滝　原	5.1		15. 8.18	
				滝　原,伊　勢柏崎	9.2		昭 2. 7. 3	
				伊　勢柏崎,大　内　山	4.7		2.11.13	
				大　内　山,紀伊長島	11.5		5. 4.29	
				紀伊長島,三　野　瀬	7.5		7. 4.26	
				三　野　瀬,尾　鷲	17.4		9.12.19	相賀,尾鷲間線路変更（昭59.10.31）
				尾　鷲,九　鬼	11.1		32. 1.12	
				九　鬼,三　木　里	4.1		33. 4.23	
				三　木　里,新　鹿	12.3		34. 7.15	
				新　鹿,熊　野　市	6.8		31. 4. 1	
				熊　野　市,新　宮	22.6		15. 8. 8	

種別	動力	軌間(米)	線名	区　　間	キロ程(粁)	単複	運輸開始実施年月日	摘　　要
		全線 1.067		松　阪,伊勢奥津	**43.5**	単		
開	内燃		名松線	松　阪,権現前	7.0		昭 4. 8.25	
				権現前,井　関	8.6		5. 3.30	
				井　関,家　城	10.2		6. 9.11	
				家　城,伊勢奥津	17.7		10.12. 5	
	内燃		参宮線	多　気,鳥　羽	**29.1**	単		
				多　気,宮　川	11.0		明26.12.31	
				宮　川,伊勢市	4.0		30.11.11	
				伊勢市,鳥　羽	14.1		44. 7.21	
業								
線				計	1982.0			
	動　力	軌　間(米)	線　名	区　　間	キロ程(粁)	単複	運輸開始実施年月日	摘　　要

長野県・山梨県・静岡県・愛知県・岐阜県・三重県・東京都・神奈川県・滋賀県・京都府・大阪府

西日本旅客鉄道株式会社

会社設立　昭62. 4. 1　　本社　〒530-8341　大阪市北区芝田二丁目4番24号　　他主要事業

株式 { 授権　8億株 / 発行済　193,735千株 }　　電話　06(6375)8929

資本金　1,000億円　　代表者　社長　来島達夫

海上運送事業, 旅行業, 保険媒介代理業, 自動車整備業

種別	動力	軌間(米)	線名	区間	キロ程(粁)	単複	運輸開始実施年月日	摘要
未開業線	蒸気 内燃 電気 (1,500)	1.067	おおさか東線	新大阪, 放出	11.1	複	—	{ 第2種鉄道事業線 / 平8.12.25免許 }
				計	11.1			

種別	動力	軌間(米)	線名	区間	キロ程(粁)	単複	運輸開始実施年月日	摘要
開業線	蒸気 内燃 電気 (1,500)	全線 1.067	東海道線	米原, 神戸	143.6	複		全線電化
				米原, 膳所	56.0		明22. 7. 1	
				膳所, (大谷)	} 11.7		13. 7.15	大谷, 京都間線路変更
				(大谷), 京都			12. 8.18	(大10. 8. 1)
				京都, (大宮通)	} 6.4		10. 2. 5	
				(大宮通), 向日町			9. 9. 5	
				向日町, 大阪	36.4		9. 7.26	
				大阪, 神戸	33.1		7. 5.11	
				吹田貨物夕, 尼崎	12.2	複		全線電化
				吹田貨物夕, 宮原(操)	} 12.2		大13. 8. 3	JR貨物駅名変更およ
				宮原(操), 尼崎			14. 3.10	び分岐箇所変更 (平24.10. 8)
業	蒸気 内燃 電気 (1,500)		湖西線	近江塩津, 山科	74.1	複	昭49. 7.20	全線電化
	内燃 電気 (1,500)		大阪環状線	天王寺, 新今宮	20.7	複		全線電化
				天王寺, 玉造	3.9		明28. 5.28	
				玉造, 大阪	6.8		28.10.17	
				大阪, 西九条	3.6		31. 4. 5	
				西九条, 新今宮	6.4		昭36. 4.25	
線	内燃 電気 (1,500)		桜島線	西九条, 桜島	4.1	複		全線電化
				西九条, 安治川口	2.4		明31. 4. 5	{ 桜島駅移設
				安治川口, 桜島	1.7		38. 2.27	(平11. 4. 1) }

（路線図　284ページ）

種別	動力	軌間 (米)	線名	区　　間	キロ程 (粁)	単複	運輸開始実施 年月日	摘　　要
開 業 線	蒸　気 内　燃 電　気 (1,500)	1.067	福知山線	**尼　崎，福　知　山**	**106.5**	単複		全線電化
				尼　崎，川西池田	11.0		明26.12.12	
				川西池田，宝　　塚	6.8		30.12.27	
				宝　　塚，生　　瀬	1.9	複	31. 6. 8	
				生　　瀬，三　　田	14.0		32. 1.25	生瀬，道場間線路変更 (昭61. 8. 1)
				三　　田，篠　山　口	24.7		32. 3.25	
				篠　山　口，柏　　原	21.6		32. 5.25	
				柏　　原，(福知山南口)	}26.5	単	32. 7.15	
				(福知山南口)，福　知　山			37.11. 3	
	蒸　気 内　燃 電　気 (1,500／ 20,000)	1.067	北　陸　線	**金　　沢，米　　原**	**176.6**	複		全線電化 金沢，直江津間廃止 (平27. 3.14)
				金　　沢，小　　松	28.4		31. 4. 1	
				小　　松，福　　井	48.3		30. 9.20	
				福　　井，今　　庄	34.8		29. 7.15	
				今　　庄，敦　　賀	19.2		29. 7.15	今庄，敦賀間線路変更 (昭37. 6.10)
				敦　　賀，木　ノ　本	23.5		15. 3.10	敦賀，木ノ本間線路変更 (昭32.10. 1)
				木　ノ　本，長　　浜	14.7		15. 3.10	
				長　　浜，米　　原	7.7		22. 7. 1	
業	電　気 (25,000)	1.435	北陸新幹線	**上越妙高，金　　沢**	**168.6**	複	平27. 3.14	
	蒸　気 内　燃 電　気 (1,500)	1.067	小　浜　線	**敦　　賀，東　舞　鶴**	**84.3**	単		全線電化 (平15. 3.15)
				敦　　賀，十　　村	29.3		大 6.12.15	
				十　　村，小　　浜	20.2		7.11.10	
				小　　浜，若狭高浜	19.4		10. 4. 3	
				若狭高浜，東　舞　鶴	15.4		11.12.20	
	内　燃	1.067	越美北線	**越前花堂，九頭竜湖**	**52.5**	単		
				越前花堂，勝　　原	42.3		昭35.12.15	
				勝　　原，九頭竜湖	10.2		47.12.15	
	蒸　気 内　燃 電　気 (1,500)	1.067	七　尾　線	**津　　幡，和倉温泉**	**59.5**	単		全線電化 (平 3.9.1)
				津　　幡，本　津　幡	2.9		明33. 8. 2	七尾，和倉温泉間の第2種鉄道事業者はのと鉄道㈱ (平 3. 9. 1から)
				本　津　幡，七　　尾	51.5		31. 4.24	
				七　　尾，和倉温泉	5.1		大14.12.15	
線	蒸　気 内　燃	1.067	城　端　線	**高　　岡，城　　端**	**29.9**	単		
				高　　岡，二　　塚	3.3		明31. 1. 2	
				二　　塚，福　　野	16.1		30. 5. 4	
				福　　野，福　　光	5.3		30. 8.18	
				福　　光，城　　端	5.2		30.10.31	

新潟県・富山県・石川県・福島県・京都府・大阪府・奈良県・兵庫県・和歌山県・岡山県・
広島県・山口県・鳥取県・島根県・福岡県・長野県・三重県・滋賀県・

種別	動　力	軌　間 (米)	線　名	区　　　　間	キロ程 (粁)	単複	運輸開始 実　施 年　月　日	摘　　　要
開	蒸　気 内　燃	1.067	氷　見　線	高　岡，氷　　見	16.5	単		
				高　岡，伏　　木	7.3		明33.12.29	
				伏　木，島　　尾	6.2		45. 4. 4	
				島　尾，氷　　見	3.0		大 1. 9.19	
	蒸　気 内　燃	1.067	高　山　線	猪　谷，富　　山	36.6	単		
				猪　谷，笹　　津	11.3		昭 5.11.27	
				笹　津，越中八尾	8.2		4.10. 1	
				越中八尾，富　　山	17.1		2. 9. 1	
	蒸　気 内　燃	1.067	大　糸　線	南　小　谷，糸　魚　川	35.3	単		
				南　小　谷，中　　土	4.0		昭10.11.29	
				中　土，小　　滝	17.7		32. 8.15	
				小　滝，根　　知	3.6		10.12.24	
				根　知，糸　魚　川	10.0		9.11.14	
業	蒸　気 内　燃 電　気 (1,500)	1.067	山　陽　線	神　戸，下　　関	528.1	複		全線電化
				神　戸，兵　　庫	1.8		明22. 9. 1	
				兵　庫，明　　石	17.6		21.11. 1	
				明　石，姫　　路	35.4		21.12.23	
				姫　路，竜　　野	16.2		22.11.11	
				竜　野，有　　年	12.1		23. 7.10	
				有　年，三　　石	19.3		23.12. 1	
				三　石，岡　　山	41.0		24. 3.18	
				岡　山，倉　　敷	15.9		24. 4.25	
				倉　敷，笠　　岡	27.8		24. 7.14	
				笠　岡，福　　山	14.6		24. 9.11	
				福　山，尾　　道	20.1		24.11. 3	
				尾　道，糸　　崎	9.1		25. 7.20	
				糸　崎，広　　島	73.8		27. 6.10	三原，本郷間線路変更 （平2.6.26）
				広　島，徳　　山	110.2		30. 9.25	
				徳　山，防　　府	26.5		31. 3.17	
				防　府，厚　　狭	52.9		33.12. 3	
				厚　狭，下　　関	33.8		34. 5.27	
				兵　庫，和　田　岬	2.7	単	明23. 7. 8	全線電化（平13.7.1）
	電　気 (25,000)	1.435	山陽新幹線	新　大　阪，博　　多	644.0	複		
				新　大　阪，岡　　山	180.3		昭47. 3.15	
				岡　山，博　　多	463.7		50. 3.10	小倉，博多間粁程変更 （平11.7.2）
線	蒸　気 内　燃 電　気 (1,500)	1.067	加古川線	加　古　川，谷　　川	48.5	単		全線電化（平16.12.19）
				加　古　川，厄　　神	7.4		大 2. 4. 1	
				厄　神，西　脇　市	23.8		2. 8.10	
				西　脇　市，谷　　川	17.3		13.12.27	

種別	動力	軌間(米)	線名	区　　間	キロ程(粁)	単複	運輸開始実施年月日	摘　要
開	蒸　気内　燃電　気(1,500)	全　線1.067	播但線	和田山,姫路	65.7	単		
				和田山,新井	13.8		明39. 4. 1	
				新井,生野	8.3		34. 8.29	
				生野,長谷	7.7		28. 4.17	
				長谷,寺前	6.3		28. 1.15	寺前,姫路間29.6粁電化区間(平10. 3.14)
				寺前,姫路	29.6		27. 7.26	
	蒸　気内　燃		姫新線	姫路,新見	158.1	単		
				姫路,余部	6.1		昭5. 9. 1	
				余部,東觜崎	11.7		6.12.23	
				東觜崎,播磨新宮	4.3		7. 7.11	
				播磨新宮,三日月	14.5		9. 3.24	
				三日月,佐用	9.3		10. 7.30	
				佐用,美作江見	17.1		11. 4. 8	
				美作江見,東津山	20.7		9.11.28	
				東津山,津山	2.6		3. 3.15	
				津山,美作追分	17.6		大12. 8.21	
				美作追分,久世	15.0		13. 5. 1	
				久世,中国勝山	4.9		14. 3.15	
				中国勝山,岩山	26.0		昭5.12.11	
				岩山,新見	8.3		4. 4.14	
業	蒸　気内　燃電　気(1,500)		赤穂線	相生,東岡山	57.4	単		全線電化
				相生,播州赤穂	10.5		昭26.12.12	
				播州赤穂,日生	11.6		30. 3. 1	
				日生,伊部	12.4		33. 3.25	
				伊部,東岡山	22.9		37. 9. 1	
	蒸　気内　燃		津山線	津山,岡山	58.7	単		
				津山,津山口	1.9		大12. 8.21	
				津山口,岡山	56.8		明31.12.21	
	蒸　気内　燃		吉備線	岡山,総社	20.4	単		
				岡山,東総社	18.8		明37.11.15	
				東総社,総社	1.6		大14. 8. 7	
	蒸　気内　燃電　気(1,500)		宇野線	岡山,宇野	32.8	単複	明43. 6.12	全線電化岡山,妹尾間線路変更(大14. 3. 6)茶屋町,宇野間線路変更(平6.12.3)
	蒸　気内　燃電　気(1,500)		本四備讃線	茶屋町,児島	12.9	複	昭63. 3.20	全線電化
線	蒸　気内　燃電　気(1,500)		伯備線	倉敷,伯耆大山	138.4	単複		全線電化
				倉敷,豪渓	15.3	複	大14. 2.17	
				豪渓,美袋	7.4	複	14. 5.17	

新潟県・広島県・富山県・山口県・石川県・鳥取県・福井県・島根県・京都府・福岡県・大阪府・長野県・奈良県・三重県・兵庫県・滋賀県・和歌山県・岡山県・

種別	動力	軌間(米)	線名	区間	キロ程(粁)	単複	運輸開始 実施 年月日	摘要
開	蒸気 内燃 電気 (1,500)	全線 1.067	伯備線	美袋,木野山	16.1	単複	15.6.20	方谷,井倉間線路変更 (昭29.12.25)
				木野山,備中川面	3.9	単	昭2.7.31	
				備中川面,足立	34.3	単複	3.10.25	
				足立,上石見	9.7		大15.12.1	
				上石見,生山	8.7		13.12.6	
				生山,黒坂	8.3		12.11.28	
				黒坂,根雨	7.6	単	11.11.10	
				根雨,江尾	6.8		11.7.30	
				江尾,伯耆溝口	9.2		11.3.25	
				伯耆溝口,伯耆大山	11.1		8.8.10	
	蒸気 内燃		芸備線	備中神代,広島	159.1	単		
				備中神代,矢神	10.0		昭5.2.10	
				矢神,東城	8.8		5.11.25	
				東城,小奴可	14.8		10.6.15	
				小奴可,備後落合	11.0		11.10.10	
				備後落合,備後西城	8.6		10.12.20	
				備後西城,備後庄原	15.3		9.3.15	
				備後庄原,塩町	14.7		大12.12.2	
				塩町,西三次	8.7		11.6.7	
				西三次,志和地	7.7		4.6.1	
業				志和地,(東広島)	}59.5		4.4.28	
				(東広島),広島			9.7.15	
	蒸気 内燃 電気 (1,500)		福塩線	福山,塩町	78.0	単		福山,横尾間線路変更 (昭10.12.14) 福山,府中間23.6粁電化区間 河佐,備後三川間線路変更 (平1.4.20)
				福山,横尾	6.1		大3.7.21	
				横尾,府中	17.5		3.7.21	
				府中,上下	26.7		昭13.7.28	
				上下,吉舎	17.0		10.11.15	
				吉舎,塩町	10.7		8.11.15	
	蒸気 内燃 電気 (1,500)		呉線	三原,海田市	87.0	単		全線電化
				三原,須波	5.1		昭5.3.19	
				須波,安芸幸崎	6.7		6.4.28	
				安芸幸崎,竹原	13.5		7.7.10	
				竹原,安浦	18.9		10.2.17	
				安浦,広	16.0		10.11.24	
				広,呉	6.8		10.3.24	
				呉,海田市	20.0		明36.12.27	
線	蒸気 内燃 電気 (1,500)		可部線	横川,あき亀山	15.6	単		全線電化 可部,三段峡間46.2粁廃止 (平15.12.1) 横川,安芸長束間線路変更 (昭37.10.1)
				横川,安芸長束	2.6		明42.11.19	
				安芸長束,古市橋	2.7		42.11.19	
				古市橋,七軒茶屋	2.8		43.12.18	

新潟県 広島県・・富山県 山口県・・石川県 鳥取県・・福島県 井根県・・京都府 福岡県・・大阪府 長野県・・奈良県 三重県・・兵庫県 滋賀県・和歌山県・岡山県・

種別	動 力	軌間(米)	線 名	区　　間	キロ程(粁)	単複	運輸開始 実施 年月日	摘　　要
開	蒸　気 内　燃 電　気 (1,500)	全　線 1.067	可部線	七軒茶屋，上八木	3.1		明43.12.25	
				上八木，可部	2.8		44. 7.13	
				可部，あき亀山	1.6		平29. 3. 4	延伸開業
	蒸　気 内　燃		岩徳線	岩国，櫛ヶ浜	43.7	単		
				岩国，西岩国	3.7		昭4. 4. 5	
				西岩国，高水	25.1		9.12. 1	
				高水，周防花岡	11.0		9. 3.28	
				周防花岡，櫛ヶ浜	3.9		7. 5.29	
	蒸　気 内　燃		山口線	新山口，益田	93.9	単		駅名改称　小郡→新 山口（平15.10. 1）
				新山口，山口	12.7		大 2. 2.20	
				山口，篠目	16.2		6. 7. 1	
				篠目，三谷	9.7		7. 4.28	
				三谷，徳佐	11.3		7.11. 3	
				徳佐，津和野	13.0		11. 8. 5	
				津和野，益田	31.0		12. 4. 1	
業	蒸　気 内　燃 電　気 (1,500)		宇部線	新山口，宇部	33.2	単		全線電化 駅名改称　小郡→新 山口（平15.10. 1）
				新山口，阿知須	10.2		大14. 3.26	
				阿知須，床波	8.7		13. 8.17	
				床波，宇部新川	8.2		12. 8. 1	
				宇部新川，居能	1.8		昭27. 4.20	
				居能，岩鼻	1.4		20. 6.20	
				岩鼻，宇部	2.9		大 3. 1. 9	
	蒸　気 内　燃 電　気 (1,500)		小野田線	小野田，居能	11.6	単		全線電化
				小野田，小野田港	5.1		大 4.11.25	
				小野田港，雀田	2.0		昭22.10. 1	
				雀田，居能	4.5		4. 5.16	
				雀田，長門本山	2.3	単	昭12. 1.21	全線電化
	蒸　気 内　燃		美祢線	厚狭，長門市	46.0	単		
				厚狭，南大嶺	16.9		明38. 9.13	
				南大嶺，重安	5.4		大 5. 9.15	
				重安，於福	4.9		9.10.30	
				於福，長門市	18.8		13. 3.23	
線	蒸　気 内　燃 電　気 (1,500)		山陰線	京都，幡生	673.8	単複		京都，城崎温泉間 158.0粁電化区間
				京都，（大宮）	}4.2	複	明30.11.16	嵯峨嵐山，馬堀間線 路変更（平 1.3.5）
				（大宮），二条		複	30. 4.27	
				二条，嵯峨嵐山	6.1	複	30. 2.15	旧線の第2種鉄道事 業者は嵯峨野観光鉄 道㈱（平3.4.27から）
				嵯峨嵐山，馬堀	7.8	複	}32. 8.15	
				馬堀，園部	16.1	複		
				園部，綾部	42.0	単	43. 8.25	

新潟県・富山県・石川県・福井県・京都府・大阪府・奈良県・兵庫県・和歌山県・岡山県・
広島県・山口県・鳥取県・福島県・根県・岡山県・長野県・三重県・滋賀県

種別	動力	軌間(米)	線名	区　　間	キロ程(粁)	単複	運輸開始実施年月日	摘　　要
		全線 1.067						複線化
開				綾部,福知山	12.3	複	明37.11.3	馬堀,亀岡間 (平20.12.14)
				福知山,和田山	30.5		44.10.25	八木,園部間 (平21.3.14)
				和田山,八鹿	12.2		41.7.1	京都,丹波口間 (平21.7.20)
				八鹿,豊岡	17.2		42.7.10	並河,八木間 (平21.9.6)
				豊岡,城崎温泉	9.6	単	42.9.5	亀岡,並河間 (平21.11.1)
				城崎温泉,香住	22.0		44.10.25	丹波口,二条間 (平22.1.31)
				香住,浜坂	17.9		45.3.1	花園,嵯峨嵐山間 (平22.3.7)
				浜坂,岩美	14.0		44.11.10	
				岩美,鳥取	18.4		43.6.10	
				鳥取,青谷	22.5		明40.4.28	
				青谷,松崎	11.8	単	38.5.15	
				松崎,倉吉	5.5		37.3.15	
				倉吉,浦安	15.7		36.12.20	
				浦安,御来屋	17.8		36.8.28	
				御来屋,米子	19.4	単複	35.11.1	
				米子,安来	8.8	複	41.4.5	
	蒸気			安来,松江	20.1	単複	41.11.8	伯耆大山,西出雲間 71.2粁電化区間
	内燃			松江,宍道	17.0	単複	42.11.7	
	電気			宍道,荘原	4.1		43.6.10	
	(1,500)			荘原,出雲市	11.6		43.10.10	
業			山陰線	出雲市,小田	15.5		大2.11.21	
				小田,大田市	17.1		4.7.11	
				大田市,仁万	11.7		6.5.15	
				仁万,浅利	19.1		7.11.25	
				浅利,都野津	10.7		9.12.25	
				都野津,浜田	14.6		10.9.1	
				浜田,周布	9.5		11.3.10	
				周布,三保三隅	9.8		11.9.1	
				三保三隅,益田	21.9		12.12.26	
				益田,戸田小浜	9.8	単	14.3.8	
				戸田小浜,飯浦	3.7		昭2.6.19	
				飯浦,須佐	12.4		3.3.25	
				須佐,宇田郷	8.8		8.2.24	
				宇田郷,奈古	11.0		6.11.15	
				奈古,東萩	11.8		4.4.24	
				東萩,萩	3.8		大14.11.1	
				萩,長門三隅	18.7		14.4.3	
				長門三隅,長門市	5.1		13.11.3	
				長門市,黄波戸	5.3		昭3.12.9	
				黄波戸,長門古市	4.1		4.10.13	
				長門古市,阿川	18.4		5.12.7	
				阿川,滝部	7.7		3.9.9	
				滝部,小串	15.1		大14.8.16	
線				小串,幡生	23.6		3.4.22	
				長門市,仙崎	2.2	単	昭5.5.15	

種別	動力	軌間(米)	線名	区　　間	キロ程(粁)	単複	運輸開始実施年月日	摘　　要
開	蒸気 内燃 電気 (1,500)	全線 1.067	舞鶴線	東舞鶴,綾部	26.4	単	明37.11.3	全線電化
	蒸気 内燃		因美線	東津山,鳥取	70.8	単		
				東津山,美作加茂	15.0		昭3.3.15	
				美作加茂,美作河井	7.3		6.9.12	
				美作河井,智頭	16.6		7.7.1	
				智頭,用瀬	10.8		大12.6.5	
				用瀬,鳥取	21.1		8.12.20	
	蒸気 内燃 電気 (1,500)		境線	米子,境港	17.9	単	明35.11.1	{米子,後藤間 2.2粁 電化区間
	蒸気 内燃		木次線	備後落合,宍道	81.9	単		
				備後落合,八川	25.6		昭12.12.12	
				八川,出雲三成	14.8		9.11.20	
				出雲三成,木次	20.4		7.12.18	
				木次,宍道	21.1		大5.10.11	
業	蒸気 内燃 電気 (1,500)		関西線	亀山,JR難波	115.0	単複		
				亀山,柘植	20.0		明23.12.25	
				柘植,伊賀上野	14.6	単	30.1.15	
				伊賀上野,加茂	26.4		30.11.11	
				加茂,(新木津)	}6.0		31.11.18	{加茂,木津間線路 変更(昭31.11.17)
				(新木津),木津			31.8.16	
				木津,奈良	7.0		29.4.18	
				奈良,王寺	15.4	複	23.12.27	加茂,JR難波間 54.0粁電化区間
				王寺,柏原	9.5		25.2.2	
				柏原,天王寺	12.6		22.5.14	JR難波駅移設 (平1.12.28)
				天王寺,JR難波	3.5		22.5.14	
線	蒸気 内燃 電気 (1,500)		草津線	柘植,草津	36.7	単		全線電化
				柘植,三雲	20.5		明23.2.19	
				三雲,草津	16.2		22.12.15	

新潟県・広島県・富山県・山口県・石川県・鳥取県・福島県・島根県・京都府・福岡県・大阪府・長野県・奈良県・三重県・兵庫県・滋賀県・和歌山県・岡山県・

新潟県・広島県・富山県・山口県・石川県・鳥取県・福島県・福井県・京都府・福岡県・大阪府・長野県・奈良県・三重県・兵庫県・滋賀県・和歌山県・岡山県・

種別	動力	軌間(米)	線名	区　間		キロ程(粁)	単複	運輸開始実施年月日	摘　要
開業線	蒸気 内燃 電気 (1,500)	全線 1.067	奈良線	木　津,	京　都	34.7	単複		全線電化
				木　津,	玉　水	7.4	単	明29. 3.13	
				玉　水,	桃　山	20.1	単複	29. 1.25	
				桃　山,	稲　荷	4.5	単複	大10. 8. 1	
				稲　荷,	京　都	2.7	複	明12. 8.18	
	蒸気 内燃 電気 (1,500)		桜井線	奈　良,	高　田	29.4	単		全線電化
				奈　良,	京　終	1.9		明32.10.14	
				京　終,	桜　井	17.8		31. 5.11	
				桜　井,	高　田	9.7		26. 5.23	
	蒸気 内燃 電気 (1,500)		片町線	木　津,	京　橋	44.8	単複		全線電化
				木　津,（新木津）	}	17.0	単複	明31. 9.16	
				（新木津）, 松井山手	}			} 31. 6. 4	線路変更 （平 1. 3.11）
				松井山手,	長　尾	1.6		31. 4.12	
				長　尾,	四条畷	13.4	} 複	31. 4.12	
				四条畷,	京　橋	12.8		28. 8.22	
				鴫　野,	吹田貨物夕	10.6	単		全線電化
				鴫　野,（淀　川）	}	10.6		昭 2.12.10	JR貨物駅名変更および
				（淀　川）, 吹田貨物夕	}			4. 3.15	分岐箇所変更(＋1.5粁)
				正覚寺(信),	平　野	1.5	単	14.10.15	（平24.10. 8）
	蒸気 内燃 電気 (1,500)		阪和線	天王寺,	和歌山	61.3	複		全線電化
				天王寺,	和泉府中	20.9		昭 4. 7.18	
				和泉府中,	和歌山	40.4		5. 6.16	
				鳳,	東羽衣	1.7	単	昭 4. 7.18	全線電化
	蒸気 内燃 電気 (1,500)		紀勢線	新　宮,	和歌山市	204.0	単複		全線電化
				新　宮,	三輪崎	4.7		大 2. 3. 1	新宮, 三輪崎間線路変更（昭13. 5.20）
				三輪崎,	紀伊勝浦	10.2		1.12. 4	
				紀伊勝浦,	下　里	6.0		昭10. 7.18	
				下　里,	串　本	20.7		11.12.11	
				串　本,	江　住	20.2	} 単	15. 8. 8	
				江　住,	周参見	12.0		13. 9. 7	
				周参見,	椿	13.3		11.10.30	
				椿,	紀伊富田	5.2		10. 3.29	
				紀伊富田,	紀伊田辺	12.9		8.12.20	
				紀伊田辺,	南　部	9.1		7.11. 8	
				南　部,	印　南	14.8		6. 9.21	道成寺, 和佐間線路変更（昭32. 8.24）
				印　南,	御　坊	17.0		5.12.14	
				御　坊,	紀伊由良	8.2	} 複	4. 4.21	
				紀伊由良,	湯　浅	9.4		3.10.28	
				湯　浅,	藤　並	3.4		2. 8.14	
				藤　並,	紀伊宮原	3.9		大15. 8. 8	
				紀伊宮原,	箕　島	4.4		14.12.11	
				箕　島,	和歌山	25.3		13. 2.28	
				和歌山,	紀　和	1.8	} 単	13. 2.28	
				紀　和,	和歌山市	1.5		明36. 3.21	

種別	動力	軌間(米)	線名	区間	キロ程(粁)	単複	運輸開始実施年月日	摘要
開	蒸気 内燃 電気 (1,500)	1.067	和歌山線	王　寺,和歌山	87.5	単		全線電化
				王　寺,高　田	11.5		明24. 3. 1	
				高　田,吉野口	13.4		29. 5.10	北宇智駅移設
				吉野口,五　条	10.5		29.10.25	△0.4粁(平19.3.18)
				五　条,大和二見	1.7		29.10.25	
業				大和二見,橋　本	8.0		31. 4.11	
				橋　本,粉　河	20.9		33.11.25	
				粉　河,船　戸	9.3		33. 8.24	
				船　戸,田井ノ瀬	7.6		31. 5. 4	
				田井ノ瀬,和歌山	4.6		47. 3.15	
	電気 (25,000)	1.435	博多南線	博　多,博多南	8.5	複	平 2. 4. 1	
	内燃 電気 (1,500)	1.067	関西空港線	日根野,りんくうタウン	4.2	複	平 6. 6.15	
線				（第1種・計）	4980.1			
開第 業2 線種	内燃 電気 (1,500)	1.067	関西空港線	りんくうタウン,関西空港	6.9	複	平 6. 6.15	第3種鉄道事業者は関西国際空港㈱
	〃	〃	ＪＲ東西線	京　橋,尼　崎	12.5	複	平 9. 3. 8	第3種鉄道事業者は関西高速鉄道㈱
	蒸気 内燃 電気 (1,500)	1.067	おおさか東線	放　出,久宝寺	9.2	複	平20. 3.15	第3種鉄道事業者は大阪外環状鉄道㈱
				（第2種・計）	28.6			
開第 業3 線種	蒸気 内燃	1.067	七尾線	和倉温泉,穴　水	(28.0)	単		第2種鉄道事業者はのと鉄道㈱（平 3.9.1から） 穴水,輪島間20.4粁廃止（平13. 4. 1）（平12. 3.30届出）
				（第3種・計）	(28.0)			
				計	5008.7			

新潟県・広島県・富山県・山口県・石川県・鳥取県・福井県・島根県・京都府・福岡県・大阪府・長野県・奈良県・三重県・兵庫県・滋賀県・和歌山県・岡山県・

四国旅客鉄道株式会社

会社設立 昭62.4.1 　本社 〒760-8580 高松市浜ノ町8番33号 　他主要事業
株式 { 授権 28万株 / 発行済 7万株 } 　電話 087(825)1622 　旅行業,不動産業
資本金 35億円 　代表者 社長 半井真司

香川県・愛媛県・徳島県・高知県・岡山県

種別	動力	軌間(米)	線名	区間	キロ程(粁)	単複	運輸開始実施年月日	摘要
開 業 線	蒸気 内燃 電気 (1,500)	全線 1.067	本四備讃線	児島,宇多津	18.1	複	昭63.4.10	全線電化
				高松,宇和島	297.6	単複		高松,坂出間21.3粁及び多度津,観音寺間23.8粁電化区間 (昭62.3.23)
				高松,丸亀	28.5	}複	明30.2.21	坂出,多度津間11.4粁電化区間 (昭62.10.2)
				丸亀,多度津	4.2		22.5.23	坂出,讃岐塩屋間線路変更(昭62.10.2)
				多度津,観音寺	23.8		大2.12.20	高松駅移設 △0.3粁(平13.5.13)
	蒸気 内燃 電気 (1,500)		予讃線	観音寺,川之江	15.7		5.4.1	観音寺,新居浜間46.6粁電化区間 (平4.7.23)
				川之江,伊予三島	5.4		6.9.16	
				伊予三島,伊予土居	11.0		8.9.1	
				伊予土居,伊予西条	25.7		10.6.21	
				伊予西条,壬生川	12.5		12.5.1	新居浜,今治間41.8粁電化区間 (平5.3.18)
				壬生川,伊予三芳	3.4		12.10.1	
				伊予三芳,伊予桜井	7.6		12.12.21	
				伊予桜井,今治	7.1		13.2.11	
				今治,大西	11.5		13.12.1	今治,伊予北条間32.0粁電化区間 (平4.7.23)
				大西,菊間	9.5		14.6.21	
				菊間,伊予北条	11.0	}単	15.3.28	
				伊予北条,松山	17.5		昭2.4.3	伊予北条,伊予市間29.1粁電化区間 (平2.11.21)
				松山,伊予市	11.6		5.2.27	
				伊予市,伊予上灘	11.1		7.12.1	
				伊予上灘,下灘	5.3		10.6.9	
				下灘,伊予長浜	10.7		10.10.6	
				伊予長浜,伊予大洲	16.4		大7.2.14	
				伊予大洲,伊予平野	4.0		昭11.9.19	
				伊予平野,八幡浜	9.3		14.2.6	
				八幡浜,卯之町	14.6		20.6.20	
				卯之町,北宇和島	18.7		16.7.2	
				北宇和島,宇和島	1.5		大3.10.18	
				向井原,内子	23.5	単	昭61.3.3	
				伊予大洲,新谷	5.9	単	昭61.3.3	

(路線図 289ページ)

種別	動力	軌間(米)	線名	区間	キロ程(粁)	単複	運輸開始実施 年月日	摘要
開		全線 1.067						
	内　燃		内子線	**新　谷,内　子**	**5.3**	**単**		
				新　谷,喜多山	1.2		大 9. 5. 1	
				喜多山,内　子	4.1		9. 5. 1	線路変更(昭61.3.3)
	内　燃 蒸　気		予土線	**若　井,北宇和島**	**76.3**	**単**		
				若　井,江川崎	42.7		昭49. 3. 1	
				江川崎,吉野生	10.3		28. 3. 26	
				吉野生,近　永	7.4		大12. 12. 12	
				近　永,北宇和島	15.9		3. 10. 18	
	内　燃		高徳線	**高　松,徳　島**	**74.5**	**単複**		高松駅移設 △0.3粁(平13.5.13)
				高　松,志　度	16.3		大14. 8. 1	
				志　度,讃岐津田	11.4		15. 3. 21	
				讃岐津田,引　田	17.4		昭 3. 4. 15	
業				引　田,板　野	12.9	単	10. 3. 20	
				板　野,池　谷	6.2		大12. 2. 15	
				池　谷,吉　成	4.0		5. 7. 1	
				吉　成,佐　古	4.9		昭10. 3. 20	
				佐　古,徳　島	1.4	複	明32. 2. 16	
			土讃線	**多度津,窪　川**	**198.7**	**単**		
				多度津,琴　平	11.3		明22. 5. 23	多度津,琴平間 11.3粁電化区間 (昭62.3.23)
				琴　平,讃岐財田	12.6		大12. 5. 21	
				讃岐財田,佃	14.9		昭 4. 4. 28	
				佃　,阿波池田	5.1		大 3. 3. 25	
				阿波池田,三　縄	3.9		昭 6. 9. 19	
				三　縄,豊　永	28.9		10. 11. 28	線路変更 阿波川口,小歩危間 (昭25.11. 4) 大歩危,土佐岩原間 (昭31. 8.25) (昭43.11.25) 土佐岩原,豊永間 (昭38. 8)
	蒸　気 内　燃 電　気 (1,500)			豊　永,大　杉	10.5		9. 10. 28	大田口,土佐穴内間線路変更 (昭29. 3.30)
				大　杉,角茂谷	8.3		7. 12. 20	大杉,土佐北川間線路変更 (昭48. 2.26) 大杉,角茂谷間線路変更 (昭61. 3. 3)
線				角茂谷,土佐山田	15.8		5. 6. 21	
				土佐山田,高　知	15.3		大14. 12. 5	
				高　知,日　下	17.1		13. 11. 15	
				日　下,須　崎	25.0		13. 3. 30	
				須　崎,土佐久礼	11.0		昭14. 11. 15	
				土佐久礼,影　野	10.7		22. 10. 20	
				影　野,窪　川	8.3		26. 11. 12	

香川県・愛媛県・徳島県・高知県・岡山県

種別	動力	軌間(米)	線名	区間	キロ程(粁)	単複	運輸開始実施年月日	摘要
		全線 1.067						
	内燃		鳴門線	池谷,鳴門	8.5	単		
				池谷,撫養	7.2		大 5. 7. 1	
				撫養,鳴門	1.3		昭 3. 1. 18	
	蒸気 内燃		徳島線	佃,佐古	67.5	単		
				佃,川田	34.8		大 3. 3. 25	
				川田,山瀬	5.1		明33. 8. 7	
				山瀬,阿波川島	6.3		32. 12. 23	
				阿波川島,鴨島	3.8		32. 8. 19	
				鴨島,佐古	17.5		32. 2. 16	
	内燃		牟岐線	徳島,海部	79.3	単		
				徳島,中田	9.2		大 2. 4. 20	
				中田,羽ノ浦	8.5		5. 12. 15	
				羽ノ浦,桑野	14.9		昭11. 3. 27	
				桑野,阿波福井	6.3		12. 6. 27	
				阿波福井,日和佐	14.4		14. 12. 14	
				日和佐,牟岐	14.4		17. 7. 1	
				牟岐,海部	11.6		48. 10. 1	
				計	855.2			

種別	動力	軌間(米)	線名	区間	キロ程(粁)	単複	運輸開始実施年月日	摘要

九州旅客鉄道株式会社

会 社 設 立　昭62. 4. 1　　本 社　〒812-8566　福岡市博多区博多駅前三丁目25番21号　　他主要事業

株　式 { 授　権　6.4億株　　　電話　092(474)2501

発行済　1.6億株　　　　　　　　　　　　　　　　　　　　　　　　{ 旅客自動車運送事業,

資　本　金　160億円　　代表者　社長　青 柳 俊 彦　　　　　　　{ 旅行業, 海上運送事業, 自動車整備業

種別	動　力	軌　間(米)	線　名	区　　間	キロ程(粁)	単複	運輸開始実施年月日	摘　　要
開	蒸　気 内　燃 電　気 (1,500／20,000)	全　線 1.067	山　陽　線	下　関, 門　司	6.3	複	昭17.11.15	全線電化
				門 司 港, 八　代	232.3	複		全線電化
				門 司 港, 黒　崎	24.9		明24. 4. 1	{ 枝光, 八幡間線路変更　(平11. 7. 2)
				黒　崎, 遠 賀 川	9.4		24. 2.28	
				遠 賀 川, 赤　間	12.2		23.11.15	
				赤　間, 博　多	31.7		23. 9.28	
	蒸　気 内　燃 電　気 (20,000)		鹿 児 島 線	博　多, (千歳川)	} 35.7		22.12.11	線路変更
				(千歳川), 久 留 米			23. 3. 1	
				久 留 米, 玉　名	54.7		24. 4. 1	
				玉　名, 熊　本	28.0		24. 7. 1	
業				熊　本, 川　尻	5.3		27. 8.11	
				川　尻, 松　橋	10.4		28. 1.28	{ 八代, 川内間116.9粁廃止
				松　橋, 八　代	20.0		29.11.21	(平16. 3.13)
				川　内, 鹿 児 島	49.3	単複		全線電化
				川　内, 串 木 野	12.0	単複	大 3. 6. 1	
				串 木 野, 東 市 来	10.9	単	2.12.15	
				東 市 来, 鹿 児 島	26.4	複	2.10.11	
	蒸　気 内　燃		香 椎 線	西 戸 崎, 宇　美	25.4	単		
				西 戸 崎, 須　恵	21.9		明37. 1. 1	
				須　恵, 新　原	2.2		38. 6. 1	
				新　原, 宇　美	1.3		38.12.29	
線	蒸　気 内　燃 電　気 (20,000)		篠 栗 線	桂　川, 吉　塚	25.1	単		全線電化
				桂　川, 篠　栗	14.8		昭43. 5.25	
				篠　栗, 吉　塚	10.3		明37. 6.19	
	蒸　気 内　燃		三　角　線	宇　土, 三　角	25.6	単	明32.12.25	

福岡県・佐賀県・長崎県・熊本県・鹿児島県・大分県・宮崎県

（路線図 290ページ）

種別	動力	軌間(米)	線名	区間	キロ程(粁)	単複	運輸開始実施年月日	摘要
開	蒸気内燃	全線 1.067	肥薩線	八　代,隼　人	124.2	単		瀬戸石,海路間線路変更(昭32.2.18)
				八　代,人　吉	51.8		明41.6.1	
				人　吉,吉　松	35.0		42.11.21	
				吉　松,大隅横川	14.0		36.9.5	
				大隅横川,隼　人	23.4		36.1.15	
	蒸気内燃		指宿枕崎線	鹿児島中央,枕　崎	87.8	単		駅名改称 西鹿児島→鹿児島中央 (平16.3.13)
				鹿児島中央,五位野	14.1		昭5.12.7	
				五位野,喜　入	12.5		9.5.20	
				喜　入,指　宿	19.1		9.12.19	
				指　宿,山　川	4.3		11.3.25	
				山　川,西頴娃	17.7		35.3.22	枕崎駅移設△0.1粁 (平18.5.1)
				西頴娃,枕　崎	20.1		38.10.31	
業	蒸気内燃電気 (20,000)		長崎線	鳥　栖,長　崎	125.3	単複		鳥栖,長崎間125.3粁電化区間
				鳥　栖,佐　賀	25.0	}複	明24.8.20	
				佐　賀,肥前山口	14.6		28.5.5	
				肥前山口,肥前竜王	9.8		昭5.3.9	
				肥前竜王,肥前浜	8.2		5.11.30	
				肥前浜,多　良	10.1	}単	9.4.16	
				多　良,湯　江	19.9		9.12.1	
				湯　江,諫　早	12.8		9.3.24	
				諫　早,喜々津	6.5	複	明31.11.27	
				喜々津,浦　上	16.8	単	昭47.10.2	
				浦　上,長　崎	1.6	複	明38.4.5	
				喜々津,浦　上	23.5	単		
				喜々津,長　与	15.4		明31.11.27	
				長　与,浦　上	8.1		30.7.22	
	蒸気内燃電気 (1,500)		唐津線	久保田,西唐津	42.5	単		
				久保田,多　久	15.2		明36.12.14	
				多　久,厳　木	5.6		32.12.25	
				厳　木,山　本	12.1		32.6.13	
				山　本,西唐津	9.6		31.12.1	唐津,西唐津間 2.2粁電化区間
線	蒸気内燃電気 (1,500)		筑肥線	姪　浜,唐　津	42.6	単複		
				姪　浜,筑前前原	12.7	複	大14.4.15	姪浜,唐津間 42.6粁電化区間 線路変更
				筑前前原,福　吉	13.4		13.4.1	
				福　吉,浜　崎	9.3	}単	12.12.5	
				浜　崎,虹ノ松原	2.1		13.7.7	
				虹ノ松原,唐　津	5.1		昭58.3.22	
				山　本,伊万里	25.7	単	昭10.3.1	

福岡県・佐賀県・長崎県・熊本県・鹿児島県・大分県・宮崎県

種別	動 力	軌 間 (米)	線 名	区　　間	キロ程 (粁)	単複	運輸開始実施年月日	摘　要
開	蒸　気 内　燃 電　気 (20,000)	全　線 1.067	佐世保線	肥前山口，佐世保	**48.8**	単		全線電化
				肥前山口，武雄温泉	13.7		明28. 5. 5	
				武雄温泉，早　岐	26.2		30. 7.10	
				早　岐，佐世保	8.9		31. 1.20	
	蒸　気 内　燃 電　気 (20,000)		大村線	早　岐，諫　早	**47.6**	単		早岐，ハウステンボス間4.7粁電化区間
				早　岐，大　村	36.2		明31. 1.20	
				大　村，諫　早	11.4		31.11.27	
	蒸　気 内　燃		久大線	久留米，大　分	**141.5**	単		
				久留米，筑後吉井	26.4		昭 3.12.24	
				筑後吉井，筑後大石	6.6		6. 7.11	
				筑後大石，夜　明	6.1		7. 3.12	
				夜　明，日　田	8.5		9. 3. 3	
				日　田，天ケ瀬	11.9		9.11.15	
				天ケ瀬，北山田	8.3		8. 9.29	
				北山田，豊後森	5.4		7. 9.16	
				豊後森，豊後中村	9.9		4.12.15	
				豊後中村，野　矢	5.1		3.10.28	
				野　矢，由布院	10.9		大15.11.26	
				由布院，湯　平	10.5		14. 7.29	
				湯　平，小野屋	10.0		12. 9.29	
業				小野屋，大　分	21.9		4.10.30	
	蒸　気 内　燃 電　気 (20,000)		豊肥線	大　分，熊　本	**148.0**	単		大分，下郡信号所間2.2粁電化区間
				大　分，中判田	11.7		大 3. 4. 1	
				中判田，竹　中	5.5		5. 9. 1	
				竹　中，犬　飼	5.6		6. 7.20	
				犬　飼，三重町	13.3		10. 3.27	
				三重町，緒　方	11.6		11.11.23	
				緒　方，朝　地	6.4		12.12.20	
				朝　地，豊後竹田	5.9		13.10.15	
				豊後竹田，玉　来	3.1		14.11.30	
				玉　来，宮　地	31.5		昭 3.12. 2	
				宮　地，立　野	21.1		大 7. 1.25	
				立　野，肥後大津	9.7		5.11.11	肥後大津，熊本間22.6粁電化区間
				肥後大津，熊　本	22.6		3. 6.21	
線	蒸　気 内　燃 電　気 (20,000)		日豊線	小　倉，鹿児島	**462.6**	単複		全線電化
				小　倉，行　橋	25.0		明28. 4. 1	
				行　橋，柳ケ浦	44.1	複	30. 9.25	
				柳ケ浦，宇　佐	6.7		42.12.21	
				宇　佐，中山香	14.6	単複	43.12.15	
				中山香，日　出	16.8	単複	44. 3.22	
				日　出，別　府	13.6	複	44. 7.16	
				別　府，大　分	12.1		44.11. 1	
				大　分，幸　崎	18.9	単	大 3. 4. 1	

福岡県・佐賀県・長崎県・熊本県・鹿児島県・大分県・宮崎県

福岡県・佐賀県・長崎県・熊本県・鹿児島県・大分県・宮崎県

種別	動力	軌間(米)	線名	区間		キロ程(粁)	単複	運輸開始実施年月日	摘要
開 業 線	蒸　気 内　燃 電　気 (20,000)	全　線 1.067	日 豊 線	幸　　崎,	臼　　杵	17.4	単	大 4. 8.15	
				臼　　杵,	佐　　伯	28.6		5.10.25	
				佐　　伯,	直　　川	15.8		9.11.20	
				直　　川,	重　　岡	10.6		11. 3.26	
				重　　岡,	市　　棚	14.3		12.12.15	
				市　　棚,	日向長井	8.2		12. 7. 1	
				日向長井,	延　　岡	9.5		11.10.29	
				延　　岡,	南　延　岡	3.4		11. 5. 1	
				南　延　岡,	日　向　市	17.1		11. 2.11	
				日　向　市,	美々津	13.0		10.10.11	
				美々津,	高　　鍋	23.9		10. 6.11	
				高　　鍋,	佐　土　原	13.1		9. 9.11	
				佐　土　原,	宮　　崎	13.2		2.12.15	
				宮　　崎,	清　　武	} 29.4		4. 3.20	
				清　　武,	青　井　岳			5.10.25	
				青　井　岳,	山之口	9.8		5. 3.21	
				山之口,	三　　股	6.5		3. 8.15	
				三　　股,	都　　城	4.3		3. 2.11	
				都　　城,	財　　部	9.5		昭 4. 4.28	
				財　　部,	大隅大河原	8.7		6.11. 1	
				大隅大河原,	霧島神宮	11.3		7.12. 6	
				霧島神宮,	国　　分	12.7		5. 7.10	
				国　　分,	隼　　人	2.6		4.11.24	
				隼　　人,	鹿　児　島	27.9		明34. 6.10	
	蒸　気 内　燃		日田彦山線	城　　野,	夜　　明	68.7	単		
				城　　野,	香　　春	23.4		大 4. 4. 1	
				香　　春,	田　川　伊　田	4.0		昭32.10. 1	
				田　川　伊　田,	田川後藤寺	2.6		明29. 2. 5	
				田川後藤寺,	豊　前　川　崎	4.7		32. 7.10	
				豊　前　川　崎,	西　添　田	3.6		36.12.21	
				西　添　田,	彦　　山	8.9		昭17. 8.25	
				彦　　山,	大　行　司	12.1		31. 3.15	
				大　行　司,	宝　珠　山	2.0		21. 9.20	
				宝　珠　山,	夜　　明	7.4		12. 8.22	
	蒸　気 内　燃 電　気 (20,000)		日 南 線	南　宮　崎,	志　布　志	88.9	単		南宮崎, 田吉間2.0 粁電化区間
				南　宮　崎,	北　　郷	32.5		昭38. 5. 8	
				北　　郷,	油　　津	13.5		16.10.28	
				油　　津,	大　堂　津	4.3		12. 4.19	
				大　堂　津,	榎　　原	10.2		11. 3. 1	
				榎　　原,	志　布　志	28.4		10. 4.15	
	蒸　気 内　燃		吉 都 線	吉　　松,	都　　城	61.6	単		
				吉　　松,	小　　林	26.8		大 1.10. 1	
				小　　林,	谷　　頭	27.7		2. 5.11	
				谷　　頭,	都　　城	7.1		2.10. 8	

種別	動力	軌間(米)	線名	区間	キロ程(粁)	単複	運輸開始実施年月日	摘要
開	蒸　気 内　燃 電　気 (20,000)	1.067	筑　豊　線	若　　松，原　　田	66.1	単複		折尾，桂川間34.5粁 電化区間
				若　　松，直　　方	24.8	複	明24. 8.30	
				直　　方，小　　竹	6.5		25.10.28	
				小　　竹，飯　　塚	8.1		26. 7. 3	
				飯　　塚，桂　　川	5.9		34.12. 9	
				桂　　川，筑前内野	5.9	単	昭 3. 7.15	
				筑前内野，原　　田	14.9		4.12. 7	
	蒸　気 内　燃	1.067	後藤寺線	田川後藤寺，新 飯 塚	13.3	単		
				田川後藤寺，（起 行）	3.4		明30.10.20	
				（起 行），船　　尾			大11. 2. 5	
				船　　尾，下 鴨 生	4.9		15. 7.15	
				下 鴨 生，上 三 緒	1.9		2. 8.20	
業				上 三 緒，新 飯 塚	3.1		明35. 6.15	
	蒸　気 内　燃 電　気 (20,000)	1.067	宮崎空港線	田　　吉，宮 崎 空 港	1.4	単	平 8. 7.18	全線電化
	電　気 (25,000)	1.435	九州新幹線	博　　多，鹿児島中央	288.9	複		
				新 八 代，鹿児島中央	137.6		平16. 3.13	
				博　　多，新 八 代	151.3		平23. 3.12	
線				計	2273.0			

福岡県・佐賀県・長崎県・熊本県・鹿児島県・大分県・宮崎県

日本貨物鉄道株式会社

会 社 設 立　昭62. 4. 1　　本　社　〒151-0051　東京都渋谷区千駄ヶ谷五丁目33番8号　　他主要事業
株　式 ┤ 授権　152万株　　　　電話　03(5367)7370　　　　　　　　　　　　　┌ 不動産賃貸業，駐
　　　　└ 発行済　38万株　　　　　　　　　　　　　　　　　　　　　　　　┤ 車場業，倉庫業，
資　本　金　190億円　　　代表者　社長　真 貝 康 一　　　　　　　　　　　└ 保険媒介代理業

種別	動力	軌間(米)	線名	区間	キロ程(粁) 1種	キロ程(粁) 2種	単複	運輸開始実施年月日	摘要
開		全線 1.067						特記以外は 昭62. 4. 1	
			青い森鉄道線	目　時，八　　戸		25.9		平14.12. 1	┌ 第3種鉄道事業
			〃	八　戸，青　　森		96.0		平22.12. 4	┤ 者は青森県
			赤　穂　線	相　生，東 岡 山		57.4			
			飯　田　線	豊　橋，豊　　川		8.7			
			〃	元 善 光 寺，辰　　野		61.9			
			石　巻　線	小 牛 田，石　　巻		27.9			
業			伊　東　線	熱　海，伊　　東		16.9			┌ 第1種鉄道事業
			いわて銀河鉄道線	盛　岡，目　　時		82.0		平14.12. 1	┤ 者はIGRいわて
			羽　越　線	新　津，秋　　田		271.7			└ 銀河鉄道㈱
	内　燃		**羽　越　線**	**酒　田，酒 田 港**	**2.7**		**単**		┌ 茶屋町，宇野
			宇　野　線	岡　山，茶 屋 町		14.9			┤ 間17.9粁廃止
									└（平14. 4. 1）
			道南いさりび鉄道線	函 館 貨 物，木 古 内		37.8		平28. 3.26	┌ 第1種鉄道事業 者は道南いさ り び鉄道㈱
			奥　羽　線	横　手，青　　森		256.2			
線	内　燃		**奥　羽　線**	**土　崎，秋 田 港**	**1.8**		**単**		
			奥　羽　線	新 青 森，青　森(信)		4.8			
			青　梅　線	立　川，拝　　島		6.9			┌ 平11. 3.25 拝島，奥多摩 間30.3粁廃止
			大 阪 環 状 線	福　島，西 九 条		2.6			┌ 平18. 4. 1 境川信号場，浪速間2.3粁 ┤ 廃止 新今宮，境川 信号場間3.8 └ 粁廃止
			おおさか東線	放　出，正覚寺(信)		6.9		平20. 3.15	┌ 第3種鉄道事業者は 大阪外環状鉄道㈱

(注)　・第1種鉄道事業線については動力・キロ程・単複の別を記し，線名・区間・キロ程をゴシックで示した.
　　　・第2種鉄道事業線については該当する各鉄道会社の項を参照のこと.

（路線図 292ページ）

種別	動力	軌間(米)	線名	区間	キロ程(粁)		単複	運輸開始実施年月日	摘要
					1種	2種			
開 業 線	 内　燃 電　気 (20,000) 内　燃 内　燃 電　気 (1,500)	全　線 1.067						特記以外は 昭62. 4. 1	
			海　峡　線	木 古 内, 中 小 国		87.8		昭63. 3.13	枝光, 八幡間 線路変更 (△1.0粁) (平11.7.2)
			鹿 児 島 線	門 司 港, 八　　代		232.3			
			〃	川　　内, 　　鹿児島貨物ターミナル		49.3			平20. 9. 5 門司港, 外浜 間0.9粁廃止
			鹿 児 島 線	香　　椎, 　　福岡貨物ターミナル	3.7		単		福岡貨物ターミナ ル, 博多港間 4.1粁廃止 (平10.4.1)
			鹿 島 線	香　　取, 　　鹿島サッカースタジアム		17.4			
			片 町 線	徳　庵, 鳴　　野		3.4			
			〃	正覚寺(信), 平　　野		1.5			
			〃	鳴　　野, 　　吹田貨物ターミナル		10.6			鳴野, 吹田貨物 ターミナル間線路 変更(+1.5粁) (平25.3.16)
			関 西 線	名 古 屋, 亀　　山		59.9			
			関 西 線	四 日 市, 塩　　浜	3.3		単		
			関 西 線	平　　野, 　　百済貨物ターミナル	1.4		単		平18. 4. 1 平野, 新今宮 間4.9粁廃止
									平20.4.1 鵜 殿, 紀伊佐野 間10.0粁廃止
									平28.4.1 亀 山, 鵜殿間 176.6粁廃止
			北 上 線	北　　上, 横　　手		61.1		平 1.10. 1	
			京 葉 線	蘇　　我, 西 船 橋		22.4		平12.12. 2	平12. 4. 1 千葉貨物ター ミナル駅廃止
			湖 西 線	近 江 塩 津, 山　　科		74.1			
			御 殿 場 線	国 府 津, 沼　　津		60.2			
			相 模 線	茅 ヶ 崎, 厚　　木		14.2			
			桜 島 線	西 九 条, 安 治 川 口		2.4			
			佐 世 保 線	肥 前 山 口, 有　　田		28.2			

種別	動力	軌間(米)	線名	区間	キロ程(粁) 1種	キロ程(粁) 2種	単複	運輸開始実施年月日	摘要
開		全線 1.067	山陽線	神戸,下関		528.1		特記以外は昭62.4.1	⎰糸崎,東広島間線路変更(△0.6粁)(平2.6.26)
			〃	下関,北九州貨物ターミナル		6.3			
			篠ノ井線	篠ノ井,塩尻		66.7			
			上越線	高崎,宮内		162.6			⎰駒ヶ嶺,浜吉田間線路変更(＋0.6粁)(平24.12.21)
			常磐線	三河島,岩沼		342.5			
			〃	三河島,隅田川,南千住		5.7			⎰第1種鉄道事業者はしなの鉄道㈱
			〃	三河島,田端		1.6			
			信越線	高崎,安中		10.6			田中,篠ノ井間粁程変更
			〃	篠ノ井,長野		9.3			(△0.1粁)
				直江津,上沼垂(信)		134.4			(平10.4.1)
			〃	越後石山,新潟貨物ターミナル		2.4			
			しなの鉄道しなの鉄道線	西上田,篠ノ井		20.7		平9.10.1	平14.4.1田中,西上田間13.1粁廃止
業			しなの鉄道北しなの線	長野,妙高高原		37.3		平27.3.14	⎰第1種鉄道事業者はしなの鉄道㈱
			えちごトキめき鉄道妙高はねうまライン	妙高高原,直江津		37.7		平27.3.14	⎰第1種鉄道事業者は えちごトキめき鉄道㈱
	内燃		信越線	上沼垂(信),東新潟港	3.8		単		⎰新湊駅移設に伴うキロ程変更△1.7粁(平14.12.1)
	内燃		新湊線	能町,高岡貨物	1.9		単		
			石勝線	南千歳,上落合(信)		108.3			⎰平14.4.1美幌,網走間27.9粁廃止
			石北線	新旭川,北見		181.0			
			仙石線	陸前山下,石巻		1.4			⎰平11.11.1石巻港,石巻埠頭間2.9粁廃止
	内燃		仙石線	陸前山下,石巻港	1.8		単		
			総武線	新小岩(信),佐倉		44.8			⎰平11.3.31佐倉,成東間21.6粁廃止
			〃	新小岩(信),越中島貨物		9.4			
			〃	新小岩(信),金町		6.6			
			宗谷線	旭川,名寄		76.2			
線			外房線	千葉,蘇我		3.8			
			高崎線	大宮,高崎		74.7			
			高山線	猪谷,富山		36.6			⎰平19.4.1岐阜,高山間136.4粁廃止
			武豊線	大府,東成岩		16.3			

種別	動 力	軌 間 (米)	線 名	区 間	キロ程 (粁) 1種	キロ程 (粁) 2種	単複	運輸開始 実 施 年 月 日	摘 要
開		全 線 1.067	千 歳 線	沼ノ端, 白 石		56.6		特記以外は 昭62. 4. 1	
			中 央 線	新 宿, 塩 尻		211.8			
			〃	岡 谷, 辰 野, 塩 尻		27.7			
			〃	塩 尻, 名 古 屋		174.8			
			津 軽 線	中 小 国, 青 森		31.4		昭63. 3.13	
			鶴 見 線	浅 野, 扇 町		4.0			
			〃	浅 野, 新 芝 浦		0.9			
			〃	武 蔵 白 石, 大 川		1.0			
			東 海 道 線	品 川, 熱 海		97.8			
			〃	品 川, 新 鶴 見(信)		13.9			
業			〃	東京貨物ターミナル, 浜 川 崎		12.9			
			〃	鶴 見, 横浜羽沢, 東戸塚		16.0			
			〃	鶴 見, 八 丁 畷		2.3			
			〃	鶴 見, 新 興, 桜木町		11.2			
			〃	熱 海, 米 原		341.3			
			〃	南荒尾(信), 関 ケ 原		10.7			
			〃	南荒尾(信), 美 濃 赤 坂		1.9			⎰平18.4.1 梅 小路, 丹波口 間3.3粁廃止
	内 燃		**東 海 道 線**	**山 王(信), 名 古 屋 港**	6.2		単		⎰第1種鉄道事業 者は名古屋臨海 高速鉄道㈱
			東 海 道 線	米 原, 神 戸		139.0			平13.3.31 名古 屋貨物ターミナル, 西 名古屋港間 8.7 粁廃止
			名古屋臨海高速鉄道線	名 古 屋, 名 古 屋 貨 物 タ ー ミ ナ ル		5.1		平16.10. 6	名古屋, 名古屋 貨物ターミナル間粁程 変更 △1.9粁 (平16.10.6)
	電 気 (1,500)		**東 海 道 線**	**吹田貨物ターミナル, 大阪貨物ターミナル**	8.7		単		
			東 海 道 線	吹田貨物ターミナル, 梅 田, 福 島		10.0			⎰吹田, 吹田貨物 ターミナル間線路変更 (+1.5粁) (平25.3.16)
			東 北 線	田 端(信), 盛 岡		528.2			⎰田端(信), 北 王子間4.0粁 廃止 (平26.7.1)
	内 燃		東 北 線	長 町, 仙台貨物ターミナル, 東 仙 台		6.6			
			長 崎 線	鳥 栖, 長 崎		125.3			
			成 田 線	佐 倉, 香 取		43.6			
			南 武 線	尻 手, 立 川		33.8			
			〃	尻 手, 浜 川 崎		4.1			
			〃	尻 手, 新 鶴 見(信)		1.5			
線			日 豊 線	小 倉, 佐 土 原		326.7			⎰日向市, 佐土 原間開設 (平3.7.31)

61

種別	動力	軌間(米)	線名	区間	キロ程(粁) 1種	キロ程(粁) 2種	単複	運輸開始実施年月日	摘要
開 業 線	内 燃	全 線 1.067					単	特記以外は 昭62. 4. 1	
			根 岸 線	桜 木 町, 大　　船		20.1			芦別, 富良野間線路変更（△3.0粁）（平3.10.22）平14. 4. 1釧路, 東釧路間2.9粁廃止
			根 室 線	滝　　川, 富 良 野		54.6			
			〃	東 鹿 越, 釧　　路		213.6			
			白 新 線	上沼垂(信), 新 発 田		25.4			
			伯 備 線	倉　　敷, 伯耆大山		138.4			
			函 館 線	函館貨物, 長 万 部		108.9			平14. 4. 1函館, 五稜郭間3.4粁廃止
			〃	苗　　穂, 旭　　川		134.6			手稲, 苗穂間12.8粁廃止（平18.4.1）
			〃	大　　沼, 森		35.3			
			八 戸 線	八　　戸, 本 八 戸		5.5			中山宿スイッチバック線路変更（△0.7粁）（平9.3.22）
			磐 越 西 線	郡　　山, 新　　津		175.6			
			肥薩おれんじ鉄道線	八　　代, 川　　内		116.9		平16. 3.13	第1種鉄道事業者肥薩おれんじ鉄道㈱
			氷 見 線	高　　岡, 伏　　木		7.3			金沢, 福岡間線路変更　△0.1粁（平14.10.21）金沢駅名称変更→「金沢貨物ターミナル駅」
			北 陸 線	金　　沢, 米　　原		176.6			
			えちごトキめき鉄道 日本海ひすいライン	市　　振, 直 江 津		59.3		平27. 3.14	第1種鉄道事業者はえちごトキめき鉄道㈱
			あいの風とやま鉄道線	倶 利 伽 羅, 市　　振		100.1		平27. 3.14	第1種鉄道事業者はあいの風とやま鉄道㈱
			ＩＲいしかわ鉄道線	金　　沢, 倶 利 伽 羅		17.8		平27. 3.14	第1種鉄道事業者はＩＲいしかわ鉄道㈱

種別	動力	軌間(米)	線名	区間	キロ程(粁)		単複	運輸開始実施 年月日	摘要
					1種	2種			
開		全線 1.067						特記以外は 昭62. 4. 1	
	内燃		北陸線	敦賀,敦賀港	2.7		単		
			本四備讃線	茶屋町,児島		12.9		} 昭 63. 4. 10	
			〃	児島,宇多津		18.1			
			水戸線	小山,友部		50.2			
			武蔵野線	鶴見,南流山		84.2			
			〃	新小平,国立		5.0			
			〃	西浦和,与野		4.9			
			〃	南流山,北小金		2.9			
			〃	南流山,馬橋		3.7			
			〃	南流山,西船橋		16.4		平12.12. 2	
業			室蘭線	長万部,岩見沢		211.0			┌ 追分,岩見沢 間線路変更 （＋1.7粁） └ （平6.11.1）
			山手線	品川,田端		20.6			
			横須賀線	大船,逗子		8.4			┌ 逗子,田浦間 5.4粁廃止 └ （平18.5.1）
			横浜線	長津田,八王子		24.7			
			予讃線	高松,伊予横田		203.0			┌ 高松,高松貨 物ターミナル間線 路変更 （△0.3粁） └ （平13.8.1） ┌ 伊予横田,内 子間29.0粁廃 止（平18.4.1） ┌ 伊予大洲,宇 和島間48.1粁 廃止 └ （平18.4.1） ┌ 伊予大洲,新 谷間5.9粁廃 止（平18.4.1）
線				計	38.0	7924.4			

63

鉄　　道（普通鉄道）

（平 30. 3.31現在）

種　　別		経営者数	キ ロ 数	備　　考
開 業 線	第1種	社 133	キロ 6,828.1	
	第2種	24	392.8	
未開業線	第1種	6	63.0	
	第2種	0	0	
計	第1種	139	6,891.1	
	第2種	24	392.8	

太平洋石炭販売輸送株式会社

非連絡線

会　社　設　立　昭45. 9. 1　　本　社　〒111-0041　東京都台東区元浅草2丁目6番7号

株　式 { 授　権　　400千株　　輸送部 { 〒085-0813　釧路市春採8丁目1-13　　他主要事業

発行済　　142千株　　　　　　　電話　0154(46)4261　　　　　　　　　石炭販売，船舶，給水，

資　本　金　71,000千円　　代表者　社長　佐々木　　勉　　　　　　　　　荷役運送取扱，倉庫業，

食料品

種別	動　力	軌間（米）	線　名	区　　間	キロ程（粁）	単複	免　　許年 月 日	運輸開始実　施年 月 日	摘　　要	
開業線	内　燃	1.067	臨港線	春　採，知　人	4.0	単	大12. 6.18	大14. 2.12	（貨物運輸）昭54. 5.16釧路臨港鉄道㈱を合併（昭54. 4. 6許可）	北海道
				計	4.0					

（路線図　300ページ）

道南いさりび鉄道株式会社

連絡線
ＪＲ連絡駅（五稜郭，木古内）

会　社　設　立　平26. 8. 1　　本　社　〒040-0063　函館市若松町12番5号

株　式 { 授　権　1,000千株　　　　　　電話　0138(83)1977

発行済　　576千株　　　　　　　　　　　　　　　　　　　　他主要事業

資　本　金　466,000千円　　代表者　社長　小　上　一　郎

種別	動　力	軌間（米）	線　名	区　　間	キロ程（粁）	単複	許　　可年 月 日	運輸開始実　施年 月 日	摘　　要	
開業線	内　燃電　気(20000/25000)	1.067	道南いさりび鉄道線	五稜郭，木古内	37.8	単	平27. 6.29	平28. 3.26		北海道
				計	37.8					

（路線図　300ページ）

津軽鉄道株式会社

連絡線
ＪＲ連絡駅（五所川原）

会 社 設 立　昭 3. 2.24
株 式 { 授 権　4,000千株
発行済　1,936千株 }
資 本 金　73,388千円

本 社　〒037-0063　五所川原市字大町39番地
電話　0173(34)2148

代表者　社長　澤 田 長二郎

他主要事業

種別	動 力	軌 間(米)	線 名	区　間	キロ程(粁)	単複	免　許年 月 日	運輸開始実 施年 月 日	摘　要
青森県 開業線	内 燃	1.067	津軽鉄道線	津軽五所川原, 津軽中里	20.7	単	昭 3. 2.13		
				津軽五所川原, 金木	12.8			昭 5. 7.15	
				金　木, 大沢内	4.9			5.10. 4	
				大沢内, 津軽中里	3.0			5.11.13	
				計	20.7				

（路線図　300ページ）

弘南鉄道株式会社

連絡線
ＪＲ連絡駅
（弘前, 大鰐温泉）

会 社 設 立　大15. 3.27
株 式 { 授 権　4,000千株
発行済　3,500千株 }
資 本 金　175,000千円

本 社　〒036-0103　平川市本町北柳田23番 5 号
電話　0172(44)3136

代表者　社長　船 越 弘 造

他主要事業

種別	動 力	軌 間(米)	線 名	区　間	キロ程(粁)	単複	免　許年 月 日	運輸開始実 施年 月 日	摘　要
青森県 開業線	電 気(1500)	全 線 1.067	弘南線 {	弘　前, 黒 石	16.8	単			
				弘　前, 津軽尾上	11.1		大15. 2.18	昭 2. 9. 7	
				津軽尾上, 黒 石	5.7		昭21.12.17	25. 7. 1	
	〃	〃	大 鰐 線	大　鰐, 中央弘前	13.9	単	23. 5. 7	27. 1.26	弘前電気鉄道㈱より譲受（昭45. 9.25認可）
				計	30.7				

（路線図　300ページ）

青　森　県

所在地　〒030-8570　青森市長島1丁目1番1号
電話　017(722)1111

代表者　知事　三村　申吾

連絡線
ＪＲ連絡駅（青森，八戸）
アイジーアールいわて銀河
　鉄道連絡駅（目時）

他主要事業

種別	動力	軌間（米）	線名	区　　　間	キロ程（粁）	単複	許可年月日	運輸開始実施年月日	摘要
第3種開業線	電気(20,000)	1.067	青い森鉄道線	目　時，青　森 目　時，八　戸 八　戸，青　森	121.9 25.9 96.0	複	平14. 5.28 平22. 2.19	平14.12. 1 平22.12. 4	第2種鉄道事業者は青い森鉄道㈱
				計	121.9				

（路線図 301ページ）

青森県

青い森鉄道株式会社

会　社　設　立　平13. 5.30
株　式 { 授　権　　58千株
　　　　　発行済　　58千株
資　本　金　2,900百万円

本　社　〒038-8550　青森市篠田一丁目6番2号
電話　017(752)0330

代表者　社長　千葉　耕悦

連絡線
ＪＲ連絡駅（青森，八戸）
アイジーアールいわて銀河
　鉄道連絡駅（目時）

他主要事業
　広告業，旅行業

種別	動力	軌間（米）	線名	区　　　間	キロ程（粁）	単複	許可年月日	運輸開始実施年月日	摘要
第2種開業線	電気(20,000)	1.067	青い森鉄道線	目　時，青　森 目　時，八　戸 八　戸，青　森	121.9 25.9 96.0	複	平14. 5.28 平22. 2.19	平14.12. 1 平22.12. 4	第3種鉄道事業者は青森県
				計	121.9				

（路線図 301ページ）

青森県

八戸臨海鉄道株式会社

連絡線
　ＪＲ連絡駅（八戸貨物）

会　社　設　立	昭45. 7. 30
株　式 授　権	4,560千株
発行済	1,140千株
資　本　金	570,000千円

本　社　〒039-1102　八戸市一番町１丁目３番１号
電話　0178(27)3281

代表者　社長　佐渡　　嗣

他主要事業
　業務受託事業，駐車場業

	種別	動　力	軌　間 （米）	線　名	区　　　間	キロ程 （粁）	単複	免　　許 年　月　日	運輸開始 実　施 年　月　日	摘　　　要
青森県	開 業 線	内　燃	1.067	八戸臨海 鉄道線	八戸貨物，北　沼	8.5	単	昭45. 9.25	昭45.12. 1	（貨物運輸）
					計	8.5				

（路線図　300ページ）

アイジーアールいわて銀河鉄道株式会社

連絡線
　ＪＲ連絡駅（盛岡，好摩）
　青い森鉄道連絡駅（目時）

会　社　設　立	平13. 5.25
株　式 授　権	40,000株
発行済	36,994株
資　本　金	1,849百万円

本　社　〒020-0133　盛岡市青山２丁目２番８号
電話　019(601)9980

代表者　社長　浅沼　康揮

他主要事業
　旅行業，不動産業

	種別	動　力	軌　間 （米）	線　名	区　　　間	キロ程 （粁）	単複	許　　可 年　月　日	運輸開始 実　施 年　月　日	摘　　　要
青森県・岩手県	開 業 線	電　気 (20,000)	1.067	いわて銀河 鉄道線	盛　　岡，目　時	82.0	複	平14. 5.28	平14.12. 1	
					計	82.0				

（路線図　301ページ）

三 陸 鉄 道 株 式 会 社

連絡線
ＪＲ連絡駅
　（盛，釜石，宮古，久慈）

会 社 設 立	昭56.11.10
株 式 ｛ 授 権	100千株
発行済	30千株
資 本 金	300,000千円

本 社 〒027-0076　宮古市栄町4番地
　　　電話　0193(62)8900

代表者　社長　中 村 一 郎

他主要事業
　第2種旅行業，物品販売業

種別	動力	軌間 （米）	線名	区　　間	キロ程 （粁）	単複	免　許 年 月 日	運輸開始 実施 年 月 日	摘　　要
開 業 線	内燃	全線 1.067	北リアス線	宮 古，久 慈	71.0	単			
				宮 古，田 老	12.7		昭58.12.28		
				田 老，普 代	32.2		57. 2.15		
				普 代，久 慈	26.1		58.12.28	昭 59. 4. 1	
			南リアス線	盛 ，釜 石	36.6	単			
				盛 ，吉 浜	21.6		58.12.28		
				吉 浜，釜 石	15.0		57. 2.15		
				計	107.6				

岩 手 県

（路線図 302ページ）

岩 手 開 発 鉄 道 株 式 会 社

連絡線
ＪＲ連絡駅（盛）

会 社 設 立	昭14. 8.17
株 式 ｛ 授 権	6,000千株
発行済	2,400千株
資 本 金	120,000千円

本 社 〒022-0003　大船渡市盛町字東町10番地3
　　　電話　0192(26)3127

代表者　社長　岡 田 真 一

他主要事業

種別	動力	軌間 （米）	線名	区　　間	キロ程 （粁）	単複	免　許 年 月 日	運輸開始 実施 年 月 日	摘　　要
開 業 線	内燃	全線 1.067	日頃市線	盛 ，岩手石橋	9.5	単			（貨物運輸） 平 4.4.1から旅客運 輸廃止
				盛 ，日頃市	6.4		昭14. 6. 7	昭25.10.21	
				日頃市，岩手石橋	3.1		〃	35. 6.21	
			赤 崎 線	盛 ，赤 崎	2.0	単	31. 5. 1	32. 6.21	（貨物運輸）
				計	11.5				

岩 手 県

（路線図 301ページ）

仙台市（交通局）

連絡線
ＪＲ連絡駅
（仙台，北仙台，長町，
あおば通）

所在地 { 市役所　〒980-8671　仙台市青葉区国分町３丁目７番１号
交通局　〒980-0801　仙台市青葉区木町通１丁目４番15号

代表者 { 市　　　長　郡　　和　子
交通事業管理者　加　藤　俊　憲

他主要事業　自動車運送事業

	種別	動力	軌間 （米）	線名	区　　間	キロ程 （粁）	単	免　許 年　月　日	運輸開始 実　施 年　月　日	摘　　要
宮城県	開	電気 （1500）	1.067	南北線 {	富沢, 泉中央	14.8	複			
					富沢, 八乙女	13.6		昭55. 5.30	昭62. 7.15	
					八乙女, 泉中央	1.2		63. 7.22	平 4. 7.15	
	業		1.435	東西線	八木山動物公園－荒井	13.9	複	平15. 9.18	平27.12. 6	
	線				計	28.7				

（路線図　302ページ）

仙台空港鉄道株式会社

連絡線
ＪＲ連絡駅（名取）

会　社　設　立　平12. 4. 7
株　式 { 授権　150,780株
発行済　142,580株
資　本　金　7,129百万円

本　社　〒981-1227　名取市杜せきのした
　　　　　　　　　　　五丁目34番地
電話　022（383）0150
代表者　社長　菅原久吉

他主要事業

	種別	動力	軌間 （米）	線名	区　　間	キロ程 （粁）	単複	免　許 年　月　日	運輸開始 実　施 年　月　日	摘　　要
宮城県	開	電気 （20,000）	1.067	仙台空港線	名取, 仙台空港	7.1	単	平12. 6.14	平19. 3.18	
	業									
	線				計	7.1				

（路線図　302ページ）

仙台臨海鉄道株式会社

連絡線
ＪＲ連絡駅（陸前山王）

会 社 設 立	昭45.11. 7	本 社 〒983-0001 仙台市宮城野区港4丁目11番2号
株 式 { 授 権 2,800千株		電話 022(258)5211	他主要事業
発行済 1,440千株		
資 本 金 720,000千円	代表者 社長 伊藤 悟

種別	動 力	軌間（米）	線 名	区 間	キロ程（粁）	単複	免 許年 月 日	運輸開始実 施年 月 日	摘 要
開 業 線	内 燃	全 線 1.067	臨海本線	陸前山王，仙台北港	5.4	単	昭46. 1.23	昭46.10. 1	（貨物運輸）
			仙台埠頭線	仙台港，仙台埠頭	1.6	〃	〃	50. 9. 1	〃
			仙台西港線	仙台港，仙台西港	2.5	〃	56.10.29	58. 4. 1	〃
				計	9.5				

宮城県

（路線図 303ページ）

由利高原鉄道株式会社

連絡線
ＪＲ連絡駅（羽後本荘）

会 社 設 立	昭59.10.31	本 社 〒015-0404 由利本荘市矢島町
株 式 { 授 権 6千株		七日町字羽坂21番地2	他主要事業
発行済 2千株		電話 0184(56)2736
資 本 金 100,000千円	代表者 社長 春田啓郎

種別	動 力	軌間（米）	線 名	区 間	キロ程（粁）	単複	免 許年 月 日	運輸開始実 施年 月 日	摘 要
開 業 線	内 燃	1.067	鳥海山ろく線	羽後本荘，矢 島	23.0	単	昭60. 8.14	昭60.10. 1	
				計	23.0				

秋田県

（路線図 305ページ）

秋田内陸縦貫鉄道株式会社

連絡線
JR連絡駅（鷹ノ巣，角館）

会　社　設　立	昭59.10.31
株式	授　権 6,000株
	発行済 6,000株
資　本　金	300,000千円

本　社　〒018-4613　北秋田市阿仁銀山
字下新町41番地1
電話　0186（82）3231
代表者　社長　吉田　裕幸

他主要事業

	種別	動　力	軌　間（米）	線　名	区　　間	キロ程（粁）	単複	免　許年　月　日	運輸開始実　施年　月　日	摘　　要
秋田県	開業線	内　燃	1.067	秋田内陸線	鷹　巣，角　館	94.2	単			
					鷹　巣，比立内	46.0		昭61. 7.31	昭61.11. 1	
					比立内，松　葉	29.0		60. 9.11	平 1. 4. 1	
					松　葉，角　館	19.2		61. 7.31	昭61.11. 1	
					計	94.2				

（路線図　304ページ）

秋田臨海鉄道株式会社

連絡線
JR連絡駅（秋田港）

会　社　設　立	昭45. 4.21
株式	授　権 1,994千株
	発行済 994千株
資　本　金	500,000千円

本　社　〒011-0945　秋田市土崎港西1丁目12番6号
電話　018（847）1181
代表者　社長　石崎　利夫

他主要事業

	種別	動　力	軌　間（米）	線　名	区　　間	キロ程（粁）	単複	免　許年　月　日	運輸開始実　施年　月　日	摘　　要
秋田県	開業線	内　燃	1.067	南　線	秋田港，向　浜	5.4	単	昭45. 9. 3	昭46. 7. 7	（貨物運輸）
				北　線	秋田港，秋田北港	2.5	単	〃		〃
					秋田港，中島埠頭	0.5			46. 7. 7	
					中島埠頭，秋田北港	2.0			46.10. 1	
					計	7.9				

（路線図　305ページ）

山形鉄道株式会社

連絡線
JR連絡駅（今泉，赤湯）

会社設立	昭63.4.26	本社	〒993-0084　長井市栄町1番10号

株式 { 授権　12,000株　　発行済　9,569株 }

電話　0238(88)2002

他主要事業　旅行業

資本金　478,450千円　　代表者　社長　中井　晃

種別	動力	軌間（米）	線名	区　　間	キロ程（粁）	単複	免　許年月日	運輸開始実施年月日	摘　要
開業線	内燃	1.067	フラワー長井線	赤湯,荒砥	30.5	単	昭63.5.28	昭63.10.25	
				計	30.5				

山形県

（路線図 305ページ）

阿武隈急行株式会社

連絡線
JR連絡駅（槻木，福島）
福島交通連絡駅（福島）

会社設立	昭59.4.5	本社	〒960-0773　伊達市梁川町字五反田100番地1

株式 { 授権　40千株　　発行済　30千株 }

電話　024(577)7132

他主要事業

資本金　1,500百万円　　代表者　社長　千葉　宇京

種別	動力	軌間（米）	線名	区　　間	キロ程（粁）	単複	免　許年月日	運輸開始実施年月日	摘　要
開業線	内燃電気(20,000)	1.067	阿武隈急行線	福島,槻木	54.9	単			
				福島,丸森	37.5		昭60.2.27	昭63.7.1	
				丸森,槻木	17.4		61.5.12	61.7.1	
				計	54.9				

福島県・宮城県

（路線図 303ページ）

福島交通株式会社

連絡線
ＪＲ連絡駅（福島）
阿武隈急行連絡駅（福島）

会 社 設 立　昭61. 7. 9
株 式 { 授 権　　56千株
　　　 発行済　　14千株
資 本 金　100百万円

本　社　〒960-8132　福島市東浜町7番8号
鉄道部　〒960-0241　福島市笹谷字古屋前2番5号
電話　024(558)4611
代表者　社長　武 藤 泰 典

他主要事業　自動車運送事業

種別	動力	軌間(米)	線名	区　間	キロ程(粁)	単複	免許年月日	運輸開始実施年月日	摘要
福島県 開業線	電気(1500)	1.067	飯坂線	福　島, 飯坂温泉	9.2	単	大9.8.12		軌道から変更(昭19.11.18許可)(動力 750→1500Ｖ化, 平2.10.29)
				福　島, 花水坂	8.7			大13. 4.13	
				花水坂, 飯坂温泉	0.5			13. 5.22	
				計	9.2				

（路線図 303ページ）

会津鉄道株式会社

連絡線
ＪＲ連絡駅（西若松）
野岩鉄道連絡駅
（会津高原尾瀬口）

会 社 設 立　昭61.11.10
株 式 { 授 権　　40千株
　　　 発行済　　30千株
資 本 金　1,500百万円

本　社　〒965-0853　会津若松市材木町1丁目3番20号
電話　0242(28)5885
代表者　社長　大 石　　直

他主要事業　販売業, 旅行業

種別	動力	軌間(米)	線名	区　間	キロ程(粁)	単複	免許年月日	運輸開始実施年月日	摘要
福島県 開業線	内燃電気(1500)	1.067	会津線	西若松, 会津高原尾瀬口	57.4	単	昭62. 5. 9	昭62. 7.16	
				計	57.4				

（路線図 304ページ）

福島臨海鉄道株式会社

連絡線
ＪＲ連絡駅（泉）

会 社 設 立	大 4. 6. 2	
株 式 { 授 権	9,600千株	
{ 発行済	8,600千株	
資 本 金	430,000千円	

本　社　〒971-8101　いわき市小名浜字高山34番地の14
電話　0246(92)3230

代表者　社長　萩 原 正 之

他主要事業
自動車運送事業

種別	動 力	軌 間 (米)	線 名	区　　間	キロ程 (粁)	単複	免　許 年 月 日	運輸開始 実 施 年 月 日	摘　　要	
開業線	内 燃	1.067	福島臨海鉄道本線	泉 ，小 名 浜	4.8	単	昭14. 6.10	昭16.11. 1	(貨物運輸) 軌道から変更 (昭14. 6.30許可) 小名浜駅移設 △0.6粁(平27. 1. 13)	福島県
				計	4.8					

（路線図 305ページ）

北 越 急 行 株 式 会 社

連絡線
ＪＲ連絡駅
（六日町，十日町，犀潟）

会 社 設 立	昭59. 8.30	
株 式 { 授 権	100,000株	
{ 発行済	91,360株	
資 本 金	4,568百万円	

本　社　〒949-6680　新潟県南魚沼市六日町2902番地１
電話　025(770)2820

代表者　社長　渡 邉 正 幸

他主要事業
旅行業

種別	動 力	軌 間 (米)	線 名	区　　間	キロ程 (粁)	単複	免　許 年 月 日	運輸開始 実 施 年 月 日	摘　　要	
開業線	電 気 (1500) 内 燃	1.067	ほくほく線	六 日 町，犀 潟	59.5	単	昭60. 2. 1	平 9. 3.22		新潟県
				計	59.5					

（路線図 306ページ）

えちごトキめき鉄道株式会社

会社設立　平22.11.22

株式 { 授権 360千株
発行済 263,824株

資本金 6,677,100千円

本社　〒942-0003　上越市東町1番地1
電話　025(546)5520

代表者　社長　嶋津忠裕

連絡線
ＪＲ連絡駅
（直江津，糸魚川，上越妙高）
しなの鉄道連絡駅（妙高高原）
あいの風とやま鉄道連絡駅
（市振）
他主要事業

	種別	動力	軌間(米)	線名	区間	キロ程(粁)	単複	許可年月日	運輸開始実施年月日	摘要
新潟県	開	電気(1500/20000)内燃蒸気	全線1.067	妙高はねうまライン	妙高高原，直江津	37.7	単	平26. 2.28	平27. 3.14	
				日本海ひすいライン	市　振，直江津	59.3	複	〃	〃	
	業線				計	97.0				

（路線図 308ページ）

長野電鉄株式会社

会社設立　大9. 5.30

株式 { 授権 40,000千株
発行済 10,859千株

資本金 495,000千円

本社　〒380-0833　長野市権堂町2201番地
電話　026(232)8121

鉄道事業部　〒382-0076　須坂市大字須坂1217-3
電話　026(248)6000

代表者　社長　笠原甲一

連絡線
ＪＲ連絡駅（長野）
しなの鉄道連絡駅（長野）

他主要事業
{ 観光事業，旅行業，
不動産業

	種別	動力	軌間(米)	線名	区間	キロ程(粁)	単複	免許年月日	運輸開始実施年月日	摘要
長野県	開	電気(1500)	1.067	長野線 {	長　野，湯田中	33.2	単複			} 長野，朝陽間6.3粁複線
					長　野，権　堂	1.0	複	大12. 6.22	昭3. 6.24	
					権　堂，須　坂	11.5	単複	〃	大15. 6.28	
					須　坂，信州中野	13.1	単	10. 5.26	12. 3.26	} 信州中野，木島間12.9粁廃止
					信州中野，湯田中	7.6	単	〃	昭2. 4.28	（平14. 4. 1）
	業線									屋代，須坂間24.4粁廃止（平24. 4. 1）
					計	33.2				

（路線図 307ページ）

し な の 鉄 道 株 式 会 社

連絡線
ＪＲ連絡駅（軽井沢，小諸，
　　上田，篠ノ井，長野，豊野）
上田電鉄連絡駅（上田）
長野電鉄連絡駅（長野）
えちごトキめき鉄道連絡駅
　　　　　（妙高高原）

会 社 設 立　平 8. 5. 1　　本　社　〒386-0018　上田市常田 1 丁目 3 番39号
株　式 { 授　権　48,409株　　　　電話　0268(21)4700
　　　　　発行済　48,409株
資　本　金 2,420,450千円　　代表者　社長　玉 木　　淳

種別	動 力	軌 間 (米)	線 名	区　　間	キロ程 (粁)	単複	免　　許 年 月 日	運輸開始 実　施 年 月 日	摘　　要
開 業 線	電　気 (1500) 内　燃	全　線 1.067	しなの鉄道線	軽井沢, 篠ノ井	65.1	複	平 9. 6.19	平 9.10. 1	
	電　気 (1500) 内　燃 蒸　気		北しなの線	長　　野, 妙高高原	37.3	単複	平26. 2.28 (許可)	平27. 3.14	
				計	102.4				

（路線図 306ページ）

長野県

上 田 電 鉄 株 式 会 社

連絡線
ＪＲ連絡駅（上田）
しなの鉄道連絡駅（上田）

他主要事業
　不動産賃貸業

会 社 設 立　平17.10. 3　　本　社　〒386-0025　上田市天神一丁目 2 番 1 号
株　式 { 授　権　400株　　　　　　電話　0268(22)3330
　　　　　発行済　100株　　　　運輸部　〒386-1211　上田市下之郷498
資　本　金　10,000千円　　　　　電話　0268(39)7117
　　　　　　　　　　　　　　代表者　代表取締役社長　今 成 孝 雄

種別	動 力	軌 間 (米)	線 名	区　　間	キロ程 (粁)	単複	免　　許 年 月 日	運輸開始 実　施 年 月 日	摘　　要
開 業 線	電　気 (1500)	1.067	別 所 線	上　　田, 別所温泉	11.6	単	大 8.11.10 (特許)	大10. 6.17	平17.10. 3　純粋持株会社体制移行に伴う会社分割により，現・上田交通㈱から鉄道事業を承継 (平17. 9.28　認可) 会社分割前の旧・上田交通㈱の設立は昭18.10.21
				計	11.6				

（路線図 307ページ）

長野県

アルピコ交通株式会社

連絡線
ＪＲ連絡駅（松本）

会 社 設 立　大 9. 5.29
株 式 { 授 権　34,560千株
　　　　　発行済　20,252,092株
資 本 金　100,000千円

本 社　〒390-0831　松本市井川城2丁目1番1号
　　　　電話　0263(26)7311

代表者　社長 三 澤 洋 一

他主要事業
{ 自動車運送事業,
　不動産業

種別	動 力	軌 間（米）	線 名	区　　間	キロ程（粁）	単複	免　許年 月 日	運輸開始実 施年 月 日	摘　　要
長野県	開	電 気（1500）	1.067	上高地線	松　本,新島々	14.4	単	大 8.12. 5		新島々,島々間1.3粁廃止（昭59.12.31）
					松　本,新　村	6.2			大10.10. 2	
	業				新　村,波　田	4.9			11. 5. 3	
					波　田,新島々	3.3			11. 9.26	
	線				計	14.4				

（路線図 306ページ）

万 葉 線 株 式 会 社 (その一)

非連絡線

会 社 設 立　平13. 4. 5
株 式 { 授 権　9,980株
　　　　　発行済　9,980株
資 本 金　499,000千円

本 社　〒933-0073　高岡市荻布字川西68番地
　　　　電話　0766(25)4139

代表者　社長 中 村 正 治

他主要事業　軌道

種別	動 力	軌 間（米）	線 名	区　　間	キロ程（粁）	単複	免　許年 月 日	運輸開始実 施年 月 日	摘　　要
富山県	開	電 気（600）	1.067	新湊港線	越ノ潟,六渡寺	4.9	単			加越能鉄道㈱から譲受（平14. 4. 1）
					越ノ潟,海王丸	0.7		大11.12.26	昭 5.12.23	
					海王丸,東新湊	0.6		〃	5.10.12	
	業				東新湊,庄川口	3.0		〃	7.11. 9	
					庄川口,六渡寺	0.6		〃	8.12.25	
	線				計	4.9				

（路線図 310ページ）

黒部峡谷鉄道株式会社

連絡線
富山地鉄連絡駅（宇奈月温泉）

会 社 設 立	昭46. 5. 4

株 式	授 権	2,000千株
	発行済	500千株

資 本 金	250,000千円

本　社　〒938-0293　黒部市黒部峡谷口11番地
電話　0765(62)1014

代表者　社長　小 橋 一 志

他主要事業　物品販売業

種別	動 力	軌 間 (米)	線 名	区 間	キロ程 (粁)	単複	免 許 年 月 日	運輸開始 実 施 年 月 日	摘 要	
開 業 線	内 燃 電 気 (600)	0.762	本 線	宇 奈 月, 欅 平	20.1	単		昭28.11.16		富 山 県
				宇 奈 月, 猫 又	11.8		大15. 2.10			
				猫 又, 小 屋 平	5.7		15. 3.20			
				小 屋 平, (小黒部)	1.0		昭 2. 4. 6			
				(小黒部), 欅 平	1.6		3.12. 6			
									専用鉄道から変更 (昭28.11. 5許可) 昭46. 7. 1関西電力 ㈱から譲受	
				計	20.1					

（路線図 309ページ）

富山ライトレール株式会社 （その一）

非連絡線

会 社 設 立	平16. 4.21

株 式	授 権	40千株
	発行済	9,960株

資 本 金	498百万円

本　社　〒931-8325　富山市城川原3丁目3番45号
電話　076(426)1770

代表者　社長　粟 島 康 夫

他主要事業　軌道

種別	動 力	軌 間 (米)	線 名	区 間	キロ程 (粁)	単複	許 可 年 月 日	運輸開始 実 施 年 月 日	摘 要	
開 業 線	電 気 (600) 内 燃	1.067	富山港線	奥田中学校前, 岩瀬浜	6.5	単	平16.11. 9	平18. 4.29		富 山 県
				計	6.5					

（路線図 311ページ）

81

富山地方鉄道株式会社 (その一)

会 社 設 立　昭5. 2.11　　本 社　〒930-8636　富山市桜町1丁目1番36号

株 式 { 授 権　100,000千株　　電話　076(432)5111

発行済　31,154千株　　営業部鉄軌道課　電話　076(432)5541

資 本 金　1,557,717千円　　代表者　社長　辻川　徹

連絡線
JR連絡駅（新黒部, 電鉄富山）
あいの風とやま鉄道連絡駅
　（新魚津, 電鉄富山）
他主要事業
{ 軌道, 自動車運送事業, 不動産業,
　自動車整備業, レジャー事業

種別	動 力	軌 間（米）	線 名	区　　間	キロ程（粁）	単複	免 許 年 月 日	運輸開始実施 年 月 日	摘　　要
富山県 開 業 線	電 気 (1500) 内 燃	全 線 1.067	本 線	電鉄富山, 宇奈月温泉	53.3	単複			
				電鉄富山, (富山田地方)	0.7	複	} 昭 2. 6.18	昭6.10. 3	} 電鉄富山, 稲荷町 間 1.6粁複線
				(富山田地方), 上市	12.6	単複		6. 8.15	
				上 市, 滑 川	8.5		明44. 7.18	大 2. 6.25	
				滑 川, 越中中村	3.8		昭8. 6.24	昭10.12.13	
				越中中村, 電鉄魚津	3.3		8. 6.26	11. 6. 6	
				電鉄魚津, 新魚津	1.3	単	9. 4.13	11. 8.21	
				新 魚 津, 電鉄黒部	7.0		9. 7.17	11.10. 1	
				電鉄黒部, 下 立 口	8.4		} 大 10. 6.28	大11.11. 5	
				下立口, 宇奈月温泉	7.7			12.11.21	
			立 山 線	寺 田, 立 山	24.2	単			
				寺 田, 五 百 石	3.7		大 2. 6.18	昭 9. 8.15	
				五百石, 岩 峅 寺	6.5		9. 6. 3	大10. 3.19	
				岩 峅 寺, 横 江	3.3		} 9. 7. 6	10.10.21	
				横 江, 千 垣	3.8			12. 4.20	
				千 垣, (粟巣野)	5.6		昭12.10. 1		} 昭37.4.1立山開発 鉄道㈱から小見, 立山間6.3粁譲受
				(粟巣野), (立山仮)	0.8		} 昭11.5.6	29. 8. 1	
				(立山仮), 立 山	0.5			30. 7. 1	
			不二越線	稲荷町, 南富山	3.3	単	大 2. 3. 6	大 3.12. 6	
			上 滝 線	南富山, 岩 峅 寺	12.4	単			
				南富山, 上 滝	10.1		} 9. 7. 6	10. 4.25	
				上 滝, 岩 峅 寺	2.3			10. 8.20	
				計	93.2				

（路線図 309ページ）

あいの風とやま鉄道株式会社

連絡線
ＪＲ連絡駅（富山，高岡）
えちごトキめき鉄道連絡駅
（市振）
IRいしかわ鉄道連絡駅
（倶利伽羅）
他主要事業

会 社 設 立　平24. 7. 24　　本　社　〒930-0858　富山市牛島町24番7号
株　式 { 授　権　120千株　　　　　　　電話　076(444)1300
　　　　発行済　 80千株
資 本 金 4,000,000千円　　代表者　社長　日 吉 敏 幸

種別	動　力	軌　間 (米)	線　名	区　　　間	キロ程 (粁)	単複	許　可 年 月 日	運輸開始 実　施 年 月 日	摘　　要
開業線	電　気 (20,000) 内　燃 蒸　気	1.067	あいの風と やま鉄道線	倶利伽羅，市　　振	100.1	複	平26. 2.28	平27. 3.14	
				計	100.1				

（路線図 308ページ）

富山県

の と 鉄 道 株 式 会 社

連絡線
ＪＲ連絡駅 { 七尾， 和倉温泉

他主要事業
　物品販売業，旅行業

会 社 設 立　昭62. 5. 1　　本　社　〒927-0026　鳳珠郡穴水町大町チ24番地2
株　式 { 授　権　20,000千株　　　　　電話　0768(52)4422
　　　　発行済　 9,000千株
資 本 金 450,000千円　　代表者　社長　山 下 孝 明

種別	動　力	軌　間 (米)	線　名	区　　　間	キロ程 (粁)	単複	免　許 年 月 日	運輸開始 実　施 年 月 日	摘　　要
第2種開業線	内　燃	1.067	七　尾　線	七　尾，穴　水	33.1	単	平 2. 1.31	平 3. 9. 1	七尾，和倉温泉間の 第1種鉄道事業者及 び和倉温泉，穴水間 の第3種鉄道事業者 は西日本旅客鉄道㈱ 平13. 4. 1 穴水， 輪島間20.4粁廃止 （平12. 3.30届出） 平17. 4. 1 穴水， 蛸島間61.0粁廃止 （平16. 3.30届出）
				計	33.1				

（路線図 310ページ）

石川県

北陸鉄道株式会社

会社設立　昭18.10.13　　　本　社　〒920-8508　金沢市割出町556番地
株式 { 授権　6,000千株　　　電話　076(237)8111
　　　 発行済　3,630千株　　鉄道部　電話　076(272)2221
資本金　1,814,855千円　　代表者　社長　加藤敏彦

連絡線
ＪＲ連絡駅（金沢，西金沢）
IRいしかわ鉄道連絡駅
　（金沢）
他主要事業
{ 自動車運送事業，
　レジャー事業

種別	動力	軌間（米）	線名	区間	キロ程（粁）	単複	免許 年月日	運輸開始 実施 年月日	摘要
石川県 開業線	電気（1500）	1.067	浅野川線	北鉄金沢，内灘	6.8	単	大 }12. 5.25	大15. 5.18	
				北鉄金沢，七ツ屋	0.7			14. 5.10	
				七ツ屋，（新須崎）	5.3				
				（新須崎），内灘	0.8		昭 3. 6.23	昭 4. 7.14	
	電気（600）	〃	石川線	野町，鶴来	13.8	単			鶴来，加賀一の宮間
	内燃			野町，新西金沢	2.1		大 8. 8.18	大11.10. 1	2.1粁廃止
				新西金沢，鶴来	11.7		2. 4.22	4. 6.22	（平21.11. 1）
				計	20.6				

（路線図 310ページ）

IRいしかわ鉄道株式会社

会社設立　平24. 8.28　　　本　社　〒920-0005　金沢市高柳町9の1番地1
株式 { 授権　50千株　　　　電話　076(256)0560
　　　 発行済　40,120株
資本金　2,006,000千円　　代表者　社長　七野利明

連絡線
ＪＲ連絡駅（金沢，津幡）
あいの風とやま鉄道連絡駅
　（倶利伽羅）
北陸鉄道連絡駅（北鉄金沢）
他主要事業

種別	動力	軌間（米）	線名	区間	キロ程（粁）	単複	許可 年月日	運輸開始 実施 年月日	摘要
石川県 開業線	電気（20,000） 内燃 蒸気	1.067	IRいしかわ鉄道線	金沢，倶利伽羅	17.8	複	平26. 2.28	平27. 3.14	
				計	17.8				

（路線図 310ページ）

関東鉄道株式会社

会　社　設　立　　大11. 9. 3
株　式 { 授　権　40,800千株 / 発行済　10,200千株 }
資　本　金　510,000千円

本　社　〒300-8555　土浦市真鍋 1 丁目10番 8 号
　　　　　電話　029 (822) 3710

代表者　社長　松　上　英一郎

連絡線
ＪＲ連絡駅（佐貫，取手，下館）
首都圏新都市鉄道連絡駅（守谷）

他主要事業　自動車運送事業，
　　　　　　土地建物売買

種別	動力	軌間(米)	線名	区間	キロ程(粁)	単複	免許年月日	運輸開始実施年月日	摘要
開業線	内燃	全線 1.067	竜ヶ崎線	佐　貫，竜ヶ崎	4.5	単	明32. 4. 5	明33. 8.14	
			常総線	取　手，下　館	51.1	単複	44.11. 1	大 2.11. 1	取手，水海道間 17.5粁複線
				計	55.6				

茨城県

（路線図　312ページ）

鹿島臨海鉄道株式会社

会　社　設　立　　昭44. 4. 1
株　式 { 授　権　4,000千株 / 発行済　2,452千株 }
資　本　金　1,226百万円

本　社　〒311-1307　東茨城郡大洗町桜道301番地
　　　　　電話　029 (267) 5200
貨物事業部　〒314-0103　神栖市東深芝22番地 1
　　　　　電話　0299 (92) 0774
代表者　社長　玉　木　良　知

連絡線
ＪＲ連絡駅（鹿島サッカース
　　　　　　タジアム，水戸）

他主要事業
　物品販売業

種別	動力	軌間(米)	線名	区間	キロ程(粁)	単複	免許年月日	運輸開始実施年月日	摘要
開業線	内燃	全線 1.067	鹿島臨港線	鹿島サッカースタジアム，奥野谷浜	19.2	単	昭44. 7.21	昭45.11.12	（貨物運輸）
			大洗鹿島線	水　戸，鹿島サッカースタジアム	53.0	〃	59. 9.11	60. 3.14	
				計	72.2				

茨城県

（路線図　312ページ）

ひたちなか海浜鉄道株式会社

連絡線
ＪＲ連絡駅（勝田）

会 社 設 立　平20. 4. 1　　本 社　〒311-1225　ひたちなか市釈迦町22-2
株 式 { 授 権　 14,240株　　　　電話　029(262)2361　　　　　　　　他主要事業
　　　　 発行済　 3,560株
資 本 金　178,000千円　　代表者　社長　吉 田 千 秋

	種別	動力	軌間（米）	線名	区　間	キロ程（粁）	単複	免　許年 月 日	運輸開始実施年 月 日	摘　要
茨城県	開業線	内燃	1.067	湊 線	勝　田, 阿字ケ浦	14.3	単			平20.4.1茨城交通㈱から会社分割により鉄道事業を承継（平20. 3.25認可）
					勝　田, 那 珂 湊	8.2		明37. 3. 4	大 2.12.25	
					那 珂 湊, 磯　崎	5.1		大11.12.22	大13. 9. 3	
					磯　崎, 阿字ケ浦	1.0		昭 3. 5.10	昭 3. 7.17	
					計	14.3				

（路線図 313ページ）

真 岡 鐵 道 株 式 会 社

連絡線
ＪＲ連絡駅（下館）
関東鉄道連絡駅（下館）

会 社 設 立　昭62.10.12　　本 社　〒321-4306　真岡市台町2474番地１
株 式 { 授 権　 20千株　　　　　電話　0285(84)2911
　　　　 発行済　 5千株　　　　　　　　　　　　　　　　　　　　他主要事業　旅行業
資 本 金　250,000千円　　代表者　社長　石 坂 真 一

	種別	動力	軌間（米）	線名	区　間	キロ程（粁）	単複	免　許年 月 日	運輸開始実施年 月 日	摘　要
栃木県・茨城県	開業線	内燃蒸気	1.067	真岡線	下　館, 茂　木	41.9	単	昭62.11.13	昭63. 4.11	
					計	41.9				

（路線図 313ページ）

野岩鉄道株式会社

連絡線
会津鉄道連絡駅（会津高原尾瀬口）
東武鉄道連絡駅（新藤原）

会 社 設 立	昭56.11.20
株　式 { 授 権	100千株
発行済	100千株
資 本 金	1,000百万円

本　社　〒321-2521　日光市藤原326番地3号
電話　0288(77)3300（総務部）

代表者　社長　佐久間　弘　之

他主要事業

種別	動 力	軌 間 (米)	線 名	区　　間	キロ程 (粁)	単複	免 許 年 月 日	運輸開始 実 施 年 月 日	摘　　要
開 業 線	電 気 (1500) 内 燃	1.067	会津鬼怒川線	新 藤 原, 会津高原尾瀬口	30.7	単	昭56.12.23	昭61.10. 9	
				計	30.7				

栃木県・福島県

（路線図 313ページ）

上毛電気鉄道株式会社

連絡線
東武連絡駅（赤城）

会 社 設 立	大15. 5.27
株　式 { 授 権	2,400千株
発行済	1,200千株
資 本 金	60,000千円

本　社　〒371-0016　前橋市城東町4丁目1番1号
電話　027(231)3597

代表者　社長　古澤　和秋

他主要事業
　不動産業

種別	動 力	軌 間 (米)	線 名	区　　間	キロ程 (粁)	単複	免 許 年 月 日	運輸開始 実 施 年 月 日	摘　　要
開 業 線	電 気 (1500)	1.067	上 毛 線	中央前橋, 西桐生	25.4	単	大13. 6. 7	昭 3.11.10	
				計	25.4				

群馬県

（路線図 314ページ）

上信電鉄株式会社

連絡線
ＪＲ連絡駅（高崎）

会 社 設 立　明28. 12. 27
株 式 { 授 権　6,400千株 / 発行済　5,600千株 }
資 本 金　280,000千円

本 社　〒370-0848　高崎市鶴見町51
電話　027(323)8066
代表者　社長　木 内 幸 一

他主要事業
旅客自動車運送事業,
貨物自動車運送事業,
広告宣伝業，不動産業

種別	動 力	軌 間（米）	線 名	区　間	キロ程（粁）	単複	免　許年 月 日	運輸開始実 施年 月 日	摘　要
群馬県 開業線	電 気（1500）	1.067	上信線	高　崎, 下仁田	33.7	単	明28. 12. 27		
				高　崎, 上州福島	16.6			明30. 5. 10	
				上州福島, 南蛇井	11.6			30. 7. 7	
				南蛇井, 下仁田	5.5			30. 9. 25	
				計	33.7				

（路線図 314ページ）

わたらせ渓谷鐵道株式会社

連絡線
ＪＲ連絡駅（桐生）
東武連絡駅（相老）

会 社 設 立　昭63. 10. 25
株 式 { 授 権　26,000株 / 発行済　6,500株 }
資 本 金　325,000千円

本 社　〒376-0101　みどり市大間々町大間々
1603番地 1
電話　0277(73)2110
代表者　社長　樺 澤　　豊

他主要事業
飲食店業

種別	動 力	軌 間（米）	線 名	区　間	キロ程（粁）	単複	免　許年 月 日	運輸開始実 施年 月 日	摘　要
群馬県・栃木県 開業線	内 燃	1.067	わたらせ渓谷線	桐　生, 間　藤	44.1	単	昭63. 12. 2	平 1. 3. 29	
				計	44.1				

（路線図 314ページ）

秩　父　鉄　道　株　式　会　社

連絡線
JR連絡駅（寄居，熊谷）
東武連絡駅（寄居，羽生）
西武連絡駅（御花畑）
他主要事業
　索道，不動産業，観光事業

会 社 設 立　　明32.11. 8
株　式 { 授　権　40,000千株
　　　　　発行済　15,000千株
資　本　金　750,000千円

本　社　〒360-0033　熊谷市曙町1丁目1番地
　　　　電話　048(523)3311

代表者　社長　大　谷　隆　男

種別	動　力	軌　間（米）	線　名	区　　　間	キロ程（粁）	単複	免　　許年 月 日	運輸開始実　施年 月 日	摘　　　要
開	蒸　気電　気(1500)	1.067	秩父本線	羽　生, 三峰口	71.7	単			動力・蒸気は熊谷，三峰口間
				羽　生, 行田市	8.3		大 8. 9.29	大10. 4. 1	
				行田市, 熊　　谷	6.6		〃	11. 8. 1	
				熊　谷, 寄　　居	18.9		明31.11.12	明34.10. 7	
				寄　居, 波久礼	3.9		〃	36. 4. 1	
				波久礼, 長　　瀞	8.8		43. 7.13	44. 9.14	
				長　瀞, 秩　　父	12.5		〃	大 3.10.27	
				秩　父, 影　　森	3.4		大 5. 6.13	6. 9.27	
				影　森, 三峰口	9.3		9. 5.20	昭 5. 3.15	
業	電　気(1500)	〃	三ケ尻線	武川, 熊谷貨物ターミナル	7.6	単	昭53. 6.26	54.10. 1	（貨物運輸）
線				計	79.3				

埼玉県

（路線図　315ページ）

銚子電気鉄道株式会社

連絡線
JR連絡駅（銚子）

会 社 設 立	昭23. 8. 20

本 社　〒288-0056　銚子市新生町2丁目297番
電話　0479(22)0316

株 式	授 権	240千株
	発行済	240千株
資 本 金		69,100千円

代表者　社長　竹 本 勝 紀

他主要事業
食品製造販売業，物品
販売業

	種別	動 力	軌 間 (米)	線 名	区 間	キロ程 (粁)	単複	免 許 年 月 日	運 輸 開 始 実 施 年 月 日	摘 要
千葉県	開 業 線	電 気 (600)	1.067	銚子電気鉄道線	銚 子, 外 川	6.4	単	大11. 6. 20	大12. 7. 5	
					計	6.4				

（路線図 317ページ）

小 湊 鉄 道 株 式 会 社

連絡線
JR連絡駅（五井）
いすみ鉄道連絡駅（上総中野）

会 社 設 立	大 6. 5.19

本 社　〒290-0054　市原市五井中央東1丁目1番地2
電話　0436(21)3133

株 式	授 権	162千株
	発行済	41千株
資 本 金		202,500千円

代表者　社長　石 川 晋 平

他主要事業
自動車運送事業，砂利採取
販売，天然ガスの採掘販売，
オートガスの製造販売

	種別	動 力	軌 間 (米)	線 名	区 間	キロ程 (粁)	単複	免 許 年 月 日	運 輸 開 始 実 施 年 月 日	摘 要
千葉県	開 業 線	内 燃	1.067	小湊鉄道線	五 井, 上総中野	39.1	単	大 2.11.26		
					五 井, 里 見	25.7			大14. 3. 7	
					里 見, 月 崎	4.1			15. 9. 1	
					月 崎, 上総中野	9.3			昭 3. 5.16	
					計	39.1				

（路線図 316ページ）

いすみ鉄道株式会社

連絡線
ＪＲ連絡駅（大原）
小湊鉄道連絡駅（上総中野）

会 社 設 立	昭62. 7. 7	本 社	〒298-0216　夷隅郡大多喜町大多喜264番地
株 式 { 授 権	8,000株		電話　0470(82)2161
発行済	5,380株		
資 本 金	269,000千円	代表者　社長 髙 橋　　渡	

他主要事業　旅行業

種別	動 力	軌 間（米）	線 名	区　　　　間	キロ程（粁）	単複	免　　許年　月　日	運輸開始実　施年 月 日	摘　　　要	
開業線	内 燃	1.067	いすみ線	大　　原, 上総中野	26.8	単	昭62.11.13	昭63. 3.24		千葉県
				計	26.8					

（路線図 317ページ）

京葉臨海鉄道株式会社

連絡線
ＪＲ連絡駅（蘇我）

会 社 設 立	昭37.11.20	本 社	〒260-0028　千葉市中央区新町18-14
株 式 { 授 権	8,000千株		電話　043(302)7011
発行済	3,896千株		
資 本 金	1,948百万円	代表者　社長 早 瀬 藤 二	

他主要事業

種別	動 力	軌 間（米）	線 名	区　　　　間	キロ程（粁）	単複	免　　許年　月　日	運輸開始実　施年 月 日	摘　　　要	
開業線	内 燃	全 線1.067	臨海本線	蘇　　我, 浜 五 井	8.8	単	昭38. 2.23	昭38. 9.16	（貨物運輸）	千葉県
				市原分岐点, 京葉市原	1.6	〃	〃	〃	〃	
				浜 五 井, 椎　　津	8.9	〃	39. 9.29	40. 6. 1	〃	
				椎　　津, 北　　袖	2.2	〃	42. 7.31	43.10. 1	〃	
				北袖分岐点, 京葉久保田	2.3	〃	47. 3. 9	48. 3.28	〃	
				計	23.8					

（路線図 317ページ）

流 鉄 株 式 会 社

連絡線
ＪＲ連絡駅（馬橋）

会 社 設 立　大 2.11. 7　　本　社　〒270-0164　流山市流山１丁目264番地
株　式 { 授　権　3,040千株 }　　　　　電話　04(7158)0117
　　　　 { 発行済　　760千株 }
資　本　金　38,000千円　　代表者　社長　小宮山　英一　　他主要事業　不動産業

	種別	動　力	軌間(米)	線　名	区　　間	キロ程(粁)	単複	免　許年　月　日	運輸開始実　施年　月　日	摘　　要
千葉県	開業線	電　気(1500)内　燃	1.067	流 山 線	馬　橋,流　山	5.7	単	大 2. 7. 1	大 5. 3.14	社名変更　総武流山電鉄㈱→流鉄㈱（平20. 8. 1）
					計	5.7				

（路線図 315ページ）

東葉高速鉄道株式会社

連絡線
ＪＲ連絡駅（西船橋）
東京地下鉄連絡駅（西船橋）
新京成連絡駅（北習志野）
京成連絡駅（東葉勝田台）

会 社 設 立　　昭56. 9. 1　　本　社　〒276-0049　八千代市緑が丘１丁目1120番地３
株　式 { 授　権　125,200千株 }　　　　電話　047(458)0011
　　　　 { 発行済　125,200千株 }
資　本　金　62,600百万円　　代表者　社長　吉田　雅一　　他主要事業

	種別	動　力	軌間(米)	線　名	区　　間	キロ程(粁)	単複	免　許年　月　日	運輸開始実　施年　月　日	摘　　要
千葉県	開業線	電　気(1500)	1.067	東葉高速線	西船橋,東葉勝田台	16.2	複	昭57. 3.19	平 8. 4.27	
					計	16.2				

（路線図 318ページ）

新京成電鉄株式会社

会 社 設 立　昭21.10.23　　本　社　〒273-0192　鎌ケ谷市くぬぎ山4丁目1番12号
株式 { 授　権　24,000千株　　　電話　047(389)1111（総務課）
　　　 発行済　11,023千株
資 本 金　5,935百万円　　代表者　社長　眞下幸人

連絡線
ＪＲ連絡駅
　（松戸，八柱，新津田沼）
京成連絡駅
　（新鎌ヶ谷，京成津田沼）
北総連絡駅（新鎌ヶ谷）
東武連絡駅（新鎌ヶ谷）
東葉高速連絡駅（北習志野）
他主要事業　不動産業

種別	動 力	軌 間 (米)	線 名	区　　間	キロ程 (粁)	単複	免　　許 年 月 日	運輸開始 実施 年 月 日	摘　　要
開	電 気 (1500)	1.435		京成津田沼，松戸	26.5	単複			
				京成津田沼，新津田沼	1.2	単	昭28. 9.11	昭28.11. 1	
			新京成線	新津田沼，前原	1.4	複	33. 4. 8	36. 8.23	
				前原，薬園台	1.4			22.12.27	
				薬園台，滝不動	4.0			23. 8.26	
				滝不動，鎌ヶ谷大仏	3.1		21. 8. 8	24. 1. 8	
				鎌ヶ谷大仏，初富	2.1			24.10. 7	
業				初富，松戸	13.3			30. 4.21	
線				計	26.5				

千葉県

（路線図 316ページ）

北　総　鉄　道　株　式　会　社

会　社　設　立　　昭47. 5. 10　　本　社　〒273-0107　鎌ケ谷市新鎌ケ谷4丁目2番3号

株　式 { 授　権　72,000千株　　電話　047(446)3751
　　　　　 発行済　49,800千株

資　本　金　24,900百万円　　代表者　社長　室　谷　正　裕

連絡線
京成連絡駅（京成高砂）
ＪＲ連絡駅（東松戸）
新京成連絡駅（新鎌ヶ谷）
東武野田線連絡駅（新鎌ヶ谷）
他主要事業

種別	動力	軌間（米）	線名	区間	キロ程（粁）	単複	免許年月日	運輸開始実施年月日	摘要
千葉県・東京都 開業線	電気（1500）	1.435	北総線	京成高砂，小室	19.8	複			社名変更　北総開発鉄道㈱→北総鉄道㈱（平16. 7. 1）
				京成高砂，新鎌ヶ谷	12.7		昭48. 10. 4	平 3. 3. 31	
				新鎌ヶ谷，小室	7.1		〃	昭54. 3. 9	
				（第1種・計）	19.8				
第2種開業線	電気（1500）	1.435	北総線	小室，印旛日本医大	12.5	複			第3種鉄道事業者は千葉ニュータウン鉄道㈱（平16. 7. 1より）
				小室，千葉ニュータウン中央	4.0		（63. 3. 24第2種認可）	（63. 4. 1使用開始）	
				千葉ニュータウン中央，印西牧の原	4.7		平 4. 5. 22	平 7. 4. 1	
				印西牧の原，印旛日本医大	3.8		平 4. 5. 22	平12. 7. 22	
				（第2種・計）	12.5				
				合　計	32.3				

（路線図 316ページ）

千葉ニュータウン鉄道株式会社　　連絡線

会 社 設 立　平16. 3. 16　　本　社　〒272-8510　千葉県市川市八幡3丁目3番1号
株 式 { 授 権　200株　　　　　　　電話　047(712)7034　　　　　　　　他主要事業
　　　　 発行済　200株
資 本 金　10百万円　　代表者　社長　室 谷 正 裕

種別	動 力	軌間(米)	線 名	区　　間	キロ程(粁)	単複	免　許年 月 日	運輸開始実 施年 月 日	摘　要	
開第	電 気(1500)	1.435	北 総 線	小　室, 印旛日本医大	(12.5)	複			都市基盤整備公団から譲受(平16. 7. 1)	千葉県
				小　室,千葉ニュータウン中央	(4.0)		昭48.10. 4(63. 3. 24第3種認可)	昭59. 3. 19		
業3				千葉ニュータウン中央,印西牧の原	(4.7)		平 4. 5. 22	平 7. 4. 1	第2種鉄道事業者は北総鉄道㈱及び京成電鉄㈱	
				印西牧の原,印旛日本医大	(3.8)		〃	12. 7. 22		
線種				計	(12.5)					

（路線図 316ページ）

芝 山 鉄 道 株 式 会 社　　連絡線

会 社 設 立　昭56. 5. 1　　本　社　〒289-1601　千葉県山武郡芝山町
株 式 { 授 権　14,397千株　　　　　　　　　　　　香山新田148番地1　　他主要事業
　　　　 発行済　14,397千株　　　電話　0479(78)1141
資 本 金　100百万円　　代表者　社長　大 塚　晃

種別	動 力	軌間(米)	線 名	区　　間	キロ程(粁)	単複	免　許年 月 日	運輸開始実 施年 月 日	摘　要	
開	電 気(1500)	1.435	芝山鉄道線	東 成 田,芝山千代田	2.2	単	昭63. 6. 24	平14.10.27		千葉県
業										
線				計	2.2					

（路線図 318ページ）

成田空港高速鉄道株式会社　　連絡線

会 社 設 立　昭63.10.28　　　本　社　〒103-0004　東京都中央区東日本橋 2 丁目24番12号
株　式 { 授権　200千株 ／ 発行済　182千株 }　　電話　03(5687)6611　　　　　　他主要事業
資　本　金　9,100百万円　　　代表者　社長　藤　井　章　治

	種別	動　力	軌　間（米）	線　名	区　　　間	キロ程（粁）	単複	免許・許可年　月　日	運輸開始実　施年　月　日	摘　　　　要
千葉県	第3種開業線	電気（1500）	1.067	成田空港高速鉄道線	ＪＲ成田線分岐点，成田空港	(8.7)	単	昭63.12.22	平 3. 3.19	第 2 種鉄道事業者は東日本旅客鉄道㈱
		〃	1.435	〃	京成本線分岐点，成田空港	(2.1)	単複	〃	〃	第 2 種鉄道事業者は京成電鉄㈱
		〃	〃	〃	成田高速鉄道アクセス線接続点，空港第 2 ビル	(7.5)	単	〃	平22. 7.17	〃　0.4粁は京成本線分岐点～成田空港間と重複
					計	(18.3)				

（路線図　281,322ページ）

成田高速鉄道アクセス株式会社　　連絡線

会 社 設 立　平14. 4.25　　　本　社　〒273-0005　船橋市本町 2 丁目10番14号
株　式 { 授権　410.14千株 ／ 発行済　380.16千株 }　　電話　047(410)0036　　　　　　他主要事業
資　本　金　19,008百万円　　　代表者　社長　小　林　堅　吾

	種別	動　力	軌　間（米）	線　名	区　　　間	キロ程（粁）	単複	許　　可年　月　日	運輸開始実　施年　月　日	摘　　　　要
千葉県	第3種開業線	電気（1500）	1.435	成田高速鉄道アクセス線	印旛日本医大，成田空港高速鉄道線接続点	(10.7)	単複	平14. 7. 5	平22. 7.17	第 2 種鉄道事業者は京成電鉄㈱
					計	(10.7)				

（路線図　322ページ）

埼玉高速鉄道株式会社

連絡線
JR連絡駅（東川口）

会 社 設 立	平 4. 3. 25	本 社	〒336-0967　埼玉県さいたま市緑区	他主要事業
株 式 { 授 権	2,392,572株		美園四丁目12番地	
発行済	2,392,572株		電話　048（878）6845	
資 本 金	100,000千円	代表者	代表取締役社長　萩 野　　洋	

種別	動 力	軌 間（米）	線 名	区 間	キロ程（粁）	単複	免 許年 月 日	運輸開始実 施年 月 日	摘 要	
開業線	電 気（1500）	1.067	埼玉高速鉄 道 線	赤羽岩淵，浦和美園	14.6	複	平 4.12.17	平13. 3.28		東京都・埼玉県
				計	14.6					

（路線図 318ページ）

首都圏新都市鉄道株式会社

連絡線　JR連絡駅（秋葉原，南
　千住，北千住，南流山）
関東鉄道連絡駅（守谷）
東武鉄道連絡駅（流山おおたかの
　森，北千住）
東京都交通局連絡駅（秋葉原，新
　御徒町）
東京地下鉄連絡駅（秋葉原，南千
　住，北千住）

会 社 設 立	平 3. 3. 15	本 社	〒101-0022　千代田区神田練塀町85番地	
株 式 { 授 権	3,848千株		JEBL秋葉原スクエア	
発行済	3.700千株		電話　03（5298）1300	
資 本 金	185,016百万円	代表者	代表取締役社長　柚 木 浩 一	

種別	動 力	軌 間（米）	線 名	区 間	キロ程（粁）	単複	免 許年 月 日	運輸開始実 施年 月 日	摘 要	
開業線	電 気（1500/20000）	1.067	常磐新線	秋葉原，つくば	58.3	複	平 4. 1. 10	平17. 8.24		東京都・埼玉県・千葉県・茨城県
				計	58.3					

（路線図 311ページ）

東 武 鉄 道 株 式 会 社

会 社 設 立　　明30.11.1
株式 { 授 権　　2,000百万株
　　　 発行済　　1,075百万株
資 本 金　　102,135百万円

本 社　〒131-8522　墨田区押上2丁目18番12号
　　　　電話　03(5962)0102（東武鉄道
　　　　　　　　　　　　　　　お客さまセンター）
代表者　社長　根 津 嘉 澄

連絡線
ＪＲ連絡駅
{ 北千住，久喜，伊勢崎，亀戸，佐
　野，栗橋，栃木，大宮，柏，船橋，
　池袋，川越，小川町，寄居，越生

他主要事業 { 自動車運送事業，
　　　　　　 土地・建物

種別	動力	軌間(米)	線名	区間	キロ程(粁)	単複	免許年月日	運輸開始実施年月日	摘要
開		全線 1.067		浅草，伊勢崎	114.5	単複			
	電気(1500)内燃		伊勢崎線	浅草，とうきょうスカイツリー	1.1	複	大13.12.27	昭6.5.25	
				とうきょうスカイツリー，曳舟	1.3			明41.3.1	1.3粁複々線
				曳舟，北千住	4.7			35.4.1	
				北千住，久喜	40.6			32.8.27	{ 北千住，北越谷間 18.9粁複々線
				久喜，加須	10.8		明29.6.26	35.9.6	
				加須，川俣	12.0			36.4.23	
				川俣，足利市	16.3	単複		40.8.27	{ 川俣，館林間4.1 粁複線
				足利市，太田	7.9			42.2.17	
				太田，新伊勢崎	18.6	単		43.3.27	{ 動力・内燃は春日 部，羽生間
				新伊勢崎，伊勢崎	1.2			43.7.3	
	電気(1500)		亀戸線	曳舟，亀戸	3.4	複	明29.6.26	37.4.5	
			大師線	西新井，大師前	1.0	単	大3.5.5	昭6.12.20	
業	〃		桐生線	太田，赤城	20.3	単			
				太田，相老	16.9		明44.7.18	大2.3.19	
				相老，赤城	3.4		大6.9.16	昭7.3.18	
	〃		小泉線	館林，西小泉	12.0	単			
				館林，小泉町	10.7		大2.4.5	大6.3.12	
				小泉町，西小泉	1.3		昭12.8.4	昭14.4.13	
				太田，東小泉	6.4	単	大11.4.20	16.6.1	
	〃		佐野線	館林，葛生	22.1	単			
				館林，佐野市	9.0		明45.3.4	大3.8.2	
				佐野市，葛生	13.1		26.4.13	明27.3.20	
	電気(1500)内燃		日光線	東武動物公園，東武日光	94.5	複			{ 動力・内燃は東武 動物公園，東武日 光間
				東武動物公園，新鹿沼	66.8		大12.7.19	昭4.4.1	
	電気(1500)			新鹿沼，下今市	20.6		} 8.12.18	4.7.7	
				下今市，東武日光	7.1			4.10.1	
線	内燃蒸気		鬼怒川線	下今市，新藤原	16.2	単複	9.12.27	大11.3.19	{ 鬼怒立岩，鬼怒川 温泉間0.8粁複線 動力・蒸気は下今
	電気(1500)		宇都宮線	新栃木，東武宇都宮	24.3	単	昭3.12.7	昭6.8.11	市，鬼怒川温泉間

（路線図 320ページ）

東京都・埼玉県・群馬県・栃木県・千葉県

種別	動力	軌間(米)	線名	区　　間	キロ程(粁)	単複	免許 年月日	運輸開始 実施 年月日	摘　要
開業線	電気(1500)	全線 1.067	野田線	大宮,船橋	62.7	単複			
				大宮,七里	5.6	複		昭4.12.9	
				七里,春日部	9.6	〃	大15.5.31	4.11.17	
				春日部,清水公園	11.4	単		5.10.1	
				清水公園,野田市	2.0	〃		4.9.1	
				野田市,柏	14.3	単複	明43.8.31	明44.5.9	運河,柏間 9.7粁複線
				柏,船橋	19.8	〃	大10.11.12	大12.12.27	柏,逆井間 5.1粁及び六実,船橋間10.8粁複線
			東上本線	池袋,寄居	75.0	単複			
				池袋,下板橋	2.0		1.11.30	大3.5.1	
				下板橋,川越市	29.4	複	1.11.16	〃	和光市,志木間 5.3粁複々線
				川越市,坂戸	9.2			5.10.27	
				坂戸,東松山	9.3			12.10.1	
				東松山,森林公園	2.7		明41.10.6	12.11.5	
				森林公園,小川町	11.5	単複		〃	森林公園,嵐山信号場間7.5粁複線
				小川町,寄居	10.9	単		14.7.10	
			越生線	坂戸,越生	10.9	単複			
				坂戸,(森戸)	5.0	単	昭2.9.22	昭7.2.17	武州長瀬,東毛呂間1.0粁複線
				(森戸),越生	5.9	単複		9.12.16	注)森戸は現在の西大家駅付近
				計	463.3				

東京都・埼玉県・群馬県・栃木県・千葉県

種別	現　　　　　状						変更認可年月日		竣功期限 (竣功)	摘　要
	動力	軌間(米)	線名	区　間	キロ程(粁)	単複	計画変更	施設変更		
鉄道施設の変更	電気(1500)	1.067	伊勢崎線	羽生,川俣	(4.3)	(複)	平2.3.30	平2.4.3	(平4.9.21)	複線化
		〃	野田線	岩槻,春日部	(6.7)	(〃)	7.3.3	10.9.14	(平16.10.19)	〃
				新船橋,船橋	(1.4)	(複)	昭47.11.10	昭50.8.14	(昭57.10.26)	〃
				馬込沢,塚田	(2.4)	(〃)	〃	49.3.29	(57.11.10)	〃
				新鎌ヶ谷,馬込沢	(4.4)	複	〃	平11.11.2	(平16.10.19)	〃
				六実,新鎌ヶ谷	(1.4)	(複)	〃	1.2.21	(平1.11.22)	〃
				増尾,逆井	(0.9)	(〃)	〃	昭60.1.21	(昭60.11.15)	〃
				新柏,増尾	(1.3)	(〃)	〃	56.11.20	(58.7.21)	〃
				柏,新柏	(2.9)	(〃)	〃	63.9.19	(平3.11.26)	〃
		〃	東上本線	森林公園,小川町	12.6	単	平7.3.3			〃
				森林公園,嵐山信号場	(7.5)	(複)	〃	平17.2.25	(平17.3.17)	〃
		〃	越生線	坂戸,越生	10.9	単	昭60.3.19			〃
				武州長瀬,東毛呂	(1.0)	(複)	〃	昭62.5.7	(昭63.10.31)	〃
更	電気(1500)	1.067	伊勢崎線	とうきょうスカイツリー,曳舟	(1.3)	(複々)	平6.11.28	平7.5.17	(平15.3.19)	複々線化
				竹ノ塚,北越谷	(12.6)	(複々)	昭49.7.3	9.12.22	(平13.3.28)	〃
		〃	東上本線	和光市,志木	(5.3)	(複々)	48.11.27	昭50.9.23	(昭62.8.25)	〃

西武鉄道株式会社 (その一)

会 社 設 立　　明45. 5. 7
株 式 { 授 権　1,155,479千株
　　　　 発行済　　433,304千株
資 本 金　21,665百万円

本 社　〒359-8520　所沢市くすのき台１丁目11番地の１
電話　04(2926)2035（管理部）

代表者　社長　若 林　　久

連絡線
ＪＲ連絡駅
{ 池袋, 高田馬場, 拝島,
　東飯能, 国分寺, 武蔵境

他主要事業
不動産事業, 観光事業

種別	動力	軌間(米)	線名	区　間	キロ程(粁)	単複	免許年月日	運輸開始実施年月日	摘　要
東京都・埼玉県　開　　　　業　　　　線	電気(1500)	全線1.067	池袋線	池袋, 吾野	57.8	単複			練馬, 石神井公園間4.6粁複々線 秋津, 所沢間1.6粁３線
				池袋, 飯能	43.7	複	明44.10.18	大 4. 4.15	
				飯能, 吾野	14.1	単複	昭 2. 6.15	昭 4. 9.10	北飯能(信), 武蔵丘(信)間1.5粁複線
	電気(1500)蒸気		西武秩父線	吾野, 西武秩父	19.0	単	昭36. 2.18	昭44.10.14	蒸気は西武秩父駅構内
	電気(1500)		新宿線	西武新宿, 本川越	47.5	単複			
				西武新宿, 高田馬場	2.0	複	昭23. 3.29	昭27. 3.25	
				高田馬場, (高田馬場(仮))	24.0	〃	大14. 1.29	3. 4.15	
				(高田馬場(仮)), 東村山				2. 4.16	
				東村山, 本川越	21.5	単複	明25. 6.21	明28. 3.21	脇田(信), 本川越間0.9粁単線
			西武園線	東村山, 西武園	2.4	単			
				東村山, (野口信号所)	1.9		大14. 1.29	昭 5. 4. 5	
				(野口信号所), 西武園	0.5		昭25. 5.16	25. 5.23	
			国分寺線	東村山, 国分寺	7.8	単複	明25. 6.21		恋ヶ窪, 羽根沢(信)間1.2粁複線
				東村山, 小川	2.7			明28. 3.21	
				小川, 国分寺	5.1			27.12.21	
			多摩湖線	国分寺, 西武遊園地	9.2	単			
				国分寺, 萩山	4.6		大14.10.10	昭 3. 4. 6	
				萩山, (村山貯水池)	4.6		昭 2.11.16	5. 1.23	
				(村山貯水池), 西武遊園地				11.12.30	
			西武有楽町線	練馬, 小竹向原	2.6	複	45. 5.25		
				練馬, 新桜台	1.4			平 6.12. 7	
				新桜台, 小竹向原	1.2			昭58.10. 1	
			豊島線	練馬, 豊島園	1.0	単	大15.10.30	2.10.15	

（路線図 323ページ）

東京都・埼玉県

種別	動力	軌間(米)	線名	区 間	キロ程(粁)	単複	免許 年月日	運輸開始 実施 年月日	摘 要
開業線	電気(1500)	全線 1.067	狭山線	西所沢, 西武球場前	4.2	単	昭3.7.4	昭4.5.1	
			拝島線	小平, 拝島	14.3	単複			
				小平, 萩山	1.1	複	大14.10.10	昭3.11.2	
				萩山, 小川	1.6	複	昭28.8.15	37.9.1	
				小川, 玉川上水	4.5	複	18.8.26	25.5.15	
				玉川上水, 拝島	7.1	単複	28.8.15	43.5.15	武蔵砂川, 西武立川間2.0粁複線
			多摩川線	武蔵境, 是政	8.0	単	明41.2.6		
				武蔵境, 白糸台	5.5			大6.10.22	
				白糸台, 競艇場前	1.5			8.6.1	
				競艇場前, 是政	1.0			11.6.20	
				計	173.8				

種別	現 状						変更認可年月日		竣功期限	摘 要
	動力	軌間(米)	線名	区 間	キロ程(粁)	単複	計画変更 昭	施設変更 昭	(竣功) 昭	
鉄道施設の変更	電気(1500)	全線 1.067	新宿線	所沢, 新所沢	(2.8)	(複)	41.1.26	42.8.15	(42.10.27)	複線化
				新所沢, 入曽	(3.9)	(〃)	〃	44.1.17	(44.9.26)	〃
				入曽, 狭山市	(3.0)	(〃)	〃	47.10.24	(50.11.26)	〃
				狭山市, 新狭山	(2.7)	(〃)	〃	63.12.22	(平3.7.27)	〃
				新狭山, 南大塚	(2.6)	(〃)	〃	〃	(1.12.6)	〃
				南大塚, 脇田信号所	(2.7)	(〃)	〃	53.4.3	(昭55.3.13)	〃
				脇田信号所, 本川越	0.9	単	〃	〃	平38.3.31	〃
			拝島線	萩山, 小川	(1.6)	(複)	53.4.11	53.9.11	(昭54.12.7)	〃
				小川, 西小川信号所	(1.2)	(〃)	43.12.19	平2.3.1	(平3.3.28)	〃
				西小川信号所, 東大和市	(1.8)	(〃)	〃	昭59.7.9	(昭62.3.4)	〃
				東大和市, 玉川上水	(1.5)	(〃)	53.4.11	63.2.18	(63.11.2)	〃
				玉川上水, 武蔵砂川	2.4	単	〃			〃
				武蔵砂川, 西武立川	(2.0)	(複)	〃	57.7.21	(58.12.1)	〃
				西武立川, 拝島	2.7	単	〃			〃
			池袋線	笠縫信号所, 東飯能	1.2	単	44.7.18	44.7.31		〃
				東飯能 北飯能信号所	0.5	〃	53.2.8			〃
				北飯能信号所, 武蔵丘信号所	(1.5)	(複)	〃	53.7.14	(平8.10.31)	〃
			国分寺線	東村山, 恋ケ窪	5.7	単	56.3.12			〃
更	電気(1500)	1.067	池袋線	練馬, 中村橋	(1.5)	(複々)	46.8.10	49.7.3	(平15.3.11)	複々線化
				中村橋, 練馬高野台	(2.0)	(複々)	〃	〃	(13.12.14)	
				練馬高野台, 石神井公園	1.1	(複々)	〃	〃	(24.11.17)	

京成電鉄株式会社

会社設立 明42.6.30	本社 〒272-8510 市川市八幡3丁目3番1号	連絡線
株式 { 授権 500,000千株 / 発行済 172,411千株	電話 047(712)7220(広報)	JR連絡駅 { 上野, 日暮里, 船橋, 金町, / 成田, 千葉, 幕張本郷
資本金 36,803百万円	代表者 社長 小林敏也	東葉高速鉄道連絡駅（勝田台） / 他主要事業 土地・建物事業

東京都・千葉県

種別	動力	軌間(米)	区　　間	キロ程(粁)	建設費予(概)算額(百万円)	免許・許可年月日	工施認可年月日(申請期限)	工事竣功期限	摘要
未開業線	電気(1500)	1.435	ちはら台, 海士有木	8.2	39,000	昭32.12.27	平(31.10.14)	平	工施線 昭50.12.20小湊鉄道㈱より譲受 平10.10.1千葉急行電鉄㈱より譲受
			計	8.2					

種別	動力	軌間(米)	線名	区　　間	キロ程(粁)	単複	免許・許可年月日	運輸開始実施年月日	摘要
開業線	電気(1500)	全線 1.435	本線	京成上野, 駒井野分岐部	67.2	複			1.4粁地下式 { 青砥, 京成高砂間 / 1.2粁複々線
				京成上野, 日暮里	2.1		昭8.3.27	昭8.12.10	
				日暮里, 青砥	9.4		6.12.11	6.12.19	
				青砥, 江戸川	4.2			大1.11.3	
				江戸川, 市川真間	1.6		明40.5.28	3.8.30	
				市川真間, 京成中山	3.5			4.11.3	
				京成中山, 京成船橋	4.3			5.12.30	
				京成船橋, 京成津田沼	4.6		大7.12.28	10.7.17	
				京成津田沼, 京成酒々井	25.3	複		大15.12.9	
				京成酒々井, (成田花咲町)	6.2		明40.5.28	15.12.24	
				(成田花咲町), 京成成田				昭5.4.25	
				京成成田, 駒井野分岐部	6.0		昭44.11.7	53.5.21	
			東成田線	京成成田, 東成田	7.1	複	昭44.11.7	昭53.5.21	6.0粁は本線と重複

（路線図 322ページ）

東京都・千葉県

種別	動力	軌間（米）	線名	区　間	キロ程（粁）	単複	免許・許可 年 月 日	運輸開始 実施 年 月 日	摘　　要
開業線	電気(1500)	全線 1.435	押上線	押上，青砥	5.7	複	明40. 5.28	大 1.11. 3	平10.10.1 千葉急行電鉄㈱より営業譲受
			千葉線	京成津田沼，千葉中央	12.9	複	大 7.12.28	10. 7.17	
			千原線	千葉中央，ちはら台	10.9	単			
				千葉中央，大森台	4.2		昭32.12.27	平 4. 4. 1	
				大森台，ちはら台	6.7		〃	7. 4. 1	
			金町線	京成高砂，京成金町	2.5	単複			
				京成高砂，柴又	1.0	複	明40. 5.28	大 1.11. 3	
				柴又，京成金町	1.5	単	大 2. 3.28	2.10.21	
				（第1種・計）	100.3				
第2種開業線	電気(1500)	1.435	本線	駒井野分岐部，成田空港	2.1	単複	昭63.12.22	平 3. 3.19	第3種鉄道事業者は成田空港高速鉄道㈱
			成田空港線	京成高砂，成田空港	51.4	単複			
				京成高砂，小室	19.8	複	平14. 7. 5	平22. 7.17	第1種鉄道事業者は北総鉄道㈱
				小室，印旛日本医大	12.5	複	〃	〃	第3種鉄道事業者は千葉ニュータウン鉄道㈱
				印旛日本医大，成田空港高速鉄道線接続点	10.7	単複	〃	〃	第3種鉄道事業者は成田高速鉄道アクセス㈱
				成田高速鉄道アクセス線接続点，成田空港	8.4	単複	〃	〃	第3種鉄道事業者は成田空港高速鉄道㈱ 1.5粁は本線と重複
				（第2種・計）	52.0				
				合　計	152.3				

京王電鉄株式会社

連絡線　JR連絡駅：渋谷，吉祥寺，新宿，分倍河原，京王八王子，高尾，京王稲田堤，橋本

会社設立	昭23. 6. 1
株式 授権	316,046千株
株式 発行済	128,551千株
資本金	59,023百万円

本社　〒206-8502　多摩市関戸1丁目9番地1
電話　042(357)6161（京王お客さまセンター）
代表者　社長　紅村　康

他主要事業
土地・建物の売買・賃貸

種別	動力	軌間（米）	線名	区間	キロ程（粁）	単複	免許年月日	運輸開始実施年月日	摘要
東京都・神奈川県　開業線	電気(1500)								東京急行電鉄㈱から譲受（昭23. 6. 1）
		1.372	京王線	新宿，京王八王子	37.9	複			
				新宿，(新町)	0.6			大 4. 3.31	
				(新町)，(西参道)	0.6			3.11.19	
				(西参道)，初台	0.5		明40. 6.25	3. 6.11	新宿，笹塚間 3.6粁複々線
				初台，幡ヶ谷	1.0			3. 4. 8	
				幡ヶ谷，笹塚	0.9			2.10.11	
				笹塚，調布	11.9			2. 4.15	
				調布，飛田給	2.2			5. 9. 1	
				飛田給，府中	4.2			5.10.31	
				府中，京王八王子	16.0		大15.12.16	昭 2. 6. 1	
		″	相模原線	調布，橋本	22.6	複			
				調布，京王多摩川	1.2		明45. 4. 9	大 5. 6. 1	
				京王多摩川，京王よみうりランド	2.7		昭39. 6. 3	昭46. 4. 1	
				京王よみうりランド，稲城	1.6		″	49.10.18	
				稲城，京王多摩センター	8.2		41. 7.13	″	
				京王多摩センター，南大沢	4.5		″	63. 5.21	
				南大沢，橋本	4.4		″	平 2. 3.30	
		″	高尾線	北野，高尾山口	8.6	単複			
				北野，山田	3.2	複	昭 2.12.12	昭 6. 3.20	山田，高尾間 3.7粁複線
				山田，高尾山口	5.4	単複	39. 6.17	42.10. 1	

（路線図 324ページ）

種別	動力	軌間(米)	線名	区間	キロ程(粁)	単複	免許 年月日	運輸開始 実施 年月日	摘要
開業線	電気(1500)	1.372	競馬場線	東府中, 府中競馬正門前	0.9	複	昭29. 8. 30	昭30. 4. 29	
		〃	動物園線	高幡不動, 多摩動物公園	2.0	単	33. 11. 6	39. 4. 29	
		1.067	井の頭線	渋谷, 吉祥寺	12.7	複	3. 1. 30		
				渋谷, 井の頭公園	12.1			8. 8. 1	
				井の頭公園, 吉祥寺	0.6			9. 4. 1	
				計	84.7				

種別	現状						変更認可年月日		竣功期限 (竣功)	摘要
	動力	軌間(米)	線名	区間	キロ程(粁)	単複	計画変更	施設変更		
現の鉄道変更施設	電気(1500)	1.372	京王線	新宿, 笹塚	(3.6)	(複々)	昭44. 12. 12	昭45. 10. 29	昭(53. 10. 31)	複々線化

東京都・神奈川県

東京急行電鉄株式会社 (その一)

会 社 設 立	大11. 9. 2	本 社 〒150-8511 渋谷区南平台町5番6号
株 式 { 授 権	400,000千株	電話 03(3477)0109
{ 発行済	624,870千株	
資 本 金	121,724百万円	代表者 社長 髙 橋 和 夫

連絡線 { 渋谷, 武蔵溝ノ口, 長津田, 武蔵小杉, 菊名, 横浜, 目黒, 五反田, 大井町, 蒲田

JR連絡駅

他主要事業 軌道事業, 土地建物の販売・賃貸

東京都・神奈川県

種別	動 力	軌間(米)	区　　間	キロ程(粁)	建設費予(概)算額(百万円)	許可年月日	工施認可年月日	工事竣功期限	摘　要
未開業線	電気(1500)	1.067	羽沢(仮称), 日吉	10.0		平19. 4.11	平24.10. 5		都市鉄道等利便増進法によるみなし許可線
			計	10.0					

種別	動 力	軌間(米)	線名	区　　間	キロ程(粁)	単複	免許年月日	運輸開始実施年月日	摘　要
開業線	電気(1500)	全線 1.067	東横線	渋 谷, 横 浜	24.2	複	大 { 6.10.30 / 9. 3.17		横浜, 桜木町間 2.0粁廃止 (平16. 1.31)
				渋 谷, 田園調布	8.2			昭2. 8.28	
				田園調布, 日 吉	5.4		{ 6.10.30	{ 大15. 2.14 / 昭2. 8.28	田園調布, 日吉間 5.4粁複々線
				日 吉, 横 浜	10.6			大15. 2.14	
			目黒線	目 黒, 田園調布	6.5	複	大 { 6.10.30 / 9. 3. 6 / 10. 2.15	大12. 3.11	
			田園都市線	渋 谷, 中央林間	31.5	複			軌道から変更 (昭20. 8.15) 二子玉川, 溝の口間2.0粁複々線
				渋 谷, 二子玉川	9.4		昭34. 2. 9	昭52. 4. 7	
				二子玉川, 溝の口	2.0		大13.12.17	2. 7.15	
				溝の口, 鷺 沼	4.3			41. 4. 1	
				鷺 沼, 長津田	9.9			〃	
				長津田, つくし野	1.2		昭 { 35. 9.20	43. 4. 1	
				つくし野, すずかけ台	1.2			47. 4. 1	
				すずかけ台, つきみ野	2.3			51.10.15	
				つきみ野, 中央林間	1.2			59. 4. 9	

（路線図 326ページ）

東京都・神奈川県

種別	動力	軌間(米)	線名	区　間	キロ程(粁)	単複	免　許年月日	運輸開始実施年月日	摘　要
開業線	電気(1500)	1.067	大井町線	大井町, 二子玉川	10.4	複			
				大井町, 大岡山	4.8		大 9. 3. 6	昭 2. 7. 6	
				大岡山, 自由が丘	1.5		昭 } 2.12.27	4.12.25	
				自由が丘, 二子玉川	4.1			4.11. 1	
			東急多摩川線	多摩川, 蒲田	5.6	複			
				多摩川, 沼部	0.9		大 } 6.10.30	大12. 3.11	
				沼部, 蒲田	4.7			12.11. 1	
			池上線	五反田, 蒲田	10.9	複			
				五反田, 大崎広小路	0.3		大15.12. 6	昭 3. 6.17	
				大崎広小路, 戸越銀座	1.1			2.10. 9	
				戸越銀座, 雪が谷大塚	4.2		} 3. 4. 8	2. 8.28	
				雪が谷大塚, 池上	3.5			大12. 5. 4	
				池上, 蒲田	1.8		7.12.28	11.10. 6	
				（第1種・計）	89.1				
第2種開業線	電気(1500)	1.067	こどもの国線	長津田, こどもの国	3.4	単	昭42. 3.23	昭42. 4.28	第3種鉄道事業者は横浜高速鉄道㈱
				（第2種・計）	3.4				
				合　計	92.5				

種別	現　　　　　　　状						変更認可年月日		竣功期限	摘　要
	動力	軌間(米)	線　名	区　間	キロ程(粁)	単複	計画変更	施設変更	（竣功）	
の鉄道変更施設	電気(1500)	1.067	東横線	武蔵小杉, 日吉	(2.8)	(複々)	昭 63.11.10	平 12.10. 6	平 (20. 6.22)	複々線化
			田園都市線	二子玉川, 溝の口	(2.0)	(〃)	平 5. 4. 9	14. 1. 9	(21. 7.11)	〃

京浜急行電鉄株式会社

会社設立　昭23. 6. 1
株式 { 授権 1,800,000千株 / 発行済 551,521千株 }
資本金　43,738百万円

本社　〒108-8625　港区高輪2丁目20番20号
電話　03(3280)9150
代表者　取締役社長　原田一之

連絡線　ＪＲ連絡駅(品川,八丁畷,横浜),東急・相鉄・横浜高速連絡駅(横浜),東京都交通局連絡駅(泉岳寺),横浜市交通局連絡駅(横浜,上大岡),東京モノレール連絡駅(天空橋),横浜シーサイドライン連絡駅(金沢八景)
他主要事業　不動産販売事業・賃貸事業,ホテル事業,レジャー関連事業

種別	動力	軌間（米）	線名	区　間	キロ程（粁）	単複	免許年月日	運輸開始実施年月日	摘要
東京都・神奈川県	電気(1500)	全線 1.435							東京急行電鉄㈱より譲受 (昭23. 6. 1)
開			本線	泉岳寺,品川	1.2	複	大 8.11. 7	昭43. 6.21	
				品川,浦賀	55.5	複			
				品川,北品川	0.7		明41. 1.14	大14. 3.11	
				北品川,新馬場	0.9		35.11.29	明37. 5. 8	
				新馬場,京急川崎	10.2		32.11.28	34. 2. 1	
				京急川崎,神奈川	9.7		33.10.24	38.12.24	{ 子安,神奈川新町間0.7粁3線
				神奈川,横浜	0.7		昭 4. 1.15	昭 4. 6.22	
				横浜,日ノ出町	2.6		大13.10.14	6.12.26	
業				日ノ出町,黄金町	0.8				{ 金沢文庫,金沢八景間1.4粁複々線
				黄金町,逸見	22.6				
				逸見,汐入	1.0		昭 2.12.26	5. 4. 1	
				汐入,横須賀中央	0.7				
				横須賀中央,県立大学	1.2				
				県立大学,浦賀	4.4				
			空港線	京急蒲田,羽田空港国内線ターミナル	6.5	複			
				京急蒲田,糀谷	0.9		明35. 4.18	大 2.12.26	
				糀谷,天空橋	2.4		34.11.18	明35. 6.28 (平5.4.1)	(旧)羽田空港駅移設 0.2粁
				天空橋,羽田空港国内線ターミナル	3.2		平 2. 3.30	平10.11.18	
線			大師線	京急川崎,小島新田	4.5	複			軌道より変更 (昭52. 5.10許可)
				京急川崎,川崎大師	2.5		明30. 8.29	明32. 1.21	
				川崎大師,産業道路	1.3		昭19. 3.30	昭19. 6. 1	
				産業道路,小島新田	0.7		〃	19.10. 1	

（路線図 327ページ）

種別	動力	軌間（米）	線名	区間	キロ程（粁）	単複	免許年月日	運輸開始実施年月日	摘要
開	電気(1500)	全線 1.435	逗子線	金沢八景，新逗子	5.9	複	大12. 8.27	5. 4. 1	
			久里浜線	堀ノ内，三崎口	13.4	単複	12. 8.27		
				堀ノ内，京急久里浜	4.5	複		17.12. 1	
				京急久里浜，YRP野比	2.7	単		38.11. 1	
				YRP野比，津久井浜	2.5	単複		41. 3.27	京急長沢，津久井浜間1.2粁複線
				津久井浜，三浦海岸	1.5	複		41. 7. 7	
				三浦海岸，三崎口	2.2	単		50. 4.26	
業									
線				計	87.0				

東京都・神奈川県

東京地下鉄株式会社

会 社 設 立　平16. 4. 1　　本　社　〒110-8614　台東区東上野三丁目19番6号
　　　　　　　　　　　　　　　　　電話　03(3837)7624（鉄道本部鉄道統括部
　　　　　　　　　　　　　　　　　　　　　　　　　　　　計画課）

資　　本　　金　58,100百万円　　代表者　社長　山村　明義

連絡線
ＪＲ連絡駅

上野，神田，新橋，渋谷，池袋，御茶ノ水，東京，四ツ谷，新宿，荻窪，北千住，秋葉原，八丁堀，恵比寿，中野，高田馬場，飯田橋，西船橋，綾瀬，西日暮里，明治神宮前，市ケ谷，有楽町，新木場，錦糸町，駒込，王子，目黒

他主要事業

種別	動 力	軌 間（米）	線 名	区　　　間	キロ程（粁）	単複	免　許年 月 日	運輸開始実 施年 月 日	摘　　要
東京都・千葉県・埼玉県 開 業 線	電 気（第三軌条式／600）	1.435	3 号 線銀座線	浅　草，渋　谷	14.3	全線複線			
				浅　草，上　野	2.2			昭 2.12.30	
				上　野，（万世橋仮）	1.7			5. 1. 1	
				（万世橋仮），神　田	0.5		大	6.11.21	
				神　田，三越前	0.7		8.11.17	7. 4.29	
				三越前，京　橋	1.3			7.12.24	
				京　橋，銀　座	0.7			9. 3. 3	
				銀　座，新　橋	0.9			9. 6.21	
				新　橋，虎ノ門	0.8			14. 1.15	
				虎ノ門，表参道	4.4		14. 5.16	13.11.18	
				表参道，渋　谷	1.1			13.12.20	
			4 号 線丸ノ内線	池　袋，荻　窪	24.2	複線			
				池　袋，御茶ノ水	6.4			29. 1.20	
				御茶ノ水，淡路町	0.8			31. 3.20	
				淡路町，東　京	1.5			31. 7.20	
				東　京，（西銀座）	1.1		14. 5.16	32.12.15	
				（西銀座），霞ケ関	1.0			33.10.15	
	"	"		霞ケ関，赤坂見附	1.6				
				赤坂見附，四ツ谷	1.3		昭12. 2.12	34. 3.15	
				四ツ谷，新　宿	2.9		大14. 5.16		
				新　宿，新中野	3.0		昭	36. 2. 8	
				新中野，南阿佐ケ谷	3.1		33. 3. 1	36.11. 1	
				南阿佐ケ谷，荻　窪	1.5			37. 1.23	
			4 号 線丸ノ内線分 岐 線	中野坂上，方南町	3.2		33. 3. 1		
	"	"		中野坂上，中野富士見町	1.9			36. 2. 8	
				中野富士見町，方南町	1.3			37. 3.23	

（路線図　328ページ）

種別	動力	軌間(米)	線名	区　間	キロ程(粁)	単複	免　許年　月　日	運輸開始実　施年　月　日	摘　要
開業線	電気(1500)	1.067	2号線日比谷線	北千住,中目黒	20.3	全線複線			
				北千住,南千住	2.1		昭33.3.1	昭37.5.31	
				南千住,仲御徒町	3.7			36.3.28	
				仲御徒町,人形町	2.5		大14.5.16	37.5.31	
				人形町,東銀座	3.0			38.2.28	
				東銀座,霞ケ関	2.0			39.8.29	
				霞ケ関,恵比寿	6.0			39.3.25	
				恵比寿,中目黒	1.0		昭33.3.1	39.7.22	
	〃	〃	5号線東西線	中野,西船橋	30.8				
				中野,高田馬場	3.9		36.11.14	41.3.16	
				高田馬場,九段下	4.8		大14.5.16	39.12.23	
				九段下,竹橋	1.0			41.3.16	
				竹橋,大手町	1.0			41.10.1	
				大手町,東陽町	5.1			42.9.14	
				東陽町,西船橋	15.0		昭40.6.9	44.3.29	
	〃	〃	9号線千代田線	綾瀬,代々木上原	21.9		39.12.18		
				綾瀬,北千住	2.6			46.4.20	
				北千住,大手町	9.9			44.12.20	
				大手町,霞ケ関	2.2			46.3.20	
				霞ケ関,代々木公園	6.2			47.10.20	
				代々木公園,代々木上原	1.0			53.3.31	
				綾瀬,北綾瀬	2.1		53.9.1	54.12.20	
	〃	〃	8号線有楽町線	和光市,新木場	28.3				
				和光市,地下鉄成増	2.2		51.8.11	62.8.25	駅名変更　営団成増→地下鉄成増（平16.4.1）
				地下鉄成増,池袋	9.3		37.12.843.10.30	58.6.24	小竹向原,池袋間3.2粁複々線
				池袋,銀座一丁目	10.2		43.10.30	49.10.30	
				銀座一丁目,新富町	0.7			55.3.27	
				新富町,新木場	5.9		55.9.26	63.6.8	

東京都・千葉県・埼玉県

種別	動力	軌間 (米)	線名	区間	キロ程 (粁)	単複	免許 年月日	運輸開始 実施 年月日	摘要
東京都・千葉県・埼玉県 開業線	電気 (1500)	1.067	11号線 半蔵門線	渋谷, 押上	16.8	全線複線			
				渋谷, 青山一丁目	2.7			昭53. 8. 1	
				青山一丁目, 永田町	1.4		昭 46. 4.28	54. 9.21	
				永田町, 半蔵門	1.0			57.12. 9	
				半蔵門, 三越前	4.4			平 1. 1.26	
				三越前, 水天宮前	1.3			2.11.28	
				水天宮前, 押上	6.0		平 5. 6.23	15. 3.19	
	〃	〃	7号線 南北線	目黒, 赤羽岩淵	21.3		昭59. 4.20		目黒, 白金高輪間 2.3粁の第2種鉄 道事業者は東京都
				目黒, 溜池山王	5.7			12. 9.26	
				溜池山王, 四ツ谷	2.2			9. 9.30	
				四ツ谷, 駒込	7.1			8. 3.26	
				駒込, 赤羽岩淵	6.3			3.11.29	
	〃	〃	13号線 副都心線	池袋, 渋谷	8.9		平11. 1.25	平20. 6.14	小竹向原, 渋谷間 のキロ程は11.9粁 小竹向原, 池袋間 3.0粁は有楽町線 の線路を使用
				計	192.1				

小田急電鉄株式会社

会 社 設 立　　昭23. 6. 1　　　本　社　〒160-8309　新宿区西新宿1丁目8番3号
株 式 ┤ 授 権　1,100,000千株　　　　　　　電話　03(3349)2050（総務部）
　　　└ 発行済　　368,497千株
資 本 金　60,359百万円　　　代表者　社長　星 野 晃 司

連絡線
ＪＲ連絡駅
┌ 新宿，登戸，厚木，藤沢，新
└ 松田，小田原，町田，海老名
他主要事業
不動産業，その他事業

種別	動力	軌間(米)	線名	区　間	キロ程(粁)	単複	免許年月日	運輸開始実施年月日	摘要
開	電気(1500)	全線 1.067							東京急行電鉄㈱より譲受（昭23. 6. 1）
			小田原線 ┤	新　宿，小田原	82.5	複	大11. 5.29	昭2. 4. 1	┌ 代々木上原，東北沢間0.7粁複々線 梅ヶ丘，登戸間8.9粁複々線 登戸，向ヶ丘遊園間0.6粁3線
				新　宿，町　田	30.8				
				町　田，座　間	8.4				
				座　間，小田原	43.3				
業			江ノ島線	相模大野(分岐点)，片瀬江ノ島	27.4	複	15.10. 4	4. 4. 1	
			多摩線 ┤	新百合ケ丘，唐木田	10.6	複			
				新百合ケ丘，小田急永山	6.8		昭42.12.14	49. 6. 1	
				小田急永山，小田急多摩センター	2.3		〃	50. 4.23	
				小田急多摩センター，唐木田	1.5		62. 3. 9	平2. 3.27	
線				計	120.5				

東京都・神奈川県

種別	現　状						変更認可年月日		竣功期限(竣功)	摘要
	動力	軌間(米)	線名	区　間	キロ程(粁)	単複	計画変更	施設変更		
の鉄道変更施設	電気(1500)	1.067	小田原線	代々木上原，東北沢	(0.7)	(複々)	昭45. 5.20	昭45.12.14	昭(53. 3.31)	複々線化
				東北沢，世田谷代田	(1.6)	(〃)	〃	平14.12.19	(平30.3.3)	〃
				世田谷代田，喜多見	(6.4)	(〃)	〃	7. 6.15	(16.11.21)	〃
				喜多見，和泉多摩川	(2.4)	(〃)	58.10.24	昭62.8.3	(9. 6.23)	〃
				和泉多摩川，登　戸	(0.8)	(〃)	平10. 8.28	平11. 8. 9	(21. 3.31)	〃
				登　戸，向ヶ丘遊園	(0.6)	(3線)	〃	〃	(〃)	3線化

（路線図　325ページ）

東 京 都（交 通 局）(その一)

所在地　〒163-8001　新宿区西新宿2丁目8番1号
電話　03(5321)1111

代表者 {　知　　事　小　池　百合子
　　　　　交通局長　山　手　　斉

連絡線
JR連絡駅
{ 浅草橋，新橋，五反田，巣鴨，水道橋，目黒，新宿，市ヶ谷，馬喰町，本八幡，東中野，飯田橋，御徒町，両国，浜松町，代々木，田町，板橋，有楽町，秋葉原

他主要事業
軌道，自動車運送事業

東京都・千葉県

種別	動力	軌間(米)	線名	区　間	キロ程(粁)	単複	免許年月日	運輸開始実施年月日	摘　要
開	電　気 (1500)					全線複線			
			1号線 浅草線	西馬込, 押　上	18.3				
				西馬込, 馬　込	1.2		昭39. 4. 21		
				馬　込, 五反田	3.6		4. 5. 20	昭 43. 11. 15	
				五反田, 泉岳寺	2.1		3. 5. 19		
				泉岳寺, 三　田	1.1			43. 6. 21	
		1.435		三　田, 大　門	1.5				東京地下鉄㈱より免許譲受 (昭33. 3. 1)
				大　門, 新　橋	1.0			39. 10. 1	
				新　橋, 東銀座	0.9			38. 12. 12	
業				東銀座, 人形町	2.4		大 8. 11. 17	38. 2. 28	
				人形町, 東日本橋	0.7			37. 9. 30	
				東日本橋, 浅草橋	0.7			37. 5. 31	
				浅草橋, 蔵　前	0.7			35. 12. 4	
				蔵　前, 押　上	2.4		昭33. 3. 1		
			6号線 三田線	白金高輪, 西高島平	24.2				
				白金高輪, 三　田	1.7		平 1. 5. 24	平12. 9. 26	
				三　田, 日比谷	3.3		昭39. 12. 18	昭48. 11. 27	
		1.067		日比谷, 大手町	0.9			47. 6. 30	東京地下鉄㈱より免許譲受 (昭39. 12. 18)
				大手町, 巣　鴨	6.4		大14. 5. 16		
線				巣　鴨, 高島平	10.4		昭39. 12. 18	43. 12. 27	東武鉄道㈱より免許譲受 (昭47. 12. 1)
				高島平, 西高島平	1.5			51. 5. 6	

（路線図 329ページ）

東京都・千葉県

種別	動力	軌間 (米)	線名	区間	キロ程 (粁)	単複	免許 年 月 日	運輸開始 実施 年 月 日	摘要
開業線	電気 (1500)	1.372	10号線 新宿線	新宿,本八幡	23.5				
				新宿,岩本町	7.3		⎫昭43.10.30	昭55.3.16	
				岩本町,住吉	3.9		⎬	⎫	
				住吉,東大島	2.9		44.12.22	⎬53.12.21	
				東大島,船堀	1.7			58.12.23	
				船堀,篠崎	4.9		⎬48.10.4	61.9.14	
				篠崎,本八幡	2.8			平1.3.19	
		1.435	12号線 大江戸線	都庁前,光が丘	40.7				
				都庁前,国立競技場	25.7		⎫	12.12.12	
				国立競技場,新宿	2.1		⎬49.8.30	12.4.20	
				新宿,練馬	9.1			9.12.19	
				練馬,光が丘	3.8		⎭	3.12.10	
				(第1種・計)	106.7				
第2種開業線	電気 (1500)	1.067	6号線 三田線	目黒,白金高輪	2.3	複	平1.5.24	平12.9.26	第1種鉄道事業者は東京地下鉄㈱
				(第2種・計)	2.3				
				合計	109.0				

東京臨海高速鉄道株式会社

連絡線
ＪＲ連絡駅（新木場，大井町，大崎）

会 社 設 立　平 3. 3.12　　本 社　〒135-0064　江東区青海1丁目2番1号
株 式 { 授 権　2,500千株　　　　電話　03（3527）6760
　　　　 発行済　2,485千株
資 本 金　124,279百万円　　代表者　社長 安 井 順 一

他主要事業

	種別	動 力	軌 間（米）	線 名	区 間	キロ程（粁）	単複	免 許年 月 日	運輸開始実 施年 月 日	摘 要
東京都	開業線	電 気（1500）	1.067	臨海副都心線	新木場，大崎	12.2	複			
					新木場，東京テレポート	4.9		平 3.11. 1	平 8. 3.30	
					東京テレポート，天王洲アイル	2.9		6. 5.12	13. 3.31	
					天王洲アイル，大崎	4.4		〃	14.12. 1	
					計	12.2				

（路線図 319ページ）

横浜高速鉄道株式会社

連絡線
ＪＲ連絡駅（横浜）
東急・京急・相鉄・横浜市営
連絡駅（横浜）

会 社 設 立　平 1. 3.29　　本 社　〒231-0861　横浜市中区元町1丁目11番地
株 式 { 授 権　1,092千株　　　　電話　045（664）1621
　　　　 発行済　1,014千株
資 本 金　50,719百万円　　代表者　社長 鈴 木 伸 哉

他主要事業

	種別	動 力	軌 間（米）	線 名	区 間	キロ程（粁）	単複	免 許年 月 日	運輸開始実 施年 月 日	摘 要
神奈川県	開業線	電 気（1500）	1.067	みなとみらい21線	横浜，元町・中華街（山下公園）	4.1	複	平 2. 4.19	平16. 2. 1	
					（第1種・計）	4.1				
	開業第3種線	電 気（1500）	1.067	こどもの国線	長津田，こどもの国	(3.4)	単	昭42. 3.23	昭42. 4.28	平9.8.1 こどもの国協会から譲受 第2種鉄道事業者は東京急行電鉄㈱
					（第3種・計）	(3.4)				
					合 計	4.1				

（路線図 331ページ）

江ノ島電鉄株式会社

連絡線
ＪＲ連絡駅（藤沢，鎌倉）

会 社 設 立	大15. 7.10	本 社	〒251-0035　藤沢市片瀬海岸１丁目４番７号
株 式 { 授 権	24,000千株	事務所	〒251-0035　藤沢市片瀬海岸１丁目８番16号
発行済	6,000千株		電話　0466（24）2711
資 本 金	300,000千円	代表者	社長　楢 井　進

他主要事業
土地建物賃貸業，遊園地業

種別	動 力	軌間（米）	線 名	区 間	キロ程（粁）	単複	免 許 年 月 日	運輸開始実施 年 月 日	摘 要
開業線	電 気（600）	1.067	江ノ島電鉄線	**藤 沢，鎌 倉**	**10.0**	単			軌道から変更（昭19.11.18許可）
				藤 沢，江ノ島	3.3			明35. 9. 1	
				江ノ島，七里ヶ浜	2.3			36. 6.20	
				七里ヶ浜，稲村ヶ崎	1.2		明31.12.20	36. 7.17	
				稲村ヶ崎，極楽寺	0.8			37. 4. 1	
				極楽寺，和田塚	1.6			40. 8.16	
				和田塚，鎌 倉	0.8			43.11. 4	
				計	10.0				

神奈川県

（路線図 331ページ）

箱根登山鉄道株式会社 (その一)

連絡線
ＪＲ連絡駅（小田原）
小田急電鉄連絡駅（小田原）
伊豆箱根鉄道連絡駅（小田原）

会 社 設 立	平16.10. 1	本 社	〒250-0045　小田原市城山１丁目15番１号
株 式 { 授 権	8,000株		電話　0465（32）6823
発行済	2,000株		
資 本 金	100百万円	代表者	社長　府 川 光 夫

他主要事業
{ 不動産賃貸，温泉供給，
　遊園地，名産店

種別	動 力	軌間（米）	線 名	区 間	キロ程（粁）	単複	免 許 年 月 日	運輸開始実施 年 月 日	摘 要
開業線				**小田原，強 羅**	**15.0**	単			小田急電鉄直通（入生田，箱根湯本間三線併用）
	電 気（1500）	1.435 1.067	鉄道線	小田原，風 祭	3.2		昭7. 4.26	昭10.10. 1	平16.10. 1　純粋持株会社体制移行に伴う会社分割により，現・小田急箱根ホールディングス㈱から鉄道事業を承継（平16. 9.17　認可）会社分割前の旧・箱根登山鉄道㈱の設立は昭3. 8.13
				風 祭，箱根湯本	2.9		6. 7. 7		
業線	電 気（750）	1.435		箱根湯本，強 羅	8.9		明44. 3. 1	大8. 6. 1	
				計	15.0				

神奈川県

（路線図 331ページ）

相模鉄道株式会社

会 社 設 立　　　昭39.11.24　　本　社　〒220-0004　横浜市西区北幸2丁目9番14号

株　式 { 授　権　　1,200,000千株　　　　　電話　045(319)2092

発行済　　700,000千株

資　本　金　　　100百万円　　代表者　社長　滝澤秀之

連絡線

ＪＲ連絡駅（横浜，海老名）

小田急連絡駅（大和，海老名，

　　　　　　　　　　湘南台）

他主要事業

	種別	動力	軌間(米)	区　間	キロ程(粁)	建設費予(概)算額(百万円)	免許年月日	工施認可年月日(申請期限)	工事竣功期限	摘要
神奈川県	未開業線	電気(1500)	1.067	湘南台，平塚	14.5		昭43.12.5	平(31.3.31)		免許線
		〃	〃	西谷，羽沢(仮称)	2.7		平18.11.21	21.10.20		都市鉄道等利便}増進法による
		〃	〃	羽沢(仮称)，日吉	10.0		19.4.11	24.10.5		みなし許可線
				計	27.2					

	種別	動力	軌間(米)	線名	区　間	キロ程(粁)	単複	免許年月日	運輸開始実施年月日	摘要
	開業線	電気(1500)	全線1.067	本線	横浜，海老名	24.6	複			平21.9.16 純粋持株会社体制移行に伴う会社分割により、旧・相模鉄道㈱から鉄道事業を承継(平21.8.25 認可)会社分割前の旧・相模鉄道㈱の設立は大6.12.18
					横浜，平沼橋	0.9		昭2.12.28	昭8.12.27	
					平沼橋，西横浜	0.9		〃	6.10.25	
					西横浜，星川	1.5			4.2.14	
					星川，上星川	1.7		大14.1.29	2.5.31	
					上星川，二俣川	5.5			大15.12.1	
					二俣川，相模国分	13.3		大8.5.12 認可	15.5.12	
					相模国分，海老名	0.8		昭15.11.12	昭16.11.25	
				厚木線	相模国分，厚木	2.2	単	大8.5.12	大15.5.12	(貨物運輸)
				いずみ野線	二俣川，湘南台	11.3	複	昭43.12.5		
					二俣川，いずみ野	6.0			昭51.4.8	
					いずみ野，いずみ中央	2.2			平2.4.4	
					いずみ中央，湘南台	3.1			11.3.10	
					計	38.1				

（路線図　330ページ）

伊豆箱根鉄道株式会社 (その一)

連絡線
JR連絡駅（小田原）

会 社 設 立　大 5.12. 7	本 社　〒411-8533　三島市大場300番地
株 式 { 授 権　5,120千株	電話　055(977)1207
発行済　2,180千株	
資 本 金　640,000千円	代表者　社長　伍 堂 文 康

他主要事業
不動産業，レジャー
サービス業，その他
の事業

種別	動 力	軌 間（米）	線 名	区　　間	キロ程（粁）	単複	免　許年 月 日	運輸開始実 施年 月 日	摘　　要	
開業線	電 気(1500)	1.067	大雄山線	小田原，大雄山	9.6	単				神奈川県
				小田原，緑　町	0.4		昭 9. 6.13	昭10. 6.14		
				緑　町，井細田	1.0		大10. 6.14	2. 4.10		
				井細田，大雄山	8.2			大14.10.15		
				計	9.6					

（路線図 332ページ）

神奈川臨海鉄道株式会社

連絡線
JR連絡駅（川崎貨物，根岸）

会 社 設 立　昭38. 6. 1	本 社　〒210-0007　川崎市川崎区駅前本町11番地2
株 式 { 授 権　4,000千株	（川崎フロンティアビル）
発行済　2,753千株	電話　044(244)1226
資 本 金 1,376.5百万円	代表者　社長　村 山 洋 一

他主要事業
倉庫事業，情報システム事業

種別	動 力	軌 間（米）	線 名	区　　間	キロ程（粁）	単複	免　許年 月 日	運輸開始実 施年 月 日	摘　　要	
開業線	内 燃	全 線1.067	千 鳥 線	川崎貨物，千鳥町	4.0	単	昭38.10.19		（貨物運輸）	神奈川県
			浮 島 線	川崎貨物，浮島町	3.9	〃		昭39. 3.25	〃	
			本 牧 線	根　岸，本牧埠頭	5.6	〃	43.12.19	44.10. 1	〃	
				計	13.5					

（路線図 331ページ）

横　浜　市　（交通局）

連絡線
ＪＲ連絡駅（戸塚，関内，桜木
町，横浜，新横浜，
中山）

所在地　交通局　〒220-0022　横浜市西区花咲町６丁目145番地
電話　045(326)3825　（横浜花咲ビル７階）
市役所　〒231-0017　横浜市中区港町１丁目１番地

他主要事業　自動車運送事業

代表者{市　　　　長　林　　文　子
　　　　交通事業管理者　城　　博　俊

種別	動力	軌間（米）	線名	区間	キロ程（粁）	単複	免許年月日	運輸開始実施年月日	摘要
神奈川県 開 業 線	電気（第三軌条式／750）	全線 1.435	1号線	関　内, 湘南台	19.7	複			
				関　内, 伊勢佐木長者町	0.7		昭 42. 3.17	昭51. 9. 4	平 1.8.27 戸塚駅 本設開業
				伊勢佐木長者町, 上大岡	5.2			47.12.16	
				上大岡, 上永谷	2.8		46. 3.13	51. 9. 4	
				上永谷, 舞岡	2.0		51.12.11	60. 3.14	
				舞岡, 戸塚	1.6			62. 5.24	
				戸塚, 湘南台	7.4		平 3. 4.19	平11. 8.29	
			3号線	関　内, あざみ野	20.7	複			
				関　内, 横浜	2.8		昭42. 3.17	昭51. 9. 4	
				横浜, 新横浜	7.0		54. 1.19	60. 3.14	
				新横浜, あざみ野	10.9		61. 2.21	平 5. 3.18	
	電気（1500）		4号線	日吉, 中山	13.0	複	平 9. 5.23	20. 3.30	
				計	53.4				

（路線図 330ページ）

富 士 急 行 株 式 会 社

連絡線
ＪＲ連絡駅（大月）

会 社 設 立　　大15. 9. 18
株 式 { 授 権　165,847千株
　　　　 発行済　　54,884千株
資 本 金　9,126,343千円

本　　社　〒403-0017　富士吉田市新西原5丁目2番1号
　　　　　電話　0555（22）7112（総務部）
東京本社　〒151-0061　渋谷区初台1丁目55番7号
　　　　　電話　03（3376）1111
代 表 者　社長　堀 内　光一郎

他主要事業
{ 自動車運送事業，索道，
　観光事業，土地建物事業

種別	動力	軌間 (米)	線名	区　間	キロ程 (粁)	単複	免　許 年 月 日	運輸開始 実施 年 月 日	摘　要
開 業 線	電気 (1500)	全線 1.067	大 月 線	大　月, 富士山	23.6	単	大15. 6.23	昭4. 6.19	
			河口湖線	富士山, 河口湖	3.0	単	昭22.12. 1	25. 8.24	
				計	26.6				

山梨県

（路線図 332ページ）

伊豆箱根鉄道株式会社 （その二）

連絡線
ＪＲ連絡駅（三島）

会 社 設 立　　大 5.12. 7
株 式 { 授 権　　5,120千株
　　　　 発行済　　2,180千株
資 本 金　640,000千円

本　　社　〒411-8533　三島市大場300番地
　　　　　電話　055（977）1207

代 表 者　社長　伍 堂　文 康

他主要事業
{ 不動産業，レジャー
　サービス業，その他，
　の事業

種別	動力	軌間 (米)	線名	区　間	キロ程 (粁)	単複	免　許 年 月 日	運輸開始 実施 年 月 日	摘　要
開 業 線	電気 (1500)	1.067	駿 豆 線	三　島, 修善寺	19.8	単			
				三　島, 伊豆長岡	11.4		昭9. 5.19	昭9.12. 1	
				伊豆長岡, 大　仁	5.2		明40. 2.24	明40. 7.19	
				大　仁, 修善寺	3.2		大10. 7. 6	大13. 8. 1	
				計	19.8				

静岡県

（路線図 332ページ）

121

伊豆急行株式会社

連絡線
JR連絡駅（伊東）

会 社 設 立　昭34. 4. 11　　本　社　〒413-0292　伊東市八幡野1151番地
株　式 { 授　権　44,000千株　　　　電話　0557(53)1111
　　　　{ 発行済　11,296千株
資　本　金　90,000千円　　代表者　社長　小 林 秀 樹

他主要事業
{ 土地建物賃貸業，
{ 水道事業

	種別	動 力	軌 間（米）	線 名	区　　間	キロ程（粁）	単複	免　許年 月 日	運輸開始実 施年 月 日	摘　要
静岡県	開業線	電 気（1500）	1.067	伊豆急行線	伊　東，伊豆急下田	45.7	単	昭34. 2. 9	昭36.12.10	
					計	45.7				

（路線図 332ページ）

岳南電車株式会社

連絡線
JR連絡駅（吉原）

会 社 設 立　平25. 4. 1　　本　社　〒417-0001　富士市今泉1丁目17番39号
株　式 { 授　権　2,000株　　　　　電話　0545(53)5111
　　　　{ 発行済　1,000株
資　本　金　100,000千円　　代表者　社長　雨 宮 正 雄

	種別	動 力	軌 間（米）	線 名	区　　間	キロ程（粁）	単複	免　許年 月 日	運輸開始実 施年 月 日	摘　要
静岡県	開業線	電 気（1500）	1.067	岳 南 線	吉　原，岳南江尾	9.2	単	昭23. 2.18		伊豆箱根鉄道㈱（旧駿豆鉄道）より譲受（昭24. 5.20）{ 1.725粁は日産自動車線併用
					吉　原，吉原本町	2.7			昭24.11.18	
					吉原本町，本 吉 原	0.3			25. 4.18	
					本吉原，岳南富士岡	3.4			26.12.20	岳南鉄道㈱から会社分割により鉄道事業を承継（平25. 4. 1）
					岳南富士岡，岳南江尾	2.8			28. 1.20	
					計	9.2				

（路線図 332ページ）

静 岡 鉄 道 株 式 会 社　　非連絡線

会 社 設 立　大 8. 5. 1　　　本　社　〒420-8510　静岡市葵区鷹匠1丁目1番1号
株　式 { 授　権　80,000千株　　　　　　　　　　　（静鉄鷹匠ビル）　他主要事業
　　　　 { 発行済　29,880千株　　　　電話　054（254）5114　　　　　{ 索道，流通事業，
資　本　金　1,800,000千円　　代表者　社長　今 田 智 久　　　　　　　{ 不動産業

種別	動　力	軌間（米）	線　名	区　　　間	キロ程（粁）	単複	免　許年 月 日	運輸開始実　施年 月 日	摘　　要	
開業線	電　気（600）	1.067	静岡清水線	新 静 岡, 新 清 水	11.0	複	明39. 8.21	明41.12. 9	軌道から変更（昭20.12. 1許可）	静岡県
				計	11.0					

（路線図 332ページ）

大 井 川 鐵 道 株 式 会 社　　連絡線
　　　　　　　　　　　　　　　　　　　　　　　　　　　ＪＲ連絡駅（金谷）

会 社 設 立　昭57. 6.25　　　本　社　〒428-8503　島田市金谷東二丁目1112番地の2
株　式 { 授　権　40,000千株　　　　電話　0547（45）4111
　　　　 { 発行済　40,000千株　　　　　　　　　　　　　　　　　　　他主要事業
資　本　金　100,000千円　　代表者　社長　鈴 木　肇　　　　　　　　{ 不動産業，
　　　　　　　　　　　　　　　　　　　　　　　　　　　　　　　　　　{ 損害保険代理業

種別	動　力	軌間（米）	線　名	区　　　間	キロ程（粁）	単複	免　許年 月 日	運輸開始実　施年 月 日	摘　　要	
開業線	蒸 気内 燃電 気（1500）	全 線1.067	大井川本線	金 谷, 千 頭 金 谷,（横岡） （横岡）,（居林） （居林）, 家 山 家 山, 地 名 地 名, 塩 郷 塩 郷, 下 泉 下 泉, 青 部 青 部, 千 頭	39.5 　 }17.1 　 5.8 1.4 3.1 8.7 3.4	単	大10. 7. 6	昭 2. 6.10 3. 7.20 4.12. 1 5. 7.16 5. 9.23 6. 2. 1 6. 4.12 6.12. 1	大鉄技術サービス㈱が大井川鉄道㈱を合併（平12. 9.19認可） 大井川鐵道㈱へ社名変更（平12.10. 2変更）	静岡県
業線	内 燃電 気（1500）		井 川 線	千 頭, 井 川	25.5	単	昭33.12.13	昭34. 8. 1	アプトいちしろ，長島ダム間1.5粁電化	
				計	65.0					

（路線図 333ページ）

123

遠州鉄道株式会社

連絡線
天竜浜名湖鉄道連絡駅
（西鹿島）

会 社 設 立	昭18.11. 1	本 社	〒430-8655 浜松市中区旭町12番地の1
株 式 授 権	142,400千株		電話 053（454）2211
発行済	72,000千株	鉄 道	〒431-3115 浜松市東区西ヶ崎町686-1
資 本 金	3,800,000千円	営業所 電話 053（435）0221	
		代表者 社長 斉藤 薫	

他主要事業
自動車運送事業，不動産
業，旅行業

	種別	動 力	軌 間（米）	線 名	区 間	キロ程（粁）	単複	免 許年 月 日	運輸開始実 施年 月 日	摘 要
静岡県	開業線	電 気（750）	1.067	鉄 道 線	新浜松，西鹿島	17.8	単	大10. 6.14	大12. 4. 1	
					計	17.8				

（路線図 333ページ）

天竜浜名湖鉄道株式会社

連絡線
ＪＲ連絡駅（掛川，新所原）
遠州鉄道連絡駅（西鹿島）

会 社 設 立	昭61. 8.18	本 社	〒431-3311 浜松市天竜区二俣町阿蔵
株 式 授 権	6,500株		114番地の2
発行済	6,300株		電話 053（925）6125
資 本 金	100,000千円	代表者 社長 長谷川 寛彦	

他主要事業
旅行業代理店業

	種別	動 力	軌 間（米）	線 名	区 間	キロ程（粁）	単複	免 許年 月 日	運輸開始実 施年 月 日	摘 要
静岡県	開業線	内 燃	1.067	天竜浜名湖線	掛 川，新所原	67.7	単	昭61.11.14	昭62. 3.15	
					計	67.7				

（路線図 333ページ）

衣浦臨海鉄道株式会社

連絡線
ＪＲ連絡駅（東成岩，東浦）

会 社 設 立	昭46. 4. 8	本 社 〒475-0831　半田市11号地19番地２号
株 式 { 授　権	8,000千株	電話　0569(22)9681
発行済	7,538千株	
資 本 金	1,500,000千円	代表者　代表取締役 岩 井　　昇

他主要事業
　不動産業，自動車業

種別	動 力	軌 間 (米)	線 名	区　　　間	キロ程 (粁)	単複	免　　許 年 月 日	運輸開始 実　施 年 月 日	摘　　　要	
開業線	内 燃	全 線 1.067	半 田 線	半田埠頭，東成岩	3.4	単	昭46. 7.28	昭50.11.15	（貨物運輸）	愛知県
			碧 南 線	東　浦，碧南市	8.2	単	〃	52. 5.25	（　〃　）	
				計	11.6					

（路線図 337ページ）

豊橋鉄道株式会社 (その一)

連絡線
ＪＲ連絡駅（豊橋）
名鉄連絡駅（豊橋）

会 社 設 立	大13. 3.17	本 社 〒440-0888　豊橋市駅前大通
株 式 { 授　権	10,000千株	一丁目46番地の１
発行済	4,110千株	電話　0532(53)2131
資 本 金	200,250千円	代表者　社長 伊 藤 正 雄

他主要事業
　軌道，不動産業

種別	動 力	軌 間 (米)	線 名	区　　　間	キロ程 (粁)	単複	免　　許 年 月 日	運輸開始 実　施 年 月 日	摘　　　要	
開業線	電 気 (1500)	1.067	渥 美 線 {	新 豊 橋，三河田原	18.0	単			軌道から変更 （昭 5. 4. 2許可）	愛知県
				新 豊 橋，花田 (操)	0.7			昭 2.10. 1		
				花田 (操)，大 学 前	1.8			大14. 5. 1		
				大 学 前，高　師	1.8		大	13. 4.25		
				高　師，豊　島	11.3		10. 4.12	13. 1.22		
				豊　島，神　戸	1.5		（特許）	13. 3. 8		
				神　戸，三河田原	0.9			13. 6.10		
				計	18.0					

（路線図 336ページ）

名古屋臨海高速鉄道株式会社

連絡線
ＪＲ連絡駅（名古屋）

会 社 設 立　平 9.12. 2　　本　社　〒455-0831　名古屋市港区十一屋一丁目46番地
株　式 { 授　権　1,256千株　　　電話　052（383）0954
　　　　 発行済　　966千株　　　　　　　　　　　　　　　　　他主要事業
資　本　金　100百万円　　代表者　社長　近 藤 隆 人　　　　不動産事業

種別	動　力	軌　間 （米）	線　名	区　　　間	キロ程 （粁）	単複	免　　許 年　月　日	運輸開始 実　施 年　月　日	摘　　　要
愛知県 開業線	電　気 （1500） 内　燃	1.067	西名古屋港線	名 古 屋，金城ふ頭	15.2	複	平 9.12.12	平16.10. 6	
				計	15.2				

（路線図　338ページ）

中部国際空港連絡鉄道株式会社

連絡線
名鉄連絡駅（常滑）

会 社 設 立　平11. 6.17　　本　社　〒460-0002　名古屋市中区丸の内
株　式 { 授　権　231,000株　　　　　　　　　　　三丁目19番30号　　他主要事業
　　　　 発行済　176,000株　　　電話　052（959）5661
資　本　金　8,800,000千円　　代表者　社長　石 原 君 雄

種別	動　力	軌　間 （米）	線　名	区　　　間	キロ程 （粁）	単複	許　　可 年　月　日	運輸開始 実　施 年　月　日	摘　　　要
愛知県 第3種開業線	電　気 （1500）	1.067	空 港 線	常　滑， 中部国際空港	(4.2)	複	平12. 4.21	平17. 1.29	第２種鉄道事業者は 名古屋鉄道㈱
				計	(4.2)				

（路線図　337ページ）

上飯田連絡線株式会社

連絡線
名鉄連絡駅（味鋺）

会 社 設 立	平 6. 1.17	本 社 〒462-0808　名古屋市北区上飯田通2丁目40番地
株 式 { 授 権	290千株	電話　052(981)6437
発行済	280千株	
資 本 金	14,028,300千円	代表者　社長　石 原 君 雄

名古屋市交通局連絡駅
（平安通）

他主要事業
　不動産事業

種別	動力	軌間(米)	線名	区　　間	キロ程(粁)	単複	免許年月日	運輸開始実施年月日	摘　　要	
第3種開業線	電気(1500)	1.067	上飯田連絡線	味　鋺, 上 飯 田	(2.3)	複	平 6.11.22	平15. 3.27	第2種鉄道事業者は名古屋鉄道㈱	愛知県
				上 飯 田, 平 安 通	(0.8)	〃			第2種鉄道事業者は名古屋市	
				計	(3.1)					

（路線図 267ページ）

愛知環状鉄道株式会社

連絡線
ＪＲ連絡駅（高蔵寺, 岡崎）

会 社 設 立	昭61. 9.19	本 社 〒444-0951　岡崎市北野町字二番訳68番地
株 式 { 授 権	100千株	電話　0564(32)3911
発行済	94千株	
資 本 金	9,475,300千円	代表者　社長　長 崎 栄 一

他主要事業
　不動産事業

種別	動力	軌間(米)	線名	区　　間	キロ程(粁)	単複	免許年月日	運輸開始実施年月日	摘　　要	
開業線	電気(1500)	1.067	愛知環状鉄道線	岡　崎, 高 蔵 寺	45.3				中岡崎, 北岡崎間1.9粁複線 北野桝塚, 三河上郷間2.0粁複線 三河豊田, 新豊田間3.6粁複線	愛知県
				岡　崎, 新 豊 田	19.5	単複	昭62.10. 5	昭63. 1.31		
				新 豊 田, 高 蔵 寺	25.8	〃	61.10. 9	〃	瀬戸市, 高蔵寺間6.2粁複線	
				計	45.3					

（路線図 337ページ）

名古屋鉄道株式会社 (その一)

会 社 設 立	大10. 6.13	本　　社　〒450-8501　名古屋市中村区
株 式 { 授 権	360,000千株	名駅1丁目2番4号
発行済	190,467千株	電話　052(582)5151
資　本　金	95,148百万円	東京支社　〒104-0061　中央区銀座4-3-6 G4 BRICKS BLD.8F
		電話　03(3563)1001
		代表者　社長　安 藤 隆 司

連絡線　豊橋, 刈谷, 蒲郡, 金山, 名古屋, 尾張一宮
JR連絡駅　岐阜羽島, 鵜沼, 可児, 弥富, 大曽根
他主要事業　軌道, 開発事業

愛知県・岐阜県

種別	動 力	軌間(米)	線 名	区　　間	キロ程(粁)	単複	免 許 年 月 日	運輸開始実施 年 月 日	摘　要
開 業 線	電 気 (1500) 内 燃	全 線 1.067	名古屋本線	豊　橋, 名鉄岐阜	99.8	複			
				豊　橋, 伊　奈	5.0		大15. 5.31	昭2. 6. 1	
				伊　奈, 東岡崎	24.8		3. 6.23	大15. 4. 1	
				東岡崎, 岡崎公園前	1.3		7. 7.24	12. 8. 8	
				岡崎公園前, 知　立	12.0		〃	12. 6. 1	
				知　立, 有　松	9.6		8. 6.10	12. 4. 1	
				有　松, 本笠寺	5.5		2. 2.18	6. 5. 8	
				本笠寺, 神宮前	4.0		〃	6. 3. 7	
				神宮前, 金　山	2.2		昭2. 2.24	} 昭 19. 9. 1	複々線
				金　山, 山　王	1.6		} 12. 6.28		
				山　王, 名鉄名古屋	2.0				
				名鉄名古屋, 枇杷島分岐点	3.3		大11. 8.19	16. 8.12	
				枇杷島分岐点, 須ヶ口	2.2		明40.12.10	大3. 1.23	地下区間(1.357粁)
				須ヶ口, 丸ノ内	0.8		昭3. 3.27	昭3. 9.22	
				丸ノ内, 新清洲	0.9		大12. 5.22	3. 4.10	
				新清洲, 国府宮	5.7		{ 9.11.24 12.5.22	3. 2. 3	
				国府宮, 名鉄一宮	5.3		9.11.24	大13. 2.15	
				名鉄一宮, 笠　松	8.9		昭2. 4.19	昭10. 4.29	
				笠　松, (広　江)	4.0		明45. 2.23	大3. 6. 3	
				(広　江), 名鉄岐阜	0.7		〃	3.12.26	
	〃		西尾線	新安城, 吉良吉田	24.7	単複			
				新安城, 米　津	11.6	単複	大12. 5.23	大15. 7. 1	
				米　津, 西尾口	2.6	単	昭2. 6. 2	昭3. 8. 5	
				西尾口, 西　尾	0.8	複	〃	3.10. 1	
				西　尾, 福　地	2.4		大1. 9.17	大4. 2.13	
				福　地, 上横須賀	3.1	} 単	〃	4. 3.14	
				上横須賀, 吉良吉田	4.2		〃	4. 8. 5	

（路線図 334ページ）

種別	動力	軌間(米)	線名	区間	キロ程(粁)	単複	免許 年月日	運輸開始 実施 年月日	摘要
開		全線 1.067							
	電気(1500) 内燃		三河線	猿投,碧南	39.8	単複			西中金,猿投間8.6粁及び碧南,吉良吉田間16.4粁廃止（平16.4.1） 梅坪,豊田市間1.4粁複線
				猿投,越戸	2.3	単	大 3.9.4	大13.10.31	
				越戸,豊田市	3.4	単複		11.1.17	
				豊田市,上挙母	1.8		明	9.11.1	
				上挙母,土橋	2.8	単	44.8.5	9.8.31	
				土橋,三河知立	10.4			9.7.5	
				三河知立,知立	0.7		昭32.8.5	昭34.4.1	
				知立,刈谷	3.9	単複	明 44.7.18	大4.10.28	知立,重原間2.2粁及び刈谷,刈谷市間1.6粁複線
				刈谷,碧南	14.6	単複		3.2.5	
	電気(1500)		豊田線	赤池,梅坪	15.2	複	15.10.9	昭54.7.29	
業	電気(1500) 内燃		蒲郡線	吉良吉田,蒲郡	17.6	単	大9.12.2		
				吉良吉田,三河鳥羽	3.2			昭4.8.11	
				三河鳥羽,三河鹿島	10.3			11.7.24	
				三河鹿島,蒲郡	4.1			11.11.11	
	〃		常滑線	神宮前,常滑	29.3	複	明43.9.23		
				神宮前,(伝馬町)	0.6			明45.8.1 大2.8.31	
				(伝馬町),大野町	23.5			明45.3.18	
				大野町,常滑	5.2			大2.3.29	
	〃		築港線	大江,東名古屋港	1.5	単	大9.6.8	13.1.15	
	〃		河和線	太田川,河和	28.8	単複	大15.11.20		
				太田川,成岩	15.8	複		昭6.4.1	
				成岩,河和口	10.0	複		7.7.1	
				河和口,河和	3.0	単		10.8.1	
	〃		知多新線	富貴,内海	13.9	単	昭42.12.14		
				富貴,上野間	5.8			昭49.6.30	
線				上野間,知多奥田	2.3			50.7.6	
				知多奥田,野間	1.7			51.4.4	
				野間,内海	4.1			55.6.4	

愛知県・岐阜県

種別	動力	軌間(米)	線名	区間	キロ程(粁)	単複	免許年月日	運輸開始実施年月日	摘要
愛知県・岐阜県 開業線	電気(1500)	全線 1.067	瀬戸線	栄町, 尾張瀬戸	20.6	複	昭47. 5.18	53. 8.20	尾張瀬戸駅移設+0.1粁 (平13.4.14)
				栄町, 東大手	1.5				
				東大手, 大曽根	3.1		}大9.8.13	大10. 4.13	
				大曽根, 尾張瀬戸	16.0				
	〃		小牧線	味鋺, 犬山	18.3	単複			
				味鋺, 小牧	7.5	複	大15. 8. 1	昭6. 2.11	
				小牧, 犬山	10.8	単	14.10.23	6. 4.29	
	電気(1500) 内燃		各務原線	名鉄岐阜, 新鵜沼	17.6	複	大12. 6.19		
				名鉄岐阜, 三柿野	11.2			大15. 1.21	
				三柿野, 名電各務原	2.5			15. 8. 1	
				名電各務原, 新鵜沼	3.9			昭2. 9.20	
	〃		犬山線	枇杷島分岐点, 新鵜沼	26.8	複			
				枇杷島分岐点, 岩倉	9.7		明	大1. 8. 6	
				岩倉, 犬山	15.2		}40.12.10	1. 8. 3	
				犬山, 犬山遊園	1.2		(特許)	15. 5. 2	
				犬山遊園, 新鵜沼	0.7		大10. 5.17	15.10. 1	
	〃		広見線	犬山, 御嵩	22.3	単複			
				犬山, 日本ライン今渡	12.2	複	大9. 8.13	14. 4.23	
				日本ライン今渡, 新可児	2.7		15. 7.22	昭4. 1.21	
				新可児, 御嵩口	6.8	単	1.12.18	大9. 8.21	
				御嵩口, 御嵩	0.6		昭4.11. 4	昭27. 4. 1	
	〃		津島線	須ヶ口, 津島	11.8	複	明42.12.10	大3. 1.23	
線	〃		尾西線	弥富, 玉ノ井	30.9	単複			佐屋, 森上間11.6 粁複線 (動力・内燃は弥富〜津島間)
				弥富, 津島	8.2	単複		明31. 4. 3	
				津島, 森上	8.0	複	29. 1.21	32. 2.16	
				森上, 萩原	4.0			32. 7.18	
				萩原, 名鉄一宮	4.9	単		33. 1.22	
				名鉄一宮, 玉ノ井	5.8		45. 3.18 大3.5.14	大3. 8. 4 7. 5. 1	

種別	動力	軌間(米)	線名	区　　間	キロ程(粁)	単複	免許・許可 年月日	運輸開始 実施 年月日	摘　　要
開業線	電気(1500)	全線 1.067	竹鼻線	笠松, 江吉良	10.3	単			
				笠松, 西笠松	0.9		明45. 2.23	大 3. 6. 3	
				西笠松, 竹鼻	7.7		大 8. 6.24	10. 6.25	
				竹鼻, 江吉良	1.7		13. 2.25	昭4. 4. 1	
	〃		羽島線	江吉良, 新羽島	1.3	単	昭38. 5. 8	57.12.11	
				(第1種・計)	430.5				
開業線 第2種	電気(1500)	1.067	小牧線	上飯田, 味鋺	2.3	複	平 6.11.22	平15. 3.27	第3種鉄道事業者は上飯田連絡線㈱
	〃	〃	空港線	常滑, 中部国際空港	4.2	〃	12. 4.21 (許可)	17. 1.29	第3種鉄道事業者は中部国際空港連絡鉄道㈱
				(第2種・計)	6.5				
				合　計	437.0				

愛知県・岐阜県

種別	現　　　状						変更認可年月日		竣功期限	摘要
	動力	軌間(米)	線名	区　　間	キロ程(粁)	単複	計画変更	施設変更	(竣功)	
鉄道施設の変更	電気(1500)	全線 1.067	小牧線	上飯田, 犬山	20.6	単	昭47. 4.28	昭	昭	複線化
				間内, 小牧	(2.0)	(複)	〃	51. 9. 9	(52. 6.15)	〃
				味美, 豊山信号所	(2.5)	(〃)	〃	53. 9. 7	(54. 4. 1)	〃
				豊山信号所, 間内	(1.4)	(複)	〃	平 7. 8.25	平 (13. 2.28)	〃
				二子(信), 味美	(1.2)	(〃)	〃	〃	〃	〃
				味鋺, 二子(信)	(0.2)	(〃)	〃	〃	15. 6.30	〃
	電気(1500) 内燃		尾西線	弥富, 佐屋	4.6	単	42. 6. 3	昭	昭	〃
				佐屋, 日比野	(2.0)	(複)	〃	42. 8.19	(42.12.16)	〃
				日比野, 津島	(1.6)	(〃)	41.11. 2	41.11.16	(〃)	〃
				津島, 六輪	(2.9)	(〃)	42. 6. 3	47. 3. 2	(47. 4. 1)	〃
				六輪, 森上	(5.1)	(〃)	〃	48. 8.25	(49. 1.18)	〃
				森上, 新一宮	8.9	単	〃			〃
	〃		三河線	知立, 重原	(2.2)	(複)	38. 2.18	50. 2.27	(51. 4.11)	〃
				重原, 刈谷	1.7	単	〃			〃
	〃			刈谷, 刈谷市	(1.6)	(複)	〃	53.11.25	(55.12.14)	〃
				刈谷市, 碧南	13.0	単	〃			〃
	〃		西尾線	新安城, 吉良吉田	24.7	単	49. 5.31	平	平	〃
				西尾口, 西尾	(0.8)	(複)	〃	19. 9. 3	(20. 6.14)	〃
	〃			桜井, 南桜井	(1.6)	(〃)	〃	19.10.17	(20. 6.21)	〃
	〃		河和線	富貴, 河和口	(3.5)	(複)	48. 1.12	48. 8.28	(49. 5.16)	〃
				河和口, 河和	3.0	単	〃			〃
	〃		蒲郡線	吉良吉田, 蒲郡	17.6	単	45. 2. 5			〃
	〃		名古屋本線	神宮前, 金山	(2.2)	(複々)	平 1. 6.26	平 1. 7.15	平 (2. 4. 1)	複々線化

名 古 屋 市 （交 通 局）

連絡線
ＪＲ連絡駅

所在地　〒460-8508　名古屋市中区三の丸３丁目１番１号　（名古屋，金山，大曽根，八田）

電話　052（961）1111

名鉄連絡駅

代表者 { 市長　河 村　たかし　　局長　光 田　清 美

（栄，赤池，上小田井，上飯田）

他主要事業　自動車運送事業

種別	動 力	軌 間（米）	線 名	区　　　間	キロ程（粁）	単複	免　　　許年 月 日	運輸開始実　施年 月 日	摘　　要
愛知県 開 業 線	電 気（第三軌条式／600）	1.435	１ 号 線東 山 線	**高　畑，藤 が 丘**	20.6	全線複線			
				高　畑，中村公園	3.1		昭51. 12. 11	昭57. 9. 21	
				中村公園，名 古 屋	3.5		41. 6. 24	44. 4. 1	
				名 古 屋， 栄	2.4		} 25. 1. 31	32. 11. 15	
				栄 ，池　 下	3.6			35. 6. 15	
				池　 下，東山公園	2.5		35. 12. 23	38. 4. 1	
				東山公園，星 ヶ 丘	1.1		38. 10. 19	42. 3. 30	
				星 ヶ 丘，藤 が 丘	4.4		41. 6. 24	44. 4. 1	
	″	″	２ 号 線名城線及び名港線	**大 曽 根，名古屋港**	14.9				
				大 曽 根，市 役 所	4.6		43. 9. 24	46. 12. 20	
				市 役 所， 栄	1.3		} 25. 1. 31	40. 10. 15	
				栄 ，金　 山	3.0			42. 3. 30	
				金　 山，名古屋港	6.0		42. 9. 7	46. 3. 29	
	″	″	４ 号 線名 城 線	**大 曽 根，金　 山**	17.5		平 } 5. 4. 21	平12. 1. 19	
				大 曽 根，砂 田 橋	1.7			15. 12. 13	
				砂 田 橋，名古屋大学	4.5				
				名古屋大学，新 瑞 橋	5.6		8. 4. 9	16. 10. 6	
				新 瑞 橋，金　 山	5.7		昭46. 4. 28	昭49. 3. 30	

（路線図 336ページ）

愛知県

種別	動力	軌間（米）	線名	区　　間	キロ程（粁）	単複	免　許年　月　日	運輸開始実　施年　月　日	摘　　要
開				上小田井，赤　池	20.4	全線複線			
	電　気(1500)	1.067	3 号 線鶴 舞 線	上小田井，　　　　庄内緑地公園	1.4	｝昭47. 5.18	平 5. 8.12		
				庄内緑地公園，浄心	2.7		昭59. 9. 6		
				浄　心，伏　見	2.9		56.11.27		
				伏　見，八　事	8.0		52. 3.18		
				八　事，赤　池	5.4	大15.10. 9	53.10. 1		
	〃	〃	6 号 線桜 通 線	中村区役所，徳　重	19.1				
				中村区役所，今　池	6.3	｝昭57. 2.10	平 1. 9.10		
				今　池，野　並	8.6		6. 3.30		
業				野　並，徳　重	4.2	平15. 9. 5	平23. 3.27		
線				（第 1 種・計）	92.5				
第2種開業線	電　気(1500)	1.067	上 飯 田 線	平 安 通，上 飯 田	0.8		平 6.11.22	平15. 3.27	第 3 種鉄道事業者は上飯田連絡線㈱
				（第 2 種・計）	0.8				
				合　　計	93.3				

名古屋臨海鉄道株式会社

連絡線
JR連絡駅（笠寺）

会 社 設 立　昭40. 1.23
株 式 { 授　権　8,000千株
　　　　発行済　3,146千株
資 本 金　1,573,107千円

本 社　〒457-0819　名古屋市南区滝春町12番地3
電話　052(613)5001

代表者　社長　金 谷 淳 史

他主要事業
日本貨物鉄道㈱の受託業務

種別	動力	軌間（米）	線名	区間	キロ程（粁）	単複	免許年月日	運輸開始実施年月日	摘要
開業線	内燃	全線 1.067				全線単線			
			東港線	笠寺, 東港	3.8		昭40. 5.11	昭40. 8.20	（貨物運輸）
			昭和町線	東港, 昭和町	1.1		〃	〃	〃
			汐見町線	東港, 汐見町	3.0		〃	〃	〃
			南港線 {	東港, 名古屋南貨物	6.9		〃	43. 9. 1	〃
				名古屋南貨物, 知多	4.4		43. 4.23	44. 6.25	〃
			東築線	東港, 名電築港	1.3		41. 5.27	57. 4.26	〃
				計	20.5				

愛知県

（路線図 337ページ）

株式会社東海交通事業

連絡線
JR連絡駅（枇杷島, 勝川）

会 社 設 立　昭63. 2.18
株 式 { 授　権　6,400株
　　　　発行済　3,150株
資 本 金　295,000千円

本 社　〒452-0815　名古屋市西区八筋町8番地の1
電話　052(504)3051

代表者　社長　竹 中 正 俊

他主要事業
東海旅客鉄道㈱の受託業務

種別	動力	軌間（米）	線名	区間	キロ程（粁）	単複	免許年月日	運輸開始実施年月日	摘要
第2種開業線	蒸気内燃	1.067	城北線 {	勝川, 枇杷島	11.2	複			第1種鉄道事業者は東海旅客鉄道㈱
				勝川, 尾張星の宮	9.3		平 3.11. 1	平 3.12. 1	
				尾張星の宮, 枇杷島	1.9		3.11. 1	5. 3.18	
				計	11.2				

愛知県

（路線図 337ページ）

三 岐 鉄 道 株 式 会 社

連絡線
ＪＲ連絡駅（富田）
近鉄連絡駅（近鉄富田）

会 社 設 立　昭 3. 9.20
株 式 ｛ 授 権　16,000千株
　　　 発行済　8,000千株
資 本 金　400,000千円

本 社　〒510-8014　四日市市富田 3 丁目22番83号
　　　　　電話　059（364）2141

代表者　社長　日 比 義 三

他主要事業
｛ 自動車運送事業，不動産業，物品販売業

種別	動 力	軌 間 (米)	線 名	区　　間	キロ程 (粁)	単複	免　許 年 月 日	運輸開始 実 施 年 月 日	摘　　要	
開業線	電 気 (1500)	1.067	三 岐 線 ｛	富 田, 西 藤 原	26.5	単	｝昭 3.6.9	昭 6. 7.23	富田, 三岐朝明（信）間1.0粁は貨物運輸	三重県
				富 田, 東 藤 原	23.1			6. 12.23		
				東 藤 原, 西 藤 原	3.4					
	〃	〃	近鉄連絡線	三岐朝明（信），近鉄富田	1.1	単	44. 6.19	45. 6.25		
	電 気 (750)	0.762	北 勢 線 ｛	西 桑 名, 阿 下 喜	20.4	単	平15. 3. 6 （譲受認可）	平15. 4. 1	近畿日本鉄道㈱から譲受	
				西 桑 名, 楚 原	14.4		（明45.1.16）	（大 3.4.5）		
				楚 原, (六 石)	4.6		（ 〃 ）	(5.8.6)		
				(六 石), 阿 下 喜	1.4		（昭4.5.17）	（昭 6.7.8）		
				計	48.0					

（路線図 339ページ）

伊 勢 鉄 道 株 式 会 社

連絡線
ＪＲ連絡駅（河原田，津）

会 社 設 立　昭61.10. 1
株 式 ｛ 授 権　10千株
　　　 発行済　7.2千株
資 本 金　360,000千円

本 社　〒513-0817　鈴鹿市桜島町 1 丁目20番
　　　　　電話　059（383）2112

代表者　社長　石 垣 英 一

他主要事業

種別	動 力	軌 間 (米)	線 名	区　　間	キロ程 (粁)	単複	免　許 年 月 日	運輸開始 実 施 年 月 日	摘　　要	
開業線	内 燃	1.067	伊 勢 線	河 原 田, 津	22.3	単複	昭62. 1.20	昭62. 3.27	｛ 河原田, 中瀬古間 12.7粁複線 （平5. 8. 1）	三重県
				計	22.3					

（路線図 339ページ）

四日市あすなろう鉄道株式会社

連絡線
近鉄連絡駅（近鉄四日市）

会社設立　平26. 3.27
株式 { 授権　4千株
発行済　1千株 }
資本金　50,000千円

本社　〒510-0074　四日市市鵜の森1丁目16番地11
電話　059(351)0688

代表者　代表取締役社長　原　　　　恭

他主要事業

種別	動力	軌間(米)	線名	区間	キロ程(粁)	単複	許可年月日	運輸開始実施年月日	摘要
三重県　第2種開業線	電気(750)	全線 0.762	内部線	あすなろう四日市, 内部	5.7	単	平27. 3.11	平27. 4. 1	第3種鉄道事業者は四日市市　許可年月日は地域公共交通活性化再生法による鉄道事業再構築実施計画認定日
			八王子線	日永, 西日野	1.3	単	〃	〃	
				計	7.0				

（路線図　339ページ）

四　日　市　市

連絡線
近鉄連絡駅（近鉄四日市）

本社　〒510-8601　四日市市諏訪町1番5号
電話　059(354)8095

代表者　市長　森　　智広

他主要事業

種別	動力	軌間(米)	線名	区間	キロ程(粁)	単複	許可年月日	運輸開始実施年月日	摘要
三重県　第3種開業線	電気(750)	全線 0.762	内部線	あすなろう四日市, 内部	(5.7)	単	平27. 3.11	平27. 4. 1	第2種鉄道事業者は四日市あすなろう鉄道㈱　許可年月日は地域公共交通活性化再生法による鉄道事業再構築実施計画認定日
			八王子線	日永, 西日野	(1.3)	単	〃	〃	
				計	(7.0)				

（路線図　339ページ）

伊 賀 鉄 道 株 式 会 社

連絡線
ＪＲ連絡駅（伊賀上野）
近鉄連絡駅（伊賀神戸）

会 社 設 立	平19. 3.26	
株 式 { 授 権	4千株	
発行済	1,307株	
資 本 金	65,350千円	

本 社　〒518-0873　伊賀市上野丸之内61番地の2
電話　0595(21)0863

代表者　社長　加　藤　千　明

他主要事業

種別	動力	軌間（米）	線名	区　　間	キロ程（粁）	単複	許　可年 月 日	運輸開始実　施年 月 日	摘　　要	
第2種開業線	電気(1500)	1.067	伊賀線 {	伊賀上野，伊賀神戸	16.6	単	平19. 6.27	平19.10. 1	第3種鉄道事業者は伊賀市	三重県
				伊賀上野，上野市	3.9					
				上野市，伊賀神戸	12.7					
				計	16.6					

（路線図 339ページ）

伊 　 賀 　 市

連絡線
ＪＲ連絡駅（伊賀上野）
近鉄連絡駅（伊賀神戸）

本 社　〒518-8501　伊賀市上野丸之内116番地
電話　0595(22)9611

代表者　市長　岡　本　　　栄

他主要事業

種別	動力	軌間（米）	線名	区　　間	キロ程（粁）	単複	許　可年 月 日	運輸開始実　施年 月 日	摘　　要	
第3種開業線	電気(1500)	1.067	伊賀線 {	伊賀上野，伊賀神戸	(16.6)	単	平29. 3.15	平29. 4. 1	第2種鉄道事業者は伊賀鉄道㈱許可年月日は地域公共交通活性化再生法による鉄道事業再構築実施計画認定日	三重県
				伊賀上野，上野市	(3.9)					
				上野市，伊賀神戸	(12.7)					
				計	(16.6)					

（路線図 339ページ）

養 老 鉄 道 株 式 会 社

連絡線
ＪＲ連絡駅（大垣，桑名）
近鉄連絡駅（桑名）

会 社 設 立	平19. 2.14	本 社 〒503-0973 大垣市木戸町910番地
株 式 { 授 権 8千株 発行済 2.1千株		電話 0584(78)3400
資 本 金 100,000千円	代表者 社長 原 恭	

他主要事業

種別	動 力	軌 間 （米）	線 名	区　　　間	キロ程 （粁）	単複	許　　可 年　月　日	運輸開始 実　施 年　月　日	摘　　　要
三重県・岐阜県　第2種開業線	電 気 (1500)	1.067	養 老 線	桑　名, 揖　斐	57.5	単	平19. 6.27	平19.10. 1	第3種鉄道事業者は (一社)養老線管理 機構
				桑　名, 養　老	28.8				
				養　老, 池　野	24.7				
				池　野, 揖　斐	4.0				
				計	57.5				

（路線図 339ページ）

一般社団法人養老線管理機構

連絡線
ＪＲ連絡駅（大垣，桑名）
近鉄連絡駅（桑名）

会 社 設 立	平29. 2. 1	本 社 〒503-0888 大垣市丸の内2丁目29番
		電話 0584(77)1746
	代表者 代表理事 広 瀬 幹 雄	

他主要事業

種別	動 力	軌 間 （米）	線 名	区　　　間	キロ程 （粁）	単複	許　　可 年　月　日	運輸開始 実　施 年　月　日	摘　　　要
三重県・岐阜県　第3種開業線	電 気 (1500)	1.067	養 老 線	桑　名, 揖　斐	57.5	単	平29.12.21	平30. 1. 1	第2種鉄道事業者は 養老鉄道㈱ 許可年月日は地域公 共交通活性化再生法 による鉄道事業再構 築実施計画認定日
				桑　名, 養　老	28.8				
				養　老, 池　野	24.7				
				池　野, 揖　斐	4.0				
				計	57.5				

（路線図 339ページ）

西 濃 鉄 道 株 式 会 社

連絡線
ＪＲ連絡駅（美濃赤坂）

会 社 設 立	昭 2. 1.15
株　式 { 授 権	600千株
発行済	500千株
資 本 金	25,000千円

本　社　〒503-2213　大垣市赤坂町 173番1号
電話　0584(71)1261

代表者　代表取締役 箕 浦 治 夫

他主要事業

種別	動 力	軌 間（米）	線 名	区　　　間	キロ程（粁）	単複	免　　許年 月 日	運輸開始実 施年 月 日	摘　　要
開業線	内 燃	全 線1.067	市 橋 線	美濃赤坂, 猿 岩	2.0	単	大15.12. 6	昭 3.12.17	（貨物運輸）
				計	2.0				

岐阜県

（路線図 338ページ）

樽 見 鉄 道 株 式 会 社

連絡線
ＪＲ連絡駅（大垣）

会 社 設 立	昭59. 2. 1
株　式 { 授 権	8千株
発行済	3千株
資 本 金	100,000千円

本　社　〒501-1205　本巣市曽井中島680番地の11
電話　0581(34)3777

代表者　社長 不 破 道 夫

他主要事業

種別	動 力	軌 間（米）	線 名	区　　　間	キロ程（粁）	単複	免　　許年 月 日	運輸開始実 施年 月 日	摘　　要
開業線	内 燃	1.067	樽 見 線	大　垣, 樽　見	34.5	単			
				大　垣, 神　海	23.6		昭59. 8. 1	昭59.10. 6	
				神　海, 樽　見	10.9		61.11.18	平 1. 3.25	
				計	34.5				

岐阜県

（路線図 340ページ）

139

明 知 鉄 道 株 式 会 社

連絡線
ＪＲ連絡駅（恵那）

会 社 設 立	昭60. 5.21	本 社	〒509-7705 恵那市明智町469番地の 4
株 式 { 授 権	8千株		電話 0573(54)4101
発行済	4千株		
資 本 金	200,000千円	代表者 社長 小 坂 喬 峰	

他主要事業

	種別	動 力	軌 間 （米）	線 名	区　　　　間	キロ程 （粁）	単複	免　　　許 年 月 日	運 輸 開 始 実 施 年 月 日	摘　　　要
岐阜県	開	内 燃	1.067	明 知 線	恵　那, 明　智	25.1	単	昭60. 8.14	昭60.11.16	
	業									
	線				計	25.1				

（路線図 340ページ）

長 良 川 鉄 道 株 式 会 社

連絡線
ＪＲ連絡駅（美濃太田）

会 社 設 立	昭61. 8.28	本 社	〒501-3881 関市元重町74番 1 号
株 式 { 授 権	20千株		電話 0575(46)7420
発行済	8千株		
資 本 金	400,000千円	代表者 社長 日 置 敏 明	

他主要事業
　旅行業，損害保険代理店業

	種別	動 力	軌 間 （米）	線 名	区　　　　間	キロ程 （粁）	単複	免　　　許 年 月 日	運 輸 開 始 実 施 年 月 日	摘　　　要
岐阜県	開	内 燃	1.067	越 美 南 線	美濃太田, 北　　濃	72.1	単	昭61.10. 2	昭61.12.11	
	業									
	線				計	72.1				

（路線図 338ページ）

えちぜん鉄道株式会社

連絡線
JR連絡駅（福井）
福井鉄道連絡駅
（田原町，福井駅）
他主要事業
　旅行業，広告業

会 社 設 立　平14. 9. 17　　本　社　〒910-0000　福井市松本上町15-3-1
株　式 { 授　権　12,000株　　　電話　0776(52)8888
　　　　　 発行済　10,740株
資　本　金　497,000千円　　代表者　社長　豊 北 景 一

種別	動 力	軌 間 (米)	線 名	区　　間	キロ程 (粁)	単複	免　許 年 月 日	運輸開始 実 施 年 月 日	摘　　要
開	電 気 (600)	全 線 1.067	勝山 永平寺線	福 井, 勝 山	27.8	単	平15. 1. 17 (譲受認可)	平15. 7. 19	京福電気鉄道㈱から譲受
				福 井, 新 福 井	0.5		(昭 2. 12. 23)	(昭4. 9. 21)	
				新福井, 市荒川	19.2		(明43. 10. 6)	(大3. 2. 11)	
				市荒川, 勝 山	8.1		(〃)	(3. 3. 11)	
業				福 井 口, 三 国 港	25.2		平15. 1. 17 (譲受認可)	平15. 7. 19	京福電気鉄道㈱から譲受
			三国 芦原線	福 井 口, あわら湯の町	20.0		(大 8. 12. 26)	(昭3. 12. 30)	
				あわら湯の町, 三 国	4.2		(〃)	(4. 1. 31)	
線				三 国, 三 国 港	1.0		(昭19. 10. 4)	(19. 10. 11)	
				計	53.0				

福井県

（路線図 340ページ）

福井鉄道株式会社 (その一)

非連絡線

会 社 設 立　昭20. 8. 1　　本　社　〒915-0802　越前市北府2丁目5番20号
株　式 { 授　権　2,960千株　　　電話　0778(21)0700
　　　　　 発行済　740千株
資　本　金　100,000千円　　代表者　社長　村 田 治 夫

他主要事業
　{ 軌道，自動車運送事業，
　　広告業，物品販売業

種別	動 力	軌 間 (米)	線 名	区　　間	キロ程 (粁)	単複	免　許 年 月 日	運輸開始 実 施 年 月 日	摘　　要
開	電 気 (600) 内 燃	1.067	福武線	越前武生, 鉄軌分界点	18.1	単複	大 9. 9. 2 認可	大13. 2. 23 14. 7. 26	花堂，鉄軌分界点 間1.2粁複線
				越前武生, 神 明	8.5	単			
業				神 明, 赤十字前	9.3	単複			
				赤十字前, 鉄軌分界点	0.3	複			
線				計	18.1				

福井県

（路線図 340ページ）

141

信楽高原鐵道株式会社

連絡線
ＪＲ連絡駅（貴生川）

会 社 設 立　昭62. 2. 10
株 式 { 授 権　　9,800株
　　　　発行済　　8,640株
資 本 金　432,000千円

本　社　〒529-1851　甲賀市信楽町長野 192番地
　　　　電話　0748(82)3391

代表者　社長　正 木　仙治郎

他主要事業

	種別	動 力	軌 間（米）	線 名	区　　間	キロ程（粁）	単複	許 可年 月 日	運輸開始実 施年 月 日	摘　　要
滋賀県	第2種開業線	内 燃	1.067	信 楽 線	貴生川，信　楽	14.7	単	平25. 3. 4	平25. 4. 1	第3種鉄道事業者は甲賀市 許可年月日は地域公共交通活性化再生法による鉄道事業再構築実施計画認定日
					計	14.7				

（路線図 341ページ）

甲　賀　市

連絡線
ＪＲ連絡駅（貴生川）

本　社　〒528-8502　甲賀市水口町水口6053番地
　　　　電話　0748(65)0650

他主要事業

代表者　市長　岩 永 裕 貴

	種別	動 力	軌 間（米）	線 名	区　　間	キロ程（粁）	単複	許 可年 月 日	運輸開始実 施年 月 日	摘　　要
滋賀県	第3種開業線	内 燃	1.067	信 楽 線	貴生川，信　楽	(14.7)	単	平25. 3. 4	平25. 4. 1	第2種鉄道事業者は信楽高原鐵道㈱ 許可年月日は地域公共交通活性化再生法による鉄道事業再構築実施計画認定日
					計	(14.7)				

（路線図 341ページ）

近 江 鉄 道 株 式 会 社

連絡線
ＪＲ連絡駅 { 彦根，米原，近江八幡，貴生川

会 社 設 立	明29. 6.16	
株 式 { 授 権	19,392千株	
発行済	4,848千株	
資 本 金	405,000千円	代表者 社長 喜多村 樹美男

本 社 〒522-8503 彦根市駅東町15番1
電話 0749(22)3301

他主要事業
{ 自動車事業，不動産事業
レジャー・サービス

種別	動力	軌間 (米)	線名	区　　間	キロ程 (粁)	単複	免　許 年 月 日	運輸開始 実施 年 月 日	摘　要
開 業 線	電気 (1500)	全線 1.067	本　線 {	米　原, 貴生川	47.7	単			
				米　原, 彦　根	5.8		昭2. 8. 2	昭6. 3.15	
				彦　根, 愛知川	12.1			明31. 6.11	
				愛知川, 八日市	7.4		明 29. 6.16	31. 7.24	
				八日市, 日　野	12.5			33.10. 1	
				日　野, 貴生川	9.9			33.12.28	
			多 賀 線	高　宮, 　　多賀大社前	2.5	単	大1. 9.12	大3. 3. 8	
			八日市線 {	八日市, 近江八幡	9.3	単			
				八日市, 新八日市	0.6		昭20. 5. 2	昭21. 1. 1	
				新八日市, 近江八幡	8.7		明44. 9.30	大2.12.29	
				計	59.5				

滋賀県

（路線図 341ページ）

叡 山 電 鉄 株 式 会 社

連絡線
京阪連絡駅（出町柳）

会 社 設 立	昭60. 7. 6	
株 式 { 授 権	8千株	
発行済	5千株	
資 本 金	250,000千円	代表者 社長 塩山　等

本 社 〒606-8007 京都市左京区山端壱町田町8番地の80
電話 075(702)8110

他主要事業
ビル賃貸業

種別	動力	軌間 (米)	線名	区　　間	キロ程 (粁)	単複	免　許 年 月 日	運輸開始 実施 年 月 日	摘　要
開 業 線	電気 (600)	全線 1.435	叡山本線	出町柳, 　　八瀬比叡山口	5.6	複	大11.11. 8	大14. 9.27	昭61. 4. 1京福電気 鉄道㈱より譲受
			鞍馬線 {	宝ヶ池, 鞍　馬	8.8	単複			{ 宝ヶ池, 二軒茶屋 間 4.1粁複線
				宝ヶ池, 市　原	5.3	単複	大 15. 9. 6	昭3.12. 1	
				市　原, 鞍　馬	3.5	単		4.10.20	
				計	14.4				

京都府

（路線図 341ページ）

京都市（交通局）

所在地
市役所　〒604-8571　京都市中京区寺町通御池上ル
　　　　　　　　　　　　　　　　上本能寺町488番地
交通局　〒616-8104　京都市右京区太秦下刑部町12番地
　　　　電話　075(863)5000
東京事務所　電話　03(3275)1561
代表者　市長　門　川　大　作
　　　　局長　山　本　耕　治

連絡線
ＪＲ連絡駅（京都，山科，
　二条，六地蔵）
阪急連絡駅（四条）
近鉄連絡駅（竹田）
京阪連絡駅（山科，御陵，
　三条京阪，六地蔵）
京福連絡駅（太秦天神川）
他主要事業　自動車運送事業

種別	動力	軌間(米)	線名	区間	キロ程(粁)	単複	免許年月日	運輸開始実施年月日	摘要
京都府 開業線	電気(1500)	全線 1.435	烏丸線	国際会館，竹田	13.7	複			
				国際会館，北山	2.6		平4.4.23	平9.6.3	
				北山，北大路	1.2		昭47.10.24	2.10.24	
				北大路，京都	6.5		〃	昭56.5.29	
				京都，竹田	3.4		〃	63.6.11	
			東西線	六地蔵，太秦天神川	17.5	複			
				六地蔵，醍醐	2.4		平10.5.6	平16.11.26	京都高速鉄道㈱から譲受(平21.4.1)
				醍醐，御陵	6.3		昭63.7.14	9.10.12	
				御陵，三条京阪	3.3		〃	〃	
				三条京阪，二条	3.1		〃	〃	
				二条，太秦天神川	2.4		平13.5.9	20.1.16	
				計	31.2				

（路線図 341ページ）

嵯峨野観光鉄道株式会社

会社設立　平2.11.14
株式　授権　16千株
　　　発行済　4千株
資本金　200,000千円

本社　〒616-8373　京都市右京区嵯峨天竜寺車道町
電話　075(861)8511
代表者　社長　西　田　哲　郎

連絡線
ＪＲ連絡駅（嵯峨嵐山）

他主要事業

種別	動力	軌間(米)	線名	区間	キロ程(粁)	単複	免許年月日	運輸開始実施年月日	摘要
京都府 第2種開業線	内燃	1.067	嵯峨野観光線	トロッコ嵯峨，トロッコ亀岡	7.3	単	平2.11.30	平3.4.27	第1種鉄道事業者は西日本旅客鉄道㈱
				計	7.3				

（路線図 342ページ）

WILLER TRAINS株式会社

連絡線
JR連絡駅
　（西舞鶴，福知山，豊岡）

会 社 設 立	平26. 7.14

株　式	授　権	2,000株
	発行済	500株

資　本　金　50,000千円

本　社　〒626-0041　宮津市字鶴賀2065番地の4
電話　0772(25)2323

代表者　代表取締役　寒　竹　聖　一

他主要事業

種別	動　力	軌間（米）	線　名	区　　間	キロ程（粁）	単複	許　可年 月 日	運輸開始実　施年 月 日	摘　　要
第2種開業線	内 燃電 気(1500)	全 線1.067	宮 福 線	宮　津, 福知山	30.4	単	平27. 3.11	平27. 4. 1	第3種鉄道事業者は北近畿タンゴ鉄道㈱許可年月日は地域公共交通活性化再生法による鉄道事業再構築実施計画認定日
			宮 津 線	西 舞 鶴, 豊　　岡	83.6	単	〃	〃	
				計	114.0				

京都府・兵庫県

（路線図　342ページ）

北近畿タンゴ鉄道株式会社

連絡線
JR連絡駅
　（西舞鶴，福知山，豊岡）

会 社 設 立	昭57. 9.22

株　式	授　権	36,000株
	発行済	28,000株

資　本　金　1,400,000千円

本　社　〒626-0047　宮津市字外側2500番地2
電話　0772(25)1679

代表者　代表取締役社長　池　田　静　雄

他主要事業

種別	動　力	軌間（米）	線　名	区　　間	キロ程（粁）	単複	許　可年 月 日	運輸開始実　施年 月 日	摘　　要
第3種開業線	内 燃電 気(1500)	全 線1.067	宮 福 線	宮　津, 福知山	(30.4)	単	平27. 3.11	平27. 4. 1	第2種鉄道事業者はWILLER TRAINS㈱許可年月日は地域公共交通活性化再生法による鉄道事業再構築実施計画認定日
			宮 津 線	西 舞 鶴, 豊　　岡	(83.6)	単	〃	〃	
				計	(114.0)				

京都府・兵庫県

（路線図　342ページ）

泉北高速鉄道株式会社

会　社　設　立　昭40.12.24　　　本　社　〒594-0041　和泉市いぶき野5丁目1番1号
株　式 { 授　権　　8,000千株　　　電話　0725(57)3003
　　　　 発行済　　8,000千株
資　本　金　4,000,000千円　　　代表者　社長　福　田　順太郎

連絡線
南海連絡駅（中百舌鳥）
大阪市高速電気軌道連絡駅
　　　　　　　（中百舌鳥）

他主要事業
　トラック・ターミナル

	種別	動　力	軌　間（米）	線　名	区　　間	キロ程（粁）	単複	免　許年　月　日	運輸開始実　施年　月　日	摘　　要
大阪府	開業線	電気(1500)	1.067	泉北高速鉄道線	中百舌鳥, 和泉中央	14.3	複	昭44. 3.31（昭63. 3.24認可）	昭46. 4. 1	
					中百舌鳥, 泉ケ丘	7.8				
					泉ケ丘, 栂・美木多	2.4			48.12. 7	
					栂・美木多, 光明池	1.9			52. 8.20	
					光明池, 和泉中央	2.2		平 3. 2.14	平 7. 4. 1	
										社名変更（大阪府都市開発㈱→泉北高速鉄道㈱, 平26.7.1）
					計	14.3				

（路線図 350ページ）

大阪外環状鉄道株式会社

会　社　設　立　平 8.11.21　　　本　社　〒541-0043　大阪市中央区今橋2丁目3番21号
株　式 { 授　権　　498,000株
　　　　 発行済　476,142株　　　電話　06(4707)0201
資　本　金　23,807百万円　　　代表者　社長　野　本　康　憲

連絡線
ＪＲ連絡駅 { 新大阪, 鴫野, 放出, 新加美, 久宝寺
阪急連絡駅（淡路）
京阪連絡駅（野江）
近鉄連絡駅（ＪＲ河内永和, ＪＲ俊徳道）
大阪市高速電気軌道連絡駅（鴫野, 高井田中央）

他主要事業

	種別	動　力	軌　間（米）	区　　間	キロ程（粁）	建設費予(概)算額（百万円）	免　許年　月　日	工施認可年　月　日（申請期限）	工事竣功期　限	摘　　要
大阪府	未開業線	電気(1500)内燃蒸気	1.067	新大阪, 都島	(5.4)	70,300	平 8.12.25	平 14.12.20	平 31. 3.31	第3種鉄道事業線第2種鉄道事業者は西日本旅客鉄道㈱及び日本貨物鉄道㈱
				都島, 放出	(5.7)		〃	11. 2.17	〃	
				計	(11.1)					

	種別	動　力	軌　間（米）	線　名	区　　間	キロ程（粁）	単複	免　許年　月　日	運輸開始実　施年　月　日	摘　　要
	開業第3線種	電気(1500)内燃蒸気	1.067	おおさか東線	放出, 久宝寺	(9.2)	複	平 8.12.25	平20. 3.15	第2種鉄道事業者は西日本旅客鉄道㈱及び日本貨物鉄道㈱
					計	(9.2)				

（路線図 351ページ）

北大阪急行電鉄株式会社 （その一）

連絡線
大阪市高速電気軌道連絡駅
（江坂）

会社設立	昭42.12.11	本社	〒561-0872 豊中市寺内2丁目4番1号
株式 授権	3,000千株	電話	06(6865)0601
発行済	3,000千株		
資本金	1,500,000千円	代表者 社長	内芝伸一

他主要事業

種別	動力	軌間（米）	区　　間	キロ程（粁）	建設費予(概)算額（百万円）	許可年月日	工施認可年月日（申請期限）	工事竣功期限	摘　要	
未開業線	電気（第三軌条式／750)	1.435	千里中央, 鉄軌分界点	(1.3)	21,554	平 27.12.25	平 28.11.25	平 33. 3.31	工施線	大阪府
			計	(1.3)						

種別	動力	軌間（米）	線名	区　　間	キロ程（粁）	単複	免許年月日	運輸開始実施年月日	摘　要
開業線	電気（第三軌条式／750)	1.435	南北線	江坂, 千里中央	5.9	複	昭42.10.13	昭45. 2.24	
				計	5.9				

（路線図 350ページ）

大阪市高速電気軌道株式会社 （その一）

会社設立	平29. 6. 1	本社	〒550-8552 大阪市西区九条南1丁目12番62号
株式 発行済	9,376千株	電話	06(6585)6106 （代表）
資本金	250,000百万円	代表者 社長	河井英明

他主要事業　土地建物賃貸事業

種別	動力	軌間（米）	線名	区　　間	キロ程（粁）	単複	許可年月日	運輸開始実施年月日	摘　要	
第2種開業線	電気（第三軌条式／750)	1.435	4号線（中央線）	大阪港, コスモスクエア	2.4	複	平17. 6. 7	平17. 7. 1	第3種鉄道事業者は㈱大阪港トランスポートシステム	大阪府
				計	2.4					

（路線図 349ページ）

近畿日本鉄道株式会社 (その一)

会社設立 平26. 4.30　　本　社 〒543-8585　大阪市天王寺区上本町6丁目1番55号
株式 { 授権 800株　　電話 06(6775)3355
　　　 発行済 400株　　名古屋統括部 〒510-0074　四日市市鵜の森1丁目16番11号
資本金 100百万円　　電話 059(354)7002

代表者 社長 和田林 道宜

連絡線
ＪＲ連絡駅
難波, 鶴橋, 俊徳道, 桜井, 松阪, 伊勢市, 鳥羽, 河内永和, 京都, 祝園, 天理, 王寺, 天王寺, 吉野口, 柏原, 名古屋, 八田, 桑名

他主要事業
　軌道, 遊園地, 土地建物

種別	動力	軌間(米)	線名	区間	キロ程(粁)	単複	免許 年月日	運輸開始実施 年月日	摘要
大阪府・奈良県・三重県・愛知県・京都府　開業線	電気(1500)	1.435	大阪線	大阪上本町, 伊勢中川	108.9	複			平27. 4. 1 純粋持株会社体制移行に伴う会社分割により, 現・近鉄グループホールディングス㈱から鉄道事業を承継 (平27. 3.20認可) 会社分割前の旧・近畿日本鉄道㈱の設立は昭19. 6. 1
				大阪上本町, 布施	4.1		明40. 4.30	大 3. 4.30	{ 大阪上本町, 布施間 4.1粁 複々線
				布施, 近鉄八尾	5.5			13.10.31	
				近鉄八尾, 恩智	3.7		大 10. 9.28	14. 9.30	
				恩智, 大和高田	16.6			昭 2. 7. 1	・軌道から変更 (昭17. 8.31許可)
				大和高田, 大和八木	4.9			大14. 3.21	
				大和八木, 桜井	5.0		昭 2. 4.19	昭 4. 1. 5	
				桜井, 長谷寺	5.8			4.10.27	
				長谷寺, 榛原	4.5		大 11. 6. 7	5. 2.21	
				榛原, 伊賀神戸	25.4			5.10.10	
				伊賀神戸, 青山町	2.4			5.11.19	
				青山町, 榊原温泉口	17.5		昭 2. 4.19	5.12.20	
				榊原温泉口, 伊勢中川	13.5			5.11.19	
	〃	〃	難波線	大阪上本町, 大阪難波	2.0	複	34. 2.23	45. 3.15	
				伊勢中川, 宇治山田	28.3	複			
				伊勢中川, 松阪	8.4			5. 5.18	
	〃	〃	山田線	松阪, 宮町	17.9		2. 4.19	5. 3.27	
				宮町, 伊勢市	1.4			5. 9.21	
線				伊勢市, 宇治山田	0.6		3. 5.14	6. 3.17	
	〃	〃	奈良線	布施, 近鉄奈良	26.7	複	明40. 4.30	{ 大3. 4.30　3. 7. 8	軌道から変更 (昭17. 8.31許可)

（路線図 344ページ）

種別	動力	軌間（米）	線名	区　間	キロ程（粁）	単複	免許年月日	運輸開始実施年月日	摘　要
開	電気（第三軌条式／750）	1.435	けいはんな線	鉄軌分界点，生駒	5.1	複	昭52.3.23	昭61.10.1	東大阪生駒電鉄㈱へ譲渡（昭52.12.23許可），東大阪生駒電鉄㈱と合併（昭61.4.1実施）
	電気（1500）	〃	橿原線	大和西大寺，橿原神宮前	23.8	複	大7.11.19		
				大和西大寺，近鉄郡山	5.5			大10.4.1	軌道から変更（昭17.8.31許可）
				近鉄郡山，平端	4.4			11.4.1	
				平端，大和八木	10.6			12.3.21	軌道から変更（昭14.4.30許可）
				大和八木，橿原神宮前	3.3				
	〃	〃	天理線	平端，天理	4.5	複	明45.1.4	4.2.7	
	〃	〃	信貴線	河内山本，信貴山口	2.8	単	昭3.1.24	昭5.12.15	
業	〃	1.067	南大阪線	大阪阿部野橋，橿原神宮前	39.7	複			
				大阪阿部野橋，布忍	8.3		大7.6.22	大12.4.13	
				布忍，道明寺	8.0			11.4.18	
				道明寺，古市	2.0		明28.10.10	明31.3.24	
				古市，橿原神宮前	21.4		大9.3.20 / 12.5.22	昭4.3.29	
	〃	〃	吉野線	橿原神宮前，吉野	25.2	単			
				橿原神宮前，吉野口	9.5		大9.5.14	大12.12.5	
				吉野口，六田	11.2		明43.9.5	1.10.25	
				六田，吉野	4.5		大10.7.23 / 11.4.20	昭3.3.25	
	〃	〃	長野線	古市，河内長野	12.5	単複	明28.10.10		
				古市，富田林	5.7	複		明31.4.14	
				富田林，滝谷不動	3.0	単		35.3.25	
				滝谷不動，河内長野	3.8	単		35.12.12	
線	〃	1.435	京都線	京都，大和西大寺	34.6	複			
				京都，桃山御陵前	6.5		昭2.9.28	昭3.11.15	
				桃山御陵前，大和西大寺	28.1		大11.11.16 / 15.12.15	3.11.3	

大阪府・奈良県・三重県・愛知県・京都府

大阪府・奈良県・三重県・愛知県・京都府

種別	動力	軌間(米)	線名	区間	キロ程(粁)	単複	免許 年 月 日	運輸開始 実施 年 月 日	摘要
開	電気(1500)	1.435	生駒線	王寺,生駒	12.4	単複	大8.8.27		東山,萩の台間及び南生駒,生駒間計4.4粁複線
				王寺,信貴山下	0.9	}単		大11.5.16	
				信貴山下,元山上口	4.8			15.10.21	
				元山上口,(仮生駒)	5.8	単複		昭1.12.28	
				(仮生駒),生駒	0.9	複		2.4.1	
	〃	〃	田原本線	西田原本,新王寺	10.1	単	明44.6.7	大7.4.26	
	〃	1.067	道明寺線	道明寺,柏原	2.2	単	28.10.10	明31.3.24	
	〃	〃	御所線	尺土,近鉄御所	5.2	単	昭3.10.26	昭5.12.9	
業	〃	1.435	名古屋線	伊勢中川,近鉄名古屋	78.8	複			名古屋線軌間変更(旧1.067米)(昭34.11.19実施)
				伊勢中川,久居	4.8		3.8.7	5.5.18	
				久居,津新町	5.2			6.7.4	
				津新町,津	2.3		4.6.29	7.4.3	
				津,江戸橋	1.2			13.6.20	
				江戸橋,高田本山	1.2			大6.1.1	
				高田本山,白子	11.2		明43.10.20	4.9.10	
				白子,千代崎	2.8			5.1.9	
				千代崎,楠	5.9			6.12.22	
				楠,海山道	4.6			8.10.25	
				海山道,近鉄四日市	2.7			11.3.1	
				近鉄四日市,桑名	13.2		大8.12.3	昭4.1.30	
				桑名,米野	22.6		}昭3.11.2	13.6.26	
				米野,近鉄名古屋	1.1				
	〃	〃	鈴鹿線	伊勢若松,平田町	8.2	単			
				伊勢若松,鈴鹿市	4.1		明43.10.20	大14.12.20	
				鈴鹿市,平田町	4.1		昭37.4.16	昭38.4.8	
	〃	〃	湯の山線	近鉄四日市,湯の山温泉	15.4	単	明43.11.17		
				近鉄四日市,伊勢川島	5.3			大2.9.24	
				伊勢川島,湯の山温泉	10.1			2.6.1	
線	〃	〃	志摩線	鳥羽,賢島	24.5	単複	大13.6.7	昭4.7.23	鳥羽,中之郷間,船津,上之郷間,志摩磯部,賢島間計20.2粁複線

種別	動力	軌間(米)	線名	区　間	キロ程(粁)	単複	免許年月日	運輸開始実施年月日	摘　要
開業線	電気(1500)	1.435	鳥羽線	宇治山田,鳥羽	13.2	複	昭42.12.23		
				宇治山田,五十鈴川	1.9			昭44.12.15	
				五十鈴川,鳥羽	11.3			45. 3. 1	中部運輸局管内 216.4粁 近畿運輸局管内 267.7粁
				(第1種・計)	484.1				
第2種開業線	電気(第三軌条式/750)	1.435	けいはんな線	生駒,学研奈良登美ヶ丘	8.6	複	平10. 9. 3	平18. 3.27	第3種鉄道事業者は奈良生駒高速鉄道㈱
				(第2種・計)	8.6				
				合　計	492.7				中部運輸局管内 216.4粁 近畿運輸局管内 276.3粁

大阪府・奈良県・三重県・愛知県・京都府

種別	現　　　　　状						変更認可年月日		竣功期限	摘要
	動力	軌間(米)	線名	区　間	キロ程(粁)	単複	計画変更	施設変更	(竣　功)	
鉄道施設の変更	電気(1500)	1.435	生駒線	勢野北口,竜田川	1.4	単	昭50. 3.22			複線化
				平群,東山	2.5	単	平6.11.21			〃
				東山,萩の台	(0.9)	(複)	昭63.12.26	平1. 5.24	(平5. 3.17)	
				萩の台,南生駒	1.0	単	平6.11.21			複線化
				南生駒,菜畑	(2.3)	(複)	昭50. 3.22	昭52. 2. 7	(昭52. 7.31)	
				菜畑,生駒	(1.2)	(複)	63.12.26	平1. 5.24	(平6. 2.10)	
	〃	1.067	長野線	古市,河内長野	12.5	単	昭2.11.24			複線化
				古市,喜志	(3.4)	(複)		昭32. 5.28	(昭32.10.18)	
				喜志,富田林	(2.3)	(複)		61.12. 1	(昭62.10.25)	
	〃	1.435	志摩線	鳥羽,鵜方	21.3	単	昭61. 8.15			複線化
				鳥羽,中之郷	(1.0)	(複)		平2. 6. 5	(平4.11. 6)	
				船津,加茂	(1.6)	(複)		2.11. 5	(4.12.22)	
				加茂,白木	(2.4)	(複)		3. 4.30	(5. 9.11)	
				白木,五知	(3.1)	(複)		2.12.26	(〃)	
				五知,上之郷	(3.6)	(複)		3. 6.29	(5. 4.28)	
				志摩磯部,鵜方	(5.3)	(複)		2. 4. 2	(5. 6. 1)	
				鵜方,志摩神明	(1.8)	(複)	60. 5.17	昭61.12. 5	(昭63. 3. 6)	
				志摩神明,賢島	(1.4)	(複)	61. 8.15 許	平1. 2.27	(平2.12. 8)	

南海電気鉄道株式会社 (その一)

会 社 設 立　大14. 3.28

株 式 { 授 権　320,000千株 / 発行済　113,402千株 }

資 本 金　72,983百万円

本 社　〒556-8503　大阪市浪速区敷津東二丁目1番41号
電話　06(6644)7121

東京支社　〒104-0061　中央区銀座五丁目15番1号
電話　03(3541)5477

代表者　社長　遠 北 光 彦

連絡線
JR連絡駅
{ 新今宮, 東羽衣, 和歌山市, / りんくうタウン, 三国ヶ丘, / 橋本 }

他主要事業
{ 開発事業, 流通事業 / 土地建物賃貸事業, 遊園事業 }

種別	動力	軌間(米)	線名	区　間	キロ程(粁)	単複	免　許 年 月 日	運輸開始 実施 年 月 日	摘　要
大阪府・和歌山県 開 業 線	電気(1500)	全線 1.067		難　波, 和歌山市	64.2	複			{ 難波, 住ノ江間の 内0.5粁3線, 6.3 粁複々線 }
			南海本線	難　波, (大和川)	7.3		明17. 6.16	明18.12.29	
				(大和川), 　堺	2.5		19.12.24	21. 5.15	
				堺　, 泉佐野	24.2			30.10. 1	
				泉佐野, 尾　崎	9.1		28. 9. 5	30.11. 9	
				尾　崎, (和歌山北口)	19.4			31.10.22	
				(和歌山北口), 和歌山市	1.7		35. 4. 4	36. 3.21	
			高師浜線	羽　衣, 高師浜	1.5	単	大 6. 3.19		
				羽　衣, 伽羅橋	1.0			大 7.10. 2	
				伽羅橋, 高師浜	0.5			8.10.25	
			空 港 線	泉佐野, りんくうタウン	1.9	複	昭62.12. 2	平 6. 6.15	
			多 奈 川 線	みさき公園, 多奈川	2.6	単	昭15. 3. 5	昭19. 5.31	
			加 太 線	紀ノ川, 加　太	9.6	単			
				紀ノ川, 東松江	2.6		18. 6.26	19.10. 1	
				東松江, 加　太	7.0		明43. 8. 4	明45. 6.16	
			和歌山港線	和歌山市, 県社分界点	0.8	単	大13. 8.27	昭31. 5. 6	

（路線図　348ページ）

大阪府・和歌山県

種別	動力	軌間(米)	線名	区　間	キロ程(粁)	単複	免許年月日	運輸開始実施年月日	摘　要
開	電気(1500)	全線1.067	高野線	汐見橋, 極楽橋	64.5	単複			
				汐見橋, 堺　東	11.0		明31. 4. 2	明33. 8.30	
				堺　東, 狭　山	9.2		} 29. 4.30	31. 1.26	
				狭　山, 河内長野	7.8	複		31. 3.29	
業				河内長野, 三日市町	1.7		} 43. 7.20	大 3.10.21	
				三日市町, 橋　本	15.0			4. 3.11	
				橋　本, 学文路	5.7			13.11. 1	
				学文路, 九度山	1.8		} 44. 7.18	13.12.25	
				九度山, 高野下	2.0	単		14. 7.30	
				高野下, 紀伊神谷	8.8		大 } 13. 4. 8	昭 3. 6.18	
				紀伊神谷, 極楽橋	1.5			4. 2.21	
線				(第1種・計)	145.1				
第2種開業線	電気(1500)	1.067	空港線	りんくうタウン, 関西空港	6.9	複	昭62.12. 2	平 6. 6.15	第3種鉄道事業者は新関西国際空港㈱
	電気(1500)	1.067	和歌山港線	県社分界点, 和歌山港	2.0	単			第3種鉄道事業者は和歌山県
				県社分界点, (築港町)	1.5		大13. 8.27	昭31. 5. 6	和歌山港, 水軒間2.6粁廃止(平14. 5.26)
				(築港町), 和歌山港	0.5		昭41.12.26	46. 3. 6	久保町, 築地橋, 築港町, 3駅廃止(平17.11.27)
				(第2種・計)	8.9				
				合　計	154.0				

153

京阪電気鉄道株式会社 （その一）

連絡線
JR連絡駅
（河内磐船，京橋，東福寺）

会 社 設 立　平27. 4. 1
株 式 { 授権　800株 / 発行済　400株 }
資 本 金　100百万円

本　社　〒540-6591　大阪市中央区大手前1丁目7番31号
　　　　電話　06(6944)2521　（大阪マーチャンダイズ・マートビル）
東　京 } 〒100-0006　千代田区有楽町1丁目10番1号
事務所 } 電話　03(3213)4631　（有楽町ビル401号室）

代表者　社長　中 野 道 夫

他主要事業
　軌道，遊園地

種別	動力	軌間（米）	線名	区間	キロ程（粁）	単複	免許年月日	運輸開始実施年月日	摘要
開業線	電気(1500)	全線 1.435							京阪神急行電鉄㈱より譲受（昭24.10.26許可）平28.4.1 持株会社体制移行に伴う会社分割により，現・京阪ホールディングス㈱から鉄道事業を承継（平28. 3.18認可）　会社分割前の旧・京阪電気鉄道㈱の設立は昭24.12.1
			交 野 線	枚方市，私　市	6.9	複	大 9. 9.27	昭 4. 7.10	⌈軌道から変更 淀屋橋，東福寺間（昭53. 3.10許可）東福寺，三条間（平25.12.20許可）⌋
			京阪本線	淀屋橋，三　条	49.3	複			
				淀屋橋，天満橋	1.3		昭34. 2.23	昭38. 4.16	
				天満橋，清水五条	46.4		明39. 8.25	明43. 4.15	⌈天満橋，萱島間 11.5粁複々線⌋
				清水五条，三　条	1.6		大 2. 5.29	大 4.10.27	
			宇 治 線	中書島，宇　治	7.6	複	明40. 1.26	大 2. 6. 1	⌈軌道から変更（昭53. 3.10許可）⌋
			鴨 東 線	三　条，出町柳	2.3	複	昭49. 2.25	平 1.10. 5	鴨川電気鉄道㈱と合併（平 1. 4. 1）
				（第1種・計）	66.1				
第2種開業線	電気(1500)	1.435	中之島線	中之島，天満橋	3.0	複	平13.11. 7（許可）	平20.10.19	第3種鉄道事業者は中之島高速鉄道㈱
				（第2種・計）	3.0				
				合　計	69.1				

（路線図 343ページ）

阪神電気鉄道株式会社

連絡線
ＪＲ連絡駅
（大阪，三ノ宮，西九条）

会 社 設 立	明32. 6.12	

株 式	授 権	1,200,000千株
	発行済	421,652千株

資 本 金　29,384百万円

本 社　〒553-8553　大阪市福島区海老江１丁目１番24号
　　　　電話　06(6457)2123

東 京
事務所　〒100-0006　千代田区有楽町１丁目５番２号
　　　　電話　03(3519)8851　東宝ツインタワービル５階

代表者　社長　秦　　雅 夫

他主要事業
不動産事業，
スポーツ・レジャー事業

種別	動力	軌間（米）	線名	区　間	キロ程（粁）	単複	免　許年 月 日	運輸開始実　施年 月 日	摘　要
開業線	電気(1500)	全線1.435	本線	元　町，梅　田	32.1	複			軌道から変更（昭52.12.27許可）
				元　町，神戸三宮	0.9		昭 9. 3.20	昭11. 3.18	
				神戸三宮，岩　屋	2.4		5. 6. 6	8. 6.17	
				岩　屋，（出入橋）	28.8		明30. 6.29　31. 8.22	明38. 4.12	
				（出入橋），梅　田			37. 5.10　昭 5.11.17	39.12.21　昭14. 3.21	
			阪神なんば線	尼　崎，西九条	6.3	複			
				尼　崎，大　物	0.9			昭 3.12.28	
				大　物，伝　法	3.9		明44. 8.25	大13. 1.20	
				伝　法，千鳥橋	0.7			13. 8. 1	
				千鳥橋，西九条	0.8		昭34. 2.23	昭39. 5.21	
			武庫川線	武庫川，武庫川団地前	1.7	単		昭	
				武庫川，洲　先	1.1		18. 3.16	18.11.21	
				洲　先，武庫川団地前	0.6			59. 4. 3	
				（第１種・計）	40.1				
第2種開業線	電気(1500)	全線1.435	神戸高速線	元　町，西　代	5.0	複	昭63. 3.24（認可）	昭63. 4. 1	第３種鉄道事業者は神戸高速鉄道㈱
			阪神なんば線	西九条，大阪難波	3.8	複	平13.11.16（許可）	平21. 3.20	第３種鉄道事業者は西大阪高速鉄道㈱
				（第２種・計）	8.8				
				合　計	48.9				

大阪府・兵庫県

（路線図 347ページ）

阪 急 電 鉄 株 式 会 社

連絡線
ＪＲ連絡駅（大阪,三ノ宮,宝塚）

会 社 設 立　平17. 4. 1　　本　　社　〒530-8389　大阪市北区芝田１丁目16番１号
株 式 { 授 権　　　3,200株　　　　　電話　06(6373)5092（広報）
　　　　発行済　　　　800株　　東京統括室　〒100-0006　千代田区有楽町１丁目５番２号
資 本 金　100百万円　　　　　電話　03(3503)1568（東宝ツインタワービル内）
代 表 者　代表取締役社長　杉 山 健 博

他主要事業
不動産事業，エンタテイン
メント・コミュニケーショ
ン事業

	種別	動 力	軌間(米)	区　　　間	キロ程(粁)	建設費予(概)算額(千円)	免許年月日	工施認可年月日(申請期限)	工事竣功期限	摘　要
大阪府・京都府・兵庫県	未開業線	電 気	1.435	新大阪,十　三	2.3		昭36.12.26	平(33.12.25)		免許線
				計	2.3					

	種別	動 力	軌間(米)	線 名	区　　　間	キロ程(粁)	単複	免許年月日	運輸開始実施年月日	摘　　要
大阪府・京都府・兵庫県	開業線	電 気(1500)	全 線1.435	京都線	十　三,河原町	45.3	複			平17. 4. 1　純粋持株会社体制移行に伴う会社分割により，現・阪急阪神ホールディングス㈱から鉄道事業を承継(平17. 3.25　認可)会社分割前の旧・阪急電鉄㈱の設立は明40.10.19
					十　三,淡　路	4.2		大 8. 9.12	大10. 4. 1	
					淡　路,上新庄	2.1		12. 6.18	} 昭3. 1.16	
					上新庄,高槻市	14.3				
					高槻市,西　院	21.3		} 11. 4.24	3.11. 1	
					西　院,大　宮	1.4			6. 3.31	
					大　宮,河原町	2.0		昭 2.10.18	38. 6.17	
				千里線	天神橋筋六丁目,北千里	13.6	複			
					天神橋筋六丁目,淡　路	3.5		} 大5. 9. 1	大14.10.15	
					淡　路,豊　津	3.4			10. 4. 1	
					豊　津,千里山	1.7			10.10.26	
					千里山,南千里	1.6		昭36.12.26	昭38. 8.29	
					南千里,北千里	3.4		40. 1.25	42. 3. 1	
				嵐山線	桂　,嵐　山	4.1	単	大13. 5.13	昭 3.11. 9	

（路線図 346ページ）

大阪府・京都府・兵庫県

種別	動力	軌間(米)	線名	区間	キロ程(粁)	単複	免許年月日	運輸開始実施年月日	摘要
開　業　線	電気(1500)	全線 1.435	神戸線	梅田, 神戸三宮	32.3	複			
				梅田, 中津	0.9		大11.6.8	大15.7.5	軌道から変更 (昭53.3.10許可)
				中津, 十三	1.5				
				十三, 西宮北口	13.2		大2.2.20	9.7.16	
				西宮北口, 王子公園	13.6		明45.7.25		
				王子公園, 神戸三宮	3.1		大8.12.23	昭11.4.1	
			今津線	宝塚, 今津	9.3	複	明39.12.22		
				宝塚, 西宮北口	7.7			大10.9.2	軌道から変更 (昭53.3.10許可)
				西宮北口, 今津	1.6			15.12.18	
			伊丹線	塚口, 伊丹	3.1	複	大6.12.26	9.7.16	
			甲陽線	夙川, 甲陽園	2.2	単	12.6.15	13.10.1	
			宝塚線	梅田, 宝塚	24.5	複	明39.12.22	明43.3.10	梅田, 十三間 2.4粁複々線
			箕面線	石橋, 箕面	4.0	複	〃	〃	
				(第1種・計)	138.4				
第2種開業線	電気(1500)	1.435	神戸高速線	神戸三宮, 新開地	2.8	複	昭63.3.24 (認可)	昭63.4.1	第3種鉄道事業者は神戸高速鉄道㈱ 新開地, 西代間 2.9粁廃止 (平22.10.1)
				(第2種・計)	2.8				
				合　計	141.2				

株式会社大阪港トランスポートシステム (その一)

連絡線
大阪市高速電気軌道連絡駅
（大阪港）

会 社 設 立	昭49. 7. 10	本 社	〒559-0031 大阪市住之江区南港東4丁目10番108号
株 式 { 授 権	13,000千株		大阪南港トラックターミナル
発行済	12,000千株	電話 06(6569)7180	管理棟2階
資 本 金	5,000百万円	代表者 社長 髙橋 敏夫	

他主要事業
{ トラックターミナル，その
他流通関連施設の管理運営

	種別	動力	軌間(米)	区　間	キロ程(粁)	建設費予(概)算額(百万円)	許可年月日	工施認可年月日(申請期限)	工事竣功期限	摘要
大阪府	未開業線	電気(第三軌条式／750)	1.435	コスモスクエア，新桜島　計	(7.5)　(7.5)	187,000	平12.10.11	平12.12.1(一次)　13.7.27(二次)	平35.3.31	工施線

	種別	動力	軌間(米)	線名	区　間	キロ程(粁)	単複	許可年月日	運輸開始実施年月日	摘要
大阪府	第3種開業線	電気(第三軌条式／750)	1.435	4号線(中央線)	大阪港，コスモスクエア　計	(2.4)　(2.4)	複	平17.6.7	平17.7.1	平17.7.1 第1種鉄道事業廃止　第2種鉄道事業者は大阪市高速電気軌道㈱

（路線図 351ページ）

関西高速鉄道株式会社

連絡線
ＪＲ連絡駅（京橋，尼崎）

会 社 設 立	昭63. 5. 25	本 社	〒530-0041 大阪市北区天神橋2丁目4番15号
株 式 { 授 権	1,600千株		電話 06(6357)3416
発行済	1,506千株		
資 本 金	75,280百万円	代表者 社長 岡﨑 安志	

他主要事業

	種別	動力	軌間(米)	線名	区　間	キロ程(粁)	単複	免許年月日	運輸開始実施年月日	摘要
大阪府	第3種開業線	電気(1500)内燃	1.067	ＪＲ東西線	京橋，尼崎　計	(12.5)　(12.5)	複	昭63.10.28	平9.3.8	第2種鉄道事業者は西日本旅客鉄道㈱

（路線図 286ページ）

新関西国際空港株式会社

会　社　設　立　平24. 4. 1
株　式 { 授　権　20,000,000株
　　　　 発行済　10,926,664株
資　　本　　金　300,000百万円

本　社　〒549-0001　泉南郡田尻町泉州空港中1番地
　　　　電話　072(455)4030
東　京 } 〒105-0001　東京都港区虎ノ門5-1-4
事務所　　　　　　　　　　（東都ビル3階）
　　　　電話　03(5733)3871
代表者　社長　春田　　謙

連絡線
ＪＲ連絡駅（りんくうタウン）
南海連絡駅（りんくうタウン）

他主要事業
{ 関西国際空港の設置，
　及び管理

種別	動力	軌間(米)	線名	区間	キロ程(粁)	単複	免許年月日	運輸開始実施年月日	摘要	
第3種開業線	内燃電気(1500)	1.067	空港連絡鉄道線	りんくうタウン，関西空港	(6.9)	複	昭62.12. 2	平6. 6.15	第2種鉄道事業者は西日本旅客鉄道㈱及び南海電気鉄道㈱ 平24. 7. 1 関西国際空港㈱から会社分割により鉄道事業を承継（平24. 6.29認可）	大阪府
				計	(6.9)					

（路線図 351ページ）

中之島高速鉄道株式会社

会　社　設　立　平13. 7.10
株　式 { 授　権　600,000株
　　　　 発行済　522,714株
資　　本　　金　26135.7百万円

本　社　〒540-6591　大阪市中央区大手前1丁目7番
　　　　　　　　　　31号（ＯＭＭ8階）
　　　　電話　06(6944)9580
代表者　社長　下條　　弘

連絡線
京阪連絡駅（天満橋）
大阪市高速電気軌道連絡駅（肥後橋
　淀屋橋，北浜，天満橋）

他主要事業

種別	動力	軌間(米)	線名	区間	キロ程(粁)	単複	許可年月日	運輸開始実施年月日	摘要	
第3種開業線	電気(1500)	1.435	中之島線	中之島，天満橋	(3.0)	複	平13.11. 7	平20.10.19	第2種鉄道事業者は京阪電気鉄道㈱	大阪府
				計	(3.0)					

（路線図 350ページ）

西大阪高速鉄道株式会社

会 社 設 立　平13. 7.10　　本　社　〒553-0001　大阪市福島区海老江1丁目1番24号
株　式 { 授　権　　430,000株　　　　電話　06(6345)0655
　　　　　 発行済　　355,994株
資　本　金　17,799百万円　　代表者　社長　佐々木　　浩

連絡線
ＪＲ連絡駅（西九条，ＪＲ難波）
阪神連絡駅（西九条）
大阪市高速電気軌道連絡駅(九条，
　　ドーム前千代崎,桜川,なんば)
南海連絡駅（汐見橋，難波）
近鉄連絡駅（大阪難波）
他主要事業

	種別	動力	軌間（米）	線名	区　間	キロ程（粁）	単複	許可年月日	運輸開始実施年月日	摘　要
大阪府	第3種開業線	電気(1500)	1.435	西大阪延伸線	西九条，大阪難波	(3.8)	複	平13.11.16	平21. 3.20	第2種鉄道事業者は阪神電気鉄道㈱
					計	(3.8)				

（路線図　350ページ）

水 間 鉄 道 株 式 会 社

会 社 設 立　　大13. 4.17　　本　社　〒597-0001　貝塚市近木町2番2号
株　式 { 授　権　　16,000千株　　　　電話　072(422)4567
　　　　　 発行済　　4,000千株
資　本　金　100,000千円　　代表者　社長　藤　本　昌　信

連絡線
南海連絡駅（貝塚）

他主要事業　自動車運送事業

	種別	動力	軌間（米）	線名	区　間	キロ程（粁）	単複	免許年月日	運輸開始実施年月日	摘　要
大阪府	開業線	電気(1500)	1.067	水間線	貝塚，水間観音	5.5	単			
					貝塚，（貝塚南）	0.2		昭8. 4.25	昭9. 1.20	
					（貝塚南），名越	3.0		} 大12.8.8	大14.12.24	
					名越，水間観音	2.3			15. 1.30	
					計	5.5				

（路線図　350ページ）

奈良生駒高速鉄道株式会社

連絡線
近鉄連絡駅（生駒）

会 社 設 立　平10. 7. 28　　本 社　〒630-0245　奈良県生駒市北新町10番40号
株　式 { 授　権　205,100株　　　電話　0743(75)5505
　　　　{ 発行済　205,100株　　　　　　　　　　　　　　他主要事業
資　本　金　10,255百万円　代表者　社長　西　村　昌　之

種別	動 力	軌 間 (米)	線 名	区　　間	キロ程 (粁)	単複	免　許 年 月 日	運輸開始 実 施 年 月 日	摘　　要	
第 3 種 開 業 線	電 気 （第三 軌条式 ／750)	1.435	けいはんな線	生　駒, 学研奈良登美ヶ丘	(8.6)	複	平10. 9. 3	平18. 3. 27	第2種鉄道事業者は 近畿日本鉄道㈱	奈 良 県
				計	(8.6)					

（路線図 350ページ）

和　歌　山　県

連絡線

所在地　〒640-8585　和歌山市小松原通1丁目1番地
　　　　電話　073(432)4111

代表者　知事　仁　坂　吉　伸

種別	動 力	軌 間 (米)	線 名	区　　間	キロ程 (粁)	単複	免　許 年 月 日	運輸開始 実 施 年 月 日	摘　　要	
第 3 種 開 業 線	電 気 (1500)	1.067	和歌山港線	県社分界点, 　　　和歌山港 県社分界点, 　　　(築港町) (築港町), 和歌山港	(2.0) (1.5) (0.5)	単	大13. 8. 27 昭41.12.26	昭31. 5. 6 46. 3. 6	第2種鉄道事業者は 南海電気鉄道㈱ { 和歌山港, 水軒間 2.6粁廃止 (平14. 5. 26) 久保町, 築地橋, 築港町, 3駅廃止 (平17.11.27)	和 歌 山 県
				計	(2.0)					

（路線図 348ページ）

161

紀州鉄道株式会社

連絡線
JR連絡駅（御坊）

会 社 設 立	昭 3.12.24
株 式 授権	6,400千株
株 式 発行済	3,200千株
資 本 金	95,000千円

本 社 〒103-0015 東京都中央区日本橋箱崎町1番7号千歳ビル6階
電話 03(3230)2261
御 坊 〒644-0002 御坊市薗275番地
事業所 電話 0738(23)0001
代表者 社長 中 川 源 行

他主要事業
分譲別荘の管理，
ホテル業

種別	動力	軌間（米）	線名	区 間	キロ程（粁）	単複	免 許 年 月 日	運輸開始 実施 年 月 日	摘 要
和歌山県 開 業 線	内 燃	1.067	紀州鉄道線	御 坊，西御坊	2.7	単	昭 3. 3.27		
				御 坊，紀伊御坊	1.8			昭 6. 6.15	
				紀伊御坊，西御坊	0.9			7. 4.10	
				計	2.7				

（路線図 351ページ）

和歌山電鐵株式会社

連絡線
JR連絡駅（和歌山）

会 社 設 立	平17. 6.27
株 式 授権	2,400株
株 式 発行済	600株
資 本 金	30,000千円

本 社 〒640-0361 和歌山市伊太祈曽73番地
電話 073(478)0110
代表者 社長 小 嶋 光 信

他主要事業

種別	動力	軌間（米）	線名	区 間	キロ程（粁）	単複	免 許 年 月 日	運輸開始 実施 年 月 日	摘 要
和歌山県 開 業 線	電 気 (1500)	1.067	貴志川線	和歌山，貴 志	14.3	単	平18. 2.28 (譲受認可)	平18. 4. 1	南海電気鉄道㈱から譲受
				和歌山，伊太祈曽	8.0		(大2.4. 1)	(大5.2.15)	
				伊太祈曽，貴 志	6.3		(15.5.10)	(昭8.8.18)	
				計	14.3				

（路線図 351ページ）

神　戸　市　（交　通　局）

所在地　〒650-8570　神戸市中央区加納町6丁目5番1号

電話　078(331)8181

代表者 ｛ 市長　久　元　喜　造　／　局長　岸　田　泰　幸

連絡線
ＪＲ連絡駅 ｛ 新長田，三宮，新神戸
阪急電鉄連絡駅（三宮）
阪神電鉄連絡駅（三宮）
山陽電鉄連絡駅（板宿）
神戸電鉄連絡駅（湊川公園）
神戸高速鉄道連絡駅（長田）
他主要事業　自動車運送事業

種別	動　力	軌　間 (米)	線　名	区　　　間	キロ程 (粁)	単複	免　許 年　月　日	運輸開始 実　施 年　月　日	摘　　　要
開	電　気 (1500)	全　線 1.435	西　神 延伸線	名　谷，西神中央	9.4	複	昭57. 2.17		兵庫県
				名　谷，学園都市	3.5			昭60. 6.18	
				学園都市，西神中央	5.9			62. 3.18	
			西　神　線	名　谷，新長田	5.7	複	46.10.15	52. 3.13	
			山　手　線	新長田，新神戸	7.6	複	46.10.15		
				新長田，大倉山	4.3			58. 6.17	
				大倉山，新神戸	3.3			60. 6.18	
業			海　岸　線	三宮・花時計前，新長田	7.9	複	平 5. 4.26	平13. 7. 7	
線				計	30.6				

（路線図 353ページ）

能勢電鉄株式会社 (その一)

連絡線	阪急連絡駅（川西能勢口）

会 社 設 立　明41. 5. 23

株 式 { 授 権　384,000千株 / 発行済　205,600千株 }

資 本 金　100,000千円

本 社　〒666-0121　川西市平野1丁目35番2号
電話　072(792)7200

代表者　社長　城 南 雅 一

他主要事業
{ 索道，土地・建物の賃貸，娯楽施設等の経営 }

	種別	動 力	軌 間（米）	線 名	区　　間	キロ程（粁）	単複	免　許年 月 日	運輸開始実 施年 月 日	摘　　要
兵庫県・大阪府	開業線	電 気（1500）	全 線 1.435							{ 軌道から変更 昭52.12.27許可
				妙 見 線 {	川西能勢口，妙見口	12.2	単複			
					川西能勢口，一の鳥居	6.4	複	明40. 3. 4	大 2. 4.13	{ 川西能勢口，山下 間 8.2粁複線
					一の鳥居，妙見口	5.8	単複	大 2. 4.21	12.11. 3	
				日 生 線	山 下，日生中央	2.6	複	昭49.11.28	昭53.12.12	
					計	14.8				

（路線図 351ページ）

北神急行電鉄株式会社

連絡線	神戸電鉄連絡駅（谷上） 神戸市営地下鉄連絡駅（新神戸）

会 社 設 立　昭54.10.29

株 式 { 授 権　25,600千株 / 発行済　6,400千株 }

資 本 金　3,200百万円

本 社　〒651-1243　神戸市北区山田町下谷上
字大橋27番地
電話　078(581)1070

代表者　社長　辰 馬 秀 彦

他主要事業

	種別	動 力	軌 間（米）	線 名	区　　間	キロ程（粁）	単複	免　許年 月 日	運輸開始実 施年 月 日	摘　　要
兵庫県	第2種開業線	電 気（1500）	1.435	北 神 線	新 神 戸，谷 上	7.5	複	昭55. 3.15（第2種許可 平14.4.1）	昭63. 4. 2（第2種運輸開始平14. 4.1)	平14.4.1 第1種鉄道事業廃止 第3種鉄道事業者は神戸高速鉄道㈱
					計	7.5				

（路線図 353ページ）

山陽電気鉄道株式会社

連絡線
ＪＲ連絡駅（明石，姫路）

会 社 設 立	昭 8. 6. 6

本 社　〒653-0843　神戸市長田区御屋敷通3丁目1番1号
電話　078(612)2032

株 式	授 権	48,000千株
	発行済	22,330千株

資 本 金　10,090,290千円

代表者　社長　上 門 一 裕

他主要事業
索道事業，土地建物事業

種別	動力	軌間（米）	線名	区間	キロ程（粁）	単複	免許年月日	運輸開始実施年月日	摘要
開業線	電気(1500)	全線1.435	本線	西代，山陽姫路	54.7	複			
				西代，山陽須磨	3.7			明43. 3. 15	
				山陽須磨，須磨浦公園	1.4		明39. 11. 20（特許）	45. 7. 11	軌道から変更（昭52.12.27許可）
				須磨浦公園，山陽塩屋	1.7			大 2. 5. 11	
				山陽塩屋，山陽明石	8.9			6. 4. 12	
				山陽明石，山陽姫路	39.0		大 9. 12. 22	12. 8. 19	
			網干線	飾磨，山陽網干	8.5	単	昭12. 5. 25		
				飾磨，夢前川	3.6			昭15. 10. 15	
				夢前川，広畑	1.1			15. 12. 23	
				広畑，山陽天満	0.9			16. 4. 27	
				山陽天満，山陽網干	2.9			16. 7. 6	
				計	63.2				

兵庫県

（路線図 352ページ）

神戸電鉄株式会社

連絡線
JR連絡駅（三田，粟生）

会社設立　大15. 3.27　　本社　〒652-0811　神戸市兵庫区新開地1丁目3番24号
電話　078(576)8651

株式 { 授権　16,000千株　発行済　8,062千株 }

資本金　11,710,721千円　代表者　社長　寺田信彦

他主要事業　土地建物販売・賃貸事業

種別	動力	軌間（米）	線名	区間	キロ程（粁）	単複	免許年月日	運輸開始実施年月日	摘要
兵庫県 開業線	電気(1500)	全線 1.067	有馬線	湊川，有馬温泉	22.5	単複	大12. 6.18	昭 3.11.28	{ 湊川，有馬口間 20.0粁複線
			三田線	有馬口，三田	12.0	単複	昭2. 6. 2	3.12.18	{ 横山，三田間 2.0 粁及び岡場，田尾 寺間1.6粁複線
			公園都市線 {	横山，ウッディタウン中央	5.5	単	62. 5.28		
				横山，フラワータウン	2.3			平 3.10.28	
				フラワータウン，ウッディタウン中央	3.2			8. 3.28	
			粟生線 {	鈴蘭台，粟生	29.2	単複			{ 西鈴蘭台，藍那 間1.7粁及び川池 (信)，押部谷間 5.9粁複線
				鈴蘭台，広野ゴルフ場前	13.5	単複	} 3. 7. 4	昭11.12.28	
				広野ゴルフ場前，三木上の丸	5.1			12.12.28	
				三木上の丸，三木	0.7	} 単		13. 1.28	
				三木，小野	6.9		} 22.12. 1	26.12.28	
				小野，粟生	3.0			27. 4.10	
			（第1種・計）		69.2				
第2種開業線	電気(1500)	1.067	神戸高速線	新開地，湊川	0.4	複	昭63. 3.24 (認可)	昭63. 4. 1	第3種鉄道事業者は 神戸高速鉄道㈱
			（第2種・計）		0.4				
			合計		69.6				

種別	動力	軌間	線名	区間	キロ程	単複	変更認可年月日 計画変更	施設変更	竣功期限（竣功）	摘要
		米			粁		昭	昭	昭	
鉄道施設の変更	電気(1500)	1.067	粟生線 {	鈴蘭台，押部谷	11.2	単複	48. 4.25			複線化
				（見津信号場，押部谷）	(4.0)	(複)		49. 9.12	(54.11.16)	
				（西鈴蘭台，藍那）	(1.7)	(複)		54. 3. 2	(57.10.31)	
				（川池信号場，見津信号場）	(1.9)	(複)		58. 4.14	平 (1. 3.26)	
				（藍那，川池信号場）	2.3	単		63.11.21	29. 3.31	
	電気(1500)	1.067	三田線 {	有馬口，三田	12.0	複	58.12.12			複線化
				（岡場，田尾寺）	(1.6)	(複)		59. 1.30	(10. 3.20)	
				（横山，三田）	(2.0)	(複)		62.11.18	(3. 3.24)	

（路線図 353ページ）

神戸高速鉄道株式会社

連絡線
ＪＲ連絡駅（三ノ宮）
阪神連絡駅（元町）
阪急連絡駅（神戸三宮）
山陽電鉄連絡駅（西代）
神戸電鉄連絡駅（湊川）
他主要事業

会 社 設 立　昭33.10. 2
株 式 { 授権　　400千株／発行済　400千株
資 本 金　100百万円

本 社　〒650-0015　神戸市中央区多聞通３丁目３番９号
　　　　電話　078（351）0881

代表者　社長　佐々木　　浩

種別	動力	軌間（米）	線名	区間	キロ程（粁）	単複	免許・許可年月日	運輸開始実施年月日	摘要
第３種開業線	電気（1500）								第２種鉄道事業者は阪急電鉄㈱・阪神電気鉄道㈱・神戸電鉄㈱・北神急行電鉄㈱
		1.435	東西線 {	西　代, 神戸三宮／高速神戸, 元　　町	(5.7)／(1.5)	複／〃	昭27. 1.22／〃（63. 3.24認可）	昭43. 4. 7／〃（63. 4. 1)	
		1.067	南　北　線	新開地, 湊　　川	(0.4)	〃	昭24. 5.13（63. 3.24認可）	昭43. 4. 7（63. 4. 1)	{ 神戸電気鉄道㈱より譲受（昭40.11.25許可）
		1.435	北　神　線	新神戸, 谷　　上	(7.5)	〃	平14. 4. 1	平14. 4. 1	{ 北神急行電鉄㈱より譲受（平14.4.1認可）
				計	(15.1)				

兵庫県

（路線図　354ページ）

北 条 鉄 道 株 式 会 社

連絡線
ＪＲ連絡駅（粟生）
神戸電鉄連絡駅（粟生）

他主要事業

会 社 設 立　昭59.10.18
株 式 { 授権　　　8千株／発行済　　2千株
資 本 金　100,000千円

本 社　〒675-2312　加西市北条町北条28番地２号
　　　　電話　0790（42）0036

代表者　代表取締役社長　西　村　和　平

種別	動力	軌間（米）	線名	区間	キロ程（粁）	単複	免許年月日	運輸開始実施年月日	摘要
開業線	内燃	1.067	北　条　線	粟　生, 北条町	13.6	単	昭60. 1.18	昭60. 4. 1	
				計	13.6				

兵庫県

（路線図　354ページ）

水島臨海鉄道株式会社

連絡線
ＪＲ連絡駅（倉敷）

会　社　設　立	昭45. 2. 2

株　式 {	授　権	6,800千株
	発行済	1,700千株

資　本　金	850,000千円

本　社　〒712-8033　倉敷市水島東栄町12番46号
電話　086(446)0931

代表者　代表取締役社長　伊　東　香　織

他主要事業

種別	動　力	軌　間（米）	線　名	区　　　間	キロ程（粁）	単複	免　　　許年　月　日	運輸開始実　施年　月　日	摘　　　　要
岡山県　開業　業　線	内　燃	全　線 1.067	水島本線	倉　敷　市，倉敷貨物ターミナル	11.2	単	昭 { 23. 6.22　39. 5.29	昭 23. 8.20　40. 8.20	（貨物運輸）（但し倉敷市，三菱自工前間10.4粁は旅客運輸）
			港　東　線	水　島，東水島	3.6	単	35. 8.23	37. 7. 1	（貨物運輸）
									倉敷市から譲受（昭45. 3.27許可）
				計	14.8				

（路線図　355ページ）

井原鉄道株式会社

連絡線
ＪＲ連絡駅
（総社，清音，神辺）

会　社　設　立	昭61.12. 1

株　式 {	授　権	20千株
	発行済	14千株

資　本　金	700,000千円

本　社　〒715-0003　井原市東江原町695番地1
電話　0866(63)2677

代表者　代表取締役社長　畦　坪　和　範

他主要事業
不動産賃貸業，旅行業

種別	動　力	軌　間（米）	線　名	区　　　間	キロ程（粁）	単複	免　　　許年　月　日	運輸開始実　施年　月　日	摘　　　　要
岡山県・広島県　開業線	内　燃	1.067	井　原　線	清　音，神　辺	38.3	単	昭62.10.27	平11. 1.11	
				（第1種・計）	38.3				
第2種開業線	内　燃	1.067	井　原　線	総　社，清　音	3.4	複	昭62.10.27	平11. 1.11	第1種鉄道事業者は西日本旅客鉄道㈱
				（第2種・計）	3.4				
				合　計	41.7				

（路線図　355ページ）

広島電鉄株式会社 (その一)

連絡線
ＪＲ連絡駅
（新井口，五日市）

会 社 設 立	昭17. 4.10		本 社	〒730-8610	広島市中区東千田町２丁目９番29号					

株 式 {	授 権	240,000千株		電話 082(242)3521	
	発行済	60,891千株			

資 本 金 2,335,625千円　　代表者　代表取締役社長　椋　田　昌　夫

他主要事業
{ 軌道，自動車運送事業，
不動産事業

種別	動 力	軌 間 (米)	線 名	区 間	キロ程 (粁)	単複	免 許 年 月 日	運輸開始 実 施 年 月 日	摘 要
開 業 線	電 気 (600)	1.435	宮 島 線 {	広電西広島(己斐), 広電宮島口	16.1	複			
				広電西広島, 草 津	2.9		大 8. 3. 7	大11. 8.22	
				草 津, 広電廿日市	7.0		}	13. 4. 6	
				広電廿日市, 地御前	2.5			14. 7.15	
				地 御 前, (新宮島)	1.1		} 8.12.26	15. 7.15	
				(新宮島), 広電宮島口	2.6			昭 6. 2. 1	
				計	16.1				

広島県

（路線図 356ページ）

錦 川 鉄 道 株 式 会 社

連絡線
ＪＲ連絡駅 （川西）

会 社 設 立	昭62. 4. 1		本 社	〒740-0724	岩国市錦町広瀬7873番地９	

株 式 {	授 権	2,400株		電話 0827(72)2002	
	発行済	2,400株			

資 本 金 120,000千円　　代表者　代表取締役社長　磯　山　英　明

他主要事業
自動車運行請負業，遊覧車
事業，索道管理（岩国市）

種別	動 力	軌 間 (米)	線 名	区 間	キロ程 (粁)	単複	免 許 年 月 日	運輸開始 実 施 年 月 日	摘 要
開 業 線	内 燃	1.067	錦川清流線	川 西, 錦 町	32.7	単	昭62. 5. 9	昭62. 7.25	
				計	32.7				

山口県

（路線図 357ページ）

智 頭 急 行 株 式 会 社

連絡線
ＪＲ連絡駅（智頭，佐用，上郡）

会 社 設 立　昭61.5.31
株 式 {授 権　20千株 / 発行済　9千株}
資 本 金　450,000千円

本 社　〒689-1402　八頭郡智頭町智頭2052番地1
電話　0858(75)6600
代表者　代表取締役社長　城 平 守 朗

他主要事業

	種別	動 力	軌 間（米）	線 名	区　　間	キロ程（粁）	単複	免　許年 月 日	運輸開始実 施年 月 日	摘　　要
鳥取県・岡山県・兵庫県	開業線	内 燃	1.067	智 頭 線	上　郡, 智　頭	56.1	単	昭61.12.25	平6.12.3	社名変更（智頭鉄道㈱→智頭急行㈱，平6.6.17）
										近畿運輸局管内 28.4粁 中国運輸局管内 27.7粁
					計	56.1				

（路線図　357ページ）

若 桜 鉄 道 株 式 会 社

連絡線
ＪＲ連絡駅（郡家）

会 社 設 立　昭62.8.6
株 式 {授 権　8千株 / 発行済　2,000株}
資 本 金　100,000千円

本 社　〒680-0701　八頭郡若桜町大字若桜345番地2
電話　0858(82)0919
代表者　代表取締役社長　小 倉　　充

他主要事業

	種別	動 力	軌 間（米）	線 名	区　　間	キロ程（粁）	単複	許　可年 月 日	運輸開始実 施年 月 日	摘　　要
鳥取県	第2種開業線	内 燃	1.067	若 桜 線	郡　家, 若　桜	19.2	単	平21.3.13	平21.4.1	第3種鉄道事業者は若桜町・八頭町 許可年月日は地域公共交通活性化再生法による鉄道事業再構築実施計画認定日
					計	19.2				

（路線図　357ページ）

若　桜　町

連絡線
ＪＲ連絡駅（郡家）

所在地　〒680-0701　八頭郡若桜町若桜801番地5
電話　0858（82）2211

他主要事業

代表者　町長　矢　部　康　樹

種別	動　力	軌　間（米）	線　名	区　　間	キロ程（粁）	単複	許　可年　月　日	運輸開始実　施年　月　日	摘　　要
第3種開業線	内　燃	1.067	若　桜　線	八頭町若桜線接続点，若　桜	(2.7)	単	平21. 3.13	平21. 4. 1	第2種鉄道事業者は若桜鉄道㈱許可年月日は地域公共交通活性化再生法による鉄道事業再構築実施計画認定日
				計	(2.7)				

鳥取県

（路線図 357ページ）

八　頭　町

連絡線
ＪＲ連絡駅（郡家）

所在地　〒680-0493　八頭郡八頭町郡家493番地
電話　0858（76）0201

他主要事業

代表者　町長　吉　田　英　人

種別	動　力	軌　間（米）	線　名	区　　間	キロ程（粁）	単複	許　可年　月　日	運輸開始実　施年　月　日	摘　　要
第3種開業線	内　燃	1.067	若　桜　線	郡　家，若桜町若桜線接続点	(16.5)	単	平21. 3.13	平21. 4. 1	第2種鉄道事業者は若桜鉄道㈱許可年月日は地域公共交通活性化再生法による鉄道事業再構築実施計画認定日
				計	(16.5)				

鳥取県

（路線図 357ページ）

一畑電車株式会社

連絡線
ＪＲ連絡駅（出雲市）

他主要事業

会 社 設 立	平18. 4. 3		本 社	〒691-0001　出雲市平田町2226番地
株 式	授 権	4千株		電話　0853（62）3383
	発行済	1千株		
資 本 金	100,000千円		代表者	代表取締役社長　吉 田 伸 司

	種別	動 力	軌 間 （米）	線 名	区　　　　間	キロ程 （粁）	単複	免　　　許 年　月　日	運輸開始 実　施 年　月　日	摘　　　要
島根県	開 業 線	電 気 （1500）	全 線 1.067		電鉄出雲市， 松江しんじ湖温泉	33.9	単			平18. 4. 3　純粋持株会社体制移行に伴う会社分割により，現・一畑電気鉄道㈱から鉄道事業を承継（平18. 3.30　認可）会社分割前の旧・一畑電気鉄道㈱の設立は明45. 4. 6
				北松江線	電鉄出雲市， 　　　　雲州平田	10.9		明44. 8.21	大 3. 4.29	
					雲州平田， 　　松江しんじ湖温泉	23.0		44. 8.21 大13. 9. 3	4. 2. 4 昭 3. 4. 5	
				大 社 線	川 跡，出雲大社前	8.3	単	大15.10. 9	5. 2. 2	
					計	42.2				

（路線図 355ページ）

高松琴平電気鉄道株式会社

連絡線
ＪＲ連絡駅
　（志度，琴平，高松）

他主要事業
　土地建物の賃貸

会 社 設 立	昭18.11. 1		本 社	〒760-0073　高松市栗林町 2 丁目19-20
株 式	授 権	12,320千株		電話　087（863）7721
	発行済	5,000千株		
資 本 金	250,000千円		代表者	社長　真 鍋 康 正

	種別	動 力	軌 間 （米）	線 名	区　　　　間	キロ程 （粁）	単複	免　　　許 年　月　日	運輸開始 実　施 年　月　日	摘　　　要
香川県	開 業 線	電 気 （1500）	全 線 1.435		高松築港，琴電琴平	32.9	単複		昭	
				琴平線	高松築港，片 原 町	0.9	複	昭 20.11. 8	30. 9.10 23.12.26	
					片 原 町，瓦　　町	0.8			23. 2.18	
					瓦　　町，栗林公園	1.2		大14.10.23	2. 4.22	
					栗林公園，滝　　宮	17.8	単	9. 2. 7	大15.12.21	
					滝　　宮，琴電琴平	12.2			昭 2. 3.15	
				志度線	瓦　　町，琴電志度	12.5	単	明42. 6. 8		（旧）瓦町，（現）瓦町間0.2粁平6.7.31廃止
					瓦　　町，今　　橋	0.6			大 2.10.18	
					今　　橋，琴電志度	11.9			明44.11.18	
				長 尾 線	瓦　　町，長　　尾	14.6	単	40. 5.30 （特許）	45. 4.30	軌道から変更 （昭20.2.1許可）
					計	60.0				

（路線図 358ページ）

伊予鉄道株式会社 (その一)

連絡線
ＪＲ連絡駅（松山，伊予市）

他主要事業
軌道事業，
土地建物事業

会 社 設 立　平29. 4. 3　　本　社　〒790-8691　松山市湊町4丁目4番地1
株　式 { 授　権　4,000千株　　　電話　089（948）3321
　　　　　 発行済　2,000千株
資　本　金　100,000千円　　代表者　社長　清　水　一　郎

種別	動　力	軌　間（米）	線　名	区　　間	キロ程（粁）	単複	免　許年 月 日	運輸開始実　施年 月 日	摘　　要
開	電気（600）	全　線1.067	高浜線	高　浜，松山市	9.4	単複			{ 梅津寺，三津間
				高　浜，三　津	3.0	単複	明24. 7.27	明25. 5. 1	1.8粁複線
				三　津，松山市	6.4	複	19.12.28	21.10.28	平30.4.1 持株会社
	電気（750）		横河原線	松山市，横河原	13.2	単			体制移行に伴う会社
				松山市，平　井	6.9		24. 7.23	26. 5. 7	分割により，現㈱伊
業				平　井，横河原	6.3		31.12.20	32.10. 4	予鉄グループから鉄
	〃		郡中線	松山市，郡中港	11.3	単			道事業を承継
				松山市，郡　中	10.7		27. 1.24	29. 7. 4	（平30.3.19認可）
				郡　中，郡中港	0.6		昭12. 1.16	昭14. 5.10	会社分割前の旧伊予
	電気（600）		城北線	古町，平和通一丁目	2.7	単			鉄㈱の設立は
線				古　　町，木屋町	1.1		明26. 9.14	明28. 8.22	昭17.4.1
				木屋町，平和通一丁目	1.6		大14. 4.16	昭2. 4. 3	
				計	36.6				

愛媛県

（路線図 358ページ）

土佐くろしお鉄道株式会社

連絡線
ＪＲ連絡駅（窪川，後免）
とさでん交通連絡駅（後免町）

他主要事業　物品販売業

会 社 設 立　昭61. 5. 8　　本　社　〒780-0850　高知市丸ノ内1丁目2番20号
株　式 { 授　権　35,200株　　事務所　〒787-0014　四万十市駅前町7-1
　　　　　 発行済　9,980株　　　電話　0880（35）5240
資　本　金　499,000千円　　代表者　社長　大　原　充　雄

種別	動　力	軌　間（米）	線　名	区　　間	キロ程（粁）	単複	免　許年 月 日	運輸開始実　施年 月 日	摘　　要
開	内燃	1.067	中村線	窪　川，中　村	43.0	単	昭62.12.18	昭63. 4. 1	
	〃	〃	宿毛線	宿　毛，中　村	23.6	〃	62. 2. 5	平9.10. 1	
業	〃	〃	阿佐線	後　免，奈半利	42.7	〃	63. 1.28	14. 7. 1	
線				計	109.3				

高知県

（路線図 359ページ）

阿佐海岸鉄道株式会社

連絡線
JR連絡駅（海部）

会 社 設 立　昭63. 9.17　　本　社　〒775-0501　海部郡海陽町宍喰浦
株 式 { 授 権　　6千株　　　　　　　　　　字正梶22番地1
　　　　 発行済　　2千株　　　　電話　0884（76）3701　　　　他主要事業
資　本　金　100,000千円　　代表者　社長　前　田　　恵　　　　　旅行業

種別	動 力	軌 間（米）	線 名	区　　　間	キロ程（粁）	単複	免　　許年 月 日	運輸開始実　施年 月 日	摘　　要
開業線	内 燃	1.067	阿佐東線	海 部, 甲 浦	8.5	単	平 1. 2. 9	平 4. 3.26	
				計	8.5				

徳島県・高知県

（路線図　359ページ）

筑豊電気鉄道株式会社

連絡線
JR連絡駅（黒崎）

会 社 設 立　昭26. 2.15　　本　社　〒809-0022　福岡県中間市鍋山町1番6号
株 式 { 授 権　1,980千株　　　　電話　093（243）5525
　　　　 発行済　　980千株　　　　　　　　　　　　　　　　　　他主要事業
資　本　金　490,000千円　　代表者　社長　永 尾 亮 二　　　　　広告宣伝業，駐車場

福岡県

種別	動 力	軌 間（米）	線 名	区　　　間	キロ程（粁）	単複	免　　許年 月 日	運輸開始実　施年 月 日	摘　　要
開業線	電 気（600）	1.435		**黒崎駅前, 筑豊直方**	16.0	複	平12. 6.20（許可）	平12.11.26	平27.3.1西日本鉄道㈱から会社分割により鉄道事業を承継（平27.2.13認可）
				黒崎駅前, 熊 西	0.6				
				熊 西, 筑豊中間	7.3		昭25.12.23	昭31. 3.21	
				筑豊中間, 木屋瀬	4.7		〃	33. 4.29	
				木屋瀬, 筑豊直方	3.4		〃	34. 9.18	
				計	16.0				

（路線図　360ページ）

西日本鉄道株式会社

連絡線
ＪＲ連絡駅（大牟田）

会 社 設 立	明41.12.17
株 式 { 授 権	200,000千株
発行済	79,360千株
資 本 金	26,157百万円

本　社 〒810-8570　福岡市中央区天神１丁目11番17号
　　　　電話　092(734)1552

東　京 〒103-0027　東京都中央区日本橋３丁目２番５号
事務所 電話　03(6741)9000

代表者　社長　倉富純男

福岡市営地下鉄連絡駅
貝塚，西鉄福岡（天神），薬院

他主要事業
{ 自動車運送事業，航空・
　船舶代理業，土地建物

福岡県

種別	動力	軌間(米)	線名	区　　間	キロ程(粁)	単複	免許年月日	運輸開始実施年月日	摘要
開	電気(1500)	1.435	天神大牟田線	西鉄福岡（天神），大牟田	74.8	単複			
				西鉄福岡（天神），西鉄久留米	38.6	複	{ 大3.4.6　8.5.12	大13.4.12	
				西鉄久留米，津福	2.8	単複	8.5.26	昭7.12.28	{ 西鉄久留米，試験場前間1.5粁複線
				津福，大善寺	3.7	単	明40.9.11	12.10.1	
				大善寺，西鉄柳川	13.3	単複	昭2.12.25	12.10.1	{ 大善寺，蒲池間10.4粁複線
				西鉄柳川，西鉄中島	5.1	単		13.9.1	
				西鉄中島，新栄町	10.2	単複	} 大2.5.13	13.10.1	{ 開，新栄町間7.1粁複線
				新栄町，大牟田	1.1	複		14.7.1	
業	〃	〃	太宰府線	西鉄二日市，太宰府	2.4	単	明34.11.27	昭2.9.24	
	〃	1.067	貝塚線	貝塚，西鉄新宮	11.0	単			{ 香椎，香椎宮前間＋0.1粁（平18.5.14）
				貝塚，和白	7.2		大8.10.25	大13.5.23	{ 西鉄新宮，津屋崎間9.9粁廃止（平19.4.1）
				和白，西鉄新宮	3.8		{ 8.8.2　8.6.28	14.7.1	{ 宮地岳線→貝塚線へ線名変更（平19.4.1）
線	〃	1.435	甘木線	甘木，宮の陣	17.9	単			軌道から変更（昭35.6.17認可）（昭35.8.1実施）
				甘木，北野	12.5		明44.8.4	大10.12.8	
				北野，宮の陣	5.4		44.10.4	4.10.15	
				計	106.1				

（路線図 360ページ）

福 岡 市（交 通 局）

連絡線
JR連絡駅（姪浜，博多）

所在地　〒810-0041　福岡市中央区大名2丁目5番31号
電話　092(732)4105

西鉄連絡駅（貝塚，天神，薬院）

代表者　市　長　髙島　宗一郎

他主要事業

交通事業
管理者　｝阿　部　亨

種別	動力	軌間(米)	区　　間	キロ程(粁)	建設費予(概)算額(千円)	許可年月日	工施認可年月日(申請期限)	工事竣功期限	摘要
福岡県 未開業線	電気(1500)	1.435	天神南,博多	1.4	45,000,000	平24. 6.11	平25. 4.11	平33. 3.31	一次工施線
			計	1.4					

種別	動力	軌間(米)	線名	区　　間	キロ程(粁)	単複	免許年月日	運輸開始実施年月日	摘要
福岡県 開業線	電気(1500)	1.067	1号線(空港線)	姪浜,福岡空港	13.1	複			
				姪浜,室見	1.5		昭49. 8.22	昭58. 3.22	
				室見,天神	5.8			56. 7.26	
				天神,中洲川端	0.8			57. 4.20	
				中洲川端,博多(仮)	1.4			58. 3.22	
				博多(仮),博多	0.3			60. 3. 3	
				博多,福岡空港	3.3		61.10.13	平5. 3. 3	
	〃	〃	2号線(箱崎線)	中洲川端,貝塚	4.7	複	昭49. 8.22		
				中洲川端,呉服町	0.5			昭57. 4.20	
				呉服町,馬出九大病院前	1.6			59. 4.27	
				馬出九大病院前,箱崎九大前	1.6			61. 1.31	
				箱崎九大前,貝塚	1.0			61.11.12	
	〃	1.435	3号線(七隈線)	橋本,天神南	12.0	複	平7. 6. 7	平17. 2. 3	
				計	29.8				

（路線図　359ページ）

甘木鉄道株式会社

連絡線
JR連絡駅（基山）
西鉄連絡駅（小郡）

会 社 設 立	昭60. 7.11	本 社	〒838-0068　朝倉市甘木1320番地
株 式 { 授　権	8,000株		電話　0946(23)1900
発行済	3,120株		
資 本 金	156,000千円	代表者	社長　林　　裕　二

他主要事業

種別	動 力	軌 間（米）	線 名	区　　　間	キロ程（粁）	単複	免　　許年 月 日	運輸開始実　施年 月 日	摘　　要
開業線	内 燃	1.067	甘 木 線	基　山，甘　木	13.7	単	昭61. 1.18	昭61. 4. 1	
				計	13.7				

福岡県

（路線図 361ページ）

平成筑豊鉄道株式会社

連絡線
JR連絡駅
{ 直方，田川伊田，
田川後藤寺，行橋

会 社 設 立	平 1. 4.26	本 社	〒822-1201　田川郡福智町金田1145番地の2
株 式 { 授　権	20,000株		電話　0947(22)1000
発行済	5,460株		
資 本 金	273,000千円	代表者	社長　河 合 賢 一

他主要事業

種別	動 力	軌 間（米）	線 名	区　　　間	キロ程（粁）	単複	免　　許年 月 日	運輸開始実　施年 月 日	摘　　要
開業線	内 燃	全 線1.067	伊 田 線	直　　方，田川伊田	16.1	複	平 1. 6. 5	平 1.10. 1	
			糸 田 線	金　田，田川後藤寺	6.8	複単	〃	〃	
			田 川 線	行　　橋，田川伊田	26.3	〃	〃	〃	
				（第１種・計）	49.2				
第2種開業線	内 燃	1.067	門司港レトロ観光線	九州鉄道記念館，関門海峡めかり	2.1	単	平20. 6. 4	平21. 4.26	第３種鉄道事業者は北九州市
				（第２種・計）	2.1				
				合　　計	51.3				

福岡県

（路線図 361ページ）

北 九 州 市 （その一）

連絡線
ＪＲ連絡駅（門司港）

所在地　〒803-8510　北九州市小倉北区城内１番１号
電話　093(551)8150

他主要事業

代表者　市長　北 橋 健 治

	種別	動力	軌間(米)	線名	区　　間	キロ程(粁)	単複	免　　許年 月 日	運輸開始実施年 月 日	摘　　要
福岡県	第3種開業線	内燃	1.067	門司港レトロ観光線	九州鉄道記念館，関門海峡めかり	(2.1)	単	平20. 6. 4	平21. 4.26	第2種鉄道事業者は平成筑豊鉄道㈱
					計	(2.1)				

（路線図 361ページ）

松 浦 鉄 道 株 式 会 社

連絡線
ＪＲ連絡駅
（佐世保，有田，伊万里）

会 社 設 立　昭62.12.10
株　式 { 授　権　24千株
　　　　 発行済　6千株
資 本 金　300,000千円

本　社　〒857-0862　佐世保市白南風町１番10号
電話　0956(25)3900

他主要事業

代表者　社長　今 里 晴 樹

	種別	動力	軌間(米)	線名	区　　間	キロ程(粁)	単複	免　　許年 月 日	運輸開始実施年 月 日	摘　　要
長崎県・佐賀県	開業線	内燃	1.067	西九州線	有　田，佐世保	93.8	単	昭63. 1.18	昭63. 4. 1	
					計	93.8				

（路線図 362ページ）

島原鉄道株式会社

連絡線
ＪＲ連絡駅（諫早）

会 社 設 立	明41. 5. 5
株 式 { 授 権	256,000千株
発行済	256,000千株
資 本 金	90,000千円

本　社　〒855-0802　島原市弁天町2丁目7385番地1
電話　0957(62)2231

代表者　社長　永 井 和 久

他主要事業
自動車運送事業，船舶運航，不動産賃貸業，ホテル業

種別	動 力	軌 間 (米)	線 名	区 間	キロ程 (粁)	単複	免 許 年 月 日	運輸開始 実施 年 月 日	摘 要
開業線	内 燃	1.067	島原鉄道線	諫　早, 島原外港	43.2	単			
				諫　早, 本 諫 早	1.5			明44. 6.20	
				本 諫 早, 愛　野	10.9		明 41. 5.20	〃	
				愛　野, 神 代 町	13.1			大 1.10.10	
				神 代 町, 大 三 東	8.6			2. 5.10	
				大 三 東, 南 島 原	8.2			2. 9.24	島原外港, 加津佐 間35.3粁廃止 (平20. 4. 1)
				南 島 原, 島原外港	0.9		大 7. 3.25 12. 3.24 (認可)	11. 4.22	
				計	43.2				

長崎県

（路線図 364ページ）

熊本電気鉄道株式会社

連絡線
ＪＲ連絡駅（上熊本）

会 社 設 立	明42. 8.15
株 式 { 授 権	12,000千株
発行済	3,888千株
資 本 金	100,000千円

本　社　〒860-0862　熊本市中央区黒髪3丁目7番29号
　　　　電話　096(343)2526
運輸課　電話　096(343)2552

代表者　社長　中 島 敬 高

他主要事業
自動車運送事業，不動産業

種別	動 力	軌 間 (米)	線 名	区 間	キロ程 (粁)	単複	免 許 年 月 日	運輸開始 実施 年 月 日	摘 要
開業線	電 気 (600)	全 線 1.067	菊 池 線	上 熊 本, 御 代 志	10.8	単			
				上 熊 本, 北 熊 本	3.4		昭17.11.25	昭25.10. 1	
				北 熊 本, 御 代 志	7.4		明42. 3. 3 (特許)	明44.10. 1	昭17.4.1, 軌道から鉄道に変更
			藤 崎 線	北 熊 本, 藤崎宮前	2.3	単	明42. 3. 3 (特許)	明44.10. 1	
				計	13.1				

熊本県

（路線図 364ページ）

南阿蘇鉄道株式会社

連絡線
ＪＲ連絡駅（立野）

会 社 設 立　昭60. 4. 1
株 式 { 授権　2千株 / 発行済　2千株
資 本 金　100,000千円

本 社　〒869-1602　阿蘇郡高森町大字高森1537番地2
電話　09676(2)1219

代表者　代表取締役　草 村 大 成

他主要事業　旅行業

	種別	動 力	軌間（米）	線 名	区　　間	キロ程（粁）	単複	免　許年 月 日	運輸開始実 施年 月 日	摘　　要
熊本県	開 業 線	内 燃	1.067	高 森 線	立　野, 高　森	17.7	単	昭61. 1.18	昭61. 4. 1	
					計	17.7				

（路線図 363ページ）

くま川鉄道株式会社

連絡線
ＪＲ連絡駅（人吉）

会 社 設 立　平 1. 4.26
株 式 { 授権　9,600株 / 発行済　2,710株
資 本 金　100,000千円

本 社　〒868-0008　人吉市中青井町265番地
電話　0966(23)5011

代表者　社長　永 江 友 二

他主要事業　旅行業

	種別	動 力	軌間（米）	線 名	区　　間	キロ程（粁）	単複	免　許年 月 日	運輸開始実 施年 月 日	摘　　要
熊本県	開 業 線	内 燃	1.067	湯 前 線	人吉温泉, 湯　前	24.8	単	平 1. 6. 5	平 1.10. 1	
					計	24.8				

（路線図 363ページ）

180

肥薩おれんじ鉄道株式会社

連絡線
ＪＲ連絡駅（八代，川内）

会社設立	平14.10.31	本社 〒866-0831 八代市萩原町1丁目1番1号
株式 ｛授権	42,400株	電話 0965(32)5678
発行済	31,200株	
資本金	1,560百万円	代表者 社長 出田貴康

他主要事業

種別	動力	軌間（米）	線名	区間	キロ程（粁）	単複	許可年月日	運輸開始実施年月日	摘要
開業線	内燃電気(20,000)	1.067	肥薩おれんじ鉄道線	八代,川内	116.9	単複	平15.6.30	平16.3.13	
				計	116.9				

熊本県・鹿児島県

（路線図 364ページ）

鉄　　道（鋼索鉄道）

（平 30. 3.31現在）

種　　別	経営者数	キ ロ 数	備　　考
開　業　線	社 22	キロ 22.5	
未　開　業　線	0	0	
計	22	22.5	

一般財団法人青函トンネル記念館　　非連絡線

本　社　〒030-1711　東津軽郡外ヶ浜町字三厩竜浜99番地
電話　0174(38)2301

他主要事業

代表者　理事長　宮　本　一　男

種別	動　力	軌　間 （米）	線　名	区　　　間	キロ程 （粁）	単複	免　許 年　月　日	運輸開始 実　施 年　月　日	摘　　要	
開 業 線	電　気 （鋼索）	0.914	青函トンネル 竜飛斜坑線	青函トンネル記念館， 体験坑道	0.8	単	昭63. 5.20	昭63. 7. 9		青森県
				計	0.8					

立山黒部貫光株式会社 (その一)　　連絡線
富山地方鉄道連絡駅（立山）

会　社　設　立	昭39.12.25
株　式 {授　権	14,000千株
{発行済	9,291,668株
資　本　金	4,160百万円

本　社　〒930-8558　富山市桜町１丁目１番36号
電話　076(441)3331

代表者　社長　佐　伯　　博

他主要事業
索道，物品販売業

種別	動　力	軌　間 （米）	線　名	区　　　間	キロ程 （粁）	単複	免　許 年　月　日	運輸開始 実　施 年　月　日	摘　　要	
開 業 線	電　気 （鋼索）	1.067	鋼　索　線	黒部湖，黒部平	0.8	単	昭40. 5.12	昭44. 7.20		富山県
	〃	〃	〃	立　山，美女平	1.3	〃	昭27. 8.18	昭29. 8.13	平17.10. 1 立山 開発鉄道㈱と合併 （平17. 9.26認可）	
				計	2.1					

185

筑波観光鉄道株式会社　　非連絡線

会　社　設　立　　大12. 4.14　　本　社　〒300-4352　つくば市筑波1番地

株　式 { 授　権　　2,560千株　　　　　電話　029(866)0611

発行済　　947千株

資　本　金　47,350千円　　代表者　社長　手塚真一

他主要事業
　　索道，食堂・売店，ホテル

種別	動力	軌間(米)	線名	区間	キロ程(粁)	単複	免許年月日	運輸開始実施年月日	摘要
茨城県 開業線	電気(鋼索)	1.067	筑波山鋼索鉄道線	宮脇，筑波山頂	1.6	単	昭27. 8.28	昭29.11. 3	
				計	1.6				

高尾登山電鉄株式会社　　非連絡線

会　社　設　立　　大10. 9.29　　本　社　〒193-8511　八王子市高尾町2205番地

株　式 { 授　権　　8,000千株　　　　　電話　042(661)4151

発行済　　2,000千株

資　本　金　100,000千円　　代表者　社長　船江栄次

他主要事業
{ 索道，さる園・野草園，
食堂業，不動産賃貸業

種別	動力	軌間(米)	線名	区間	キロ程(粁)	単複	免許年月日	運輸開始実施年月日	摘要
東京都 開業線	電気(鋼索)	1.067	高尾鋼索線	清滝，高尾山	1.0	単	大10. 8.11	昭2. 1.21	
				計	1.0				

御岳登山鉄道株式会社　　非連絡線

会 社 設 立	昭 2.11.20	
株　式 { 授　権	2,000千株	
{ 発行済	2,000千株	
資　本　金	100,000千円	

本　社　〒198-0174　青梅市御岳2丁目483番地
電話　0428(78)8121
代表者　社長　立　石　　　努

他主要事業
{ 索道，賃貸業，
{ 駐車場業，売店業

種別	動　力	軌間 （米）	線　名	区　　間	キロ程 （粁）	単複	免　許 年月日	運輸開始 実施 年月日	摘　　要
開 業 線	電　気 （鋼索）	1.049		滝　本，御岳山	1.0	単	昭 2. 3.29	昭19. 1. 1	旧商号・大多摩観光開発㈱ 　（昭36. 7. 1変更）
				計	1.0				

東京都

箱根登山鉄道株式会社 （その二）

連絡線
箱根登山連絡駅（強羅）

会 社 設 立	平16.10. 1	
株　式 { 授　権	8,000株	
{ 発行済	2,000株	
資　本　金	100百万円	

本　社　〒250-0045　小田原市城山1丁目15番1号
電話　0465(32)6823
代表者　社長　府　川　光　夫

他主要事業
{ 不動産賃貸，温泉供給，
{ 遊園地，名産店

種別	動　力	軌間 （米）	線　名	区　　間	キロ程 （粁）	単複	免　許 年月日	運輸開始 実施 年月日	摘　　要
開 業 線	電　気 （鋼索）	0.983	鋼索線	強　羅，早雲山	1.2	単	大 4. 4.23	大10.12. 1	平16.10. 1 純粋持株会社体制移行に伴う会社分割により，現・小田急箱根ホールディングス㈱から鉄道事業を承継 （平16. 9.17認可） 会社分割前の旧・箱根登山鉄道㈱の設立は昭 3. 8.13
				計	1.2				

神奈川県

（路線図 331ページ）

大山観光電鉄株式会社　非連絡線

会 社 設 立　昭25. 7. 21　本 社　〒259-1107　伊勢原市大山667番地

株 式 { 授 権　10,000千株　電話　0463(95)2135　他主要事業

発行済　1,760千株

資 本 金　350,000千円　代表者　社長　金 子 茂 浩

神奈川県

種別	動 力	軌 間 (米)	線 名	区　　間	キロ程 (粁)	単複	免　　許 年 月 日	運輸開始 実 施 年 月 日	摘　　要
開業線	電 気 (鋼索)	1.067	大山鋼索線	大山ケーブル, 阿夫利神社	0.8	単	昭26. 2.19	昭40. 7.11	
				計	0.8				

伊豆箱根鉄道株式会社 (その三)　非連絡線

会 社 設 立　大 5. 12. 7　本 社　〒411-8533　三島市大場300番地

株 式 { 授 権　5,120千株　電話　055(977)1207　他主要事業

発行済　2,180千株　{ 不動産業, レジャー サービス業, その他, の事業

資 本 金　640,000千円　代表者　社長　伍 堂 文 康

静岡県

種別	動 力	軌 間 (米)	線 名	区　　間	キロ程 (粁)	単複	免　　許 年 月 日	運輸開始 実 施 年 月 日	摘　　要
開業線	電 気 (鋼索)	1.435	十国鋼索線	十国登リ口, 十国峠	0.3	単	昭28.10. 1	昭31.10.16	
				計	0.3				

比叡山鉄道株式会社　　非連絡線

会 社 設 立　大13.10.23　　本　社　〒520-0116　大津市坂本本町4244番地　　他主要事業
株　式 { 授 権　1,600千株　　　　電話　077(578)0531　　　　　　　　旅客誘致事業, 物品販売
　　　　 発行済　　400千株
資 本 金　20,000千円　　代表者　社長　稲 田 邦 実

種別	動 力	軌間 (米)	線 名	区　　間	キロ程 (粁)	単複	免　許 年 月 日	運輸開始 実 施 年 月 日	摘　　要	
開 業 線	電 気 (鋼索)	1.067	比叡山鉄道線	ケーブル坂本, ケーブル延暦寺	2.0	単	大13. 4. 4	昭 2. 3.15		滋 賀 県
				計	2.0					

京福電気鉄道株式会社 (その一)　　非連絡線

会 社 設 立　昭17. 3. 2　　本　社　〒604-8811　京都市中京区　　　　　他主要事業
株　式 { 授 権　80,000千株　　　　　　　　　壬生賀陽御所町3番地の20　{ 軌道, 索道, 不動産業,
　　　　 発行済　20,000千株　　　電話　075(841)9381　　　　　　　　 旅客誘致事業
資 本 金 1,000,000千円　　代表者　社長　岡 本 光 司

種別	動 力	軌間 (米)	線 名	区　　間	キロ程 (粁)	単複	免　許 年 月 日	運輸開始 実 施 年 月 日	摘　　要	
開 業 線	電 気 (鋼索)	1.067	鋼 索 線	ケーブル八瀬, ケーブル比叡	1.3	単	大11.11. 8	大14.12.20		京 都 府
				計	1.3					

鞍馬寺（宗教法人）　非連絡線

法 人 設 立　昭28. 1. 26　　　所在地　〒601-1111　京都市左京区鞍馬本町1074番地
　　　　　　　　　　　　　　　　　電話　075(741)2003

代表役員　信 樂 香 仁

	種別	動 力	軌 間 (米)	線 名	区 間	キロ程 (粁)	単複	免 許 年 月 日	運輸開始 実 施 年 月 日	摘 要
京都府	開	電 気 (鋼索)	0.800	鞍馬山 鋼索鉄道	山 門, 多宝塔	0.2	単	昭31. 5. 7	昭32. 1. 1	
	業									
	線				計	0.2				

丹後海陸交通株式会社　連絡線

WILLER TRAINS連絡駅
（天橋立）

会 社 設 立　昭19. 2. 14　　　本 社　〒629-2301　与謝郡与謝野町字上山田641番地1
株 式 ｛ 授 権　　9,600千株　　　電話　0772(42)0326
　　　　発行済　　3,200千株
資 本 金　160,000千円　　　代表者　社長　小 倉 信 彦

他主要事業
船舶運送, 自動車運送

	種別	動 力	軌 間 (米)	線 名	区 間	キロ程 (粁)	単複	免 許 年 月 日	運輸開始 実 施 年 月 日	摘 要
京都府	開	電 気 (鋼索)	1.067	天橋立 鋼索鉄道	府 中, 傘 松	0.4	単	昭25. 5. 18	昭26. 8. 12	
	業									
	線				計	0.4				

京阪電気鉄道株式会社 (その二)

連絡線
京阪連絡駅（八幡市）

会 社 設 立	平27. 4. 1	本 社	〒540-6591　大阪市中央区大手前1丁目7番31号

株 式 { 授 権　800株 ／ 発行済　400株

資 本 金　100百万円

電話　06(6944)2521　（大阪マーチャンダイズ・マートビル）

東 京 事務所 } 〒100-0006　千代田区有楽町1丁目10番1号　電話　03(3213)4631　（有楽町ビル401号室）

代表者　社長　中 野 道 夫

他主要事業
軌道，遊園地

種別	動 力	軌 間 (米)	線 名	区　　間	キロ程 (粁)	単複	免　許 年 月 日	運輸開始 実 施 年 月 日	摘　要
開 業 線	電 気 (鋼索)	1.067	鋼 索 線	八 幡 市，男山山上	0.4	単	昭30. 4. 8	昭30. 12. 3	平28.4.1 持株会社体制移行に伴う会社分割により、現・京阪ホールディングス㈱から鉄道事業を承継（平28. 3.18認可）　会社分割前の旧・京阪電気鉄道㈱の設立は昭24.12.1
				計	0.4				

京都府

（路線図 343ページ）

近畿日本鉄道株式会社 (その二)

連絡線
近鉄連絡駅（生駒，信貴山口）

会 社 設 立	平26. 4.30	本 社	〒543-8585　大阪市天王寺区上本町6丁目1番55号

株 式 { 授 権　800株 ／ 発行済　400株

資 本 金　100百万円

電話　06(6775)3355

名古屋統括部　〒510-0074　四日市市鵜の森1丁目16番11号

電話　059(354)7002

代表者　社長　和田林 道 宜

他主要事業
{ 軌道，／ 土地建物，／ 遊園地

種別	動 力	軌 間 (米)	線 名	区　　間	キロ程 (粁)	単複	免　許 年 月 日	運輸開始 実 施 年 月 日	摘　要
開 業 線	電 気 (鋼索)	1.067	生駒鋼索線 {	鳥 居 前，生駒山上	2.0	単複	大 2. 9.18	大 7. 8.29	平27.4.1 純粋持株会社体制移行に伴う会社分割により、現・近鉄グループホールディングス㈱から鉄道事業を承継（平27. 3.20認可）会社分割前の旧・近畿日本鉄道㈱の設立は昭19. 6. 1
				鳥 居 前，宝山寺	0.9	複			
				宝 山 寺，生駒山上	1.1	単	大13. 2. 2	昭 4. 3.27	
	〃	〃	西信貴鋼索線	信貴山口，高 安 山	1.3	単	昭 3. 1.24	昭 5. 12.15	
				計	3.3				

大阪府・奈良県

（路線図 344ページ）

南海電気鉄道株式会社 （その二）

連絡線
　南海連絡駅（極楽橋）

会 社 設 立　　大14. 3. 28
株 式 { 授 権　320,000千株
　　　　 発行済　113,402千株
資 本 金　72,983百万円

本 社　〒556-8503　大阪市浪速区敷津東二丁目1番41号
　　　　電話　06(6644)7121
東京支社　〒104-0061　中央区銀座五丁目15番1号
　　　　電話　03(3541)5477
代表者　社長　遠 北 光 彦

他主要事業
{ 開発事業, 流通事業
　土地建物賃貸事業, 遊園事業

	種別	動 力	軌 間（米）	線 名	区　　　間	キロ程（粁）	単複	免　許年 月 日	運 輸 開 始 実 施年 月 日	摘　　要
和歌山県	開　　業　　線	電 気（鋼索）	1.067	鋼 索 線	極楽橋, 高野山	0.8	単	大13. 4. 8	昭5. 6.29	
					計	0.8				

（路線図　348ページ）

六甲山観光株式会社

非連絡線

会 社 設 立　　大12. 10. 14
株 式 { 授 権　　1,920千株
　　　　 発行済　1,618,968株
資 本 金　80,976千円

本 社　〒657-0101　神戸市灘区六甲山町一ケ谷1-32
　　　　電話　078(894)2071

代表者　社長　宮 西 幸 治

他主要事業
{ 一般乗合旅客自動車
　運送業, 観光事業

	種別	動 力	軌 間（米）	線 名	区　　　間	キロ程（粁）	単複	免　許年 月 日	運 輸 開 始 実 施年 月 日	摘　　要
兵庫県	開　　業　　線	電 気（鋼索）	1.067	六甲ケーブル線	六甲ケーブル下, 六甲山上	1.7	単	昭4. 7. 1	昭7. 3.10	旧・六甲越有馬鉄道㈱
					計	1.7				

一般財団法人神戸すまいまちづくり公社

非連絡線

設 立 許 可	昭38. 5. 7	本 社	〒651-0096　神戸市中央区雲井通5丁目3番1号		
設 立 登 記	昭38. 5.18		電話　078(251)8301		
資 本 金	120,500千円	代表者	理事長　鳥 居　　聡		

他主要事業

都市開発及び関連業務（ビル管理），駐車場管理，すまいまちづくり事業

種別	動 力	軌 間 （米）	線 名	区　　　間	キロ程 （粁）	単複	免　許 年 月 日	運輸開始 実　施 年 月 日	摘　　要
開業線	電 気 （鋼索）	1.067	摩耶 ケーブル線	摩耶ケーブル，虹	0.9	単	大11. 2.17	大14. 1. 6	六甲摩耶鉄道㈱から 譲受（平12. 4.25） 震災により 平13. 3.16まで運休 平13. 3.17から再開
				計	0.9				

兵庫県

能勢電鉄株式会社 (その二)

非連絡線

会 社 設 立	明41. 5.23	本 社	〒666-0121　川西市平野1丁目35番2号		
株 式 ｛ 授 権	384,000千株		電話　072(792)7200		
発行済	205,600千株				
資 本 金	100,000千円	代表者	社長　城 南 雅 一		

他主要事業

索道，土地・建物の賃貸，娯楽施設等の経営

種別	動 力	軌 間 （米）	線 名	区　　　間	キロ程 （粁）	単複	免　許 年 月 日	運輸開始 実　施 年 月 日	摘　　要
開業線	電 気 （鋼索）	1.435		黒川，ケーブル山上	0.6	単	昭25. 5.18	昭35. 4.22	
				計	0.6				

兵庫県

（路線図 351ページ）

四国ケーブル株式会社

連絡線
高松琴平電鉄連絡駅（八栗）

会 社 設 立	昭39. 6.26	本 社 〒761-0121 高松市牟礼町牟礼3378番地の3
株 式 { 授 権	320千株	電話 087(845)2218
発行済	320千株	
資 本 金	160,000千円	代表者 社長 赤 川 正 樹

他主要事業
索道，観光開発事業

	種別	動 力	軌 間（米）	線 名	区 間	キロ程（粁）	単複	免 許 年 月 日	運輸開始実施 年 月 日	摘 要
香川県	開業線	電 気（鋼索）	1.067		八栗登山口， 八栗山上	0.7	単	昭39. 8.29	昭39.12.28	
					計	0.7				

皿倉登山鉄道株式会社

非連絡線

会 社 設 立	昭32. 3. 1	本 社 〒805-0057 北九州市八幡東区大字尾倉1481-1
株 式 { 授 権	3,366千株	電話 093(671)4761
発行済	3,366千株	
資 本 金	10,000千円	代表者 社長 白 杉 優 明

他主要事業

	種別	動 力	軌 間（米）	線 名	区 間	キロ程（粁）	単複	許 可 年 月 日	運輸開始実施 年 月 日	摘 要
福岡県	第 2 種 開 業 線	電 気（鋼索）	1.067	帆柱 ケーブル線	山 麓，山 上	1.1	単	平24. 4.19	平24. 9.30	第3種鉄道事業者は 北九州市 社名変更（帆柱ケーブル㈱→皿倉登山鉄道㈱ 平27. 4. 1）
					計	1.1				

北 九 州 市 (その二)

非連絡線

所在地　〒803-8510　北九州市小倉北区城内1番1号
電話　093(551)8150

他主要事業

代表者　市長　北 橋 健 治

種別	動力	軌間（米）	線名	区　　間	キロ程（粁）	単複	許可年月日	運輸開始実施年月日	摘　要	
第3種開業線	電気（鋼索）	1.067		山　麓,山　上	(1.1)	単	平24. 4. 19	平24. 9. 30	第2種鉄道事業者は皿倉登山鉄道㈱	福岡県
				計	(1.1)					

株式会社ラクテンチ

非連絡線

会 社 設 立　平30. 6. 1
株　式 { 授 権　　4,000株
　　　　　発行済　　1,000株
資 本 金　10,000千円

本　社　〒874-0840　大分県別府市大字鶴見3794番地の29
電話　0977(22)1301

代表者　社長　西　　寛 之

他主要事業
{ 遊園地の経営及び委託,
室内娯楽場の経営, その他

種別	動力	軌間（米）	線名	区　　間	キロ程（粁）	単複	免許年月日	運輸開始実施年月日	摘　要	
開業線	電気（鋼索）	1.067	別府ラクテンチケーブル線	雲泉寺,乙　原	0.3	単	昭24. 11. 26	昭25. 6. 16	㈱岡本製作所から分割（平30. 5. 28認可）	大分県
				計	0.3					

鉄　　道（懸垂式鉄道）

（平 30. 3.31現在）

種　　別	経営者数	キ ロ 数	備　　考
開　業　線	社 2	キロ 6.9	
未　開　業　線	0	0	
計	2	6.9	

東京都（交通局）(その二)　非連絡線

所在地　〒163-8001　新宿区西新宿2丁目8番1号
電話　03(5321)1111

他主要事業
　軌道，自動車運送事業

代表者 { 知　　事　小　池　百合子
　　　　 交通局長　山　手　　斉

種別	動力	軌間(米)	線名	区間	キロ程(粁)	単複	免　許年月日	運輸開始実施年月日	摘要	
開業線	電気(600)	懸垂式	上野懸垂線	上野動物園東園，上野動物園西園	0.3	単	昭32. 6.22	昭32.12.17		東京都
				計	0.3					

（路線図 329ページ）

湘南モノレール株式会社　連絡線　JR連絡駅（大船）

会社設立　昭41. 4.11
株式 { 授権　16,000千株
　　　 発行済　16,000千株
資本金　100百万円

本社　〒248-0022　鎌倉市常盤18番地
電話　0467(45)3181

代表者　代表取締役社長　尾　渡　英　生

他主要事業
　不動産賃貸，駐車場

種別	動力	軌間(米)	線名	区間	キロ程(粁)	単複	免　許年月日	運輸開始実施年月日	摘要	
開業線	電気(1500)	懸垂式	江の島線	大船，湘南江の島	6.6	単	昭40.10.29			神奈川県
				大船，西鎌倉	4.7			昭45. 3. 7		
				西鎌倉，湘南江の島	1.9			46. 7. 2		
				計	6.6					

（路線図 331ページ）

鉄　　道（跨座式鉄道）

（平 30. 3.31現在）

種　　別	経営者数	キ ロ 数	備　　考
開 業 線	社 2	キロ 22.8	
未 開 業 線	0	0	
計	2	22.8	

株式会社舞浜リゾートライン

連絡線
ＪＲ連絡駅（舞浜）

会 社 設 立	平 9. 4. 9			本 社	〒279-8523　浦安市舞浜 2 番地18				
株 式 {	授 権	160,000株			電話　047(305)2400				
	発行済	160,000株							
資 本 金	5,500,000千円			代表者 社長 神 永　　元					

他主要事業

種別	動 力	軌 間（米）	線 名	区　　間	キロ程（粁）	単複	免　許年 月 日	運輸開始実 施年 月 日	摘　　要
開 業 線	電 気（1500）	跨座式	ディズニーリゾートライン	リゾートゲートウェイ・ステーション,リゾートゲートウェイ・ステーション	5.0	単	平 9. 6.27	平13. 7.27	
				計	5.0				

千葉県

（路線図 319ページ）

東京モノレール株式会社

連絡線
ＪＲ連絡駅（浜松町）
他主要事業
土地建物，駐車場，鉄道
コンサルティング業務，
旅行幹旋業

会 社 設 立	昭34. 8. 7			本 社	〒105-0013　港区浜松町 2 丁目 4 番12号				
株 式 {	授 権	12,000千株			電話　03(3434)3171				
	発行済	6,000千株							
資 本 金	3,000百万円			代表者 社長 小 栗　　彰					

種別	動 力	軌 間（米）	線 名	区　　間	キロ程（粁）	単複	免　許年 月 日	運輸開始実 施年 月 日	摘　　要
開 業 線	電 気（750）	跨座式	東京モノレール羽田空港線	羽田空港第 2 ビル,モノレール浜松町	17.8	複			＊日立運輸東京モノレール㈱から譲受（昭56. 4. 2許可,昭56. 5. 1実施）
				羽田空港第 2 ビル,羽田空港第 1 ビル	0.8		昭60. 7.24	平16.12. 1	
				羽田空港第 1 ビル,整 備 場	5.2		〃	5. 9.27	
				整 備 場,モノレール浜松町	11.8		36.12.26	昭39. 9.17	
				計	17.8				

東京都

（路線図 330ページ）

鉄　　道（案内軌条式鉄道）

（平 30. 3.31現在）

種　　別	経営者数	キ　ロ　数	備　　考
開　業　線	社 9	キロ 82.5	
未　開　業　線	0	0	
計	9	82.5	

札幌市(交通局) (その一)　非連絡線

所在地　〒004-8555　札幌市厚別区大谷地東2丁目4番1号
電話　011(896)2708

他主要事業　軌道

代表者 { 市長　秋　元　克　広
局長　藤　井　　透

種別	動　力	軌間(米)	線　名	区　　間	キロ程(粁)	単複	免　　許年　月　日	運輸開始実　施年　月　日	摘　　要	
開　　業　　線	電気(第三軌条式/750)	案内軌条式	南北線	麻　生,真駒内	14.3	複			手小荷物扱無し	北海道
				麻　生,北24条	2.2		昭48. 5.12	昭53. 3.16		
				北24条,平　岸	6.8		43. 6.24	} 46.12.16		
				平　岸,真駒内	5.3		44.10.22			
	電気(架空単線式/1500)	〃	東西線	宮の沢,新さっぽろ	20.1	複				
				宮の沢,琴　似	2.8		平 6. 5.12	平11. 2.25		
				琴　似,白　石	9.9		昭47. 5.18	昭51. 6.10		
				白　石,新さっぽろ	7.4		53. 5.26	57. 3.21		
	〃	〃	東豊線	栄　町,福　住	13.6	複				
				栄　町,豊水すすきの	8.1		57. 1.30	63.12. 2		
				豊水すすきの,福　住	5.5		63. 9.28	平 6.10.14		
				計	48.0					

（路線図 299ページ）

埼玉新都市交通株式会社

連絡線
ＪＲ連絡駅（大宮）

会 社 設 立	昭55. 4. 1
株 式 { 授 権	200千株
発行済	200千株
資 本 金	2,000百万円

本 社 〒362-0806 北足立郡伊奈町大字小室288番地
電話 048(722)1221

代表者 社長 山 根 昌 也

他主要事業
物品販売，駐車場経営

種別	動 力	軌 間 (米)	線 名	区 間	キロ程 (粁)	単複	免 許 年 月 日	運輸開始 実 施 年 月 日	摘 要
埼玉県 開業線	電 気 (600)	案 内 軌条式	伊奈線 {	大 宮, 内 宿	12.7	単複	昭56. 4. 3		
				大 宮, 羽 貫	11.6			昭58.12.22	
				羽 貫, 内 宿	1.1			平 2. 8. 2	
				計	12.7				

（路線図 315ページ）

山 万 株 式 会 社

連絡線
京成連絡駅（ユーカリが丘）

会 社 設 立	昭26. 2.20
株 式 { 授 権	24,600千株
発行済	16,000千株
資 本 金	3,000,000千円

本 社 〒103-0016 中央区日本橋小網町6番1号
電話 03(3668)5111

代表者 社長 嶋 田 哲 夫

他主要事業 不動産業

種別	動 力	軌 間 (米)	線 名	区 間	キロ程 (粁)	単複	免 許 年 月 日	運輸開始 実 施 年 月 日	摘 要
千葉県 開業線	電 気 (750)	案 内 軌条式	ユーカリ が丘線 {	ユーカリが丘, 公園	4.1	単	昭53.12.28		
				ユーカリが丘, 中学校	2.7			昭57.11. 2	
				中学校, 公 園	1.4			58. 9.22	
				計	4.1				

（路線図 317ページ）

西武鉄道株式会社 (その二)

連絡線
西武連絡駅
（西武球場前，西武遊園地）

会 社 設 立	明45. 5. 7
株 式 { 授 権	1,155,479千株
発行済	433,304千株
資 本 金	21,665百万円

本　社　〒359-8520　所沢市くすのき台１丁目11番地の１
電話　04(2926)2035（管理部）
代表者　社長　若 林　　久

他主要事業
不動産事業，観光事業

種別	動 力	軌 間 (米)	線 名	区 間	キロ程 (粁)	単複	免 許 年 月 日	運輸開始 実 施 年 月 日	摘 要	
開業線	電 気 (750)	案 内 軌条式	山 口 線	西武遊園地, 西武球場前	2.8	単	昭57. 9.13	昭60. 4.25		東京都・埼玉県
				計	2.8					

（路線図 323ページ）

株式会社ゆりかもめ (その一)

連絡線

会 社 設 立	昭63. 4.25
株 式 { 授 権	275.44千株
発行済	275.02千株
資 本 金	13,756百万円

本　社　〒135-0063　江東区有明三丁目13番１号
電話　03(3529)7777
代表者　社長　櫻 井　　務

他主要事業

種別	動 力	軌 間 (米)	線 名	区 間	キロ程 (粁)	単複	免 許 年 月 日	運輸開始 実 施 年 月 日	摘 要	
開業線	電 気 (600)	側 方 案 内 軌条式	東京臨海 新交通臨 海線	日の出, お台場海浜公園	4.7	複	昭63.11.28	平 7.11. 1		東京都
				テレコムセンター, 国際展示場正門	2.1	〃	〃	〃		
				計	6.8					

（路線図 318ページ）

大阪市高速電気軌道株式会社 (その二)

会 社 設 立　平29. 6. 1　　本 社　〒550-8552　大阪市西区九条南1丁目12番62号

株式　発行済　9,376千株　　　電話　06(6585)6106（代表）

資　本　金 250,000百万円　代表者　社長　河井　英明

他主要事業　土地建物賃貸事業

	種別	動力	軌間(米)	線名	区　間	キロ程(粁)	単複	免許・許可年月日	運輸開始実施年月日	摘　要
大阪府	開業線	電気(600)	側方案内軌条式	南港ポートタウン線	中ふ頭，フェリーターミナル	2.7	複	昭52.12. 7	昭56. 3.16	
	開業線第2種	電気(600)	側方案内軌条式	南港ポートタウン線	コスモスクエア，トレードセンター前	0.6	複	平17. 6. 7(許可)	平17. 7. 1	第3種鉄道事業者は㈱大阪港トランスポートシステム
					計	3.3				

（路線図　349ページ）

株式会社大阪港トランスポートシステム (その二)

会 社 設 立　昭49. 7.10　　本 社　〒559-0031　大阪市住之江区南港東4丁目10番108号

株式 { 授権　13,000千株　　　大阪南港トラックターミナル

　　　発行済　12,000千株　　電話　06(6569)7180　　　管理棟2階

資　本　金　5,000百万円　代表者　社長　髙橋　敏夫

連絡線
大阪市高速電気軌道連絡駅
（トレードセンター前）

他主要事業
{ トラックターミナル，その他流通関連施設の管理運営

	種別	動力	軌間(米)	線名	区　間	キロ程(粁)	単複	許可年月日	運輸開始実施年月日	摘　要
大阪府	第3種開業線	電気(600)	側方案内軌条式	南港ポートタウン線	コスモスクエア，トレードセンター前	(0.6)	複	平17. 6. 7	平17. 7. 1	平17. 7. 1 第1種鉄道事業廃止　第2種鉄道事業者は大阪市高速電気軌道㈱
					計	(0.6)				

（路線図　351ページ）

神戸新交通株式会社 (その一)　　連絡線

会 社 設 立　昭52. 7.18　　本　社　〒650-0045　神戸市中央区港島6丁目6番地の1
株　式 { 授　権　5,080千株　　　電話　078(302)2500　　　　　　　他主要事業
　　　　　 発行済　4,853.2千株　　　　　　　　　　　　　　　　　　　　　不動産賃貸
資　本　金　100百万円　　　代表者　社長　後 藤 範 三

種別	動力	軌間(米)	線名	区　間	キロ程(粁)	単複	免許年月日	運輸開始実施年月日	摘　要	
開	電気(600)	案内軌条式	ポートアイランド線	南公園, 中公園	2.0	単	昭52.12. 7	昭56. 2. 5		兵庫県
				ポートターミナル, 中公園	1.0	複				
業	〃	〃	六甲アイランド線	南魚崎, アイランド北口	1.5	複	61. 4.25	平 2. 2.21		
線				計	4.5					

（路線図 354ページ）

広島高速交通株式会社 (その一)　　連絡線

会 社 設 立　昭62.12. 1　　本　社　〒731-0143　広島市安佐南区長楽寺2丁目12番1号
株　式 { 授　権　200千株　　　　電話　082(830)3111　　　　　　　他主要事業
　　　　　 発行済　200千株
資　本　金　10,000百万円　　　代表者　代表取締役社長　竹 内　　功

種別	動力	軌間(米)	線名	区　間	キロ程(粁)	単複	免許年月日	運輸開始実施年月日	摘　要	
開	電気(750)	側方案内軌条式	広島新交通1号線	本　通, 県庁前	0.3	複	昭63. 8.22	平 6. 8.20		広島県
業										
線				計	0.3					

（路線図 357ページ）

鉄　　道（無軌条電車）

(平 30. 3.31現在)

種　　別	経営者数	キ ロ 数	備　　考
開　業　線	社 2	キロ 9.8	
未　開　業　線	0	0	
計	2	9.8	

関西電力株式会社　非連絡線

会社設立　昭26. 5. 1
株式 { 授権　1,784,060千株
　　　 発行済　938,733千株 }
資本金　489,321百万円

本社　〒530-8270　大阪市北区中之島3丁目6番16号
　　　　　　　　電話　06(6441)8821
黒四管理 } 〒398-0001　大町市平2010-17
事務所 }　　電話　0261(22)0800
代表者　社長　岩根茂樹
　　　　　所長　村田直樹

他主要事業　電気事業

種別	動力	軌間(米)	線名	区間	キロ程(粁)	単複	免許年月日	運輸開始実施年月日	摘要
開業線	電気(600)	無軌条電車		扇沢,黒部ダム	6.1	単	昭38. 4.30	昭39. 8. 1	
				計	6.1				

長野県

（路線図 307ページ）

立山黒部貫光株式会社 (その二)　非連絡線

会社設立　昭39.12.25
株式 { 授権　14,000千株
　　　 発行済　9,291,668株 }
資本金　4,160百万円

本社　〒930-8558　富山市桜町1丁目1番36号
　　　　電話　076(441)3331
代表者　社長　佐伯　博

他主要事業
　索道,物品販売業

種別	動力	軌間(米)	線名	区間	キロ程(粁)	単複	免許年月日	運輸開始実施年月日	摘要
開業線	電気(600)	無軌条電車	無軌条電車線	室堂,大観峰	3.7	単	平 5. 2. 8	平 8. 4.23	
				計	3.7				

富山県

（路線図 310ページ）

軌　　　　　道

（平 30. 3.31現在）

種　　別	経営者数	キ ロ 数	備　　考
開　業　線	社 22	キロ 346.2	
未　開　業　線	4	16.2	
計	26	362.4	

札 幌 市 （交 通 局）(その二)　　非連絡線

所在地　〒004-8555　札幌市厚別区大谷地東2丁目4番1号
電話　011(896)2708

代表者　市長　秋　元　克　広　　　　　　　　他主要事業　鉄道事業
　　　　局長　藤　井　　透

種別	動力	軌間（米）	線名	区　間	キロ程（粁）	単複	特許年月日	運輸開始実施年月日	摘要	
開業線	電気(600)	1.067	1条線	西4丁目, 西15丁目	1.3	全線複	大7.2.23	大7.8.4	手小荷物扱無し	北海道
			山鼻線	すすきの, 中島公園通	1.4	} 3.9	明40.7.18	7.8.4	明43.5.1馬力で開業	
				中島公園通, 行啓通	0.5		大11.11.29	12.8.25		
				行啓通, 中央図書館前	2.0		〃	14.7.1		
			山鼻西線	西15丁目, ロープウェイ入口	2.6	} 3.3	昭6.7.14	昭6.11.7		
				ロープウェイ入口, 中央図書館前	0.7		〃	6.11.21		
			都心線	西四丁目, すすきの	0.4		平25.4.8	平27.12.20	特許年月日は地域公共交通活性化再生法による軌道運送高度化実施計画認定日	
				計	8.9					

（路線図 299ページ）

函 館 市 （企 業 局）　　非連絡線

所在地　〒040-0053　函館市末広町5番14号
電話　0138(32)1730
代表者　市長　工　藤　寿　樹　　　　　　　他主要事業
　　　　局長　川　越　英　雄

種別	動力	軌間（米）	線名	区　間	キロ程（粁）	単複	特許年月日	運輸開始実施年月日	摘要	
開業線	電気(600)	1.372	本線	函館どっく前, 函館駅前	2.9	全線複	明42.6.1	大2.10.30	手小荷物扱無し	北海道
			宝来・谷地頭線	十字街, 宝来町	0.4	} 1.4	29.5.18	2.6.17		
				宝来町, 谷地頭	1.0		大2.7.14	2.10.30		
			大森線	松風町, 函館駅前	0.5		〃	〃		
			湯の川線	松風町, 湯の川温泉	5.6	} 6.1	明29.5.18	〃		
				湯の川温泉, 湯の川	0.5		昭34.4.6	昭34.9.1		
				計	10.9					

（路線図 299ページ）

富山地方鉄道株式会社 (その二)　　非連絡線

会 社 設 立　昭 5. 2.11　　本　社　〒930-8636　富山市桜町1丁目1番36号　　他主要事業

株　式 { 授　権　100,000千株　　　電話　076(432)5111　　鉄道事業，自動車運送事業，

発行済　31,154千株　　営業部鉄軌道課　電話　076(432)5541　　レジャー事業，自動車整備

資　本　金 1,557,717千円　　代表者　社長　辻川　徹　　業，不動産業

種別	動力	軌間 (米)	線名	区間	キロ程 (粁)	単複	特許 年月日	運輸開始 実施 年月日	摘要
富山県 開業線	電気 (600)	全線 1.067	本線	電鉄富山駅・エスタ前, 南富山駅前	3.6	複	大 3.12.28	大 4. 3.13	軌道整備事業者は富山市 特許年月日は地域公共交通活性化再生法による軌道運送高度化実施計画認定日
			支線	電鉄富山駅・エスタ前, 丸の内	1.0	〃	1.11. 4	2. 9. 1	
			安野屋線	丸の内, 安野屋	0.6	〃	昭24. 2.24	昭27. 8.15	
			呉羽線	安野屋, 大学前	1.2	〃	大 4.12.16	大 5.11.21	
			富山都心線	丸の内, 西町	0.9	単	平20. 2.28	平21.12.23	
			富山駅 南北接続線	富山駅, 支線接続点	0.2	複	平25. 4.26	平27. 3.14	
				計	7.5				

（路線図 309ページ）

富 山 市　　非連絡線

所在地　〒930-8510　富山市新桜町7番38号

電話　076(431)6111代

代表者　市長　森　雅志　　他主要事業

種別	動力	軌間 (米)	区間	キロ程 (粁)	建設費 予(概)算額 (百万円)	特許 年月日	工施認可 年月日 (申請期限)	工事竣功 期限	摘要
富山県 未開業線	電気 (600)	全線 1.067	富山駅, 富山駅北	(0.1)	1,027	平 27.12. 7	平 未	平	免許・特許・許可線 特許年月日は地域公共交通活性化再生法による軌道運送高度化実施計画認定日
			計	(0.1)					

種別	動力	軌間 (米)	線名	区間	キロ程 (粁)	単複	特許 年月日	運輸開始 実施 年月日	摘要
開業線	電気 (600)	全線 1.067	富山都心線	丸の内, 西町	(0.9)	単	平20. 2.28	平21.12.23	軌道運送事業者は富山地方鉄道㈱ 特許年月日は地域公共交通活性化再生法による軌道運送高度化実施計画認定日
			富山駅 南北接続線	富山駅, 支線接続点	(0.2)	複	平25. 4.26	平27. 3.14	
			富山港線	富山駅北, 永楽町	(0.7)	単	平27.12. 7	平27.12. 7	軌道運送事業者は富山ライトレール㈱ 特許年月日は地域公共交通活性化再生法による軌道運送高度化実施計画認定日
				永楽町, 奥田中学校前	(0.4)	複			
				計	(2.2)				

（路線図 309ページ）

富山ライトレール株式会社 (その二)

連絡線
JR連絡駅（富山）
あいの風とやま鉄道連絡駅（富山）
他主要事業　鉄道

会 社 設 立　平16. 4. 21　　本 社　〒931-8325　富山市城川原3丁目3番45号
株 式 { 授 権　40千株　　電話　076 (426) 1770
　　　　 発行済　9,960株
資 本 金　498百万円　　代表者　社長　粟 島 康 夫

種別	動力	軌間(米)	区　間	キロ程(粁)	建設費予(概)算額(百万円)	特　許年 月 日	工施認可年 月 日(申請期限)	工事竣功期　限	摘　要
富山県 未開業線	電気(600)	全線 1.067	富山駅, 富山駅北	0.1	1,027	平 27. 12. 7	平 未	平	免許・特許・許可線 特許年月日は地域公共交通活性化再生法による軌道運送高度化実施計画認定日
			計	0.1					

種別	動力	軌間(米)	線名	区　間	キロ程(粁)	単複	特　許年 月 日	運輸開始実施年 月 日	摘　要
開業線	電気(600)	1.067	富山港線	富山駅北, 永楽町	0.7	単	平27. 12. 7	平27. 12. 7	軌道整備事業者は富山市 特許年月日は地域公共交通活性化再生法による軌道運送高度化実施計画認定日
				永楽町, 奥田中学校前	0.4	複			
				計	1.1				

（路線図 311ページ）

万 葉 線 株 式 会 社 (その二)

連絡線
JR連絡駅（高岡）
他主要事業
　鉄道事業

会 社 設 立　平13. 4. 5　　本 社　〒933-0073　高岡市荻布字川西68番地
株 式 { 授 権　9,980千株　　電話　0766 (25) 4139
　　　　 発行済　9,980千株
資 本 金　499,000千円　　代表者　社長　中 村 正 治

種別	動力	軌間(米)	線名	区　間	キロ程(粁)	単複	特　許年 月 日	運輸開始実施年 月 日	摘　要	
開業線	電気(600)	1.067	高岡軌道線 {	高岡駅, 広小路	1.7	単	昭 19. 11. 5	昭23. 4. 10	加越能鉄道㈱から譲受（平14. 4. 1）	富山県
				広小路, 米島口	2.7	複		〃		
				米島口, 六渡寺	3.6	単		26. 4. 1		
				計	8.0					

（路線図 310ページ）

宇都宮ライトレール株式会社

連絡線
JR連絡駅（宇都宮）

会 社 設 立	平27. 11. 9	本 社	〒320-0806 栃木県宇都宮市中央1丁目1番1号
株 式 { 授権	30,000株		（宇都宮アクシスビル406号室）
発行済	3,000株	電話	028(636)3806
資 本 金	150百万円	代表者	社長 高井 徹

他主要事業

種別	動 力	軌 間 (米)	区 間	キロ程 (粁)	建 設 費 予(概)算額 (百万円)	特 許 年 月 日	工施認可 年 月 日 (申請期限)	工事竣功 期 限	摘 要
栃木県 未 開 業 線	電 気 (750)	1.067	宮みらい(宇都宮市)，大字下高根沢(芳賀町)	(14.6)	－	平 28. 9. 26	平 30. 3. 20	平 34. 3. 31	軌道整備事業者は宇都宮市，芳賀町 特許年月日は地域公共交通活性化再生法による軌道運送高度化実施計画認定日
			計	(14.6)					

宇 都 宮 市

連絡線
JR連絡駅（宇都宮）

所在地　〒320-8540　栃木県宇都宮市旭1丁目1番5号
電話　028(632)2222

他主要事業

代表者　市長　佐 藤 栄 一

種別	動 力	軌 間 (米)	区 間	キロ程 (粁)	建 設 費 予(概)算額 (百万円)	特 許 年 月 日	工施認可 年 月 日 (申請期限)	工事竣功 期 限	摘 要
栃木県 未 開 業 線	電 気 (750)	1.067	宮みらい，ゆいの杜8丁目	(12.1)	41,200	平 28. 9. 26	平 30. 3. 20	平 34. 3. 31	軌道運送事業者は宇都宮ライトレール㈱ 特許年月日は地域公共交通活性化再生法による軌道運送高度化実施計画認定日
			計	(12.1)					

芳　賀　町

連絡線
JR連絡駅（宇都宮）

所在地　〒321-3392　栃木県芳賀郡芳賀町大字祖母井1020番地
電話　028(677)1111

他主要事業

代表者　町長　見　目　　匡

種別	動力	軌間（米）	区　　　間	キロ程（粁）	建設費予(概)算額（百万円）	特許年月日	工施認可年月日（申請期限）	工事竣功期限	摘　　要	
未開業線	電気(750)	1.067	芳賀台，大字下高根沢	(2.5)	4,600	平28. 9.26	平30. 3.20	平34. 3.31	軌道運送事業者は宇都宮ライトレール㈱　特許年月日は地域公共交通活性化再生法による軌道運送高度化実施計画認定日	栃木県
			計	(2.5)						

東京急行電鉄株式会社 (その二)

連絡線
京王連絡駅（下高井戸）

会 社 設 立　大11. 9. 2
株　式 { 授　権　900,000千株
　　　　 発行済　624,870千株
資　本　金　121,724百万円

本　社　〒150-8511　渋谷区南平台町5番6号
電話　03(3477)0109

代表者　社長　髙　橋　和　夫

他主要事業
{ 鉄道事業，土地建物の販売・賃貸

種別	動力	軌間（米）	線名	区　　　間	キロ程（粁）	単複	特許年月日	運輸開始実施年月日	摘　　要	
開業線	電気(600)	1.372	世田谷線 {	三軒茶屋，世田谷	1.9	複	} 大11. 7.22	大14. 1.18		東京都
				世田谷，下高井戸	3.1	〃		14. 5. 1		
				計	5.0					

（路線図 326ページ）

東 京 都 （交 通 局）(その三)

非連絡線

所在地　〒163-8001　新宿区西新宿2丁目8番1号

電話　03(5321)1111

代表者 { 知　事　小 池 百合子
　　　　 交通局長　山　手　　斉 }

他主要事業

　鉄道事業，自動車運送事業

種別	動力	軌間(米)	線名	区　間	キロ程(粁)	単複	特許年月日	運輸開始実施年月日	摘要
東京都 開業線	電気(600)	1.372	荒川線	三ノ輪橋，栄町	5.5	全線複線	明45. 7.18	大 2. 4. 1 / 2.10.31 / 昭 3.11.20	王子電気軌道㈱より特許譲受 (昭17. 2. 1)
				栄町，王子駅前	0.5		} 40. 5.27	大14. 2. 7 / 4. 4.17 / 昭 3. 4. 1	
				王子駅前，飛鳥山	0.4			明44. 8.20	
				飛鳥山，大塚駅前	2.5			大14.11.12	
				大塚駅前，鬼子母神前	1.8		} 大14. 7.27	昭 3. 5.15	
				鬼子母神前，面影橋	1.0			昭 3.12.25	
				面影橋，早稲田	0.5		昭 3. 7.21	5. 3.30 / 7. 1.17	
				計	12.2				

（路線図 329ページ）

名 古 屋 鉄 道 株 式 会 社 (その二)

連絡線

ＪＲ連絡駅（豊川）

会 社 設 立	大10. 6.13
株 式 { 授権	360,000千株
発行済	190,467千株
資 本 金	95,148百万円

本　社　〒450-8501　名古屋市中村区名駅1丁目2番4号

電話　052(582)5151

東京支社　〒104-0061　中央区銀座4-3-6 G4 BRICKS BLD. 8F

電話　03(3563)1001

代表者　社長　安 藤 隆 司

他主要事業

　鉄道事業，開発事業

種別	動力	軌間(米)	線名	区　間	キロ程(粁)	単複	特許年月日	運輸開始実施年月日	摘要
愛知県 開業線	電気(1500) 内燃	1.067	豊川線	国府，諏訪町	4.4	} 7.2 単	昭18. 9.20 } 23.12.25	昭20. 2.18	
				諏訪町，稲荷口	1.6			29. 4. 1	
				稲荷口，豊川稲荷	1.2			29.12.25	
				計	7.2				

（路線図 334ページ）

豊橋鉄道株式会社 (その二)

連絡線
ＪＲ連絡駅（豊橋）
名鉄連絡駅（豊橋）
他主要事業
　鉄道事業，不動産業

会 社 設 立　　大13. 3. 17
株　式 { 授　権　10,000千株
　　　　　発行済　4,110千株
資　本　金　200,250千円

本　社　〒440-0888　豊橋市駅前大通
　　　　　　　　　　　　一丁目46番地の1
電話　0532(53)2131
代表者　社長　伊 藤 正 雄

種別	動力	軌間 (米)	線名	区　間	キロ程 (粁)	単複	特　許 年 月 日	運輸開始 実施 年 月 日	摘　要	
開業線	電気 (600)	1.067	東田本線	駅　前，札　木	1.0	複	大 12. 3.23	大14. 7.14		愛知県
				札　木，東八町	1.1	〃		14. 7.21		
				東八町，競輪場前	1.5	〃		14.12.25		
				競輪場前，赤岩口	1.2	単	昭32.12. 4	昭35. 6. 1		
				井　原，運動公園前	0.6	〃	56.11.27	57. 7.31		
				計	5.4					

（路線図 336ページ）

福井鉄道株式会社 (その二)

連絡線
えちぜん鉄道連絡駅
（田原町，福井）
他主要事業
{ 鉄道事業，自動車運送事業，
　物品販売業，広告業

会 社 設 立　　昭20. 8. 1
株　式 { 授　権　2,960千株
　　　　　発行済　740千株
資　本　金　100,000千円

本　社　〒915-0802　越前市北府2丁目5番20号
電話　0778(21)0700
代表者　社長　村 田 治 夫

種別	動力	軌間 (米)	線名	区　間	キロ程 (粁)	単複	特　許 年 月 日	運輸開始 実施 年 月 日	摘　要	
開業線	電気 (600)	1.067	福武線	鉄軌分界点，本町通	1.3	複	昭 2.10.29	昭 8.10.15		福井県
				本町通，田原町	1.5	〃	25. 2.26	25.11.27		
				福井城址大名町， 　　　　　福井駅	0.6	〃	2.10.29	8.10.15	福井駅停留場移設 ＋0.1粁(平28. 3.27)	
				計	3.4					

（路線図 340ページ）

225

京福電気鉄道株式会社 (その二)

会 社 設 立　昭17. 3. 2　　本　社　〒604-8811　京都市中京区

株 式 { 授 権　80,000千株　　　　　　　壬生賀陽御所町 3 番地の20

株 式 { 発行済　20,000千株　　　　電　話　075 (841) 9381

資 本 金　1,000,000千円　　　代表者　社長　岡 本 光 司

連絡線
阪急連絡駅（大宮，西院）
京都市交連絡駅（太秦天神川）

他主要事業
{ 自動車運送事業，索道，不
{ 動産業，旅客誘致事業

種別	動 力	軌 間(米)	線 名	区　　間	キロ程(粁)	単複	特　許年 月 日	運輸開始実 施年 月 日	摘　　要
京都府 開業線	電 気(600)	1.435	嵐山本線	四条大宮，嵐　山	7.2	複	明39. 12. 17	明43. 3.25	
			北野線 {	北野白梅町，宇多野	2.1	} 3.8 単複	} 44. 5.25	大14. 11. 3	
				宇多野，帷子ノ辻	1.7			15. 3.10	
				計	11.0				

（路線図 342ページ）

近畿日本鉄道株式会社 (その三)

会 社 設 立　平26. 4.30　　本　　社　〒543-8585　大阪市天王寺区上本町 6 丁目 1 番55号

株 式 { 授 権　800株　　　　　　電　話　06 (6775) 3355

株 式 { 発行済　400株　　　名古屋統括部　〒510-0074　四日市市鵜の森 1 丁目16番11号

資 本 金　100百万円　　　　　　電　話　059 (354) 7002

代表者　社長　和田林 道 宜

連絡線
大阪市高速電気軌道
　　　連絡駅（長田）

他主要事業
{ 鉄道事業，
{ 遊園地，
{ 土地建物

種別	動 力	軌 間(米)	線 名	区　　間	キロ程(粁)	単複	特　許年 月 日	運輸開始実 施年 月 日	摘　　要
大阪府 開業線	電 気(第三軌条式／750)	1.435	けいはんな線	長　田，鉄軌分界点	5.1	複	昭52. 3.23	昭61. 10. 1	昭61. 4. 1 東大阪生駒電鉄㈱を合併 平27. 4. 1 純粋持株会社体制移行に伴う会社分割により，現・近鉄グループホールディングス㈱から軌道事業を承継（平27. 3.20認可）会社分割前の旧・近畿日本鉄道㈱の設立は昭19. 6. 1
				計	5.1				

（路線図 344ページ）

京阪電気鉄道株式会社 (その三)

連絡線
JR連絡駅
（山科，大津京，膳所，石山）

京都市営地下鉄連絡駅
（御陵）

他主要事業
鉄道事業，遊園地

会 社 設 立　平27. 4. 1
株　式 { 授　権　　　800株
　　　　発行済　　　400株 }
資　本　金　100百万円

本　社　〒540-6591　大阪市中央区大手前1丁目7番31号
　　　　　　　（大阪マーチャンダイズ・マートビル）
　　　　　電話　06(6944)2521
東　京 } 〒100-0006　千代田区有楽町1丁目10番1号
事務所 } 電話　03(3213)4631　（有楽町ビル401号室）

代表者　社長　中野　道夫

種別	動力	軌間(米)	線名	区間	キロ程(粁)	単複	特許年月日	運輸開始実施年月日	摘要
開業線	電気(1500)	1.435	京津線	御陵，(札の辻) (札の辻)，びわ湖浜大津	7.5	複	明40. 1.24 大13. 5. 8	大 1. 8.15 14. 5. 5	平28. 4. 1 持株会社体制移行に伴う会社分割により，現・京阪ホールディングス㈱から軌道事業を承継（平28. 3.18認可）会社分割前の旧・京阪電気鉄道の設立は，昭24.12. 1
	電気(1500)	1.435	石山坂本線	石山寺，坂本比叡山口	14.1	複			
				石山寺，唐橋前	0.7			大 { 3. 2.15	
								3. 6. 4	
				唐橋前，京阪石山	0.9			3. 1.17	
				京阪石山，粟津	0.8			3. 1.12	
				粟津，膳所本町	1.4			3. 5. 1	
				膳所本町，びわ湖浜大津	2.9			2. 3. 1	
				びわ湖浜大津，三井寺	0.5		明40. 9.21	11. 5. 7	
				三井寺，大津市役所前	0.8			昭 2. 5.15	
				大津市役所前，穴太	4.3			{ 2. 9.10	
								2. 5.15	
				穴太，松ノ馬場	1.2			2. 5.15	
				松ノ馬場，坂本比叡山口	0.6			2. 8.13	
				計	21.6				

滋賀県・京都府

（路線図　343ページ）

大阪市高速電気軌道株式会社 (その三)

会 社 設 立　平29. 6. 1　　本 社 〒550-8552　大阪市西区九条南1丁目12番62号

株式　発行済　9,376千株　　　　電話　06(6585)6106 (代表)

資　本　金 250,000百万円　　代表者　社長　河 井 英 明

連絡線
JR連絡駅 (大阪, 天王寺, 森ノ宮, 鶴橋, 新今宮, 弁天町, 新大阪, 京橋, 玉造, 北新地, 大阪天満宮, 海老江, 大正, 鳴野)

他主要事業　土地建物賃貸事業

	種別	動力	軌間(米)	線名	区　間	キロ程(粁)	単複	特　許年月日	運輸開始実施年月日	摘　要
大阪府	開業線	電気(第三軌条式／750)	1.435	1号線(御堂筋線)	江　坂, 中百舌鳥	24.5	全線複			
					江　坂, 新大阪	2.9		昭34. 2.23	昭45. 2.24	
					新大阪, 梅　田	3.5			39. 9.24	
					梅　田, 心斎橋	3.2(3.1)			(8. 5.20)	
					心斎橋, 難　波	0.9			10.10.30	
					難　波, 天王寺	3.4		2. 6. 4	13. 4.21	
					天王寺, 昭和町	1.8			26.12.20	
					昭和町, 西田辺	1.3			27.10. 5	
					西田辺, 我孫子	2.5			35. 7. 1	
					我孫子, 中百舌鳥	5.0		54. 8. 2	62. 4.18	
		〃	〃	2号線(谷町線)	大　日, 八尾南	28.1				
					大　日, 守　口	1.8		51. 8.12	58. 2. 8	
					守　口, 都　島	5.4		2. 6. 4 / 34. 2.23	52. 4. 6	
					都　島, 東梅田	3.1		2. 6. 4	49. 5.29	
					東梅田, 谷町四丁目	3.5		34. 2.23	42. 3.24	
					谷町四丁目, 天王寺	3.8		〃	43.12.17	
					天王寺, 八尾南	10.5		47. 5.29 / 48. 9. 1	55.11.27	
		〃	〃	3号線(四つ橋線)	西梅田, 住之江公園	11.4				
					西梅田, 大国町	4.9		38. 2.23	40.10. 1	
					大国町, 花園町	1.3			17. 5.10	
					花園町, 岸　里	1.1		2. 6. 4	31. 6. 1	
					岸　里, 玉　出	1.3			33. 5.31	
					玉　出, 住之江公園	2.8		2. 6. 4 / 34. 2.23	47.11. 9	

(路線図 349ページ)

種別	動力	軌間 (米)	線名	区　　　間	キロ程 (粁)	単複	特　　許 年　月　日	運輸開始 実　施 年　月　日	摘　　要
開	電　気 （第三 軌条式 ／750）	1.435	4　号　線 （中央 線）	**大阪港，長　田**	15.5	全線複	昭		
				大阪港，弁天町	3.1		｛ 2. 6. 4 34. 2. 23	昭36.12.11	
				弁天町，本　　町	3.9			39.10.31	
				本　町，谷町四丁目	1.7		｝34. 2. 23	44.12. 6	
				谷町四丁目，森ノ宮	1.3			42. 9.30	
				森ノ宮，深江橋	2.3			43. 7.29	
				深江橋，長　　田	3.2		52. 3.23	60. 4. 5	
	〃	〃	5　号　線 （千日 前線）	**野田阪神，南　　巽**	12.6				
				野田阪神，桜　　川	3.7		｝34. 2. 23	44. 4.16	
				桜　川，谷町九丁目	2.4			45. 3.11	
				谷町九丁目，今　里	2.6			44. 7.25	
				今　　里，新深江	0.9			44. 9.10	
				新深江，南　　巽	3.0			56.12. 2	
業	電　気 （1500）	〃	6　号　線 （堺筋線）	**天神橋筋六丁目， 　　　　天下茶屋**	8.5				
				天神橋筋六丁目， 　　　　動物園前	7.0		40.10.23	44.12. 6	
				動物園前，天下茶屋	1.5		54. 8. 2	平 5. 3. 4	
	〃	〃	7　号　線 （長堀鶴 見緑地 線）	**大　　正，門真南**	15.0				
				大　　正，心斎橋	2.8		平 5. 4.27	9. 8.29	
				心斎橋，京　　橋	5.7		3. 4.19	8.12.11	
				京　　橋，鶴見緑地	5.2		昭61. 6. 5	2. 3.20	
				鶴見緑地，門真南	1.3		平 6. 5.16	9. 8.29	
	〃	〃	8　号　線 （今里筋線）	**井高野，今　　里**	11.9		11. 6.15	18.12.24	
線									
				計	127.5				

大阪府

阪堺電気軌道株式会社

会 社 設 立　昭55. 7. 7　　本　社　〒558-0033　大阪市住吉区清水丘3丁目14番72号

株 式 ┨ 授 権　3,600千株　　　　　電話　06(6674)5146

　　　　┨ 発行済　1,000千株

資 本 金　90,000千円　　　代表者　社長　細 井 康 史

連絡線
ＪＲ連絡駅（天王寺，新今宮）
南海連絡駅（新今宮，住吉大社）
大阪市高速電気軌道連絡駅
　（天王寺，動物園前，恵美須町）
他主要事業
　土地建物の賃貸

種別	動 力	軌 間（米）	線 名	区　　間	キロ程（粁）	単　複	特　　許年 月 日	運 輸 開 始実 施年 月 日	摘　　要
大阪府 開業線	電 気（600）	1.435	阪堺線	恵美須町，大小路	9.0	全線複	明42.12.28	明44.12. 1	昭55.12. 1南海電気鉄道㈱から譲受
				大小路，御陵前	1.2	14.1		45. 3. 5	
				御陵前，浜寺駅前	3.9			45. 4. 1	
			上 町 線	天王寺駅前，住 吉	4.3	4.3	40. 2.12	43.10. 1	
				計	18.4				

（路線図　348ページ）

北大阪急行電鉄株式会社 (その二)

会 社 設 立　昭42.12.11　　本　社　〒561-0872　豊中市寺内2丁目4番1号

株 式 ┨ 授 権　3,000千株　　　　　電話　06(6865)0601

　　　　┨ 発行済　3,000千株

資 本 金　1,500,000千円　　　代表者　社長　内 芝 伸 一

連絡線
大阪市高速電気軌道連絡駅
　　　　　　　　（江坂）
他主要事業

種別	動 力	軌 間（米）	区　　間	キロ程（粁）	建 設 費予(概)算額（百万円）	特　許年 月 日	工施認可年 月 日（申請期限）	工事竣功期　限	摘　　要
大阪府 未開業線	電 気（第三軌条式／750）	1.435	鉄軌分界点，（仮称）新箕面	(1.2)	16,536	平27.12.25	平28.11.25	平33. 3.31	工施線
			計	(1.2)					

（路線図　350ページ）

広島電鉄株式会社 (その二)　　非連絡線

会 社 設 立　昭17. 4. 10　　本　社　〒730-8610　広島市中区東千田町2丁目9番29号

株　式 { 授 権　240,000千株　　電話　082(242)3521

発行済　60,891千株

資　本　金　2,335,625千円　　代表者　代表取締役社長　椋　田　昌　夫

他主要事業
{ 鉄道事業，自動車運送事業
不動産事業

広島県

種別	動 力	軌 間 (米)	線 名	区　　　間	キロ程 (粁)	単 複	特　　　許 年 月 日	運輸開始 実 施 年 月 日	摘　　　要
開	電 気 (600)	1.435				全線複			
			本 線	広島駅， 原爆ドーム前	2.5		明43. 2. 7	大 1.11.28	
				原爆ドーム前， 本 川 町	0.3		〃	1.12. 8	
				本 川 町，十日市町	0.3	} 5.4	大 6. 6.30	6.11. 1	
				十日市町，土　橋	0.4		昭19. 4.17	昭19.12.26	
				土　橋， 広電西広島(己斐)	1.9		明43. 2. 7	大 1.12. 8	
業			宇 品 線	紙屋町，鷹野橋	1.4		〃	1.11.23	
				鷹野橋， (御幸橋(旧))	0.9		〃	〃	
				(御幸橋(旧))， 御幸橋	0.2		大 3.11. 4	8. 5.25	
				御幸橋， 皆実町六丁目	0.3	} 5.9	〃	昭10.12.27	複線運輸開始 昭10.12.27 工事計画変更による延長+0.2粁 (平15. 3.29運輸開始)
				皆実町六丁目， 元宇品口	2.5		〃	大 4. 4. 8	
				元宇品口，(宇品(旧))	0.2		ー	昭26. 4. 1	
				(宇品(旧))，広島港	0.4		ー	42.10. 1	
			江 波 線	土　橋，舟入本町	1.0		明43. 2. 7	18.12.28	
				舟入本町，舟入南町	1.2	} 2.6	昭19. 4.17	19. 6.20	
				舟入南町，江　波	0.4		27.10. 2	29. 1. 7	
			横 川 線	十日市町，横川駅	1.4		明43. 2. 7	大 6.11. 1	
			皆 実 線	的 場 町， 皆実町六丁目	2.5		昭19. 4.17	昭19.12.27	
線			白 島 線	八丁堀，白　島	1.2		明43.12.17	大 1.11.23	
				計	19.0				

（路線図　356ページ）

岡山電気軌道株式会社　非連絡線

会 社 設 立　　明43. 5. 21　　本　社　〒703-8291　岡山市中区徳吉町2丁目8番22号
株　式 { 授　権　16,000千株　　　電話　086(272)5520　　　　　　　　　他主要事業
　　　　 { 発行済　 4,000千株　　　　　　　　　　　　　　　　　　　　　自動車運送事業
資　本　金　200,000千円　　　代表者　代表取締役社長　小 嶋 光 信

	種別	動力	軌間(米)	線名	区　間	キロ程(粁)	単複	特許年月日	運輸開始実施年月日	摘要
岡山県	開業線	電気(600)	1.067	東山本線	岡山駅前，城　下	1.0	全線複	明40.11.27	明45. 5. 5	
					城　下，西大寺町	0.8	} 3.1		45. 6. 1	
					西大寺町，東山・おかでんミュージアム	1.3		大 9.11.29	大12. 7. 9	
				清輝橋線	柳　川，大雲寺前	1.0	} 1.6		昭3. 3.18	
					大雲寺前，清輝橋	0.6		昭19.11.29	21. 9. 6	
					計	4.7				

（路線図　355ページ）

伊予鉄道株式会社 （その二）　連絡線　JR連絡駅（松山）

会 社 設 立　　平29. 4. 3　　本　社　〒790-8691　松山市湊町4丁目4番地1　　他主要事業
株　式 { 授　権　 4,000千株　　　電話　089(948)3321　　　　　　　　　 { 鉄道事業，
　　　　 { 発行済　 2,000千株　　　　　　　　　　　　　　　　　　　　　 { 土地建物事業
資　本　金　100,000千円　　　代表者　社長　清 水 一 郎

	種別	動力	軌間(米)	線名	区　間	キロ程(粁)	単複	特許年月日	運輸開始実施年月日	摘要
愛媛県	開業線	電気(600)内燃	1.067	城南線	道後温泉，大街道	2.2	複 } 3.5	明44. 8. 5	明44. 8. 8	平30.4.1持株会社体制移行に伴う会社分割により，現・㈱伊予鉄グループから軌道事業を承継（平30.3.19認可）会社分割前の旧・伊予鉄道㈱の設立は昭17.4.1
					大街道，西堀端	1.3	〃	—	44. 9. 1	
				連絡線	平和通一丁目，上一万	0.1	単	大14. 4.16	昭2. 4. 3	
				本町線	本町一丁目，本町六丁目	1.5	単	昭36. 6.21	37. 2. 1	
				大手町線	西堀端，松山駅前	0.6	複 } 1.4	9. 6. 4	11. 5. 1	
					古　町，松山駅前	0.8	単	11. 3.30	〃	
				花園線	松山市駅前，南堀端	0.4	複	22. 2.25	22. 3.25	
					計	6.9				

（路線図　358ページ）

とさでん交通株式会社

会 社 設 立　平26.10. 1
株 式 { 授 権　10千株 / 発行済　10千株 }
資 本 金　500,000千円

本 社　〒780-8010　高知市桟橋通4丁目12番7号
電話　088(833)7111
代表者　社長　片 岡　万知雄

連絡線
ＪＲ連絡駅（高知，朝倉，伊野）
土佐くろしお鉄道連絡駅
　（後免町）
他主要事業
{ 自動車運送事業，航空代理業，/ 物品販売業，広告業 }

種別	動力	軌間（米）	線名	区間	キロ程（粁）	単複	特許年月日	運輸開始実施年月日	摘要
開業線	電気(600)	1.067	伊野線	はりまや橋, 堀詰	0.3	4.2複	明41. 7.15	明41.10.31	土佐電気鉄道㈱から会社分割により軌道事業を承継（平26.10.1）
				堀詰, 枡形	1.2		33. 6.28	37. 5. 2	
				枡形, 鏡川橋	2.7			39.10. 8	
				鏡川橋, 咥内	3.1	7.0単	38.12. 5	40. 9.16	
				咥内, 枝川	1.9			41. 2.20	
				枝川, 伊野	2.0			40.11.17	
			後免線	はりまや橋, (下知)	1.0	10.9複	41. 7.15	41.10.31	
				(下知), (葛島)	1.3			42.10.30	
				(葛島), (鹿児)	3.1		42. 2.19	43.10.24	
				(鹿児), (大津)	1.4			44.12. 4	
				(大津), 後免中町	3.6			44. 1.27	
				後免中町, 後免東町	0.3		43.10.18	44. 5.14	
				後免東町, 後免町	0.2			大14. 2.21	
			駅前線	はりまや橋, 高知駅前	0.8	複	大13.12.12	昭3. 8.10	
			桟橋線	はりまや橋, (潮江橋)	0.6	2.4複	15.11. 9	〃	
				(潮江橋), 梅の辻					
				梅の辻, 桟橋通五丁目	1.8		明38. 6.14	明39. 4. 9	
				計	25.3				

高知県

（路線図 359ページ）

長崎電気軌道株式会社　非連絡線

会 社 設 立　大 3. 8. 2　　本 社　〒852-8134　長崎市大橋町４番５号　　他主要事業

株 式 { 授 権　8,000千株 　電 話　095(845)4111 　　　　　　　　　　　不動産業，広告業

　　　　{ 発行済　4,200千株

資 本 金　210,000千円　　代表者　社長　中 島 典 明

	種別	動力	軌間(米)	線名	区　　間	キロ程(粁)	単複	特　許年 月 日	運輸開始実施年 月 日	摘　　要
長崎県	開	電 気(600)	1.435	赤迫支線	赤 迫, 住 吉	0.3	複	昭34. 6.11	昭35. 5. 8	
				本 線	住 吉, 大 橋	1.6	7.0複	25. 2.28	25. 9.16	
					大 橋, 築 町	4.5		明45. 4.17	大 4.11.16	
					築 町, 西浜町	0.2		大 6. 5. 1	9.12.25	
					西浜町, 思案橋	0.4		〃	10. 4.30	
					思案橋, 正覚寺下	0.3		昭41.10.12	昭43. 6.17	
	業			桜町支線	長崎駅前, 公会堂前	0.9	複	大 5. 7. 4	大 8.12.25	
				大浦支線	築 町, 石 橋	1.1	単複	〃	5.12.28	
				蛍茶屋支 線	西浜町, 公会堂前	0.8	2.2複	6. 5. 1	9.12.25	
					公会堂前,諏訪神社前	0.5		〃	9. 7. 9	
	線				諏訪神社前, 蛍茶屋	0.9		昭 8.10. 4	昭 9.12.20	
					計	11.5				

（路線図　362ページ）

熊 本 市（交 通 局）　非連絡線

所在地　〒862-0971　熊本市中央区大江５丁目１番40号　　他主要事業

　　　　電 話　096(361)5211

代表者 { 市　　　　　　　長 大 西 一 史

　　　　{ 交通事業管理者　肝 付 幸 治

	種別	動力	軌間(米)	線名	区　　間	キロ程(粁)	単複	特　許年 月 日	運輸開始実施年 月 日	摘　　要
熊本県	開	電 気(600)	1.435	幹 線	熊本駅前, 水道町	3.4	複	大10.11.14	大13. 8. 1	
				水前寺線	水道町, 水前寺公園	2.4	〃	〃	〃	
				健 軍 線	水前寺公園, 健軍町	3.0	〃	昭19. 9.26	昭20. 5. 6	
	業			上熊本線 {	辛島町, 段山町	1.5	〃	大10.11.14	4. 6.20	
					段山町, 上熊本駅前	1.4	〃	〃	10. 3.20	
				田 崎 線	熊本駅前, 田崎橋	0.4	単複	昭34. 3.31	34.12.24	
	線				計	12.1				

（路線図　363ページ）

鹿 児 島 市 （交通局）　非連絡線

所在地　〒890-0055　鹿児島市上荒田町37番20号　　　他主要事業　自動車運送事業
電話　099（257）2111
代表者 { 市長　森　　博　幸
　　　　 局長　鞍　掛　貞　之

種別	動力	軌間（米）	線名	区間	キロ程（粁）	単複	特許年月日	運輸開始実施年月日	摘要
開業線	電気（600）	1.435	第一期線	武之橋, 高見馬場	1.0	全線複		大 3. 7. 22	鹿児島県
				高見馬場, 天文館通	0.5			〃	
				天文館通, 朝日通	0.6	3.0	明	3. 10. 3	
				朝日通, 市役所前	0.3		44. 8. 4	3. 10. 16	
				市役所前, 鹿児島駅前	0.6			3. 12. 20	
			第二期線	高見馬場, 鹿児島中央駅前	1.0			4. 12. 17	
			谷山線	武之橋, 谷山	6.4		44. 8. 3	1. 12. 1	
			唐湊線	鹿児島中央駅前, 中洲通	0.6	2.7	昭 25. 3. 31	昭25. 10. 1	
				中洲通, 神田(交通局前)	0.6			27. 6. 1	
				神田(交通局前), 工学部前	0.5			32. 3. 29	
				工学部前, 郡元	1.0			34. 12. 20	
				計	13.1				

（路線図 365ページ）

軌道（懸垂式モノレール）

（平 30. 3.31現在）

種　　　別	経営者数	キ ロ 数	備　　考
開　業　線	社 2	キロ 16.5	
未　開　業　線	0	0	
計	2	16.5	

千葉都市モノレール株式会社

連絡線
ＪＲ連絡駅
（千葉みなと，千葉，都賀）

会 社 設 立	昭54. 3.20

株 式 { 授 権　　200千株 / 発行済　　200千株 }

資　本　金　100百万円

本　社　〒263-0012　千葉市稲毛区萩台町199番地１
電話　043（287）8211

代表者　代表取締役社長　川　上　千　里

他主要事業

千葉県

種別	動 力	軌 間 (米)	線 名	区 間	キロ程 (粁)	単複	特　　許 年　月　日	運 輸 開 始 実　施 年　月　日	摘　　　要
開	電 気 (1500)	懸垂式	2 号 線	千　葉，千城台	12.0	複	昭56. 3. 5		
				千　葉，スポーツセンター	4.0			平 3. 6.12	
				スポーツセンター，千城台	8.0			昭63. 3.28	
			1 号 線	千葉みなと，県庁前	3.2	複	昭56. 3. 5		
				千葉みなと，千　葉	1.5			平 7. 8. 1	
業				千　葉，県庁前	1.7			11. 3.24	
線				計	15.2				

（路線図　317ページ）

スカイレールサービス株式会社

連絡線
ＪＲ連絡駅（瀬野）

会 社 設 立	平 6. 4. 1	本 社　〒739-0311　広島市安芸区瀬野１丁目41番21号
株 式 { 授 権	1,600株	電話　082(894)3188
発行済	400株	他主要事業
資 本 金	20,000千円	代表者　代表取締役社長　中 谷　　元

	種別	動 力	軌 間 （米）	線 名	区　　　　間	キロ程 （粁）	単複	特　　　許 年　月　日	運 輸 開 始 実　　施 年　月　日	摘　　　　要
広島県	開 業 線	電 気 （440）	懸垂式	広島短距離 交通瀬野線	みどり口， 　　みどり中央	1.3	複	平 8. 7. 29	平10. 8. 28	
					計	1.3				

（路線図　357ページ）

軌道（跨座式モノレール）

（平 30. 3.31現在）

種　　別	経営者数	キ ロ 数	備　考
開　業　線	社 4	キロ 65.7	
未　開　業　線	2	6.3	
計	6	72.0	

多摩都市モノレール株式会社

会 社 設 立　昭61. 4. 8　　　本 社　〒190-0015　立川市泉町1078番92号

株 式 { 授 権　1,008,780株　　　電話　042 (526) 7800

　　　 発行済　1,008,780株

資 本 金　100百万円　　　代表者　社長　醍 醐 勇 司

連絡線
JR連絡駅（立川）
小田急連絡駅（多摩センター）
京王連絡駅（多摩センター，
　　　　　　高幡不動）
西武連絡駅（玉川上水）
他主要事業

種別	動力	軌間(米)	線名	区間	キロ程(粁)	単複	特許年月日	運輸開始実施年月日	摘要
開業線	電気(1500)	跨座式	多摩都市モノレール線	多摩センター，上北台	16.0	複	昭62.12.26		
				多摩センター，立川北	10.6			平12. 1.10	
				立川北，上北台	5.4			10.11.27	
				計	16.0				

東京都

（路線図 319ページ）

大阪高速鉄道株式会社

会 社 設 立　昭55.12.15　　　本 社　〒565-0826　吹田市千里万博公園1番8号

株 式 { 授 権　29,200千株

　　　 発行済　29,076千株　　　電話　06 (6319) 9961

資 本 金　1,453,800万円　　　代表者　社長　吉 村 庄 平

連絡線
北大阪急行連絡駅（千里中央）
阪急連絡駅（南茨木，山田，蛍池）
大阪市高速電気軌道連絡駅（大日）
京阪連絡駅（門真市）
他主要事業

種別	動力	軌間(米)	区間	キロ程(粁)	建設費予(概)算額(百万円)	特許年月日	工施認可年月日(申請期限)	工事竣功期限	摘要
未開業線	電気(1500)	跨座式	彩都西，東センター	2.2	45,545	平 7. 9.26	平 9. 1. 6	平31. 3.31	工施線
			計	2.2					

種別	動力	軌間(米)	線名	区間	キロ程(粁)	単複	特許年月日	運輸開始実施年月日	摘要
開業線	電気(1500)	跨座式	大阪モノレール線	大阪空港，門真市	21.2	複			
				大阪空港，柴原	3.1		昭57. 3.31	平 9. 4. 1	
				柴原，千里中央	3.5		〃	6. 9.30	
				千里中央，南茨木	6.7		〃	2. 6. 1	
				南茨木，門真市	7.9		平 2. 7. 3	9. 8.22	
			国際文化公園都市モノレール線（彩都線）	万博記念公園，彩都西	6.8	複			
				万博記念公園，阪大病院前	2.6		平 5. 1.27	平10.10. 1	
				阪大病院前，彩都西	4.2		平 7. 9.26	平19. 3.19	
				計	28.0				

大阪府

（路線図 350ページ）

北九州高速鉄道株式会社

連絡線
ＪＲ連絡駅（小倉）

会 社 設 立　昭51. 7.31　　本　社　〒802-0981　北九州市小倉南区企救丘2丁目13番1号
　　　　　　　　　　　　　　　　電話　093（961）0101

株 式 { 授　権　270千株
　　　　　発行済　270千株

他主要事業

資　本　金　3,000百万円　　代表者　代表取締役社長　斉　藤　　　淳

種別	動 力	軌間(米)	線 名	区　　　間	キロ程(粁)	単複	特　　許年 月 日	運輸開始実　施年 月 日	摘　　要
福岡県 開業線	電気(1500)	跨座式	小倉線	小　倉, 企救丘	8.8	複			
				小　倉, 平和通	0.4		平 6. 6.27	平10. 4. 1	
				平和通, 企救丘	8.4		昭51.12. 6	昭60. 1. 9	
				計	8.8				

（路線図　361ページ）

沖縄都市モノレール株式会社

非連絡線

会 社 設 立　昭57. 9.27　　本　社　〒901-0143　那覇市安次嶺377-2
　　　　　　　　　　　　　　　　電話　098（859）2630

株 式 { 授　権　208,000株
　　　　　発行済　163,792株

他主要事業

資　本　金　8,189百万円（※資本準備金含む）　代表者　社長　美　里　義　雅

種別	動 力	軌間(米)	区　　　間	キロ程(粁)	建 設 費予（概）算額（百万円）	特　　許年 月 日	工施認可年 月 日（申請期限）	工事竣功期　限	摘　要
沖縄県 未開業線	電気(1500)	跨座式	首里, てだこ浦西	(4.1)	14,459	平24. 1.26	平25. 4. 4（一次）25. 6.27（二次）	平31. 3.31	工施線
			計	(4.1)					

種別	動 力	軌間(米)	線 名	区　　　間	キロ程(粁)	単複	特　　許年 月 日	運輸開始実　施年 月 日	摘　要
開業線	電気(1500)	跨座式	沖縄都市モノレール線	那覇空港, 首里	12.9	複	平 8. 3.22	平15. 8.10	
				計	12.9				

（路線図　365ページ）

軌　　道（案内軌条式）

（平 30. 3.31現在）

種　　別	経営者数	キロ数	備　考
開　業　線	社 7	キロ 68.2	
未　開　業　線	1	0.2	
計	8	68.4	

東京都（交通局）(その四)

連絡線
JR連絡駅（日暮里，西日暮里）

所在地　〒163-8001　新宿区西新宿2丁目8番1号
電話　03(5321)1111

代表者 { 知　事　小　池　百合子
交通局長　山　手　　斉

他主要事業
鉄道，自動車運送事業

種別	動力	軌間(米)	線名	区間	キロ程(粁)	単複	免許年月日	運輸開始実施年月日	摘要	
開業線	電気(600)	側方案内軌条式	日暮里・舎人ライナー	日暮里，見沼代親水公園	9.7	複	平7.12.28	平20.3.30	東京都地下鉄建設㈱より譲受（平20.3.30）	東京都
				計	9.7					

（路線図 329ページ）

株式会社ゆりかもめ (その二)

連絡線

会社設立　昭63.4.25
株式 { 授権　275.44千株
発行済　275.02千株
資本金　13,756百万円

本社　〒135-0063　江東区有明三丁目13番1号
電話　03(3529)7777

代表者　社長　櫻井　　務

他主要事業

種別	動力	軌間(米)	線名	区間	キロ程(粁)	単複	特許年月日	運輸開始実施年月日	摘要	
開業線	電気(600)	側方案内軌条式	東京臨海新交通臨海線	新橋，日の出	2.2	複	昭63.11.28	平7.11.1	新橋駅本設開業　新橋，竹芝間+0.1粁（平13.3.22）	東京都
				お台場海浜公園，テレコムセンター	2.3	〃				
				国際展示場正門，	0.7	〃				
				有明						
				有明，豊洲	2.7	〃	平10.7.10	平18.3.27		
				計	7.9					

（路線図 318ページ）

株式会社横浜シーサイドライン

連絡線
ＪＲ連絡駅（新杉田）
京浜急行連絡駅（金沢八景）

会 社 設 立　昭58. 4.22
株　式 ｛ 授　権　252千株
　　　　発行済　202千株
資　本　金　10,100百万円

本 社　〒236-0003　横浜市金沢区幸浦二丁目１番地１
　　　　電話　045（787）7002

代表者　社長　三 上 章 彦

他主要事業
｛ 文化，スポーツ，レクリエ
　ーション施設並びに食堂売
　店，店舗・駐車場等の経営

	種別	動 力	軌 間 (米)	区　　間	キロ程 (粁)	建設費 予（概）算額 (百万円)	特　　許 年　月　日	工施認可 年 月 日 (申請期限)	工事竣功 期　　限	摘　要
神奈川県	未開業線	電 気 (750)	側方案内軌条式	金沢八景，金沢八景 (仮駅)	0.2		昭 59. 4.17	昭 60. 7.18	平 35. 3.31	
				計	0.2					

	種別	動 力	軌 間 (米)	線 名	区　　間	キロ程 (粁)	単複	特　　許 年　月　日	運輸開始 実　施 年 月 日	摘　　要
	開業線	電 気 (750)	側方案内軌条式	金沢シーサイドライン	新 杉 田，金沢八景 (仮駅)	10.6	複	昭59. 4.17	平 1. 7. 5	
					計	10.6				

（路線図 331ページ）

名古屋ガイドウェイバス株式会社

非連絡線

会 社 設 立　平 6. 4. 1
株　式 ｛ 授　権　60千株
　　　　発行済　60千株
資　本　金　3,000百万円

本 社　〒463-0801　名古屋市守山区竜泉寺２丁目301番地
　　　　電話　052（758）5620

代表者　社長　田 宮 正 道

他主要事業

	種別	動 力	軌 間 (米)	線 名	区　　間	キロ程 (粁)	単複	特　　許 年　月　日	運輸開始 実　施 年 月 日	摘　　要
愛知県	開業線	内 燃	側方案内軌条式	ガイドウェイバス 志段味線	大 曽 根，小幡緑地	6.5	複	平 6.10.25	平13. 3.23	
					計	6.5				

（路線図 337ページ）

大阪市高速電気軌道株式会社 (その四)

連絡線
大阪市高速電気軌道連絡駅
（住之江公園）

会 社 設 立　平29. 6. 1　　本　社　〒550-8552　大阪市西区九条南1丁目12番62号

株式　発行済　9,376千株　　電話　06(6585)6106（代表）

資　本　金　250,000百万円　　代表者　社長　河 井 英 明

他主要事業　土地建物賃貸事業

種別	動力	軌間(米)	線名	区　間	キロ程(粁)	単複	特許年月日	運輸開始実施年月日	摘要	
開	電気(600)	側方案内軌条式	南港ポートタウン線	フェリーターミナル,　住之江公園	3.9	複	昭52.12. 7	昭56. 3.16		大阪府
業	〃	〃	〃	トレードセンター前,　中 ふ 頭	0.7	〃	平17. 6. 7	平17. 7. 1	㈱大阪港トランスポートシステムより譲受	
線				計	4.6					

（路線図 349ページ）

神戸新交通株式会社 (その二)

連絡線
ＪＲ連絡駅（三宮, 住吉）
阪神連絡駅（魚崎）

会 社 設 立　昭52. 7.18　　本　社　〒650-0045　神戸市中央区港島6丁目6番地の1

株式 { 授権　5,080千株　　電話　078(302)2500

発行済　4,853.2千株

資 本 金　100百万円　　代表者　社長　後 藤 範 三

他主要事業
不動産賃貸

種別	動力	軌間(米)	線名	区　間	キロ程(粁)	単複	特許年月日	運輸開始実施年月日	摘要	
開				三宮,ポートターミナル	1.8	複	昭52.12. 7	昭56. 2. 5		兵庫県
	電気(600)	案内軌条式	ポートアイランド線	（中公園, 南公園）	(1.6)	(単)				
				市民広場, 南公園	0.6	単				
業				中公園,　医療センター	1.8	複	平13. 9. 4	平18. 2. 2		
				医療センター,　神戸空港	3.6	〃	平14.11. 6	〃		
	〃	〃	六甲アイランド線	住吉, 南魚崎	2.0	複	昭61. 4.25	平 2. 2.21		
線				アイランド北口,　マリンパーク	1.0					
				計	10.8					

（路線図 354ページ）

広島高速交通株式会社 (その二)

連絡線
ＪＲ連絡駅
　　（大町，新白島）
他主要事業

会 社 設 立　昭62.12. 1

株 式 { 授 権　　200千株
　　　　発行済　　200千株

資 本 金　10,000百万円

本 社　〒731-0143　広島市安佐南区長楽寺2丁目12番1号
　　　　電話　082(830)3111

代表者　代表取締役社長　竹 内　　功

種別	動 力	軌 間 (米)	線 名	区　　間	キロ程 (粁)	単複	特　　許 年 月 日	運輸開始 実 施 年 月 日	摘　　要
広島県 開業線	電 気 (750)	側 方 案 内 軌条式	広島新交 通1号線 {	県庁前, 広域公園前	18.1	複			
				県庁前, 長楽寺	12.4		昭63. 8.22	平 6. 8.20	
				長楽寺, 広域公園前	5.7		平 3. 3. 5	〃	
				計	18.1				

（路線図　357ページ）

250

軌　　　道（浮上式）

(平 30. 3.31現在)

種　　別	経営者数	キ ロ 数	備　　考
開　業　線	社 1	キロ 8.9	
未　開　業　線	0	0	
計	1	8.9	

愛知高速交通株式会社

非連絡線

会 社 設 立　平12. 2. 7　　本 社　〒480-1342　愛知県長久手市
株 式 { 授 権　　750千株　　　　　　　　茨ケ廻間1533-736
　　　　 発行済　　734千株　　　　電話　0561(61)4781　　　　他主要事業
資 本 金　100百万円　　代表者　社長　丹 羽　健一郎

種別	動 力	軌 間 (米)	線 名	区　　間	キロ程 (粁)	単複	特　許 年 月 日	運輸開始 実 施 年 月 日	摘　　要
開業線	電 気 (1500)	常電導吸引型磁気浮上・リニアインダクションモーター推進方式	東部丘陵線	藤 が 丘, 八　草	8.9	複	平13.10. 3	平17. 3. 6	
				計	8.9				

愛 知 県

（路線図 338ページ）

鉄道・軌道事業者の主な株主一覧表　（平成30年3月31日現在）

株　　主	比率%	株　　主	比率%	株　　主	比率%
北海道旅客鉄道㈱		**弘南鉄道㈱**		**秋田内陸縦貫鉄道㈱**	
独立行政法人　鉄道建設・運輸施設整備支援機構	100.0	中村　章子	3.8	秋　田　県	38.6
		西谷　嘉一	2.7	北　秋　田　市	22.7
東日本旅客鉄道㈱		西谷　サツ	2.6	仙　北　市	15.4
㈱みずほ銀行	4.35	土田　　剛	2.4	㈱秋田銀行	4.0
日本マスタートラスト信託銀行㈱(信託口)	4.19	阿部　秀明	2.1	㈱北都銀行	4.0
日本トラスティ・サービス信託銀行㈱(信託口)	3.52	葛西　淳乃	1.8		
㈱三菱東京ＵＦＪ銀行	2.72			**由利高原鉄道㈱**	
ＪＲ東日本社員持株会	2.63	**津軽鉄道㈱**		秋　田　県	38.5
㈱三井住友銀行	2.29	澤田　長二郎	9.7	由　利　本　荘　市	38.5
日本生命保険相互会社	2.08	青森三菱ふそう自動車販売㈱	7.3	由利建設業協会	8.0
第一生命保険	2.08	㈱西田組	5.2	㈱秋田銀行	4.0
日本トラスティ・サービス信託銀行㈱(信託口9)	1.83	三和　　満	3.9	㈱北都銀行	4.0
日本トラスティ・サービス信託銀行㈱(信託口5)	1.78	澤田　泰造	3.8		
		泉谷　正逸	3.6	**秋田臨海鉄道㈱**	
東海旅客鉄道㈱				日本貨物鉄道㈱	38.23
㈱みずほ銀行	4.75	**八戸臨海鉄道㈱**		秋　田　県	36.22
日本マスタートラスト信託銀行㈱(信託口)	4.51	日本貨物鉄道㈱	38.6	三菱マテリアル㈱	19.32
東海旅客鉄道㈱	4.37	青　森　県	28.9	日本製紙㈱	2.01
日本トラスティ・サービス信託銀行㈱(信託口)	4.01	三菱製紙㈱	20.2	ＤＯＷＡホールディングス㈱	2.01
野村信託銀行㈱	3.46	八　戸　市	9.6		
(退職給付信託三菱東京ＵＦＪ銀行口)		八戸製錬㈱	1.8	**山形鉄道㈱**	
㈱三菱東京ＵＦＪ銀行	3.24			山　形　県	31.35
日本生命保険相互会社	2.43	**三陸鉄道㈱**		長　井　市	12.56
トヨタ自動車㈱	1.94	岩　手　県	48.0	南　陽　市	7.52
第一生命保険㈱	1.66	宮　古　市	4.5	白　鷹　町	7.21
日本トラスティ・サービス信託銀行㈱(信託口5)	1.66	㈱岩手銀行	4.0	ケミコン山形㈱	2.11
		大　船　渡　市	3.8	川　西　町	2.09
西日本旅客鉄道㈱		新日本製鐵住金	3.3	ウンノハウス㈱	2.09
日本マスタートラスト信託銀行㈱(信託口)	4.84	東北電力㈱	3.3	協同薬品工業㈱	2.09
日本トラスティ・サービス信託銀行㈱(信託口)	4.19	一　関　市	2.3	外田　　陽	2.09
㈱三井住友銀行	3.30	久　慈　市	2.2	山形中央信用組合	2.09
㈱三菱東京ＵＦＪ銀行	3.25	釜　石　市	2.2		
日本トラスティ・サービス信託銀行㈱(信託口9)	2.28			**青い森鉄道㈱**	
日本生命保険相互会社	2.06	**岩手開発鉄道㈱**		青　森　県	68.80
ＪＲ西日本社員持株会	1.79	太平洋セメント㈱	83.7	青　森　市	7.63
日本トラスティ・サービス信託銀行㈱(信託口5)	1.78	大　船　渡　市	3.6	八　戸　市	6.52
STATE STREET BANK WEST CLIENT	1.71	龍振鉱業㈱	1.7	日本貨物鉄道㈱	3.45
－ TREATY 505234		住　田　町	1.4	東京中小企業投資育成㈱	1.72
㈱みずほ銀行	1.68				
		仙台臨海鉄道㈱		**アイジーアールいわて銀河鉄道㈱**	
四国旅客鉄道㈱		日本貨物鉄道㈱	33.3	岩　手　県	54.1
独立行政法人　鉄道建設・運輸施設整備支援機構	100.0	宮　城　県	33.3	盛　岡　市	15.8
		三菱マテリアル㈱	13.8	二　戸　市	4.7
九州旅客鉄道㈱		ＪＸＴＧエネルギー㈱	7.0	岩　手　町	4.5
モルガン・スタンレーMUFG証券㈱	5.55	麒麟麦酒㈱	6.9	一　戸　町	4.0
日本マスタートラスト信託銀行㈱(信託口)	4.80			滝　沢　市	3.5
ＪＰモルガン証券㈱	3.39	**仙台空港鉄道㈱**			
STATE STREET BANK WEST CLIENT	2.84	宮　城　県	52.92	**北越急行㈱**	
－ TREATY 505234		仙　台　市	16.01	新　潟　県	54.84
日本トラスティ・サービス信託銀行㈱(信託口)	2.75	名　取　市	6.05	上　越　市	13.18
太陽生命保険㈱	2.00	東日本旅客鉄道㈱	5.04	十　日　町　市	11.94
日本トラスティ・サービス信託銀行㈱(信託口5)	1.90	(公財)宮城県市町村振興協会	4.21	㈱第四銀行	5.00
BNY GCM CLIENT ACCOUNT JPRD	1.88	岩　沼　市	3.02	㈱北越銀行	3.33
AC ISG(FE-AC)				東北電力㈱	3.33
GOLDMAN, SACHS&CO. REG	1.82	**阿武隈急行㈱**			
明治安田生命保険相互会社	1.51	福　島　県	28.0	**えちごトキめき鉄道㈱**	
		宮　城　県	25.6	新　潟　県	93.09
日本貨物鉄道㈱		福島交通㈱	20.0	上　越　市	3.01
独立行政法人　鉄道建設・運輸施設整備支援機構	100.0	福　島　市	6.1	糸　魚　川　市	1.67
		伊　達　市	5.2	妙　高　市	1.09
		福島交通㈱		**長野電鉄㈱**	
		㈱みちのりホールディングス	100.0	北野建設㈱	8.31
				㈱八十二銀行	3.73
		会津鉄道㈱		笠原　甲一	1.39
		福　島　県	31.66	荒井　洋子	1.18
太平洋石炭販売輸送㈱		会津若松市	8.99	第一法規㈱	1.04
太平洋興発㈱	73.7	㈱日本政策投資銀行	5.33		
商船三井近海㈱	14.1	南　会　津　町	5.14	**しなの鉄道㈱**	
太平洋炭礦㈱	7.5	㈱東邦銀行	4.58	長　野　県	73.64
㈱商船三井	2.5			長　野　市	3.88
日本通運㈱	2.2	**福島臨海鉄道㈱**		㈱八十二銀行	2.69
		日本貨物鉄道㈱	45.3	上　田　市	2.23
道南いさりび鉄道㈱		福　島　県	29.7	千　曲　市	1.98
北　海　道	64.7	日本化成㈱	10.3		
日本貨物鉄道㈱	17.4	小名浜製錬㈱	5.7	**上田電鉄㈱**	
北　斗　市	9.0	東邦亜鉛㈱	4.2	上田交通㈱	100.0
函　館　市	3.6	常磐興産㈱	1.9		
木　古　内　町	3.6			**アルピコ交通㈱**	
				アルピコホールディングス㈱	100.0

株主	比率%	株主	比率%	株主	比率%
関西電力㈱		**真岡鐵道㈱**		**流鉄㈱**	
大阪市	8.92	栃木県	22.40	㈱ティー・ジー・シー	39.50
日本マスタートラスト信託銀行㈱(信託口)	3.53	真岡市	13.40	新東京観光㈱	24.65
日本トラスティ・サービス信託銀行㈱(信託口)	3.53	筑西市	7.60	妙高観光開発㈱	14.08
日本生命保険相互会社	3.47	㈱足利銀行	4.80	㈱オーイ	7.37
神戸市	2.91	㈱常陽銀行	4.00	城西産業㈱	6.71
富山地方鉄道㈱		**野岩鉄道㈱**		**北総鉄道㈱**	
立山黒部貫光㈱	11.05	福島県	26.30	京成電鉄㈱	50.04
富山県	3.56	栃木県	21.52	千葉県	22.29
北陸電力㈱	2.97	東武鉄道㈱	20.50	独立行政法人都市再生機構	17.27
㈱みずほ銀行	1.74	日光市	7.65	松戸市	1.37
北日本放送㈱	0.90	㈱東邦銀行	5.00	市川市	1.02
		㈱足利銀行	5.00		
黒部峡谷鉄道㈱				**京葉臨海鉄道㈱**	
関西電力㈱	100.0	**宇都宮ライトレール㈱**		日本貨物鉄道㈱	33.94
		宇都宮市	40.80	千葉県	31.31
万葉線㈱		とちぎライトレール支援持株会	22.80	コスモ石油㈱	3.92
高岡市	30.06	芳賀町	10.20	出光興産㈱	3.56
射水市	30.06	関東自動車㈱	10.00	住友化学㈱	2.09
富山県	30.06	㈱足利銀行	5.00		
		㈱栃木銀行	5.00	**東葉高速鉄道㈱**	
立山黒部貫光㈱				千葉県	34.19
富山地方鉄道㈱	23.93	**わたらせ渓谷鐵道㈱**		船橋市	24.92
富山県	17.22	群馬県	16.66	八千代市	21.88
北陸電力㈱	6.36	みどり市	10.34	東京地下鉄㈱	12.46
関西電力㈱	6.19	桐生市	8.00	京成電鉄㈱	1.92
㈱みずほ銀行	4.48	日光市	6.69		
㈱北陸銀行	4.48	㈱群馬銀行	3.08	**千葉ニュータウン鉄道㈱**	
		㈱足利銀行	3.08	京成電鉄㈱	100.00
富山ライトレール㈱		㈱東和銀行	3.08		
富山市	33.13	関東開発㈱	3.08	**芝山鉄道㈱**	
富山県	16.07			成田国際空港㈱	68.40
北陸電力㈱	10.04	**上毛電気鉄道㈱**		千葉県	14.59
㈱インテック	10.04	東武鉄道㈱	43.31	日本航空㈱	3.73
富山地方鉄道㈱	6.03	上信電鉄㈱	9.72	京成電鉄㈱	3.46
		㈱群馬銀行	4.00	㈱みずほ銀行	1.48
あいの風とやま鉄道㈱		宮永　正義	3.20		
富山県	63.0	鹿島建設㈱	2.00	**成田空港高速鉄道㈱**	
富山市	14.0			東日本旅客鉄道㈱	32.97
高岡市	4.9	**上信電鉄㈱**		京成電鉄㈱	32.97
射水市	2.1	群馬日野自動車㈱	9.81	成田国際空港㈱	10.00
		上信ハイヤー㈱	5.69	ANAホールディングス㈱	9.78
北陸鉄道㈱		㈱群馬銀行	5.00	㈱みずほ銀行	3.41
名古屋鉄道㈱	13.97	佐藤　邦子	3.68		
㈱北國銀行	3.40	群馬トヨタ自動車㈱	2.50	**成田高速鉄道アクセス㈱**	
MKツアーランド㈲	0.72			成田国際空港㈱	53.74
石川日野自動車㈱	0.70	**秩父鉄道㈱**		千葉県	22.94
京阪ホールディングス㈱	0.65	太平洋セメント㈱	33.49	成田市	11.22
		有恒鉱業㈱	14.37	京成電鉄㈱	6.31
のと鉄道㈱		増岡　英男	3.36	日本航空㈱	1.58
石川県	33.56	中村　僚	2.20		
㈱北國銀行	5.00	㈱埼玉りそな銀行	2.14	**千葉都市モノレール㈱**	
能登町	4.24			千葉市	92.97
㈱北陸銀行	4.22	**埼玉新都市交通㈱**		JFEスチール㈱	1.57
興能信用金庫	4.00	埼玉県	35.00	三菱重工業㈱	1.12
		東日本旅客鉄道㈱	35.00	㈱千葉銀行	1.00
IRいしかわ鉄道㈱		東武鉄道㈱	5.00	東京電力エナジーパートナー㈱	0.63
石川県	69.79	㈱みずほ銀行	3.25		
金沢市	13.46	さいたま市	3.00	**山万㈱**	
(公財)石川県市町村振興協会	4.99			山弘住建㈱	9.65
津幡町	1.50	**新京成電鉄㈱**		清和綜合建物㈱	7.98
		京成電鉄㈱	38.87	中央不動産㈱	7.02
関東鉄道㈱		日本生命保険相互会社	2.76	㈱みずほ銀行	5.00
京成電鉄㈱	30.07	帝都自動車交通㈱	1.81	三井住友信託銀行㈱	5.00
濱　雄太郎	4.94	㈱関鉄クリエイト	1.63		
㈱常陽銀行	4.73	三井住友信託銀行㈱	1.21	**首都圏新都市鉄道㈱**	
東武鉄道㈱	4.00			茨城県	18.05
青木恵津子	2.59	**銚子電気鉄道㈱**		東京都	17.65
		竹本　勝紀	10.58	千葉県	7.06
鹿島臨海鉄道㈱		藤本　修朗	8.33	足立区	7.06
日本貨物鉄道㈱	37.52	綿谷　岩雄	6.58	つくば市	6.67
茨城県	29.53	小原　健史	4.08		
新日鐵住金㈱	4.89	松岡　明夫	3.26	**埼玉高速鉄道㈱**	
三菱ケミカル㈱	4.46			埼玉県	49.30
全国農業協同組合連合会	2.93	**小湊鐵道㈱**		川口市	20.28
		九十九里鉄道㈱	63.94	東京地下鉄㈱	15.60
ひたちなか海浜鉄道㈱		京成電鉄㈱	19.00	さいたま市	7.00
ひたちなか市	50.56	坂齊　久夫	7.43	㈱埼玉りそな銀行	0.99
茨城交通㈱	49.44	石川　晋平	1.18		
		鈴木　嘉雄	0.57	**東武鉄道㈱**	
筑波観光鉄道㈱				日本マスタートラスト信託銀行㈱(信託口)	5.36
京成電鉄㈱	73.46	**いすみ鉄道㈱**		日本トラスティ・サービス信託銀行㈱(信託口)	4.30
筑波山神社	18.96	千葉県	34.20	富国生命保険相互会社	2.43
関東鉄道㈱	3.17	大多喜町	15.17	㈱みずほ銀行	2.16
片倉　力也	1.80	いすみ市	14.28	日本トラスティ・サービス信託銀行㈱(信託口5)	1.82
岩瀬　道也	1.27	小湊鉄道㈱	5.58		
		㈱千葉銀行	3.72		

株　　　主	比率%	株　　　主	比率%	株　　　主	比率%
京成電鉄㈱		㈱横浜銀行	1.15	名古屋鉄道㈱	
日本マスタートラスト信託銀行㈱(信託口)	9.20	あいおいニッセイ同和損害保険㈱	0.83	日本マスタートラスト信託銀行㈱(信託口)	5.09
日本トラスティ・サービス信託銀行㈱(信託口)	5.13			日本トラスティ・サービス信託銀行㈱(信託口)	4.07
日本生命保険相互会社	3.48	箱根登山鉄道㈱		日本生命保険相互会社	2.80
㈱オリエンタルランド	3.39	小田急箱根ホールディングス㈱	100.00	ステート ストリート バンク ウェスト	2.45
㈱みずほ銀行	3.31			クライアント トリーティー 505234	
		神奈川臨海鉄道㈱		日本トラスティ・サービス信託銀行㈱(信託口5)	1.49
西武鉄道㈱		日本貨物鉄道㈱	39.45		
㈱西武ホールディングス	100.00	横　浜　市	21.79	豊橋鉄道㈱	
		神奈川県公営企業管理者	14.53	名古屋鉄道㈱	52.3
京王電鉄㈱		JXTGエネルギー㈱	7.37	鈴木　達也	1.8
日本マスタートラスト信託銀行㈱(信託口)	5.63	JFEスチール㈱	1.89	鈴木　茂雄	0.7
日本生命保険相互会社	4.78			宮本　智弘	0.5
太陽生命保険㈱	4.56	横浜高速鉄道㈱			
日本トラスティ・サービス信託銀行㈱(信託口)	3.43	横　浜　市	63.48	愛知環状鉄道㈱	
三井住友信託銀行㈱	2.84	神　奈　川　県	8.87	愛　知　県	40.3
		東京急行電鉄㈱	4.44	豊　田　市	18.6
小田急電鉄㈱		三菱地所㈱	3.73	瀬　戸　市	8.9
日本マスタートラスト信託銀行㈱(信託口)	6.71	㈱日本政策投資銀行	1.97	岡　崎　市	7.8
第一生命保険㈱	6.11			トヨタ自動車㈱	4.8
日本生命保険相互会社	4.80	㈱舞浜リゾートライン			
日本マスタートラスト信託銀行㈱	3.50	㈱オリエンタルランド	100.00	名古屋臨海鉄道㈱	
(退職給付信託口・三菱電機㈱口)				日本貨物鉄道㈱	46.8
日本トラスティ・サービス信託銀行㈱(信託口)	3.43	大山観光電鉄㈱		名古屋港管理組合	38.1
		小田急電鉄㈱	48.81	日本通運㈱	2.1
東京急行電鉄㈱		神奈川中央交通㈱	48.69	JXTGエネルギー㈱	2.0
第一生命保険㈱	6.20	大山阿夫利神社	1.48	名古屋鉄道㈱	1.9
日本マスタートラスト信託銀行㈱(信託口)	4.93	伊勢原市	1.02		
日本トラスティ・サービス信託銀行㈱(信託口)	4.31			名古屋臨海高速鉄道㈱	
日本生命保険相互会社	3.77	湘南モノレール㈱		名　古　屋　市	76.9
三井住友信託銀行㈱	3.58	㈱みちのりホールディングス	100.0	愛　知　県	12.6
				東海旅客鉄道㈱	3.2
京浜急行電鉄㈱		㈱横浜シーサイドライン		㈱日本政策投資銀行	1.7
日本生命保険相互会社	3.65	横　浜　市	63.37	中部電力㈱	1.0
日本マスタートラスト信託銀行㈱(信託口)	3.29	京浜急行電鉄㈱	11.94	㈱三菱東京UFJ銀行	1.0
㈱みずほ銀行	3.01	西武鉄道㈱	3.96		
㈱横浜銀行	2.91	㈱横浜銀行	3.76	衣浦臨海鉄道㈱	
日本トラスティ・サービス信託銀行㈱(信託口)	2.77	三菱重工業㈱	2.26	日本貨物鉄道㈱	39.2
				愛　知　県	39.2
御岳登山鉄道㈱		富士急行㈱		碧　南　市	2.7
京王電鉄㈱	41.68	(公財)堀内浩庵会	12.10	JFEスチール㈱	2.1
武蔵御嶽神社	23.50	㈱エフ・ジェイ	11.91	半　田　市	1.6
北島　泰年	1.00	日本生命保険相互会社	9.96		
志村　実	0.97	富国生命保険相互会社	9.11	㈱東海交通事業	
林　悦子	0.70	朝日生命保険相互会社	5.73	東海旅客鉄道㈱	100.0
高尾登山電鉄㈱		伊豆箱根鉄道㈱		中部国際空港連絡鉄道㈱	
高尾開発合同会社	34.15	西武鉄道㈱	73.50	愛　知　県	32.65
京王電鉄㈱	28.62	スルガ銀行㈱	1.26	名古屋市㈱	12.43
宗教法人薬王院	11.66	宗教法人大雄山最乗寺	0.69	名　古　屋　市	10.75
㈱みずほ銀行	5.00	㈱静岡銀行	0.23	㈱日本政策投資銀行	8.29
大野　彰	1.61	個人名義	0.20	中部電力㈱	4.15
				㈱三菱東京UFJ銀行	4.15
東京モノレール㈱		伊豆急行㈱		東海旅客鉄道㈱	4.15
東日本旅客鉄道㈱	79.00	伊豆急ホールディングス㈱	100.0	トヨタ自動車㈱	4.15
㈱日立製作所	12.00				
ANAホールディングス㈱	9.00	岳南電車㈱		上飯田連絡線㈱	
		岳南鉄道㈱	100.0	愛　知　県	34.37
多摩都市モノレール㈱				名　古　屋　市	23.42
東　京　都	79.87	静岡鉄道㈱		名古屋鉄道㈱	21.11
西武鉄道㈱	4.71	東京急行電鉄㈱	3.87	小　牧　市	5.53
㈱みずほ銀行	3.14	㈱静岡銀行	3.68	春　日　井　市	3.77
京王電鉄㈱	2.62	静鉄従業員持株会	3.00	犬　山　市	3.27
小田急電鉄㈱	1.57	損害保険ジャパン日本興亜㈱	2.33		
		日本生命保険相互会社	1.78	名古屋ガイドウェイバス㈱	
㈱ゆりかもめ		三井住友信託銀行㈱	1.71	名　古　屋　市	63.3
㈱東京臨海ホールディングス	99.90			㈱日本政策投資銀行	11.7
東　京　都	0.10	大井川鐵道㈱		名古屋鉄道㈱	10.0
		エクリプス日高㈱	100.00	ジェイアール東海バス㈱	10.0
東京臨海高速鉄道㈱				㈱三菱東京UFJ銀行	1.7
東　京　都	91.32	遠州鉄道㈱			
東日本旅客鉄道㈱	2.41	遠州鉄道従業員持株会	4.45	愛知高速交通㈱	
品　川　区	1.77	遠州鉄道共済組合	2.22	愛　知　県	57.19
㈱みずほ銀行	0.70	名古屋鉄道㈱	1.62	長　久　手　市	15.45
㈱三菱東京UFJ銀行	0.46	㈱惣　恵	1.61	名　古　屋　市	14.70
		鈴木　敬彦	1.45	名古屋鉄道㈱	2.90
東京地下鉄㈱				豊　田　市	2.48
政　府	53.42	天竜浜名湖鉄道㈱			
東　京　都	46.58	静　岡　県	39.7	三岐鉄道㈱	
		浜　松　市	19.5	太平洋セメント㈱	10.15
相模鉄道㈱		掛　川　市	7.6	日本生命保険相互会社	6.91
相鉄ホールディングス㈱	100.00	湖　西　市	5.2	星光ビル管理㈱	6.91
		㈱静岡銀行	4.8	日比　義也	4.44
江ノ島電鉄㈱				㈱百五銀行	2.59
小田急電鉄㈱	55.89				
神奈川中央交通㈱	8.50				
三井住友信託銀行㈱	2.08				

株　　　主	比率%	株　　　主	比率%	株　　　主	比率%
伊勢鉄道㈱		**WILLER TRAINS㈱**		**大阪高速鉄道㈱**	
三重県	40.00	WILLER㈱	100.0	大阪府	65.09
㈱ダイヘン	13.89			㈱三井住友銀行	2.67
三岐鉄道㈱	6.39	**北近畿タンゴ鉄道㈱**		㈱りそな銀行	2.67
鈴鹿市	4.72	京都府	44.72	㈱三菱東京UFJ銀行	2.67
津市	3.74	京丹後市	9.25	阪急電鉄㈱	2.67
四日市市	2.78	宮津市	8.91	京阪ホールディングス㈱	2.67
		京都北都信用金庫	6.72	近鉄グループホールディングス㈱	2.67
四日市あすなろう鉄道㈱		福知山市	6.44		
近畿日本鉄道㈱	75.0			**西大阪高速鉄道㈱**	
四日市市	25.0	**嵯峨野観光鉄道㈱**		阪神電気鉄道㈱	35.0
		西日本旅客鉄道㈱	100.0	大阪市	33.3
伊賀鉄道㈱				大阪府	16.7
近畿日本鉄道㈱	75.0	**叡山電鉄㈱**		㈱日本政策投資銀行	4.5
伊賀市	25.0	京阪ホールディングス㈱	100.0	㈱三井住友銀行	1.4
養老鉄道㈱		**丹後海陸交通㈱**		**中之島高速鉄道㈱**	
近畿日本鉄道㈱	95.24	阪急電鉄㈱	72.6	京阪ホールディングス㈱	33.50
(一社)養老線管理機構	4.76	岩根　直哉	2.1	大阪市	33.33
		宮崎　劭	2.0	大阪府	16.67
明知鉄道㈱		宮津市	1.7	㈱日本政策投資銀行	3.83
岐阜県	32.50	㈱京都銀行	0.9	三井住友信託銀行㈱	1.53
恵那市	28.25				
中津川市	4.75	**近畿日本鉄道㈱**		**大阪外環状鉄道㈱**	
㈱バロー	3.50	近鉄グループホールディングス㈱	100.0	大阪府	28.85
セントラル建設㈱	3.50			大阪市	28.85
平和コーポレーション㈱	3.50	**京阪電気鉄道㈱**		西日本旅客鉄道㈱	24.39
		京阪ホールディングス㈱	100.0	東大阪市	8.44
長良川鉄道㈱				吹田市	2.11
岐阜県	27.50	**阪急電鉄㈱**		八尾市	2.11
郡上市	14.25	阪急阪神ホールディングス㈱	100.0		
関市	5.00			**奈良生駒高速鉄道㈱**	
めぐみの農業協同組合	4.00	**阪神電気鉄道㈱**		近畿日本鉄道㈱	30.0
美濃加茂市	3.75	阪急阪神ホールディングス㈱	100.0	奈良県	30.0
				生駒市	15.0
樽見鉄道㈱		**南海電気鉄道㈱**		㈱日本政策投資銀行	7.5
西濃鉄道㈱	50.8	日本トラスティ・サービス信託銀行㈱(信託口)	6.67	奈良市	5.0
住友大阪セメント㈱	24.0	日本マスタートラスト信託銀行㈱(信託口)	3.21		
岐阜県	12.0	日本生命保険相互会社	2.31	**紀州鉄道㈱**	
大垣市	7.0	日本トラスティ・サービス信託銀行㈱(信託口5)	1.51	鶴屋産業㈱	47.3
本巣市	3.0	㈱池田泉州銀行	1.40	鶴屋商事㈱	17.8
				西垣　克志	14.0
西濃鉄道㈱		**北大阪急行電鉄㈱**		西垣　太	14.0
矢橋大理石㈱	11.9	阪急電鉄㈱	54.0	橋本　博	1.0
矢橋修太郎	9.5	大阪府	25.0		
清水俊男	8.2	関西電力㈱	5.0	**神戸電鉄㈱**	
上田石灰製造㈱	7.0	大阪瓦斯㈱	4.0	阪急阪神ホールディングス㈱	27.2
矢橋工業㈱	5.0	㈱三菱東京UFJ銀行	4.0	㈱三井住友銀行	3.9
		㈱三井住友銀行	4.0	日本トラスティ・サービス信託銀行㈱(信託口4)	1.3
福井鉄道㈱		㈱りそな銀行	4.0	日本トラスティ・サービス信託銀行㈱(信託口5)	1.1
鯖江商工会議所	6.76			㈱みなと銀行政策投資口	1.0
まちづくり福井㈱	6.76	**泉北高速鉄道㈱**			
武生商工会議所	5.41	南海電気鉄道㈱	99.933	**山陽電気鉄道㈱**	
福井鉄道福武線サポート団体協議会	4.05	南海バス㈱	0.013	阪神電気鉄道㈱	17.5
福井鉄道福武線利用促進鯖江市民会議	4.05	南海商事㈱	0.013	関電不動産開発㈱	5.0
越前市福武線を応援する連絡協議会	4.05	㈱南海国際旅行	0.013	㈱三井住友銀行	2.8
		㈱南海エクスプレス	0.013	日本トラスティ・サービス信託銀行㈱(信託口)	1.5
えちぜん鉄道㈱				日本トラスティ・サービス信託銀行㈱(信託口5)	1.3
坂井市	17.4	**水間鉄道㈱**			
勝山市	16.7	㈱グルメ杵屋	100.0	**能勢電鉄㈱**	
福井市	16.1			阪急電鉄㈱	98.51
永平寺町	12.6	**阪堺電気軌道㈱**		水本　愛子	0.02
あわら市	7.0	南海電気鉄道㈱	100.0	㈱橋本新聞舗	0.02
				薮野　忠利	0.02
近江鉄道㈱		**新関西国際空港㈱**		小谷　三千穂	0.01
西武鉄道㈱	99.80	国土交通大臣	91.53		
近江鉄道㈱	0.20	財務大臣	8.47	**神戸高速鉄道㈱**	
				阪急電鉄㈱	25.86
信楽高原鐵道㈱		**関西高速鉄道㈱**		阪神電気鉄道㈱	25.86
甲賀市	55.1	西日本旅客鉄道㈱	23.91	神戸市	25.00
滋賀県	34.5	大阪府	23.91	山陽電気鉄道㈱	12.20
近江鉄道㈱	5.3	大阪市	23.91	神戸電鉄㈱	7.90
甲賀市区長連絡協議会信楽地域区長会	2.9	兵庫県	4.25		
㈱滋賀銀行	1.0	㈱日本政策投資銀行	3.39	**北神急行電鉄㈱**	
				阪急電鉄㈱	27.5
比叡山鉄道㈱		**㈱大阪港トランスポートシステム**		神戸市	19.9
京阪ホールディングス㈱	90.9	大阪市	69.56	㈱神鉄エンタープライズ	7.6
延暦寺	5.4	㈱三井住友銀行	3.33	㈱三井住友銀行	5.0
小谷　徳崇	1.1	㈱三菱東京UFJ銀行	3.33	㈱三菱東京UFJ銀行	4.0
大澤　吉治	0.6	㈱りそな銀行	2.95	東京海上日動火災保険㈱	4.0
山本　保雄	0.4	㈱みずほ銀行	2.95	日本生命保険相互会社	4.0
		日本トラスティ・サービス信託銀行㈱(信託口)	2.95	関西電力㈱	4.0
京福電気鉄道㈱					
京阪ホールディングス㈱	42.9				
日本駐車場開発㈱	5.6				
日本生命保険相互会社	4.7				
㈱京三製作所	1.7				
三井住友信託銀行㈱	1.0				

株　　主	比率%
北条鉄道㈱	
加　西　市	36.0
兵　庫　県	17.0
小　野　市	5.0
加西商工会議所	5.0
㈱三井住友銀行	5.0
神戸新交通㈱	
神　戸　市	77.16
㈱三井住友銀行	3.91
㈱神戸製鋼所	2.17
川崎重工業㈱	2.17
三菱重工業㈱	2.17
㈱みなと銀行	2.00
㈱三菱東京ＵＦＪ銀行	1.45
六甲山観光㈱	
阪神電気鉄道㈱	100.0
和歌山電鐵㈱	
岡山電気軌道㈱	100.0
水島臨海鉄道㈱	
日本貨物鉄道㈱	35.2
倉　敷　市	35.2
岡　山　県	11.7
JXエネルギー㈱	3.1
JFEスチール㈱	1.8
三菱化学㈱	1.5
旭化成ケミカルズ㈱	1.1
岡山電気軌道㈱	
両備ホールディングス㈱	30.2
岡山タクシー㈱	13.0
㈱トーキョーリョービ	12.3
宇野不動産㈱	10.7
㈱林原	4.0
井原鉄道㈱	
岡　山　県	29.0
広　島　県	6.4
井　原　市	6.4
倉　敷　市	6.1
矢　掛　町	5.9
広島電鉄㈱	
広島日野自動車㈱	3.9
㈱広島銀行	3.4
㈱三菱東京ＵＦＪ銀行	2.9
五洋建設㈱	2.5
出光興産㈱	2.5
広島高速交通㈱	
広　島　市	51.0
㈱日本政策投資銀行	10.0
中国電力㈱	5.0
㈱広島銀行	5.0
三菱重工業㈱	3.0
マツダ㈱	3.0
広島電鉄㈱	3.0
㈱みずほ銀行	3.0
錦川鉄道㈱	
岩　国　市	45.8
山　口　県	16.7
広成建設㈱	7.5
㈱山口銀行	5.0
中国電力㈱	5.0
智頭急行㈱	
鳥　取　県	33.9
兵　庫　県	13.3
鳥　取　市	11.2
岡　山　県	8.1
佐　用　町	5.1
若桜鉄道㈱	
若　桜　町	32.8
八　頭　町	32.7
鳥　取　県	15.0
鳥　取　市	9.6
㈱山陰合同銀行	3.5
㈱鳥取銀行	3.5
一畑電車㈱	
一畑電気鉄道㈱	100.0
スカイレールサービス㈱	
積水ハウス㈱	60.0
青木あすなろ建設㈱	15.0
三菱重工業㈱	10.0
㈱神戸製鋼所	10.0
宏和興産㈱	5.0
高松琴平電気鉄道㈱	
真　鍋　康　彦	15.0
四国電力㈱	15.0
㈲清　和	12.5
㈱ロイヤルサービス	12.5
真　鍋　康　正	10.0
四国ケーブル㈱	
赤　川　庄　市	15.63
赤川酒造㈱	12.50
和　田　友　良	12.50
(宗)八栗寺	9.38
赤　川　正　樹	7.81
伊予鉄道㈱	
㈱伊予銀行	4.87
㈱愛媛銀行	4.87
㈱広島銀行	1.47
愛媛信用金庫	1.34
㈱ひめぎんソフト	0.89
阿佐海岸鉄道㈱	
徳　島　県	35.0
海　陽　町	27.0
東　洋　町	26.0
高　知　県	10.0
㈱阿波銀行	5.0
土佐くろしお鉄道㈱	
高　知　県	49.1
宿　毛　市	8.3
安　芸　市	7.3
四　万　十　市	6.3
香　南　市	4.7
とさでん交通㈱	
高　知　県	50.00
高　知　市	34.97
南　国　市	6.18
い　の　町	2.99
土　佐　市	2.67
西日本鉄道㈱	
㈱福岡銀行	4.89
日本生命保険相互会社	4.22
㈱西日本シティ銀行	3.79
日本トラスティ・サービス信託銀行㈱	3.19
㈱みずほ銀行	2.68
筑豊電気鉄道㈱	
西日本鉄道㈱	100.0
平成筑豊鉄道㈱	
福　岡　県	27.5
田　川　市	14.8
直　方　市	6.6
行　橋　市	6.6
㈱福岡銀行	4.6
㈱西日本シティ銀行	4.6
皿倉登山鉄道㈱	
北　九　州　市	100.0
甘木鉄道㈱	
朝　倉　市	40.29
筑　前　町	4.29
麒麟麦酒㈱	3.21
小　郡　市	1.92
基　山　町	1.92
大　刀　洗　町	1.92
北九州高速鉄道㈱	
北　九　州　市	100.0
松浦鉄道㈱	
長　崎　県	13.6
㈱相浦機械	10.5
西肥自動車㈱	10.1
ラッキー自動車㈱	10.1
佐　世　保　市	8.8
島原鉄道㈱	
長崎自動車㈱	57.9
㈱地域経済活性化支援機構	34.7
宅島建設㈱	1.2
福岡商事㈱	0.8
長　崎　県	0.7
長崎電気軌道㈱	
山田屋石油㈱	4.47
長崎合同証券㈱	0.80
中　村　利　夫	0.77
脇　山　良　規	0.72
佐　藤　龍太郎	0.71
熊本電気鉄道㈱	
㈱熊本マタニティサービス	35.5
㈱富　洋	24.6
㈱テレビ熊本	10.3
㈱肥後銀行	4.5
熊本第一信用金庫	4.1
南阿蘇鉄道㈱	
南　阿　蘇　村	56.5
高　森　町	33.9
山　都　町	7.0
西　原　村	2.5
大　津　町	0.05
くま川鉄道㈱	
人　吉　市	15.8
あさぎり町	11.1
多　良　木　町	8.9
球磨地域農業協同組合	8.5
湯　前　町	7.5
肥薩おれんじ鉄道㈱	
熊　本　県	39.8
鹿　児　島　県	39.8
日本貨物鉄道㈱	6.4
八　代　市	3.9
薩摩川内市	3.3
㈱岡本製作所	
㈱エイ・エム・エス	24.1
岡　本　典　之	18.3
岡　本　昌　明	15.1
岡　本　昌　子	12.5
岡　本　昌　治	11.3
沖縄都市モノレール㈱	
沖　縄　県	35.80
那　覇　市	33.41
沖縄振興開発金融公庫	12.21
沖縄電力㈱	2.56
浦　添　市	2.29
㈱琉球銀行	1.92
㈱沖縄銀行	1.92

全国運輸局別路線略図

北海道運輸局管内

① 太平洋石炭販売輸送㈱
② 札幌市交通局
③ 函館市企業局
④ 道南いさりび鉄道㈱

根室
根室線
網走
釧網線
釧路 ①
遠軽
石北線
名寄
宗谷線
稚内
旭川
富良野
宗谷線
様似
留萌線
深川
滝川
留萌
増毛
新十津川
札沼線
岩見沢
夕張
石勝線
日高線
千歳線
岩見分
追分
沼ノ端
苫小牧
新千歳空港
札幌 ②
小樽
室蘭線
東室蘭
室蘭
長万部
函館線
森
大沼
五稜郭 ③
函館
④
木古内

東北運輸局管内

① 津軽鉄道㈱
② 弘南鉄道㈱
③ 青い森鉄道㈱・(青森県)
④ 八戸臨海鉄道㈱
⑤ アイジーアールいわて銀河鉄道㈱
⑥ 三陸鉄道㈱
⑦ 岩手開発鉄道㈱
⑧ 仙台空港鉄道㈱
⑨ 仙台市交通局
⑩ 仙台臨海鉄道㈱
⑪ 由利高原鉄道㈱
⑫ 秋田内陸縦貫鉄道㈱
⑬ 秋田臨海鉄道㈱
⑭ 山形鉄道㈱
⑮ 阿武隈急行㈱
⑯ 福島交通㈱
⑰ 会津鉄道㈱
⑱ 福島臨海鉄道㈱
㋐ (一財)青函トンネル記念館

北陸信越運輸局管内

① 北越急行㈱
② 長野電鉄㈱
③ 上田電鉄㈱
④ アルピコ交通㈱
⑤ しなの鉄道㈱
⑥ 富山地方鉄道㈱
⑦ 黒部峡谷鉄道㈱
⑧ 富山ライトレール㈱
⑨ 万葉線㈱
⑩ のと鉄道㈱
⑪ 北陸鉄道㈱
⑫ えちごトキめき鉄道㈱
⑬ あいの風とやま鉄道㈱
⑭ IRいしかわ鉄道㈱
⑦ 関西電力㈱
④ 立山黒部貫光㈱

羽越線

坂町

新潟
新発田
新津

弥彦
吉田
東三条

長岡

柏崎
越後川口
小出

犀潟
直江津
信濃川
飯山線
上越線
十日町
六日町

穴水
⑩
七尾

市振
糸魚川

妙高高原
信州中野
湯田中
須坂
豊野
長野

宇奈月温泉
⑦

越ノ潟
岩瀬浜
⑨
富山駅北
電鉄富山
⑧
⑥
欅平
黒部ダム
⑦
扇沢

高岡
七尾線

内灘
⑭
倶利伽羅
金沢
北鉄金沢
野町
城端
⑪
鶴来

高山線
岩峅寺
立山
室堂
大糸線

篠ノ井
上田
別所温泉
小諸
軽井沢

松本
新島々
塩尻
④
③
⑤

辰野

飯田線
中央線

信越線
小海線

北陸新幹線
⑬
⑫

263

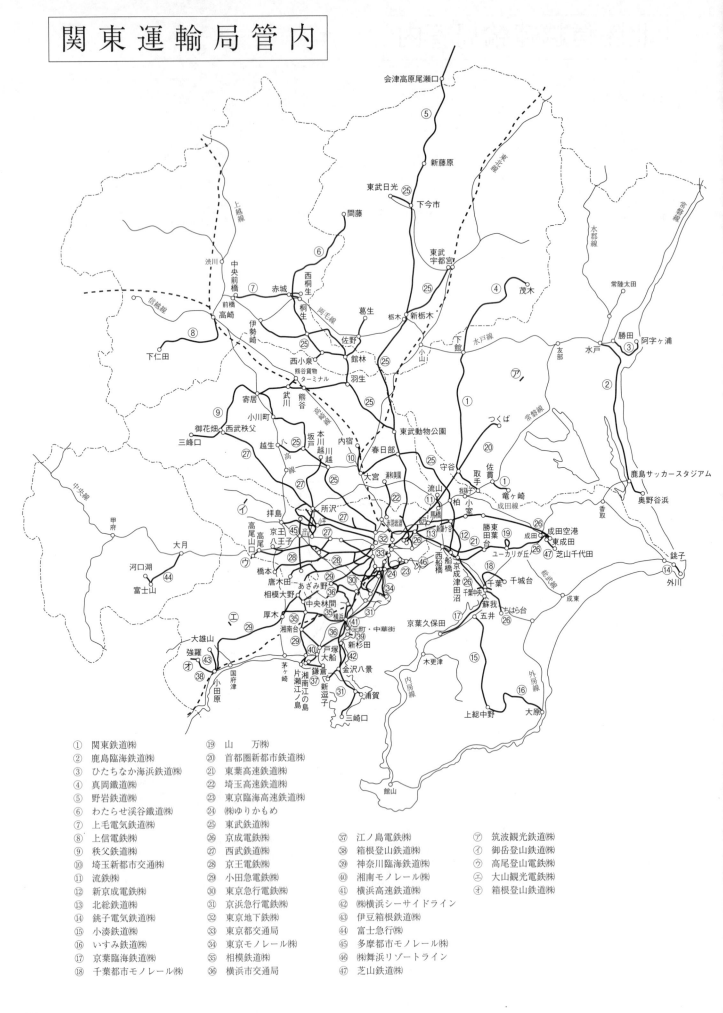

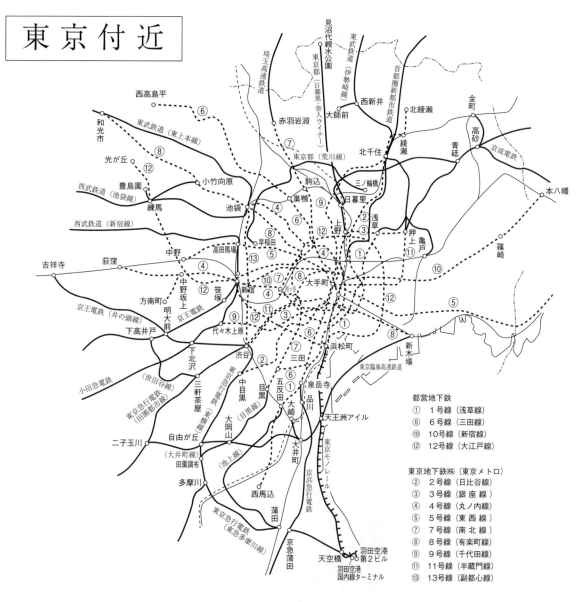
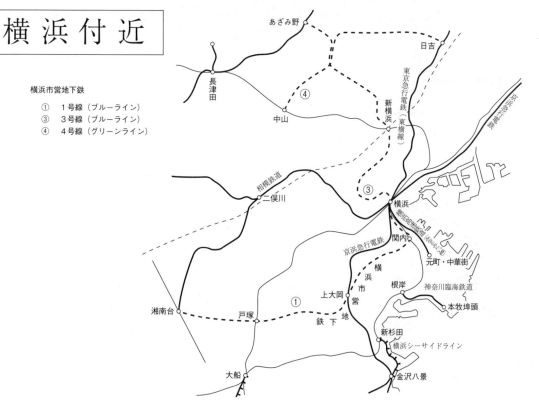

中部運輸局管内

① 伊豆急行㈱
② 伊豆箱根鉄道㈱
③ 静岡鉄道㈱
④ 大井川鐵道㈱
⑤ 遠州鉄道㈱
⑥ 岳南電車㈱
⑦ 天竜浜名湖鉄道㈱
⑧ 豊橋鉄道㈱
⑨ 名古屋鉄道㈱
⑩ 名古屋市交通局
⑪ 愛知環状鉄道㈱
⑫ 名古屋臨海鉄道㈱
⑬ 衣浦臨海鉄道㈱
⑭ 三岐鉄道㈱
⑮ 伊勢鉄道㈱
⑯ 樽見鉄道㈱
⑰ 長良川鉄道㈱
⑱ 明知鉄道㈱
⑲ 西濃鉄道㈱
⑳ 福井鉄道㈱

㉑ えちぜん鉄道㈱
㉒ 近畿日本鉄道㈱
㉓ ㈱東海交通事業
㉔ 名古屋ガイドウェイバス㈱
㉕ （上飯田連絡線㈱）
㉖ 名古屋臨海高速鉄道㈱
㉗ 愛知高速交通㈱
㉘ （中部国際空港連絡鉄道㈱）
㉙ 養老鉄道㈱,（(一社)養老線管理機構）
㉚ 伊賀鉄道㈱,（伊賀市）
㉛ 四日市あすなろう鉄道㈱,（四日市市）
⑦ 伊豆箱根鉄道㈱

名古屋付近

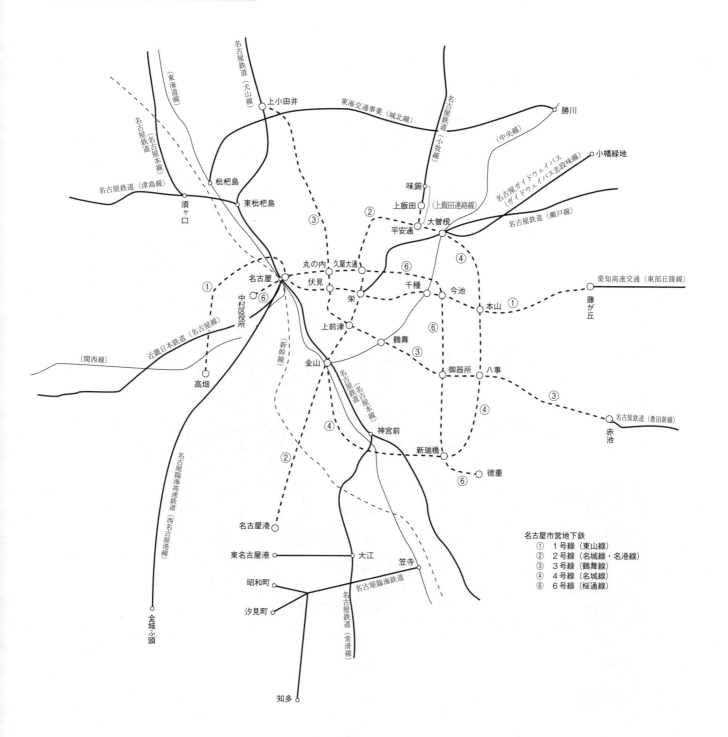

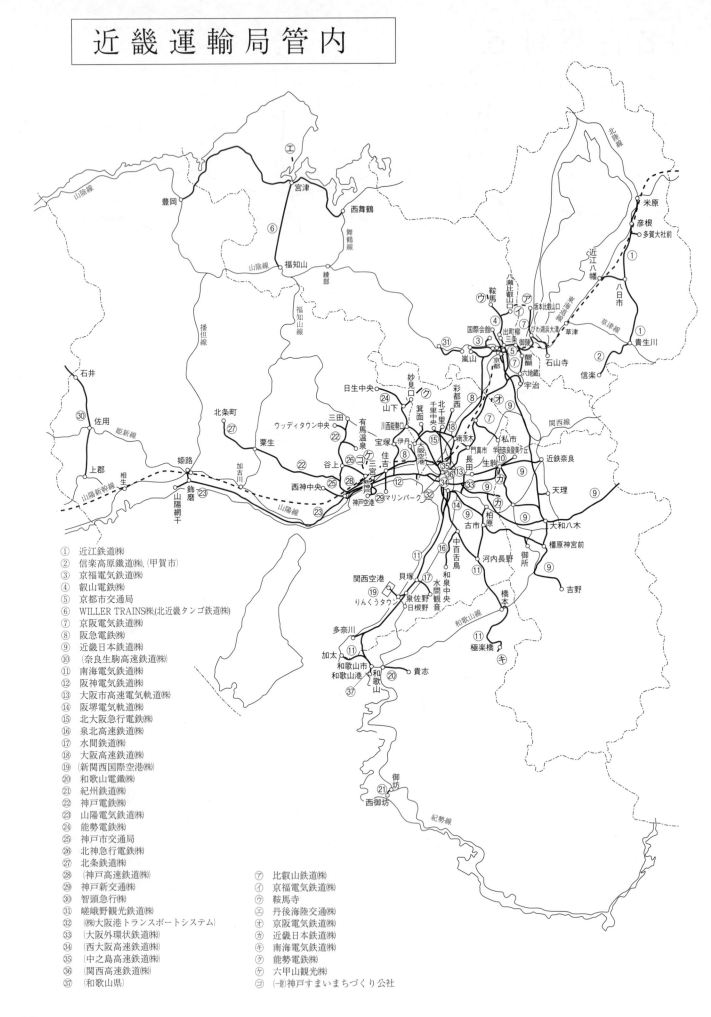

大阪付近

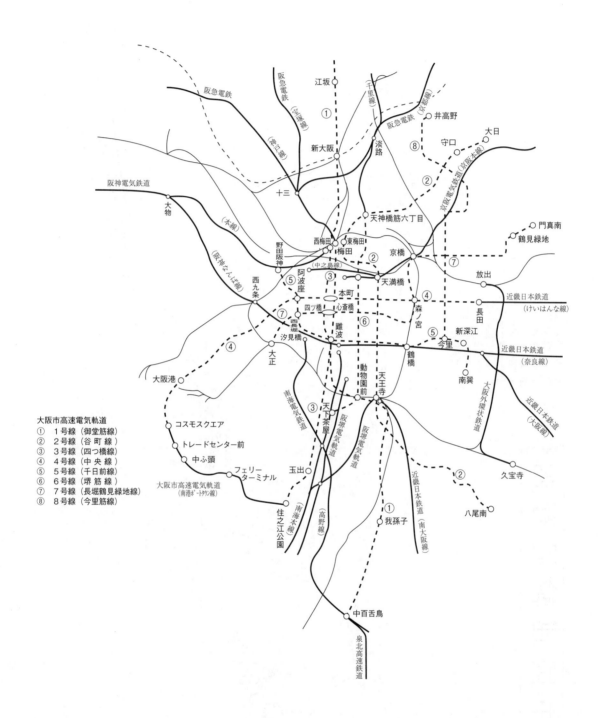

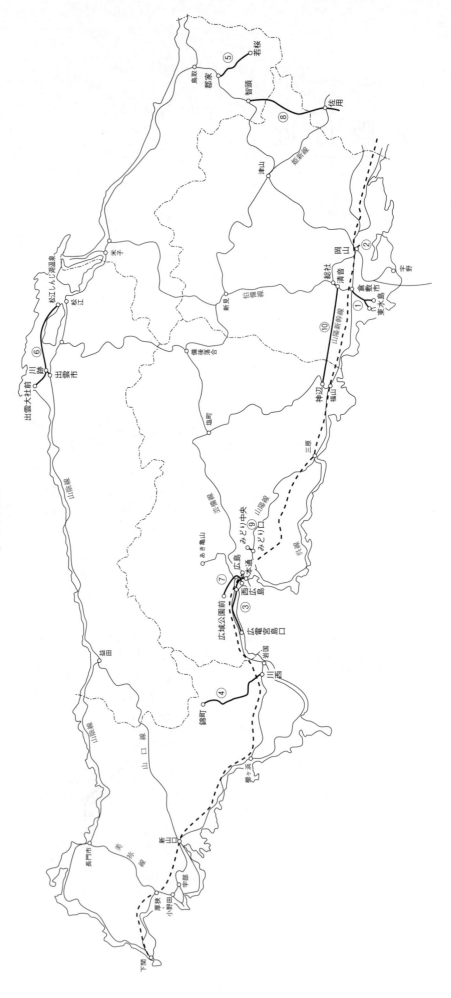

四国運輸局管内

① 高松琴平電気鉄道㈱
② 伊予鉄道㈱
③ 土佐くろしお鉄道㈱
④ とさでん交通㈱
⑤ 阿佐海岸鉄道㈱
㋐ 四国ケーブル㈱

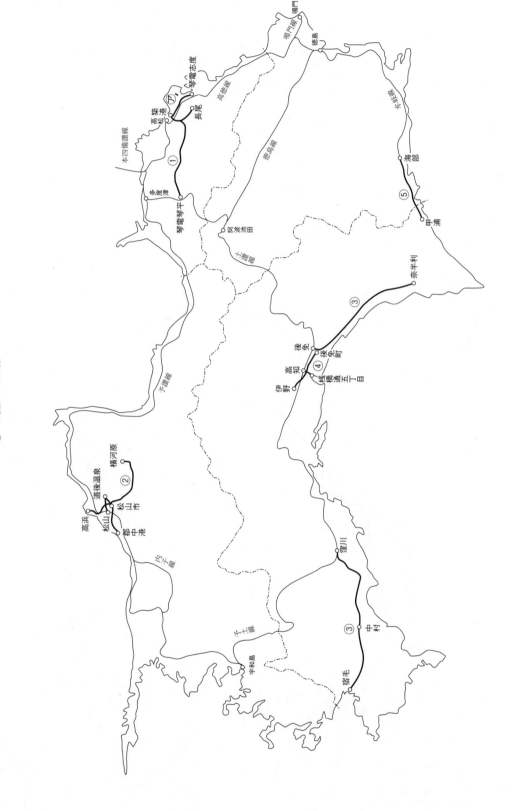

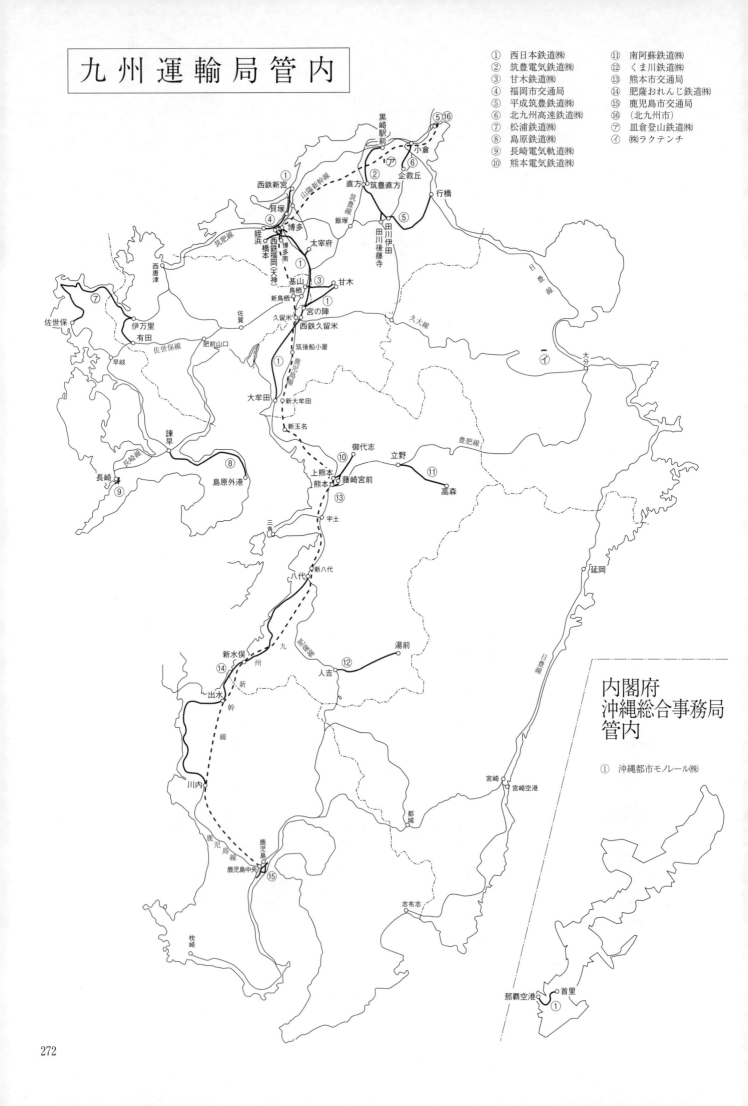

ＪＲ７社の各社別線路図

JR予付の各社別現勢図

ＪＲの各社別線路図

線路図について

（１）ＪＲ７社の全駅名を表示した。

（２）点線部は日本貨物鉄道㈱の第１種区間である。

（３）単複線の別は区別していない。

（４）未開業線は除いた。

北海道旅客鉄道株式会社

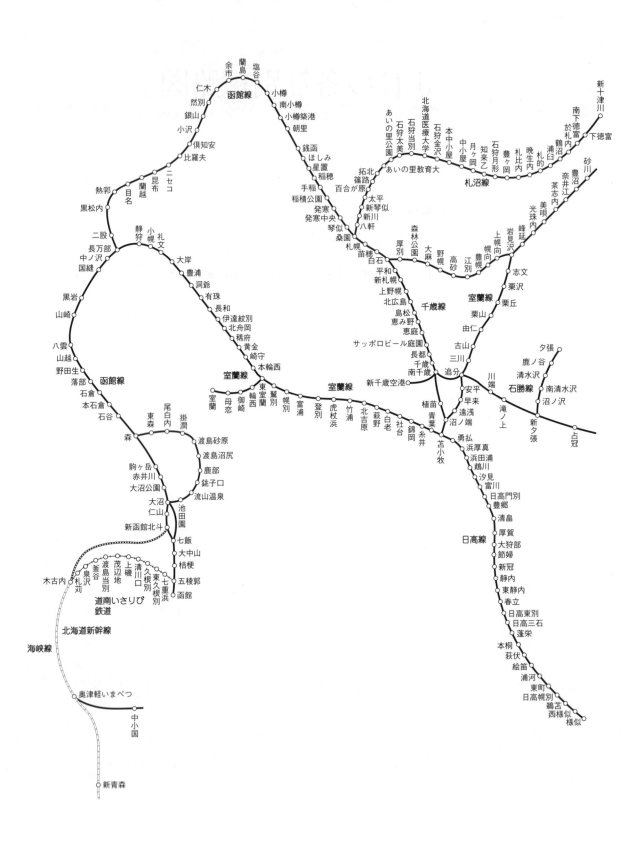

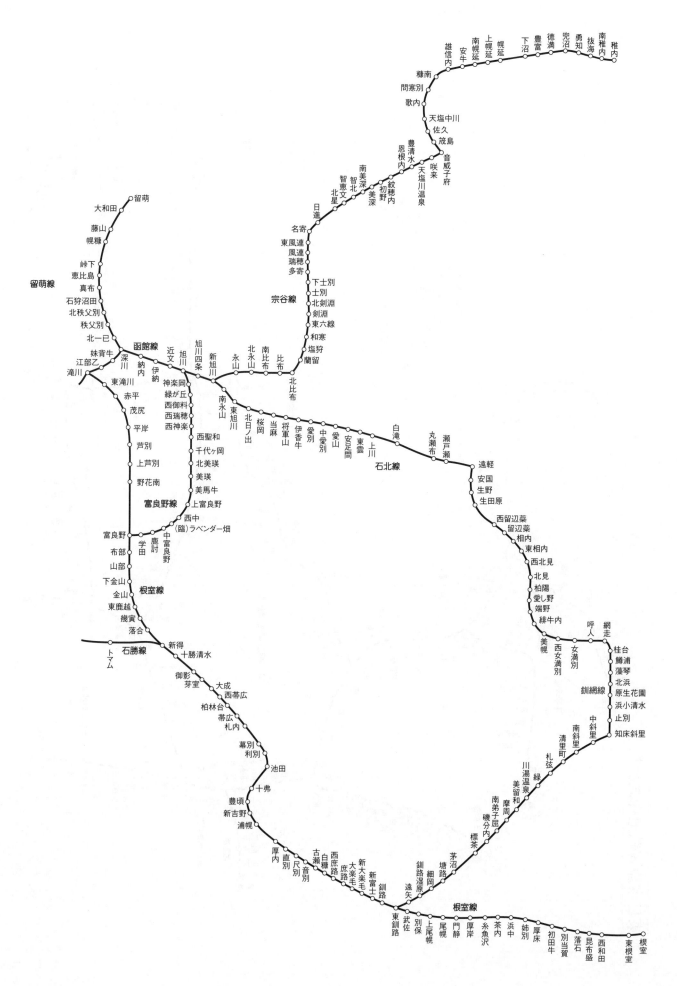

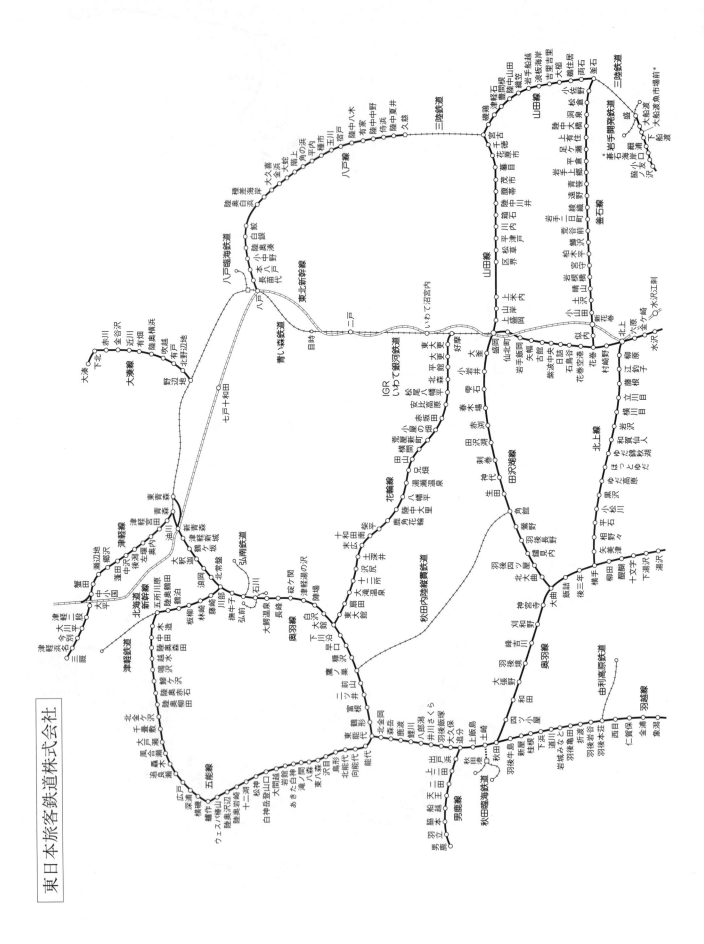

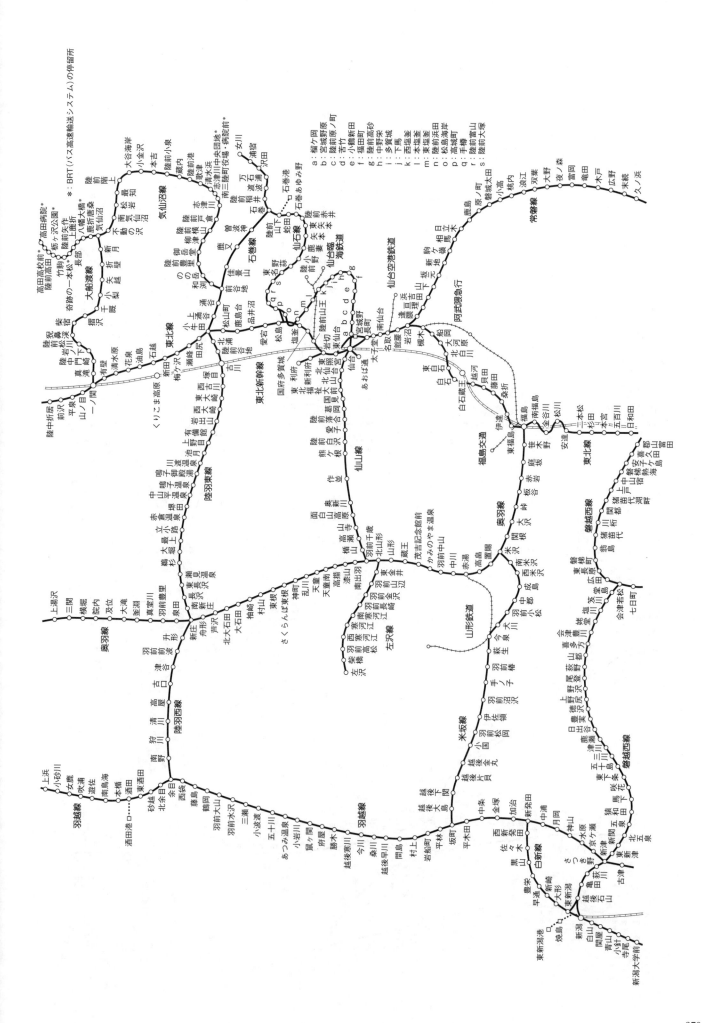

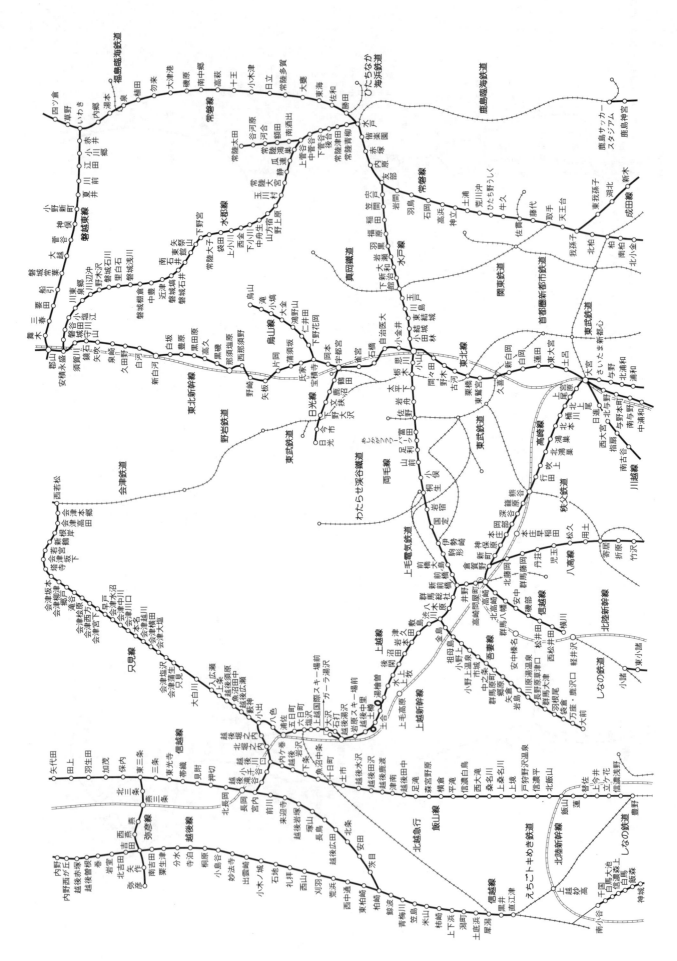

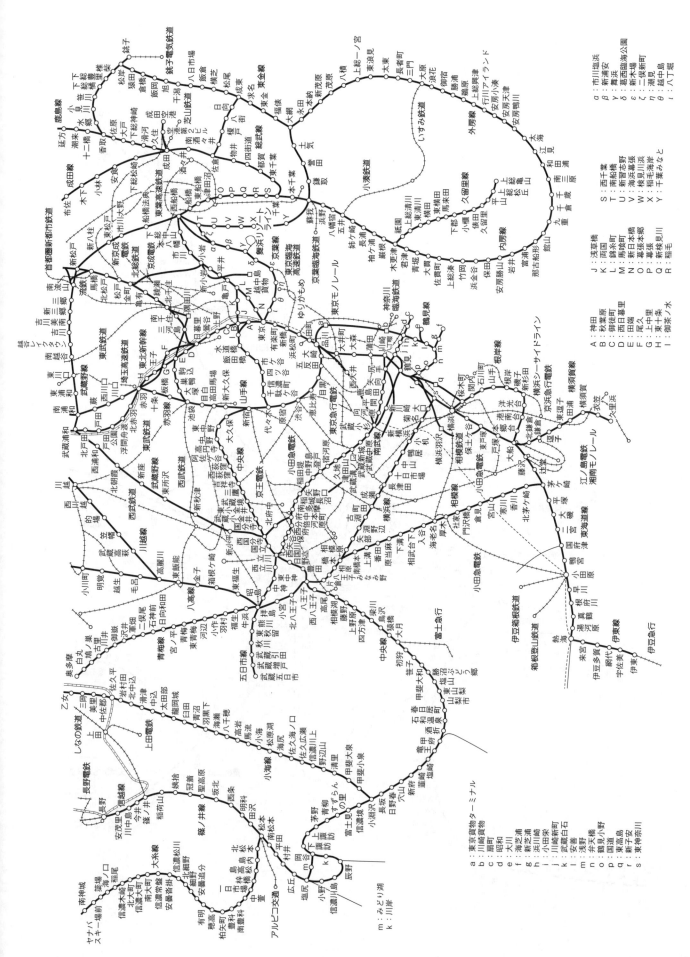

東海旅客鉄道株式会社

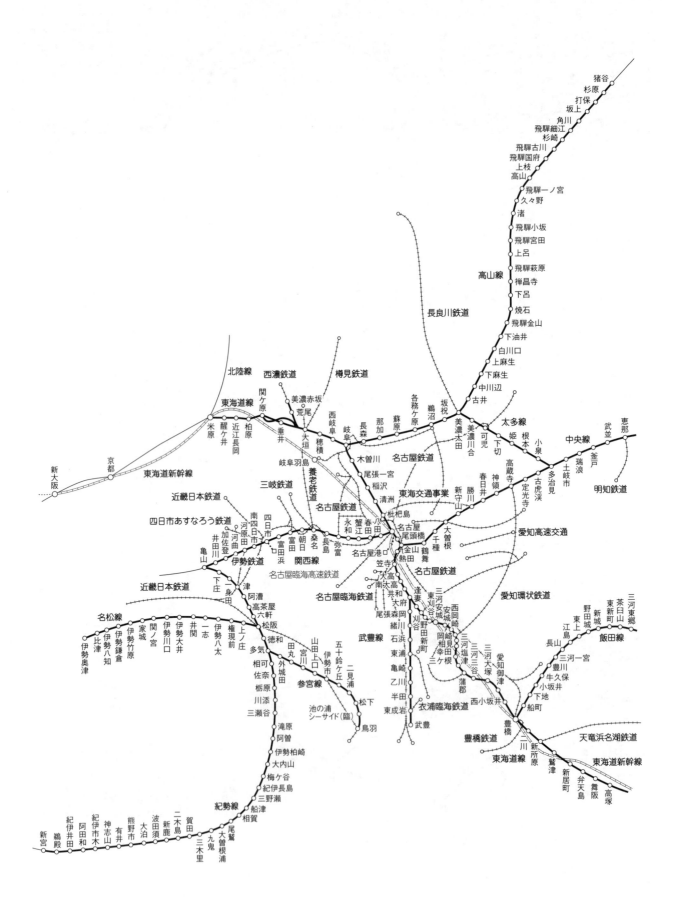

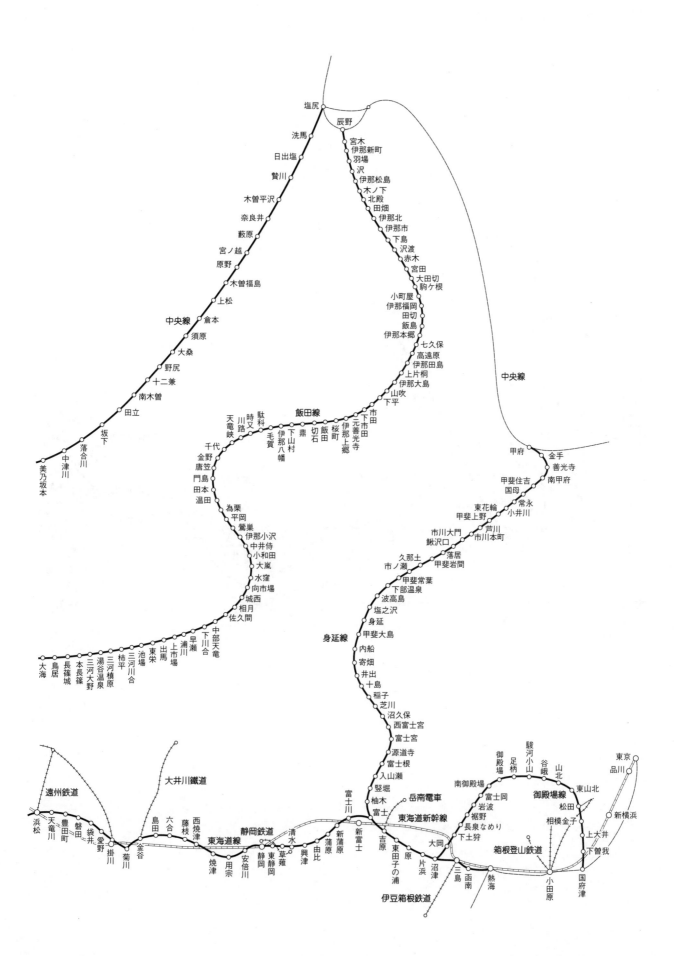

西日本旅客鉄道株式会社

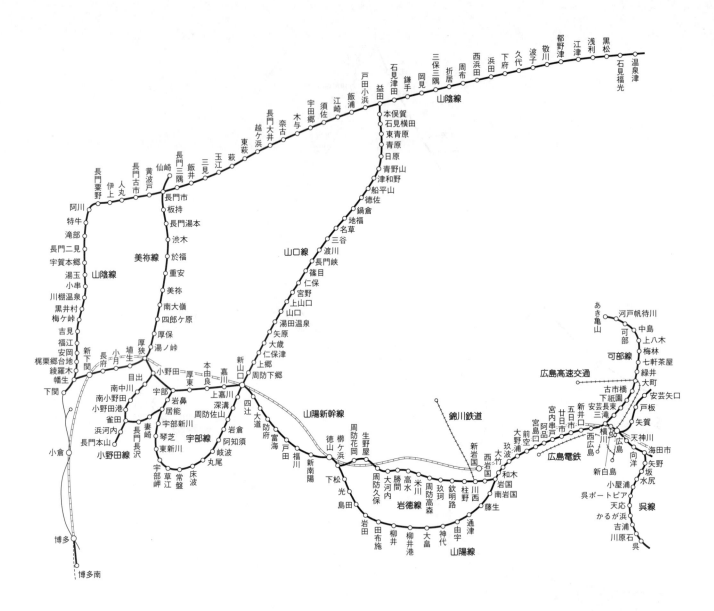

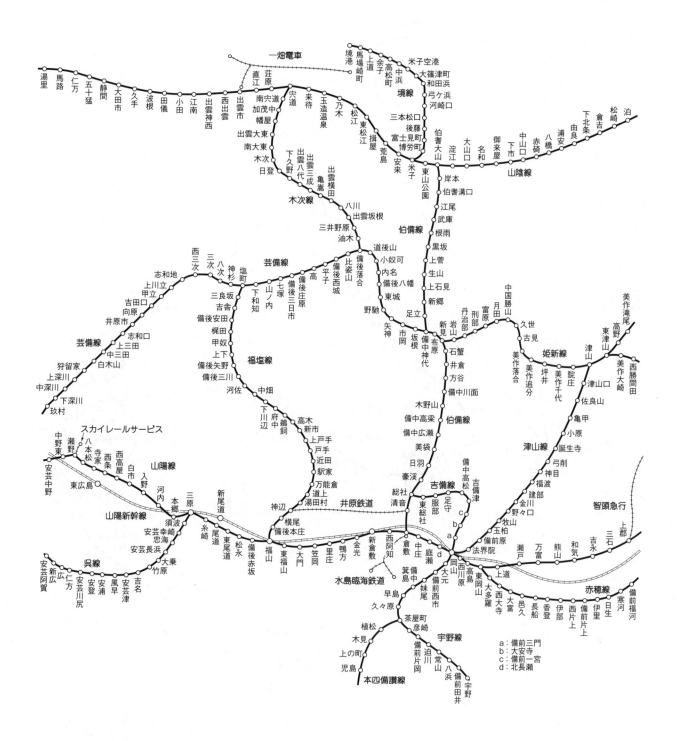

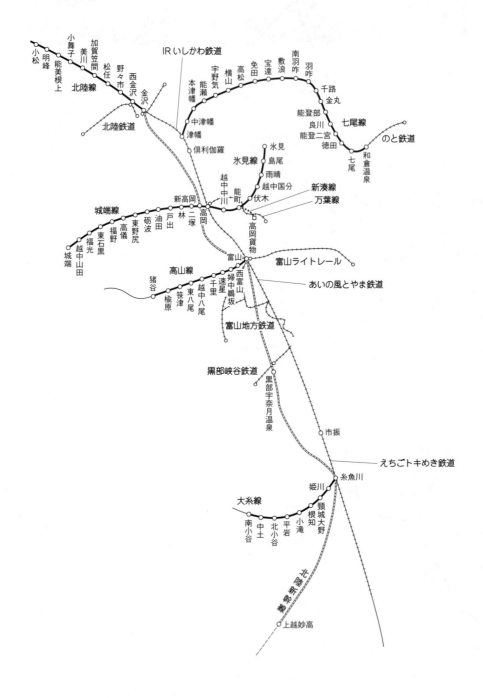

九州旅客鉄道株式会社

山陽線
日豊線
筑豊線
香椎線
鹿児島線
篠栗線
筑肥線
唐津線
長崎線
佐世保線
大村線
久大線
豊肥線
三角線
後藤寺線
日田彦山線
山陽新幹線
九州新幹線
平成筑豊鉄道
北九州高速鉄道
筑豊電気鉄道
西日本鉄道
甘木鉄道
福岡市交通局
松浦鉄道
島原鉄道
熊本電気鉄道
南阿蘇鉄道

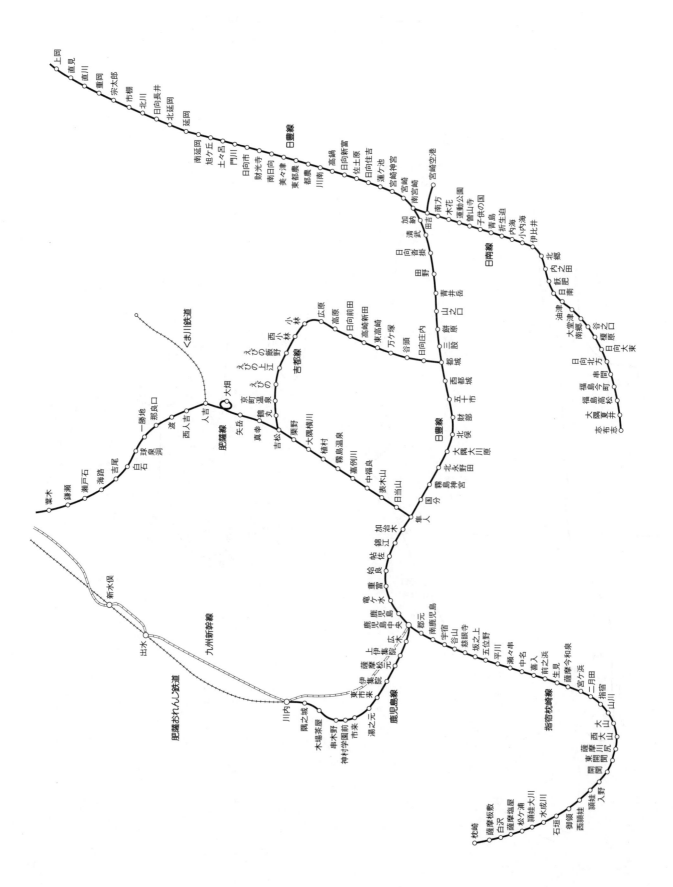

日本貨物鉄道株式会社

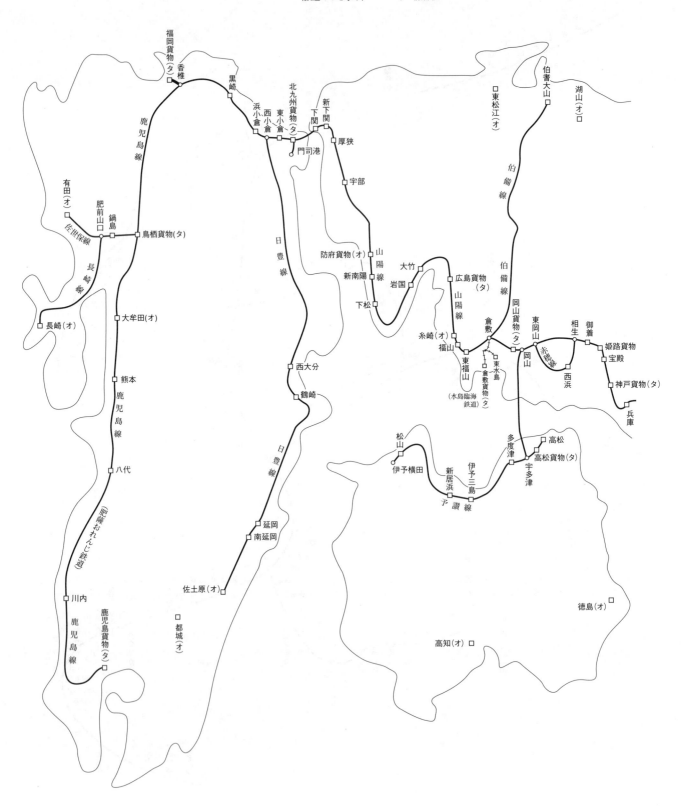

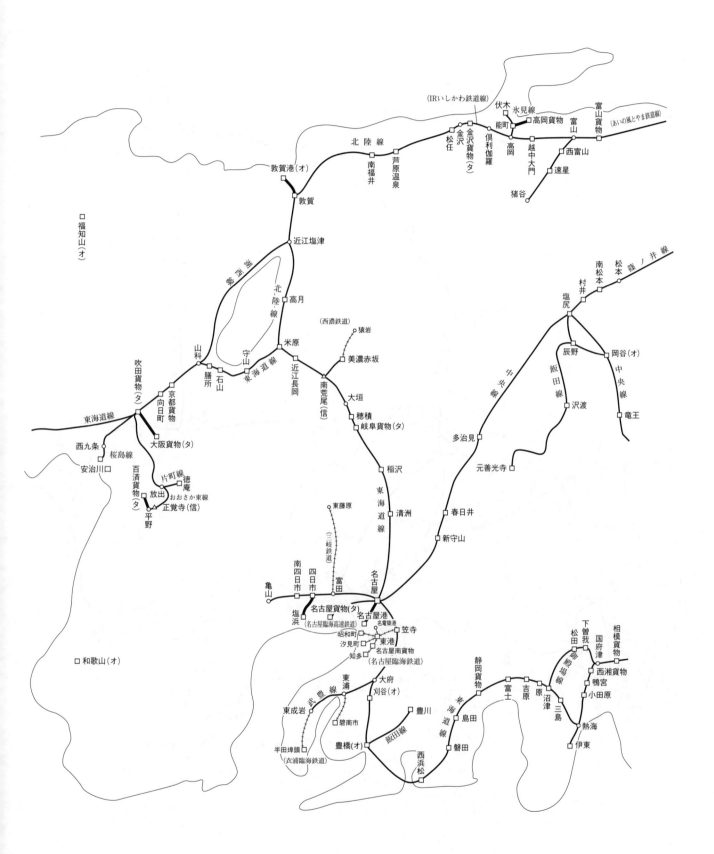

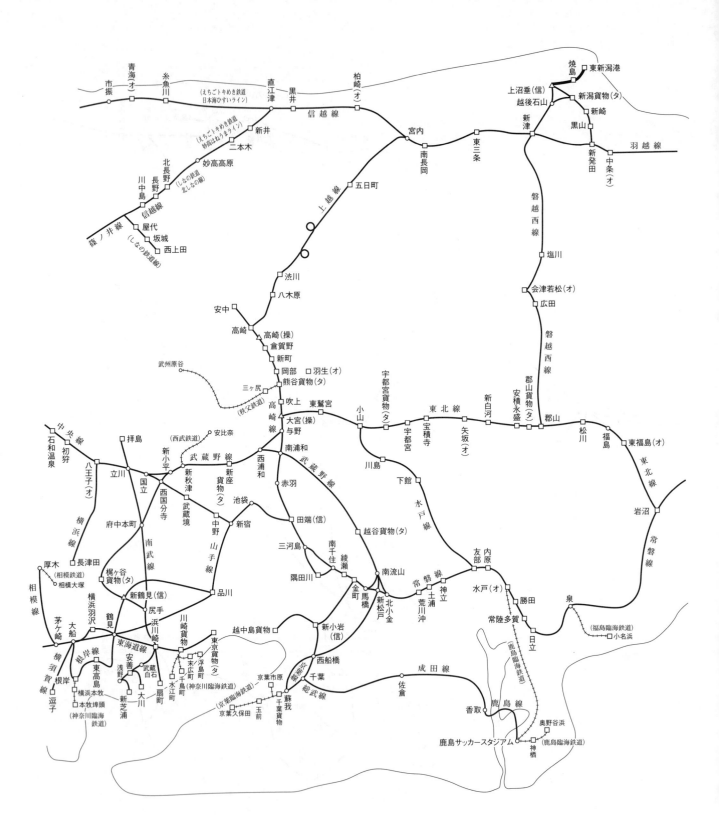

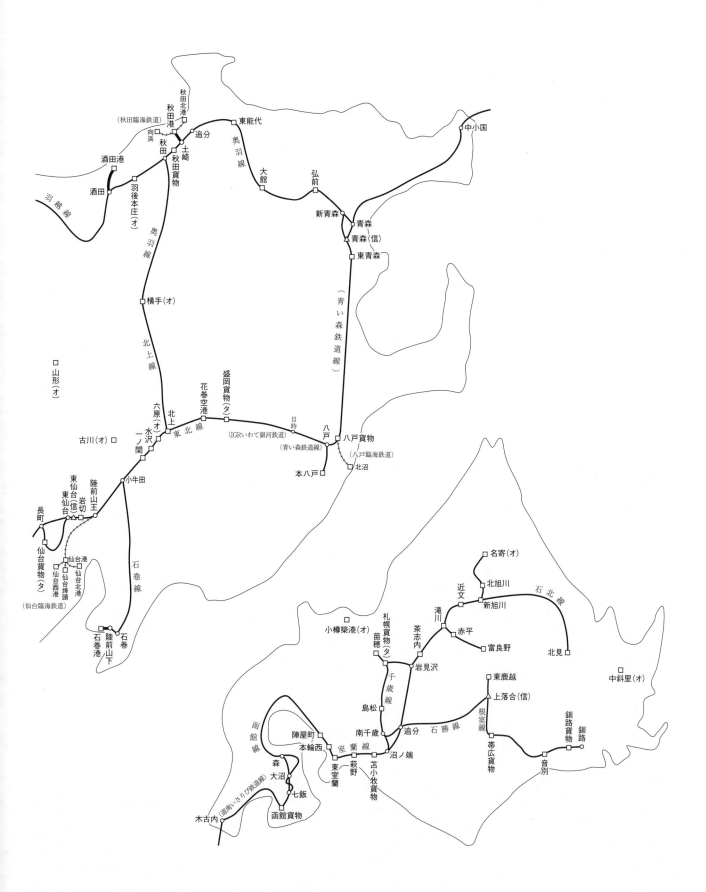

鉄道・軌道の各社別線路図

線路図の選択について

　鉄道・軌道の全社にわたり，単複線の別（一部）及び全駅名を明示した

線路図を添付した。ただし，特殊鉄道の一部及び未開業線は除く。

札幌市交通局

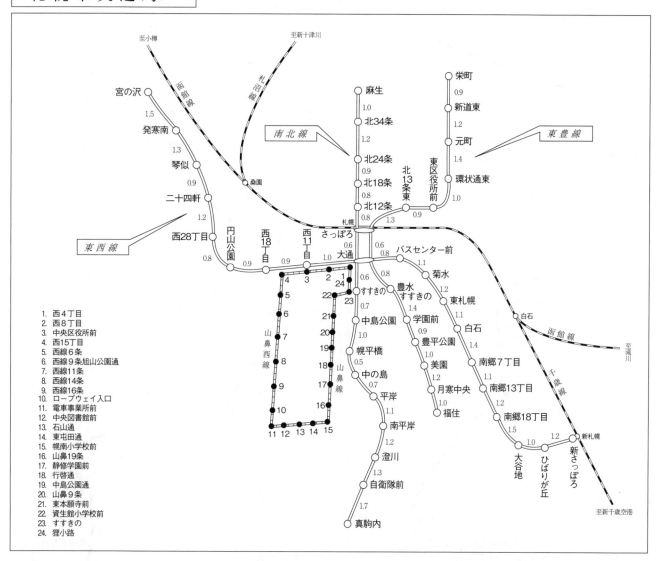

函館市企業局

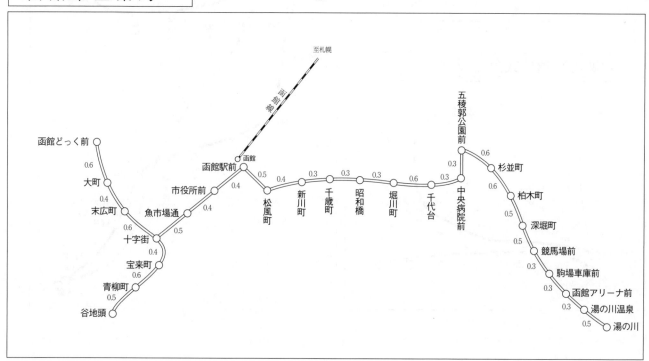

太平洋石炭販売輸送株式会社

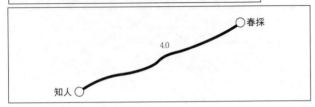

津軽鉄道株式会社

八戸臨海鉄道株式会社

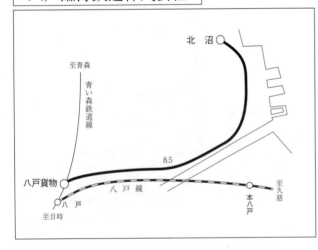

道南いさりび鉄道株式会社

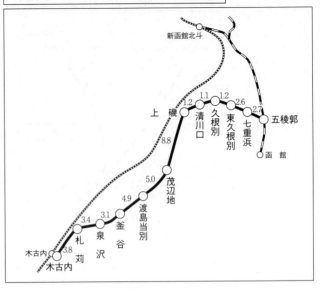

弘南鉄道株式会社

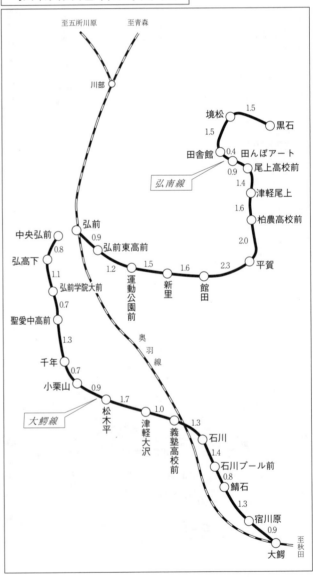

アイジーアールいわて銀河鉄道株式会社

青い森鉄道株式会社

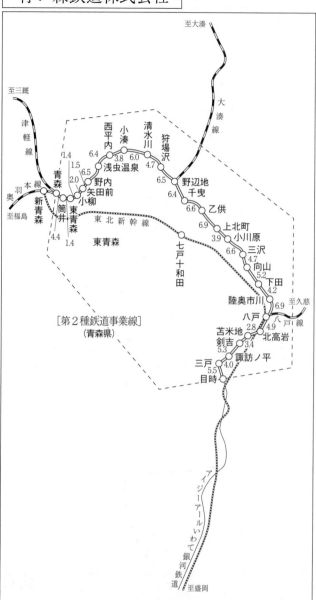

岩手開発鉄道株式会社

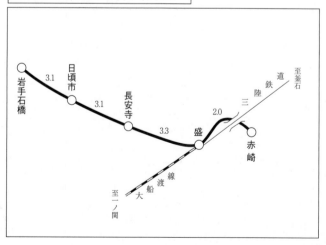

三陸鉄道株式会社

仙台市交通局

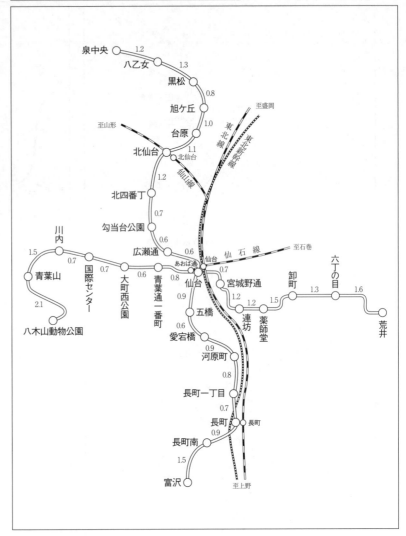

仙台空港鉄道株式会社

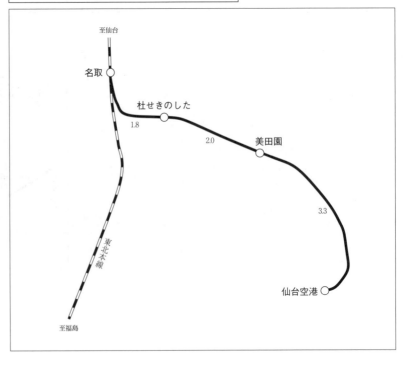

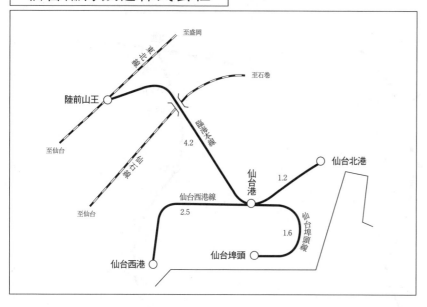
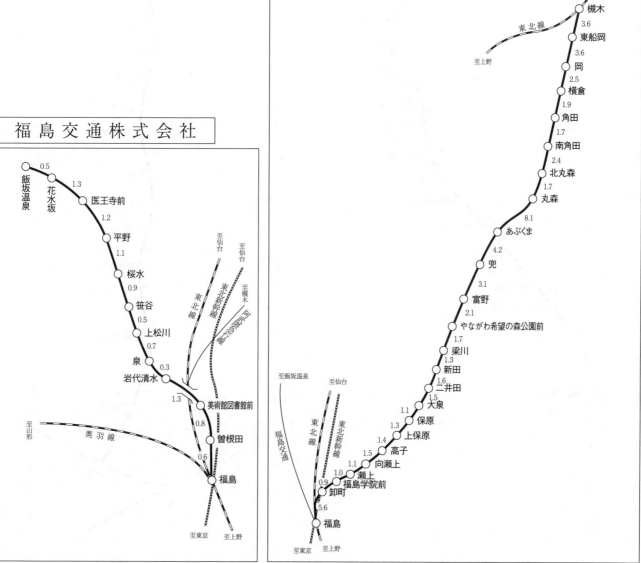

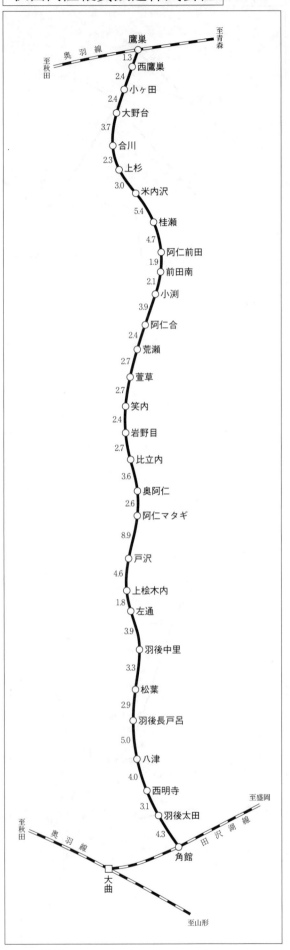

福島臨海鉄道株式会社

秋田臨海鉄道株式会社

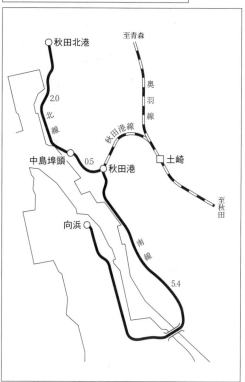

由利高原鉄道株式会社

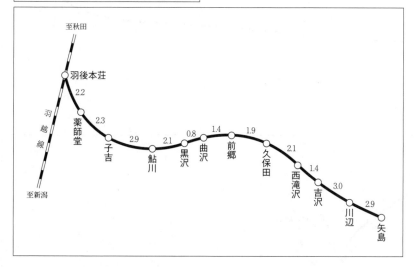

山形鉄道株式会社

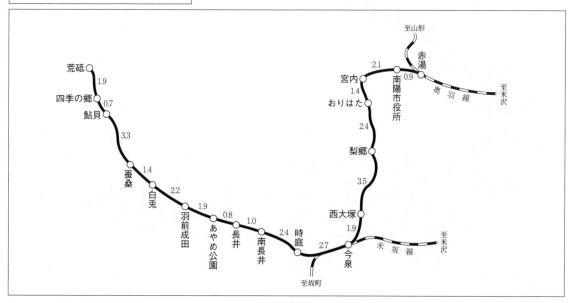

北越急行株式会社

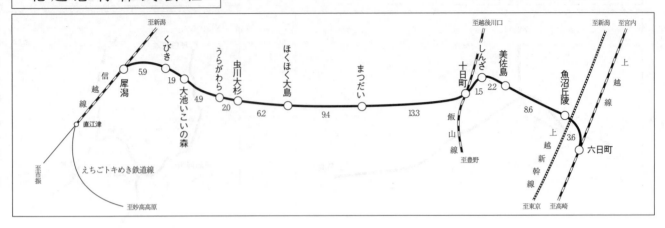

アルピコ交通株式会社

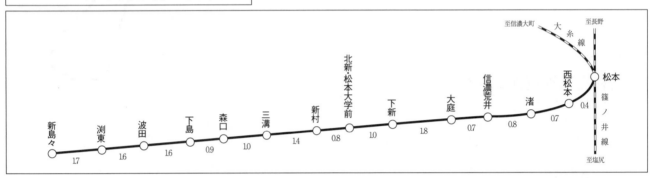

しなの鉄道株式会社

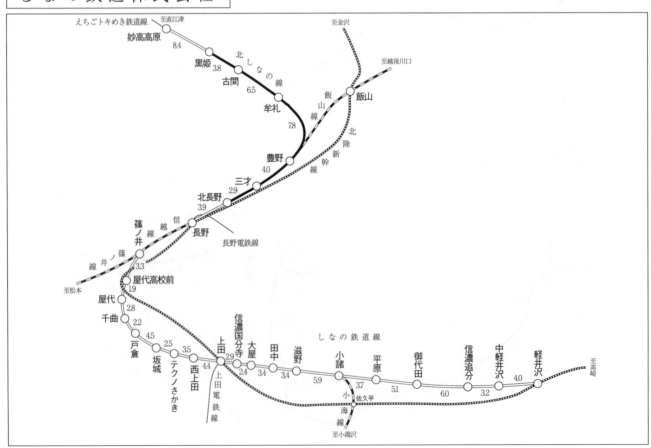

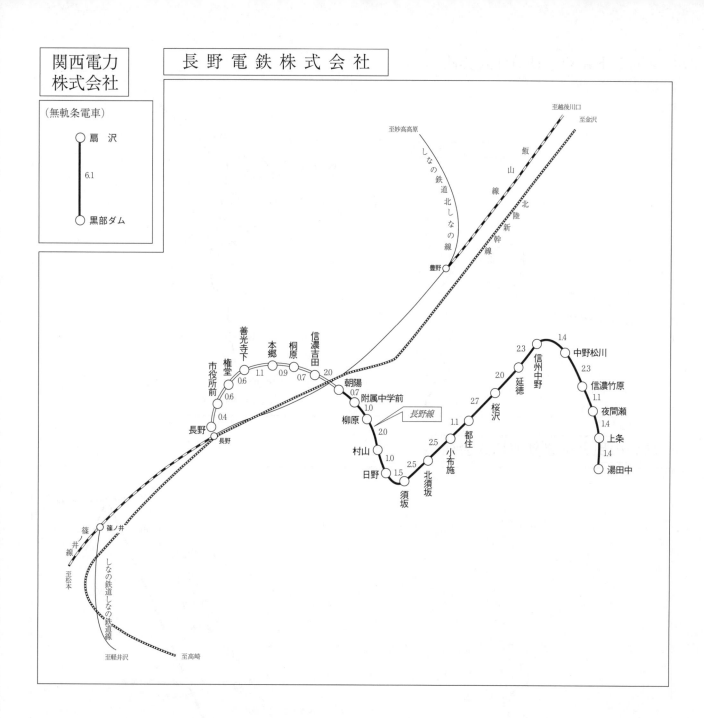
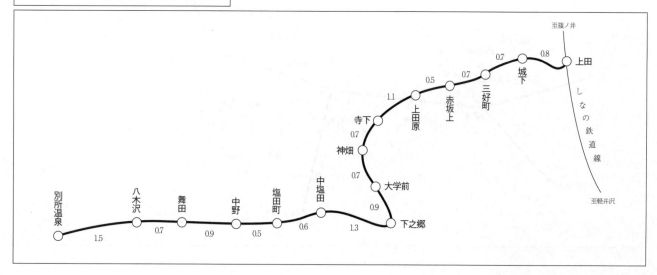

えちごトキめき鉄道株式会社

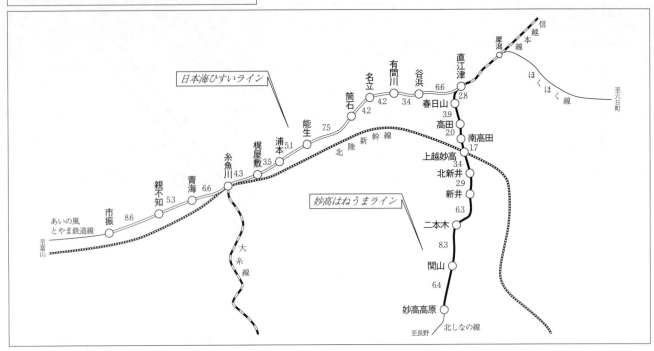

あいの風とやま鉄道株式会社

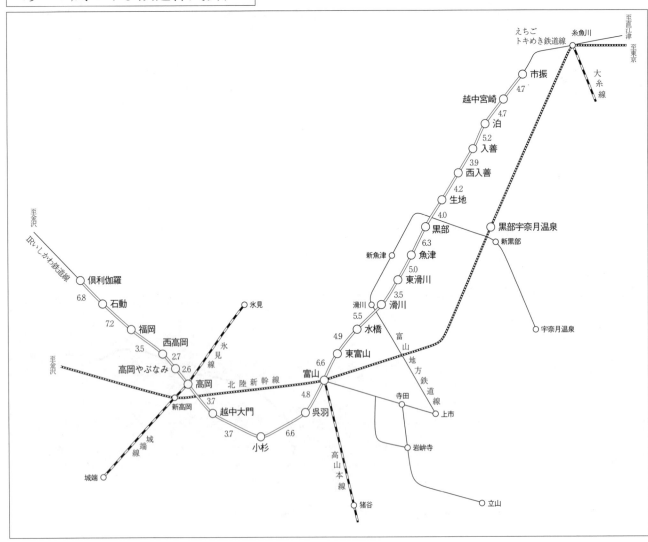

富山地方鉄道株式会社（鉄道線）

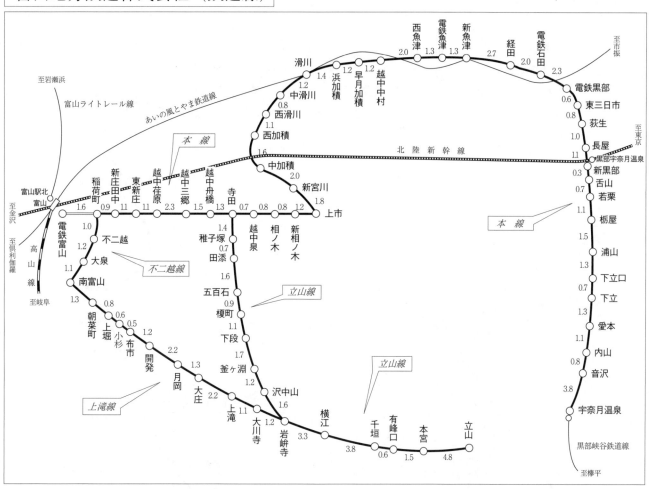

富山地方鉄道株式会社（軌道線）

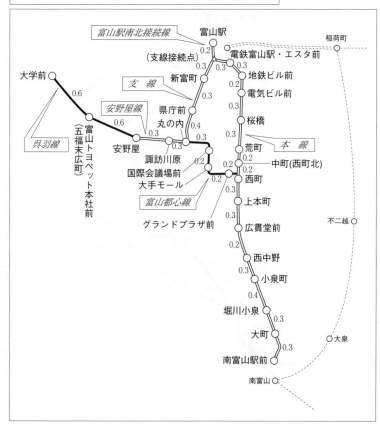

黒部峡谷鉄道株式会社

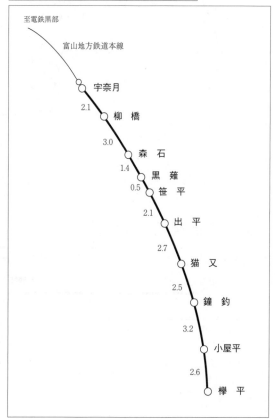

万葉線株式会社

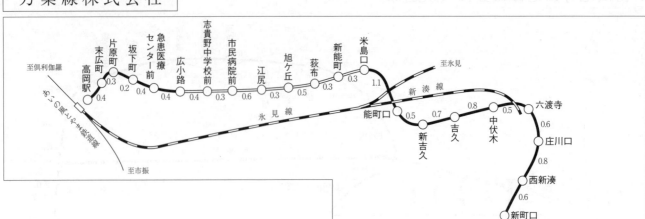

北陸鉄道株式会社

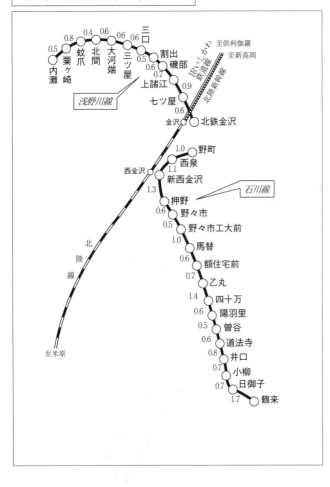

のと鉄道株式会社

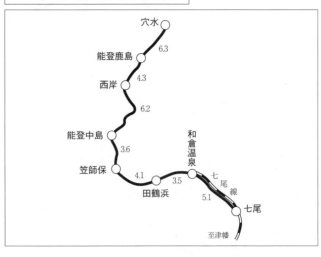

立山黒部貫光株式会社

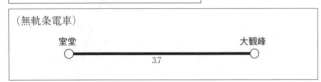

IRいしかわ鉄道株式会社

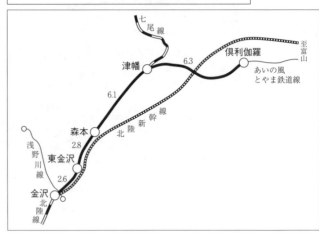

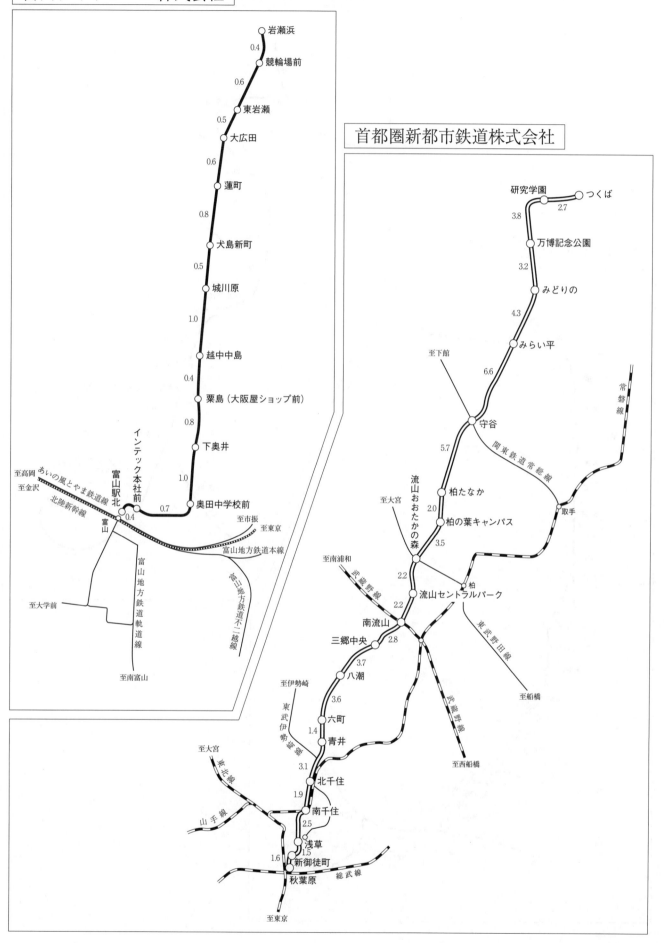

鹿島臨海鉄道株式会社

至岩沼

常磐線

常澄　4.5
東水戸　3.8
水戸
大洗　3.3
涸沼　6.4
鹿島旭　4.8
徳宿　3.9
新鉾田　4.3
北浦湖畔　3.9
大洋　4.1
鹿島灘　4.1
鹿島大野　3.0
長者ヶ浜潮騒はまなす公園前　2.3
荒野台　1.7
鹿島サッカースタジアム　2.9

大洗鹿島線

鹿島神宮
鹿島臨港線
神栖　10.1
奥野谷浜　9.1

至佐原
至上野

関東鉄道株式会社

至小山
下館
水戸線
至茂木
至友部

大田郷　3.8
黒子　3.7
騰波ノ江　2.6
大宝　2.3
下妻　2.6
宗道　3.1
玉村　2.0
石下　2.2
南石下　1.6
三妻　3.3
中妻　3.0
北水海道　1.6
水海道　1.8
小絹　4.5
新守谷　1.6
守谷　1.8
南守谷　2.2
戸頭　1.1
稲戸井　0.9
ゆめみ野　1.2
新取手　0.8
寺原　1.3
西取手　0.5
取手　1.6

常総線

首都圏新都市鉄道線
至つくば
至秋葉原
至上野

常磐線

佐貫
入地　2.2
竜ヶ崎　2.3

竜ヶ崎線
至友部

ひたちなか海浜鉄道株式会社

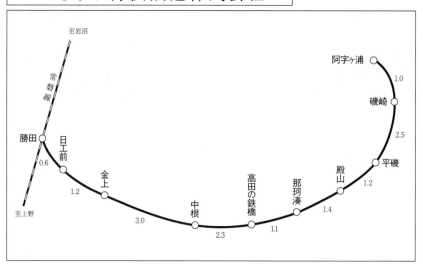

野岩鉄道株式会社

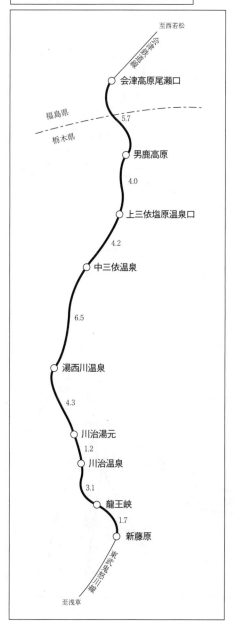

真岡鐵道株式会社

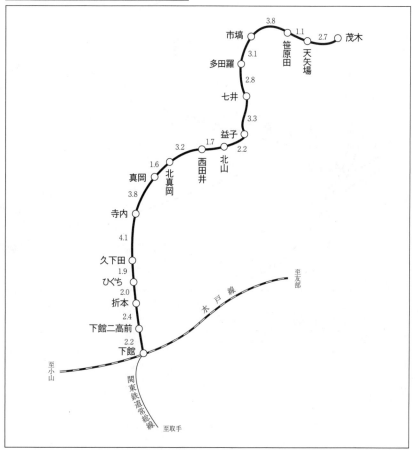

わたらせ渓谷鐵道株式会社

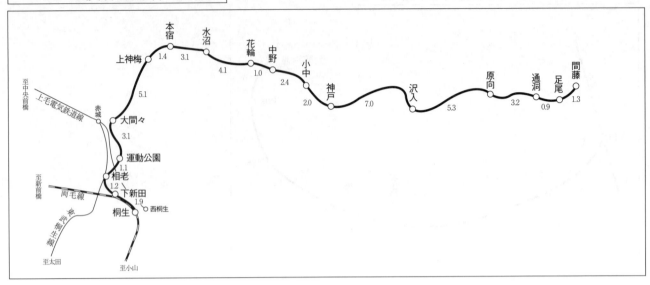

上毛電気鉄道株式会社

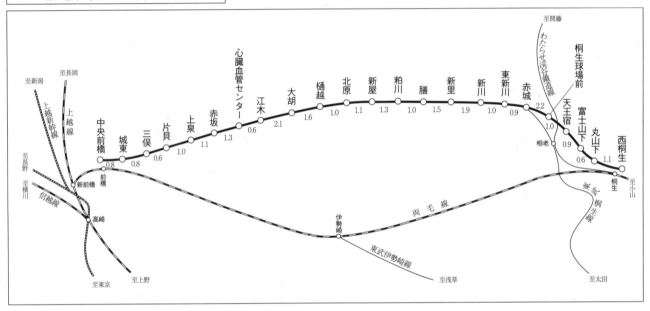

上信電鉄株式会社

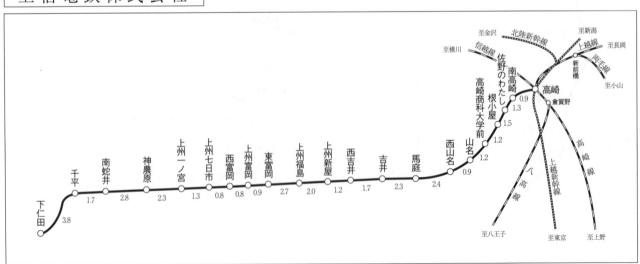

秩父鉄道株式会社

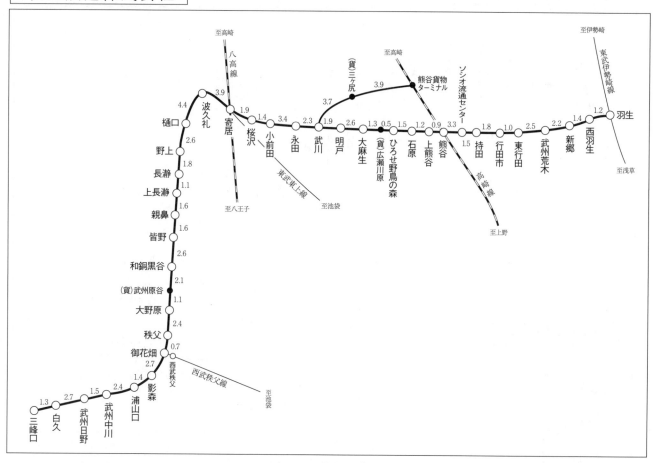

埼玉新都市交通株式会社

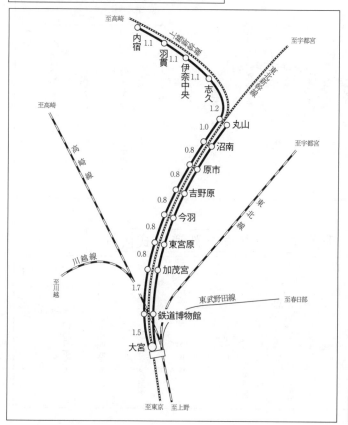

流鉄株式会社

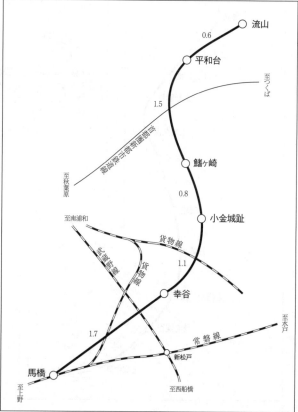

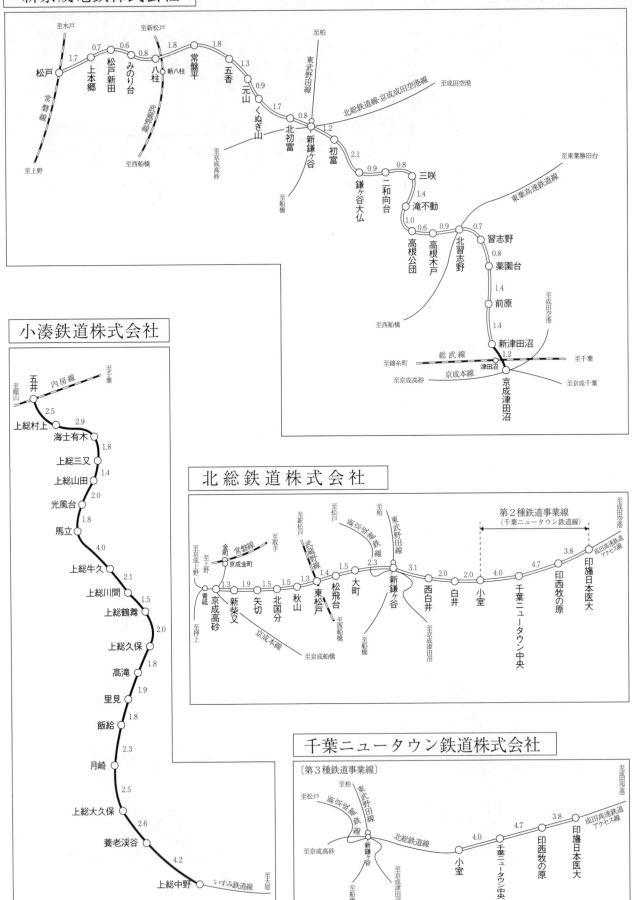

いすみ鉄道株式会社

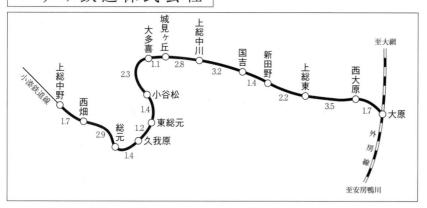

銚子電気鉄道株式会社

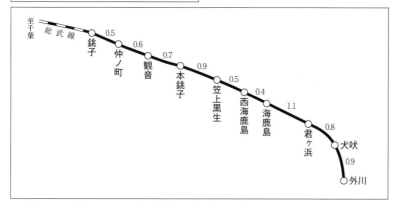

山万株式会社

京葉臨海鉄道株式会社

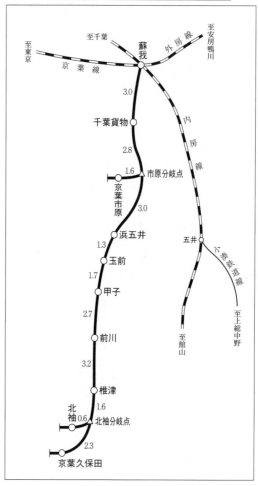

千葉都市モノレール株式会社

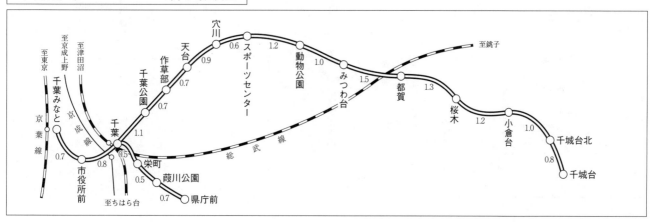

東葉高速鉄道株式会社

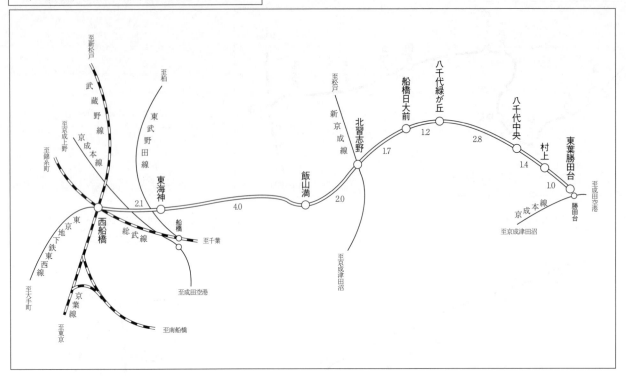

芝山鉄道株式会社

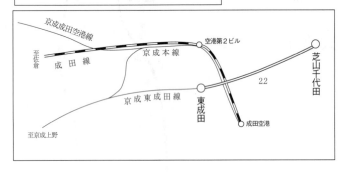

株式会社ゆりかもめ

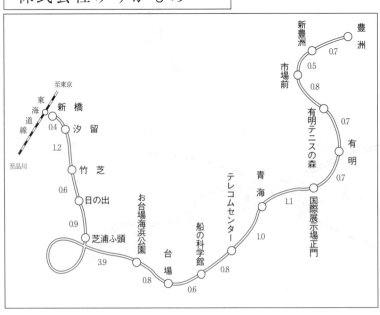

埼玉高速鉄道株式会社

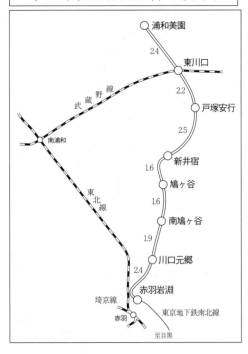

東京臨海高速鉄道株式会社

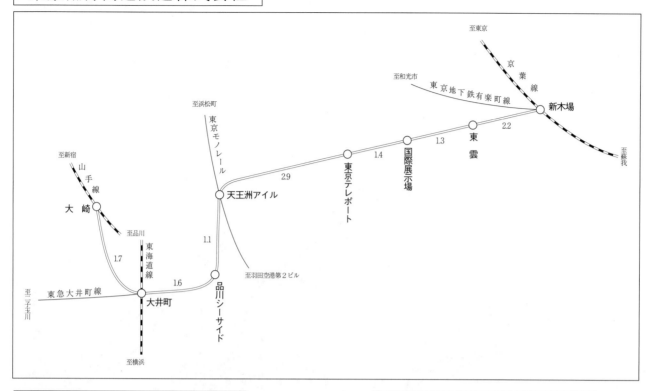

多摩都市モノレール株式会社

株式会社舞浜リゾートライン

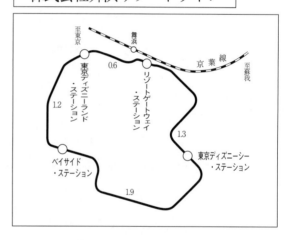

東武鉄道株式会社（その1）

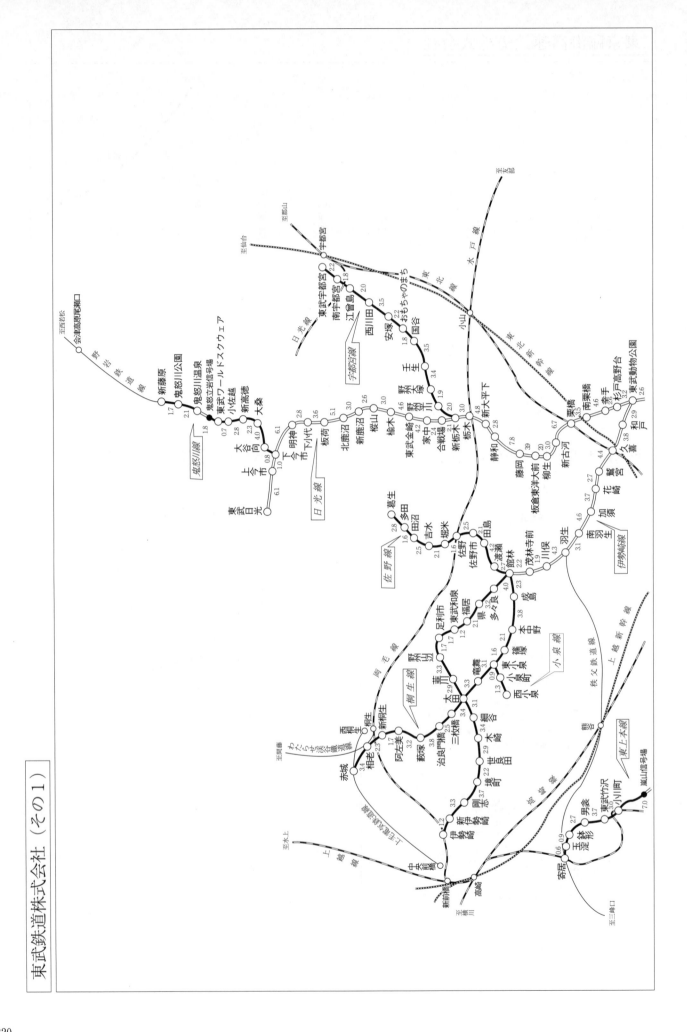

東武鉄道株式会社（その２）

野田線

伊勢崎線

大師線

亀戸線

東上本線

越生線

321

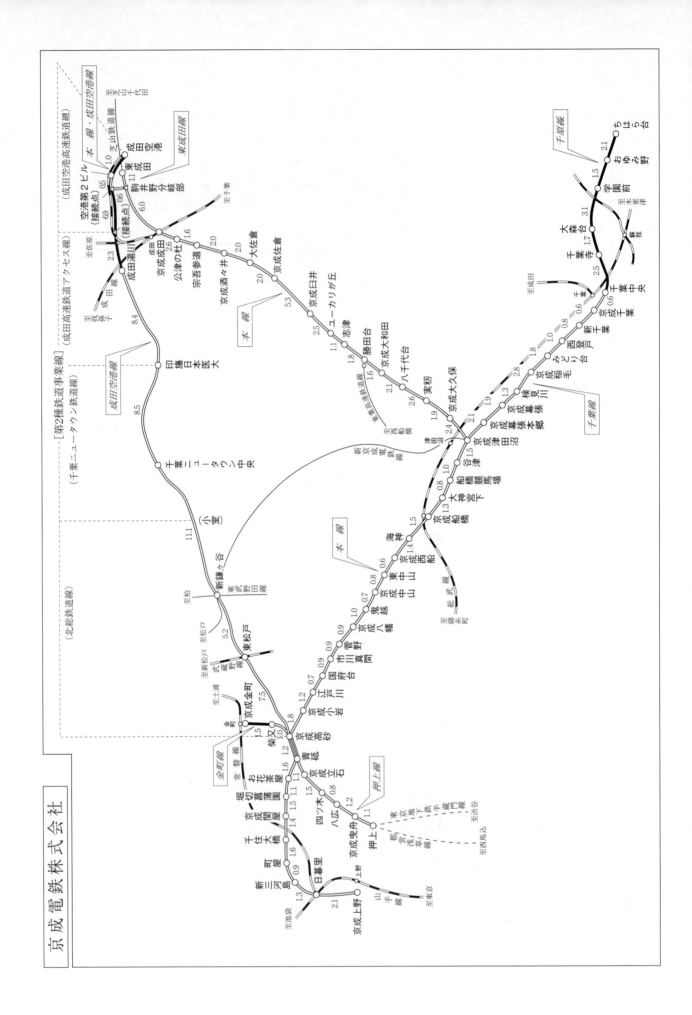

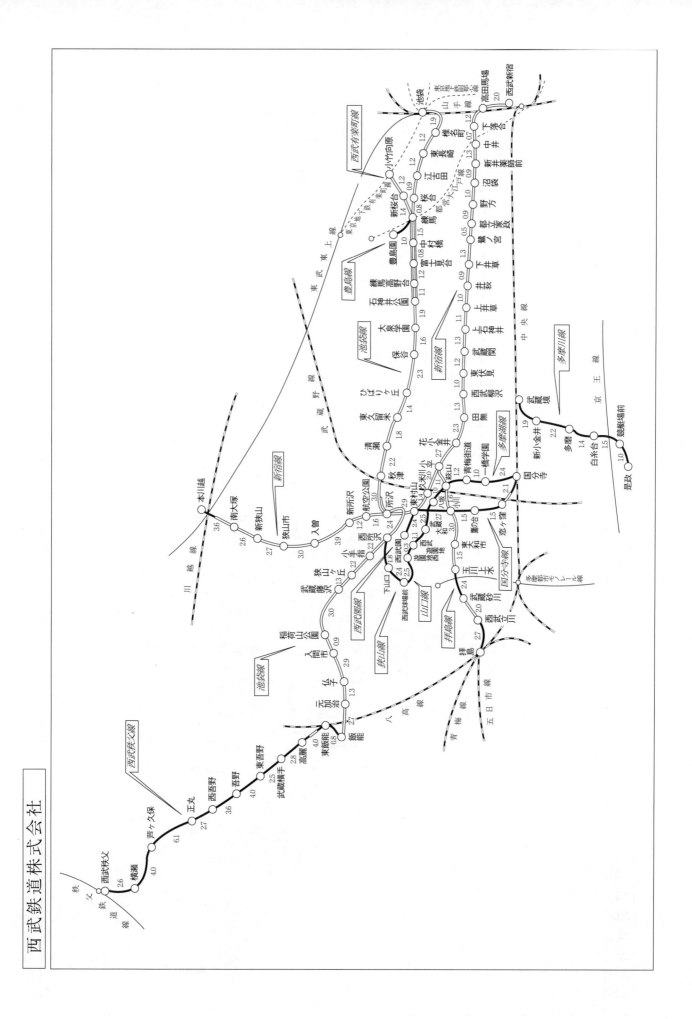

京王電鉄株式会社

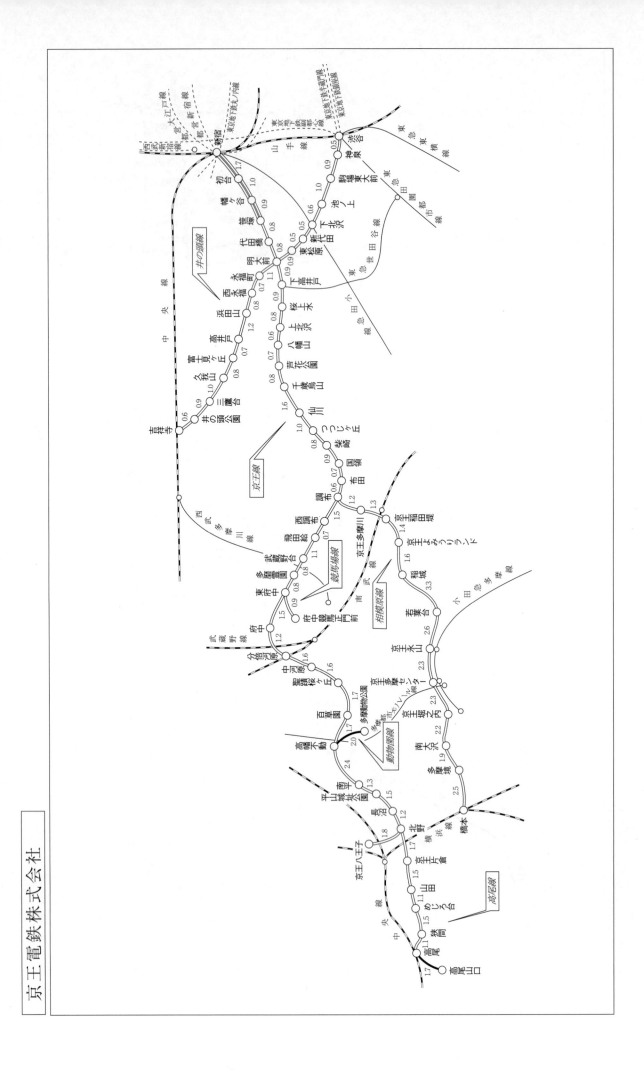

小田急電鉄株式会社

京王井の頭線
東京地下鉄千代田線
東急世田谷線
南武線
京王線
京王相模原線
東急田園都市線
横浜線
相模鉄本線
相鉄いずみ野線
横浜市営地下鉄線
東海道線
横須賀線
江ノ島電鉄線

江ノ島線
小田原線
多摩線

新宿
南新宿 0.8
参宮橋 0.7
代々木八幡 1.2
代々木上原 0.8
東北沢 0.7
下北沢 0.7
世田谷代田 0.7
梅ヶ丘 0.7
豪徳寺 0.7
経堂 1.0
千歳船橋 1.2
祖師ヶ谷大蔵 1.4
成城学園前 1.0
喜多見 1.1
狛江 1.1
和泉多摩川 0.6
登戸 0.8
向ヶ丘遊園 0.6
生田 2.1
読売ランド前 1.3
百合ヶ丘 1.3
新百合ヶ丘 1.0
柿生 1.5
鶴川 1.9
玉川学園前 2.8
町田 2.9

はるひ野 0.8
黒川 0.9
栗平 1.3
五月台 1.5
唐木田
小田急多摩センター 1.5
小田急永山 1.5
2.3

相模大野 1.5
小田急相模原 2.4
相武台前 2.2
座間 2.3
海老名 3.3
厚木 1.6
本厚木 1.3
愛甲石田 3.1
伊勢原 3.7
鶴巻温泉 3.7
東海大学前 1.1
秦野 4.7
渋沢 3.9
新松田 6.2
開成 2.5
栢山 1.9
富水 1.6
螢田 1.4
足柄 1.6
小田原 1.7

東林間 1.5
中央林間 1.5
南林間 0.6
鶴間 2.2
大和 2.5
桜ヶ丘 2.2
高座渋谷 2.0
長後 2.2
湘南台 1.8
六会日大前 1.5
善行 2.4
藤沢本町 1.6
藤沢 1.8
本鵠沼 1.5
鵠沼海岸 1.3
片瀬江ノ島 1.7
江ノ島

伊豆箱根鉄道大雄山線
箱根登山鉄道線

325

東京急行電鉄株式会社

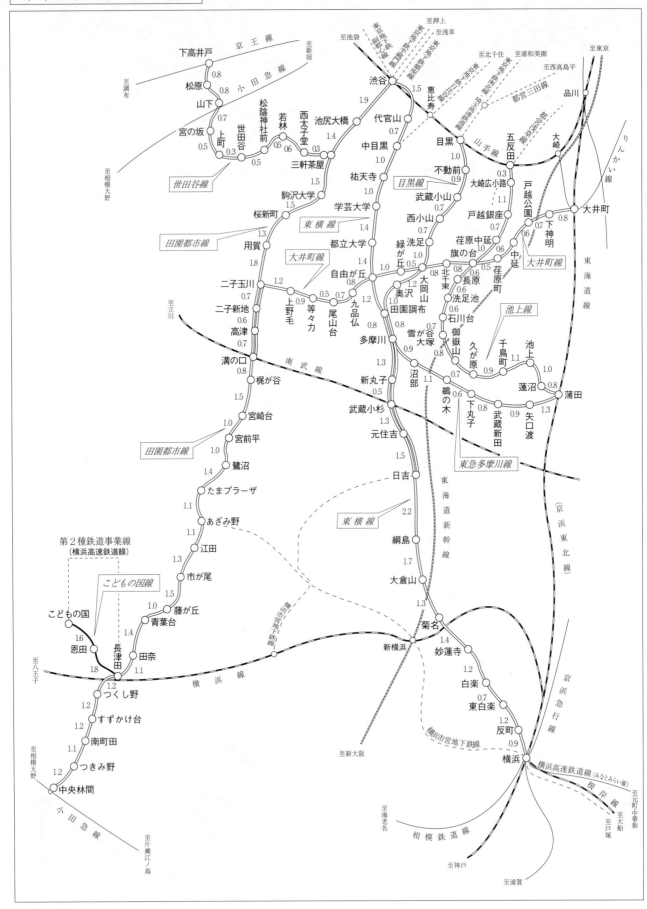

京浜急行電鉄株式会社

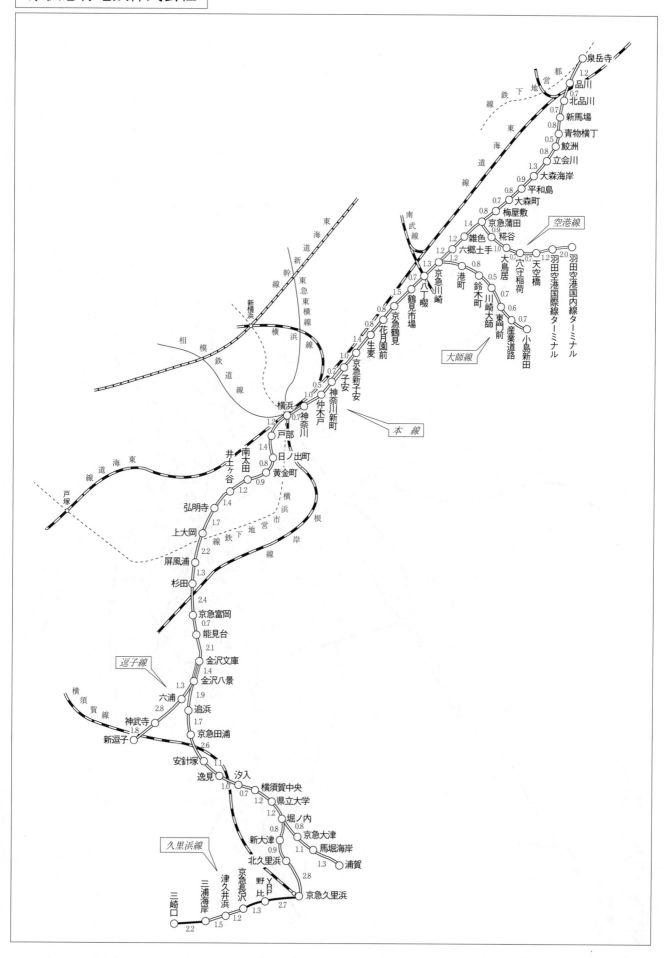

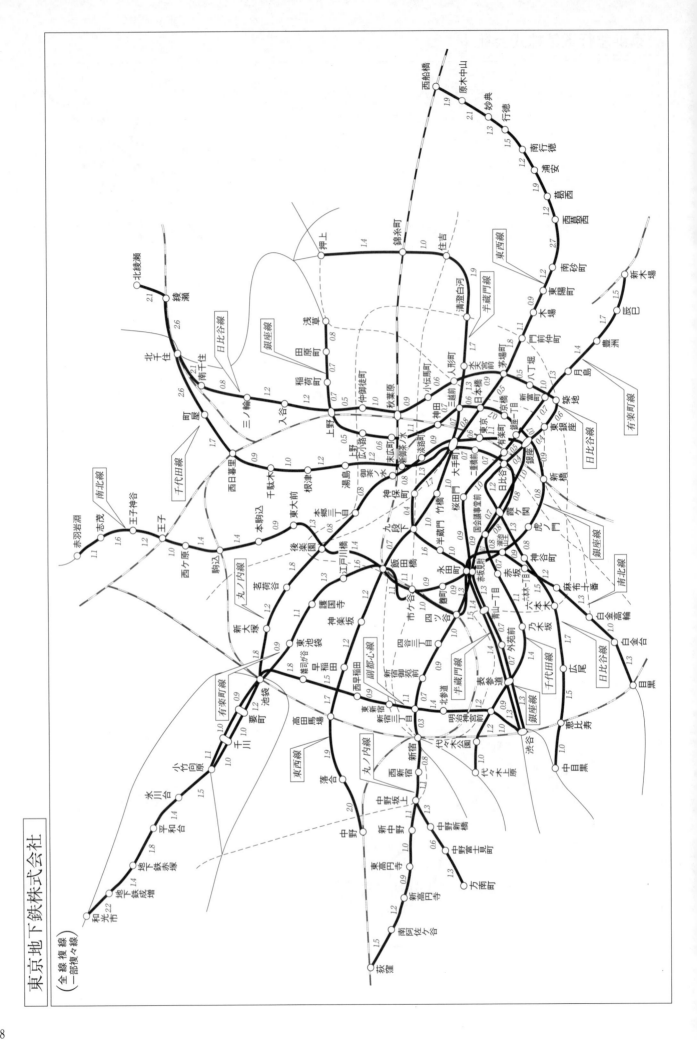

東京都交通局

東京都交通局（軌道線）

東京モノレール株式会社

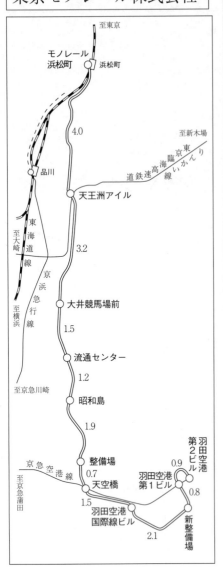

横浜市交通局

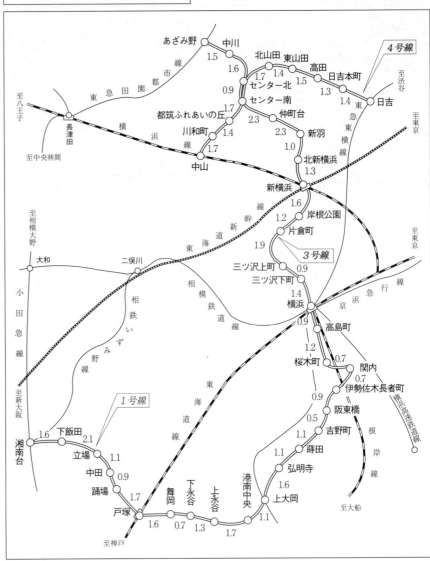

相模鉄道株式会社

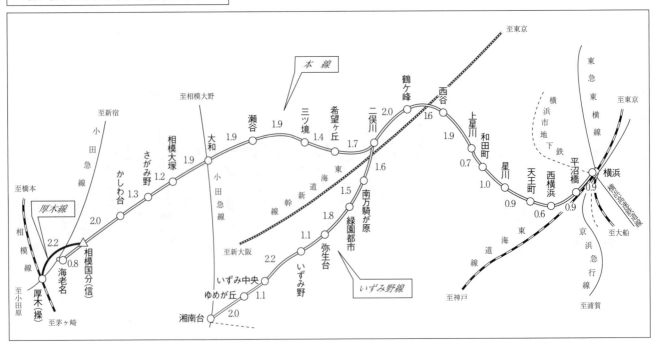

江ノ島電鉄株式会社

神奈川臨海鉄道株式会社

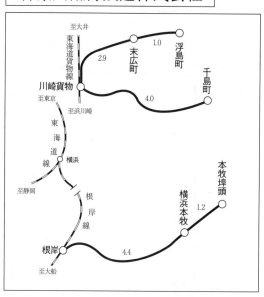

箱根登山鉄道株式会社

横浜高速鉄道株式会社

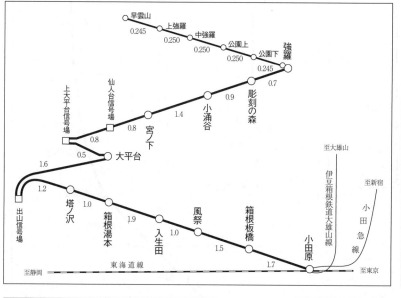
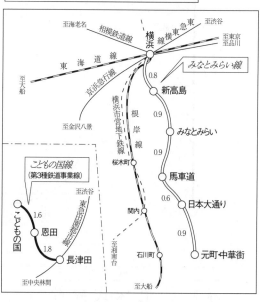

湘南モノレール株式会社

株式会社横浜シーサイドライン

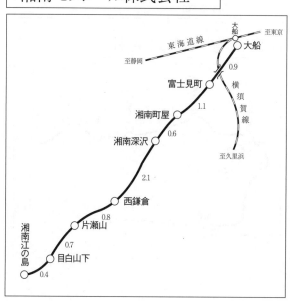
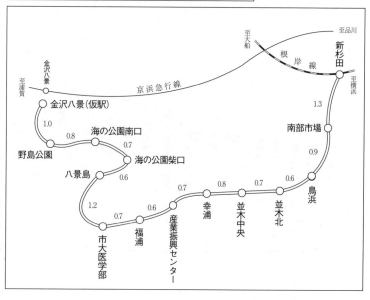

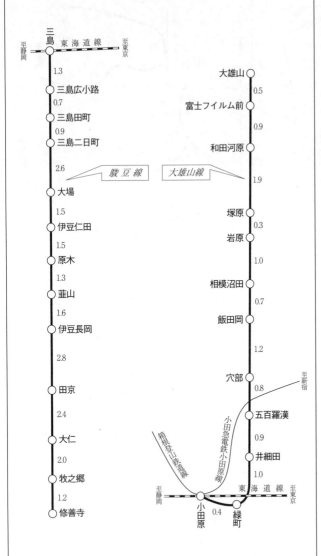
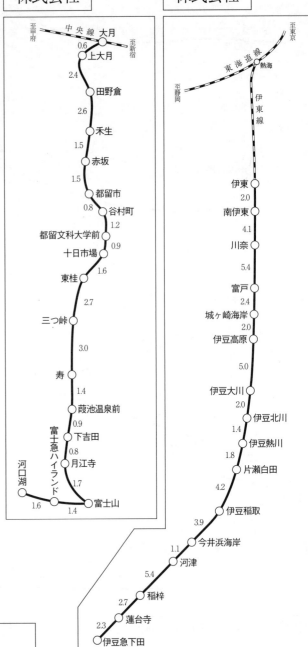
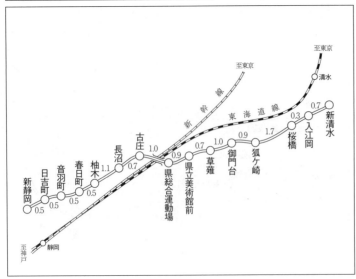
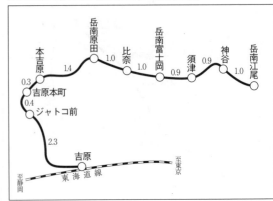

遠州鉄道株式会社

大井川鐵道株式会社

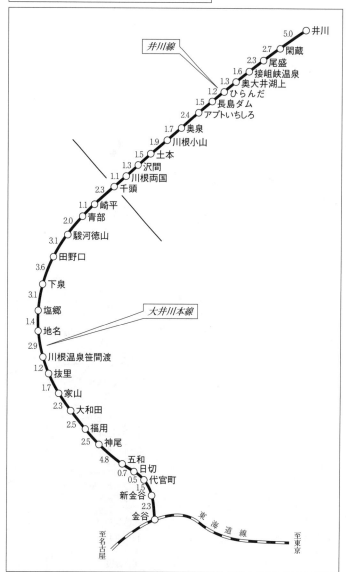

天竜浜名湖鉄道株式会社

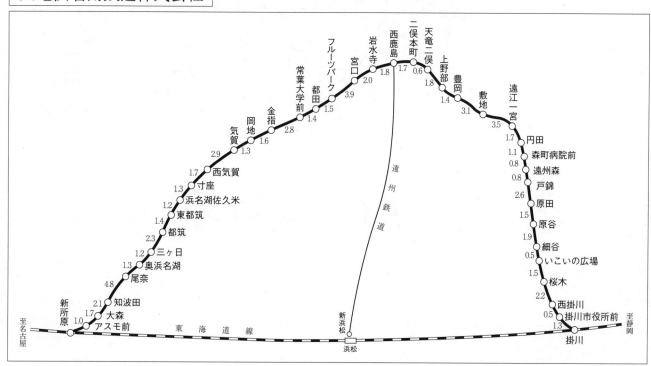

333

名古屋鉄道株式会社（その１）

名古屋鉄道株式会社（その2）

豊橋鉄道株式会社

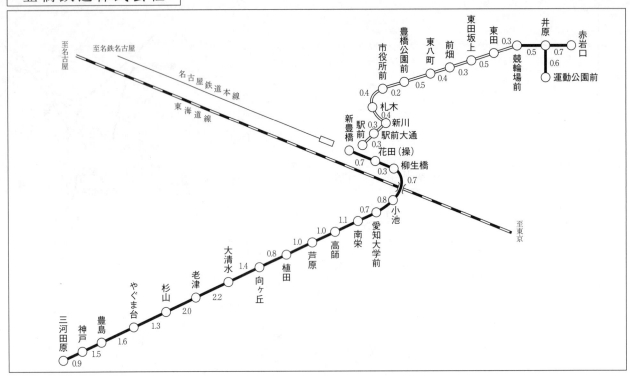

名古屋市交通局

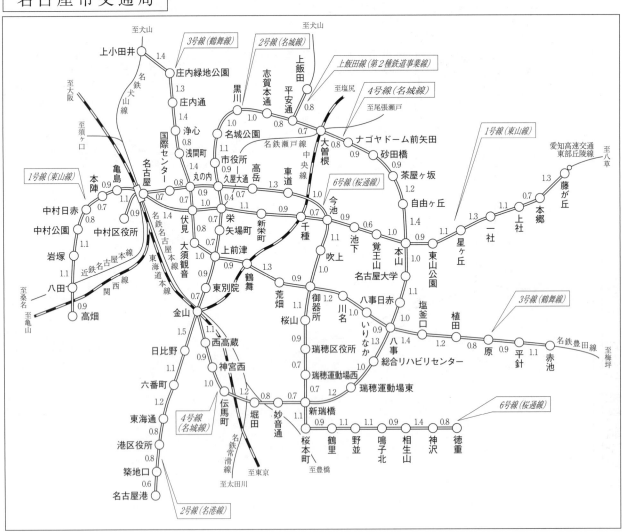

愛知環状鉄道株式会社

名古屋臨海鉄道株式会社

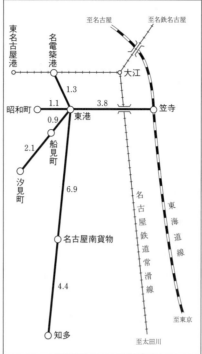

衣浦臨海鉄道株式会社

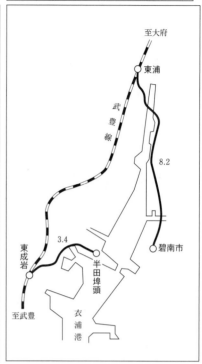

株式会社東海交通事業

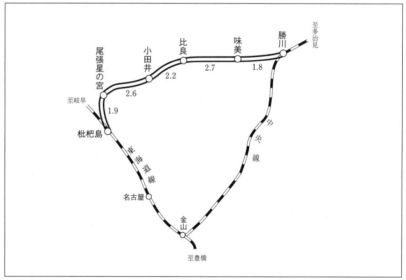

名古屋ガイドウェイバス株式会社

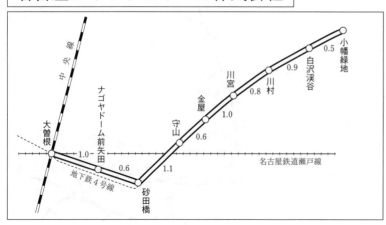

中部国際空港連絡鉄道株式会社

愛知高速交通株式会社

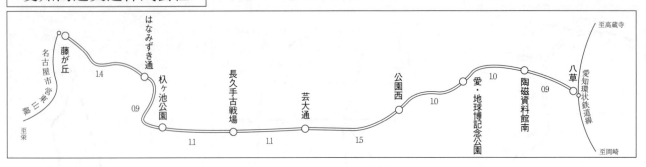

名古屋臨海高速鉄道株式会社

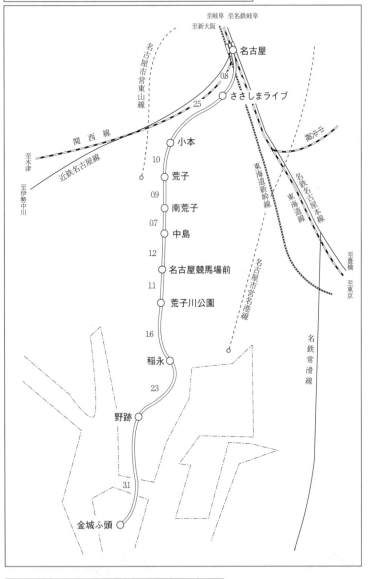

西濃鉄道株式会社

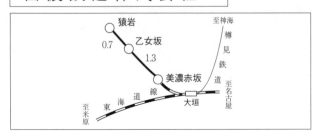

長良川鉄道株式会社

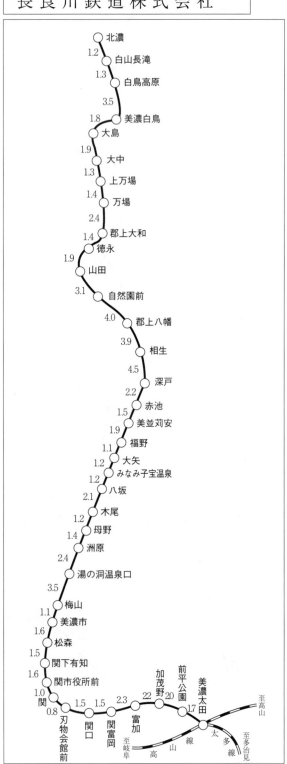

三岐鉄道株式会社

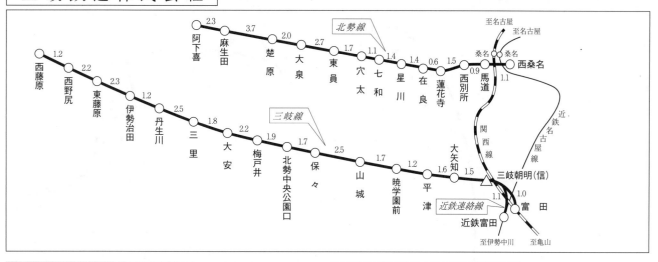

伊勢鉄道株式会社

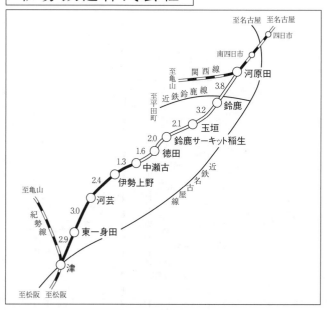

伊賀鉄道株式会社

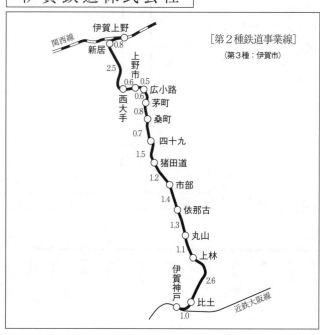

養老鉄道株式会社

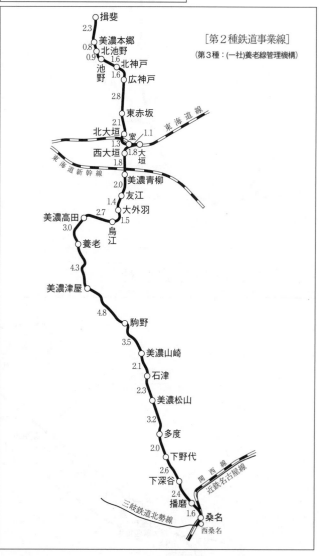

四日市あすなろう鉄道株式会社

樽見鉄道株式会社

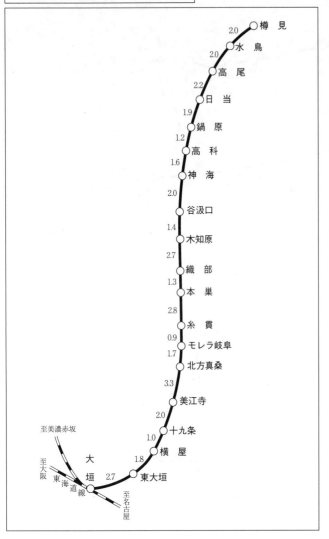

明知鉄道株式会社

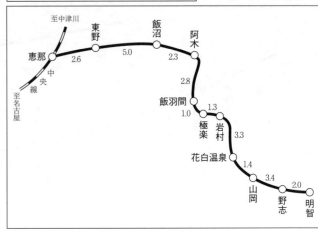

福井鉄道株式会社

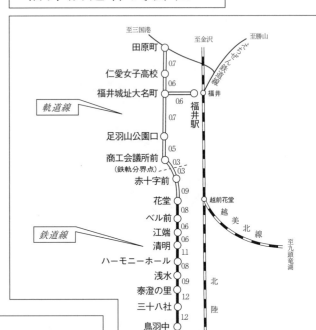

えちぜん鉄道株式会社

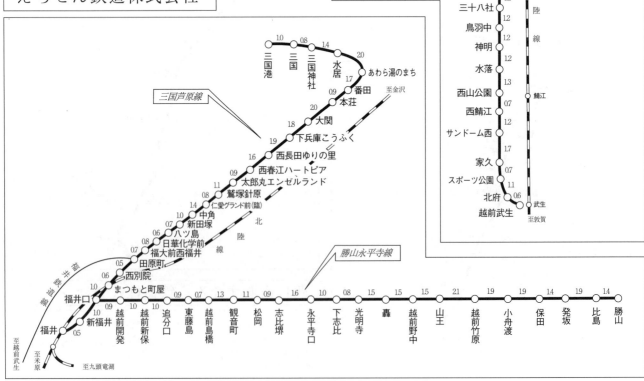

近江鉄道株式会社

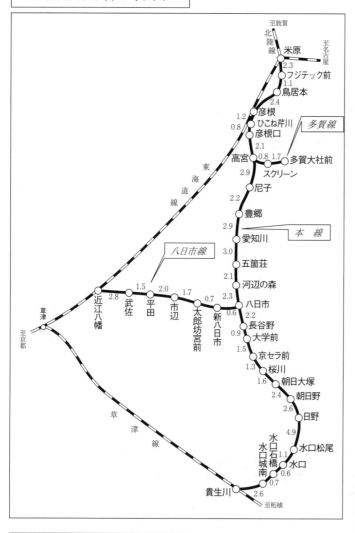

京都市交通局

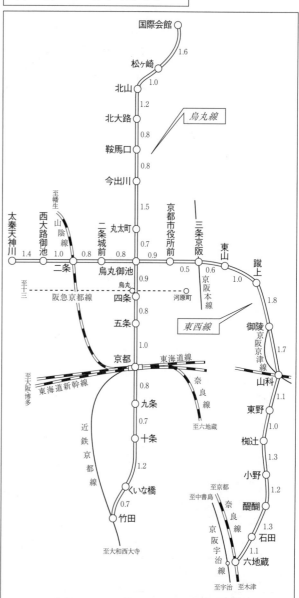

叡山電鉄株式会社

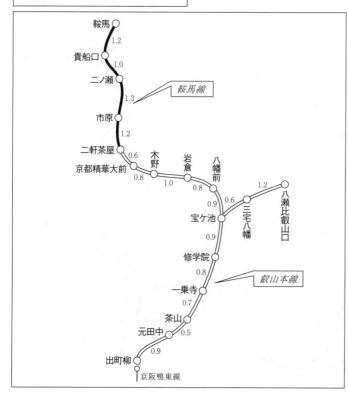

信楽高原鐵道株式会社

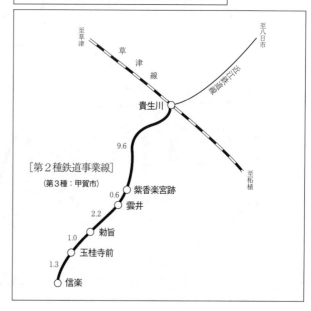

WILLER TRAINS株式会社

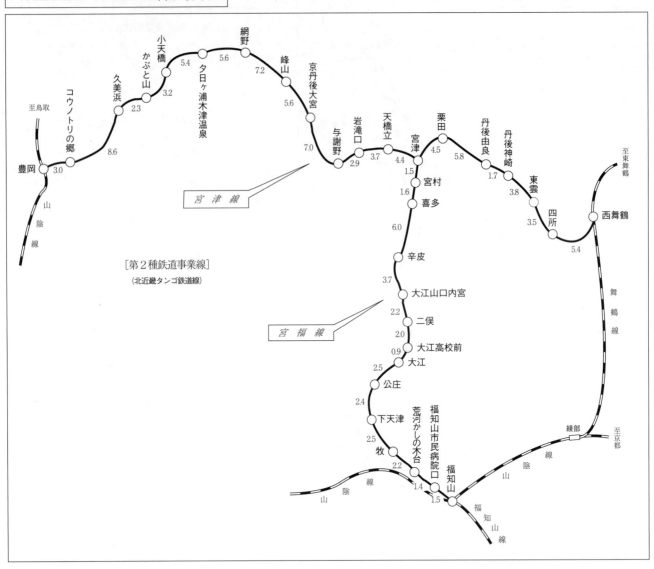

京福電気鉄道株式会社（軌道線）

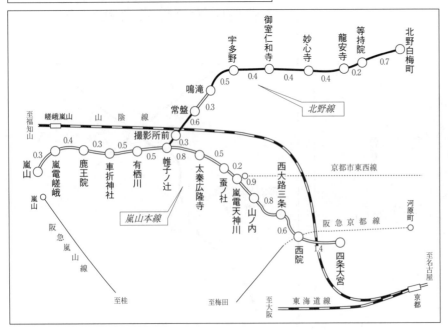

嵯峨野観光鉄道株式会社

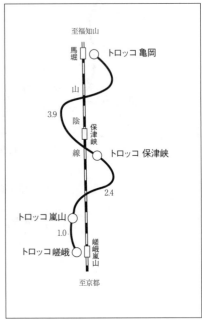

京阪電気鉄道株式会社

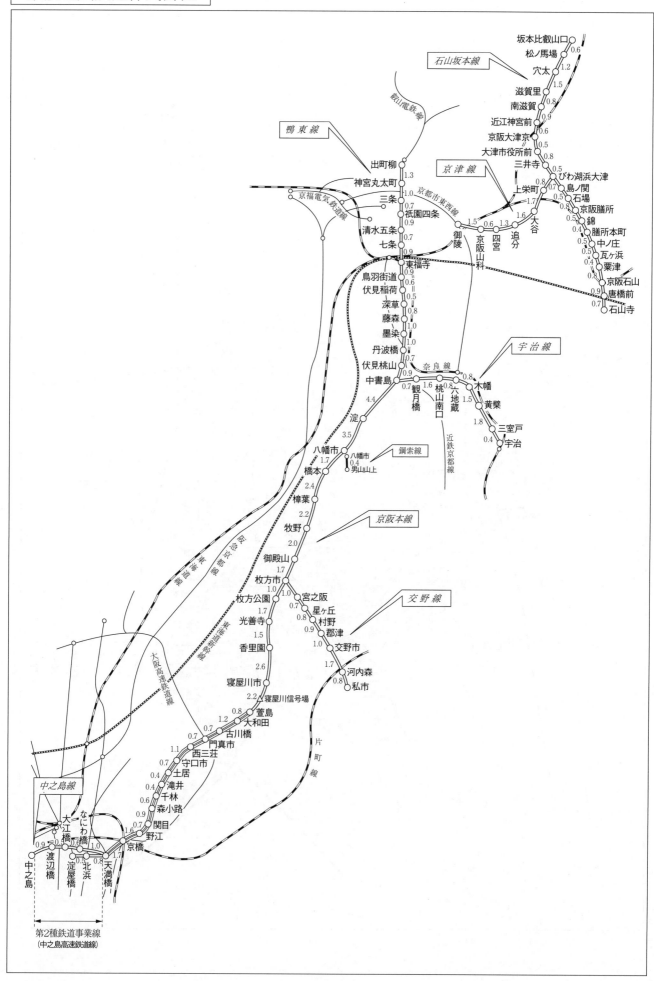

第2種鉄道事業線
（中之島高速鉄道線）

近畿日本鉄道株式会社（その1）

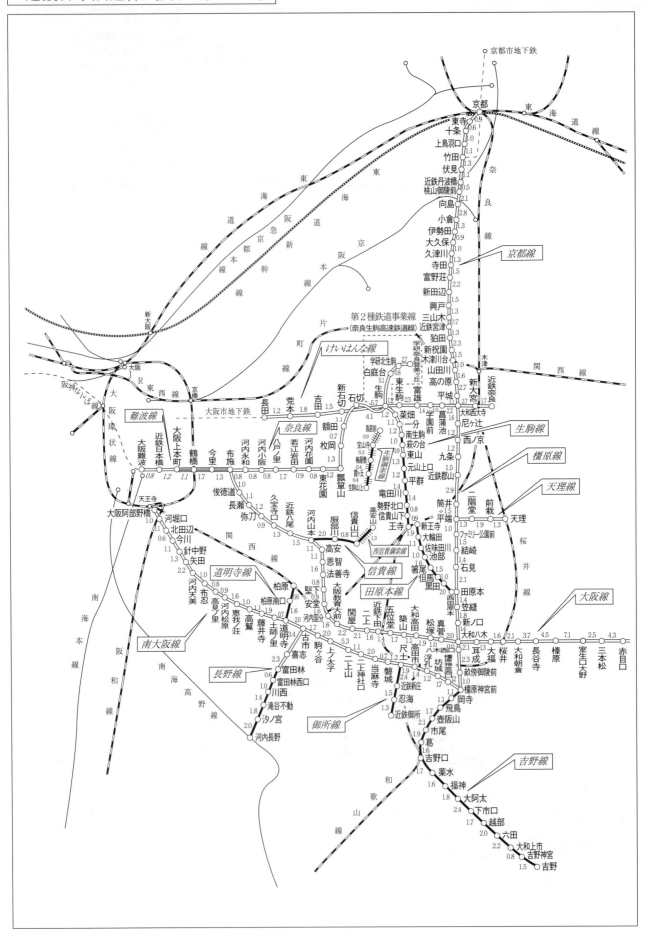

近畿日本鉄道株式会社（その２）

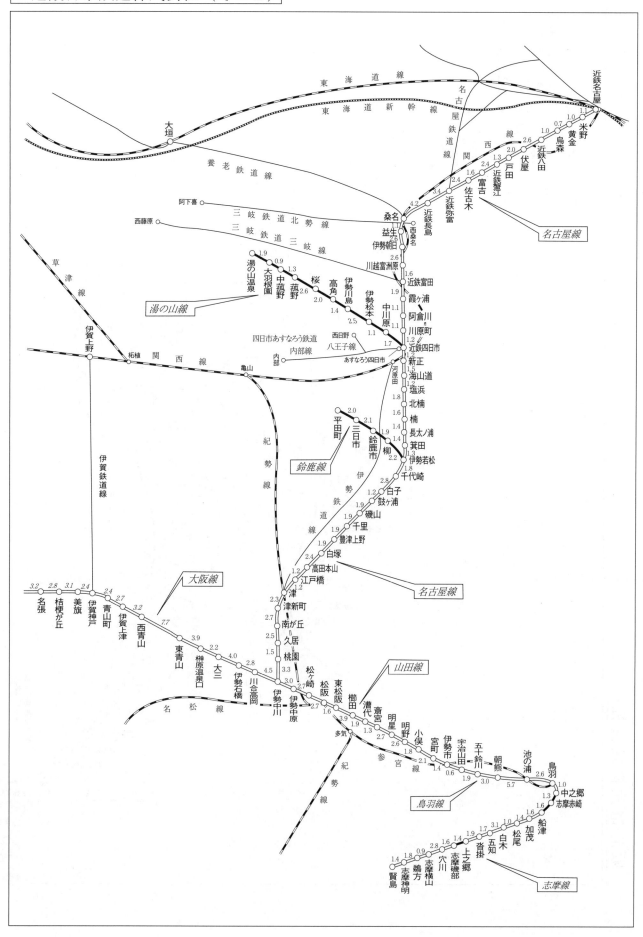

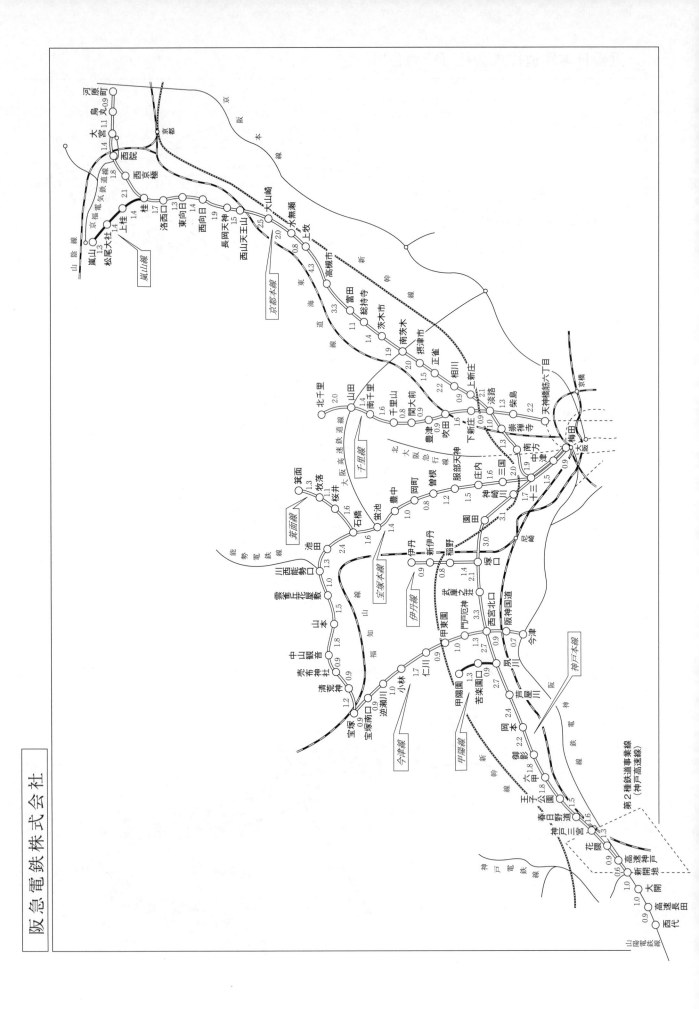

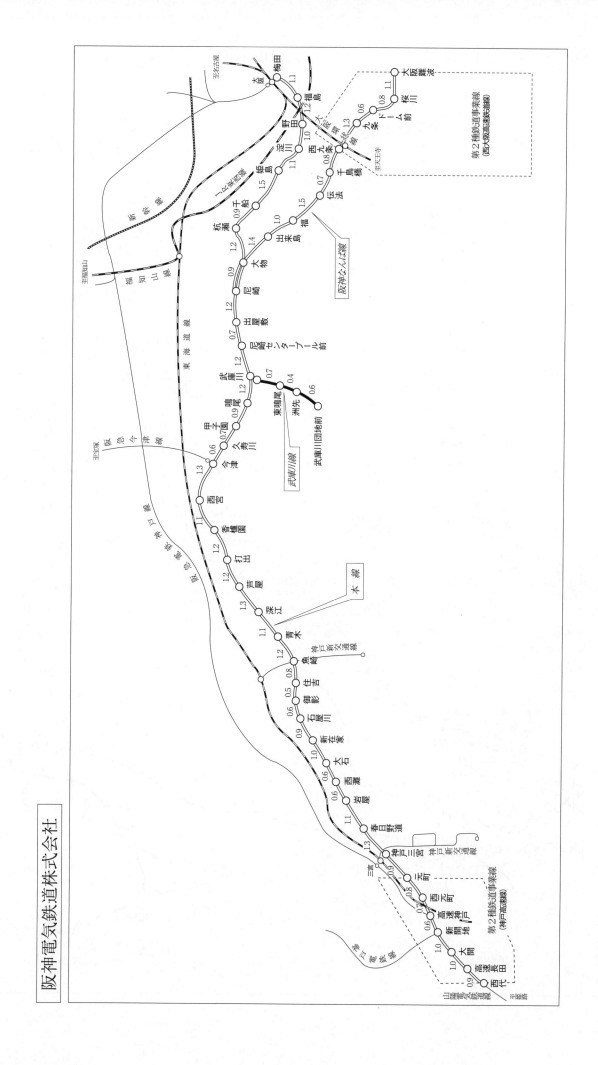

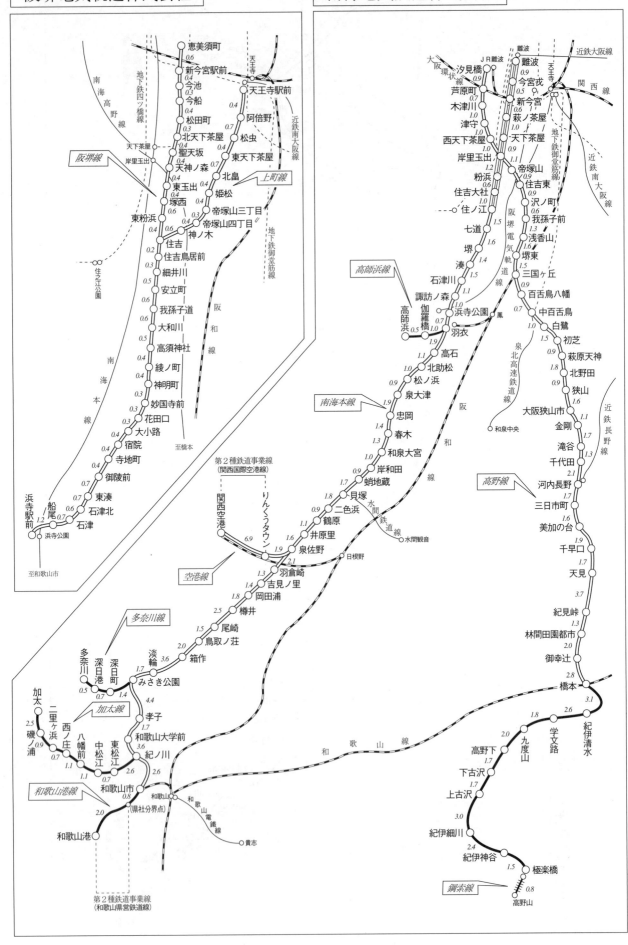

大阪市高速電気軌道

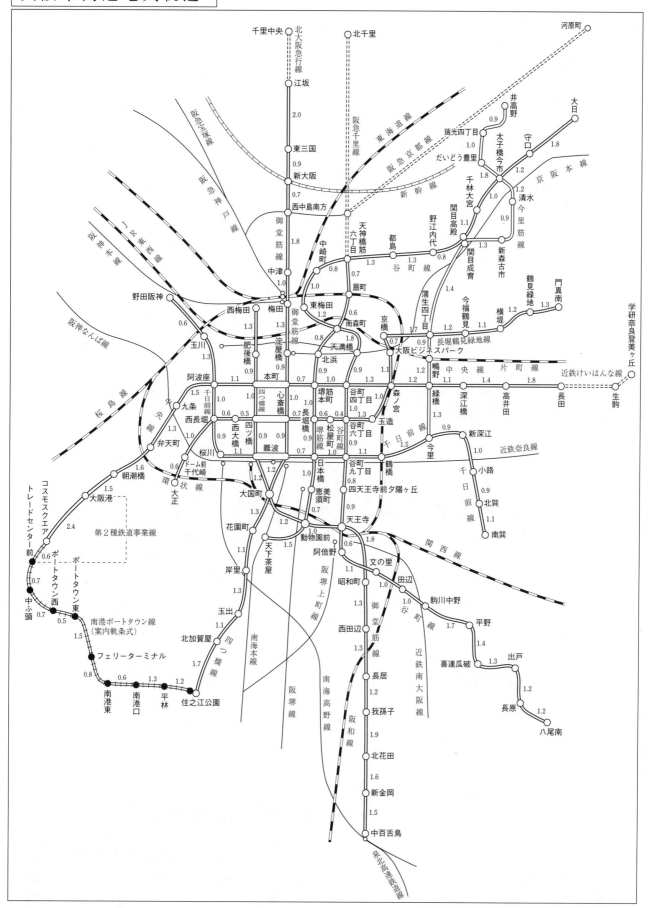

水間鉄道株式会社

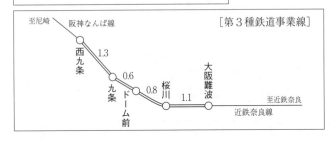

北大阪急行電鉄株式会社

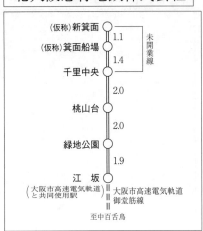

西大阪高速鉄道株式会社

[第3種鉄道事業線]

中之島高速鉄道株式会社

[第3種鉄道事業線]

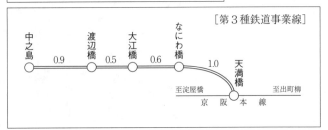

大阪高速鉄道株式会社

泉北高速鉄道株式会社

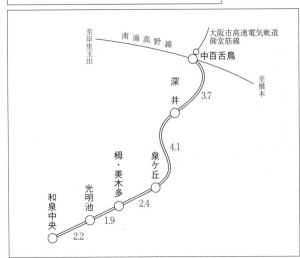

奈良生駒高速鉄道株式会社

[第3種鉄道事業線]

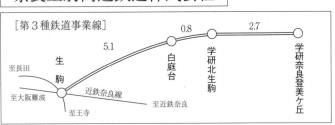

新関西国際空港株式会社

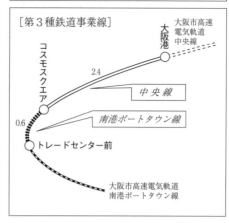

株式会社大阪港トランスポートシステム

紀州鉄道株式会社

大阪外環状鉄道株式会社

能勢電鉄株式会社

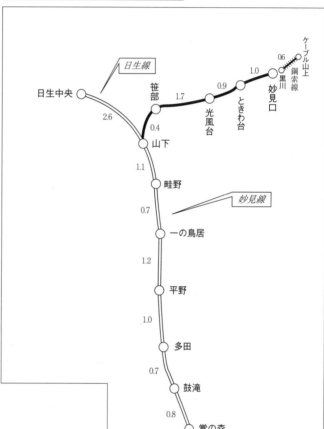

和歌山電鐵株式会社

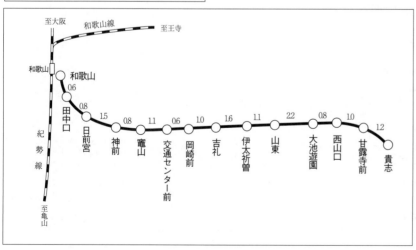

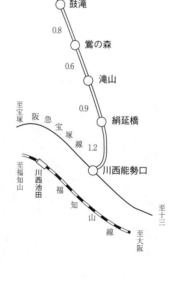

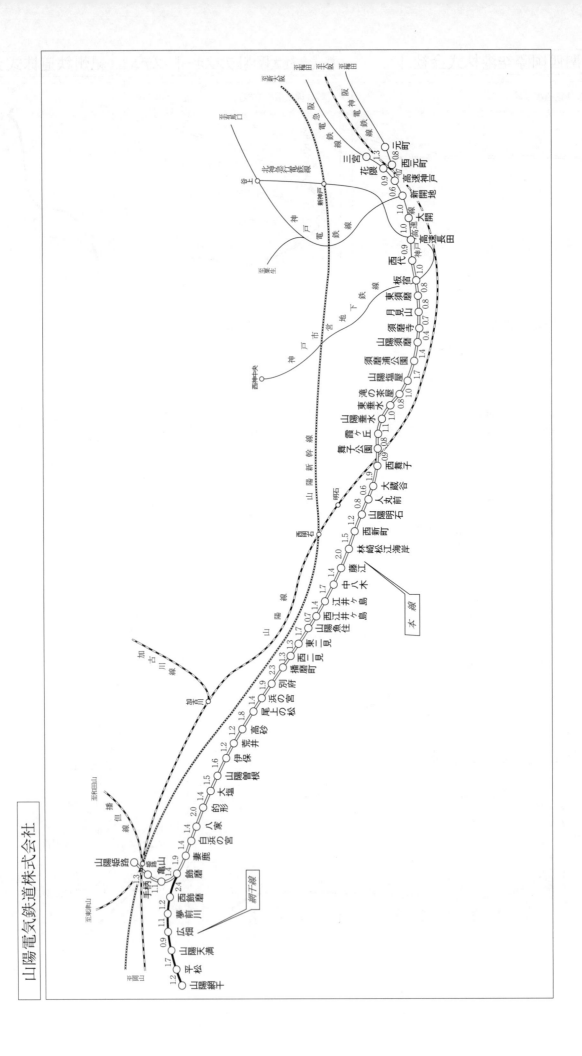

神戸電鉄株式会社

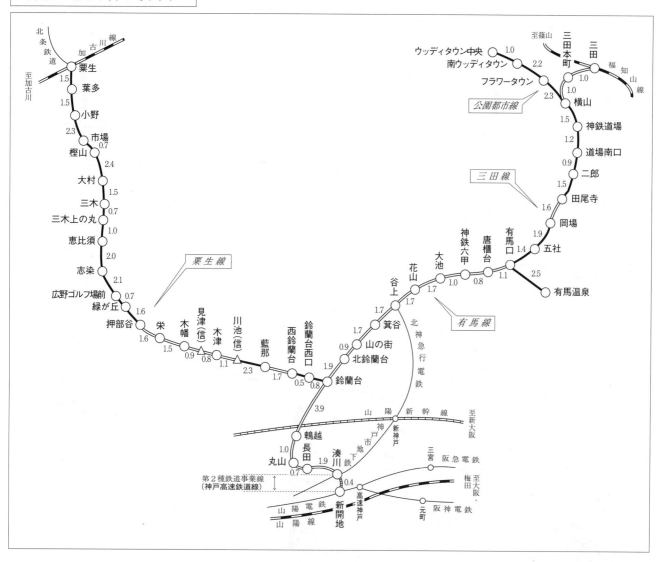

神戸市交通局

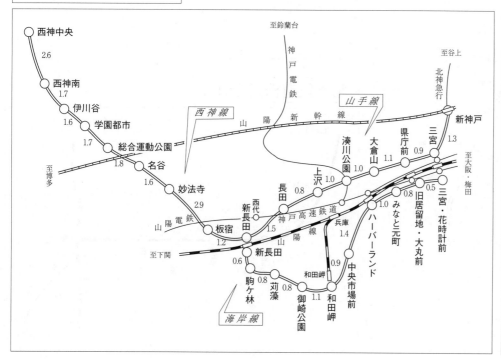

北神急行電鉄株式会社

神戸高速鉄道株式会社

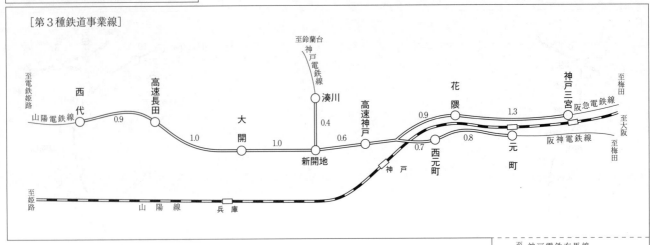

神戸新交通株式会社

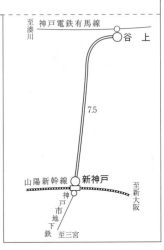

北条鉄道株式会社

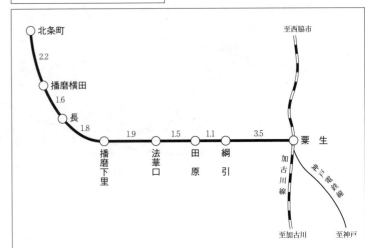

水島臨海鉄道株式会社

岡山電気軌道株式会社

井原鉄道株式会社

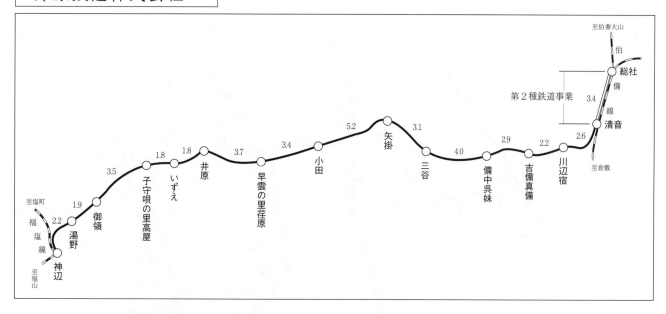

一畑電車株式会社

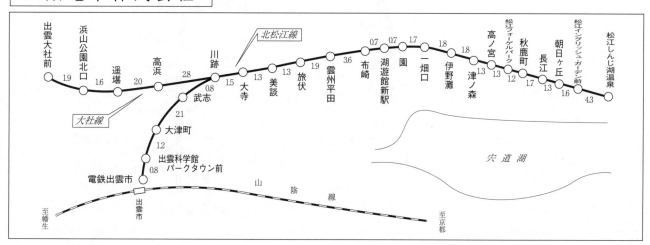

広島電鉄株式会社（鉄道線）

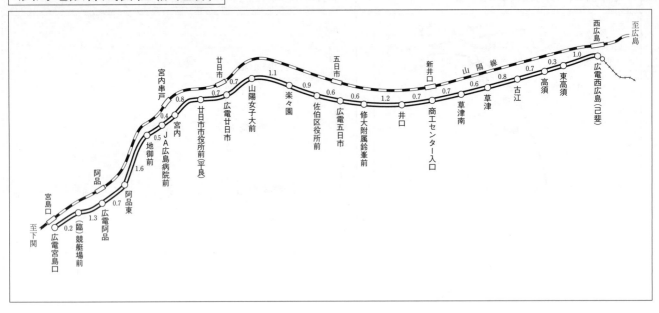

広島電鉄株式会社（軌道線）

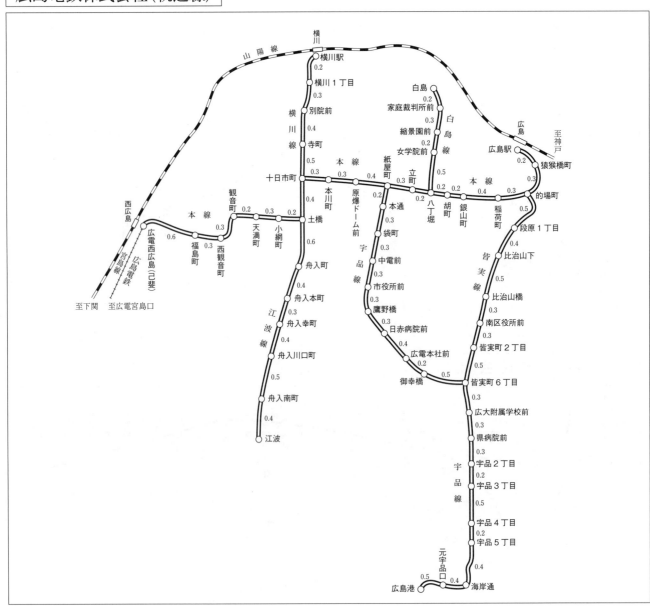

智頭急行株式会社

若桜鉄道株式会社

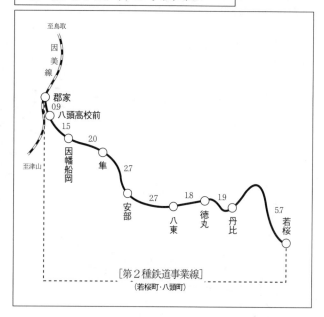

錦川鉄道株式会社

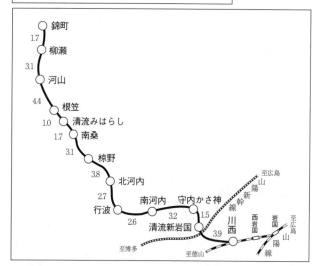

スカイレールサービス株式会社

広島高速交通株式会社

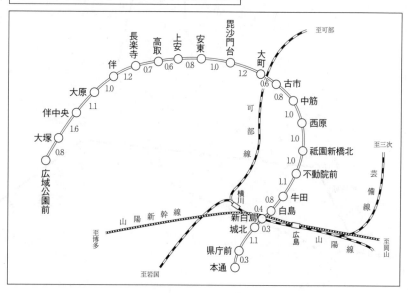

高松琴平電気鉄道株式会社

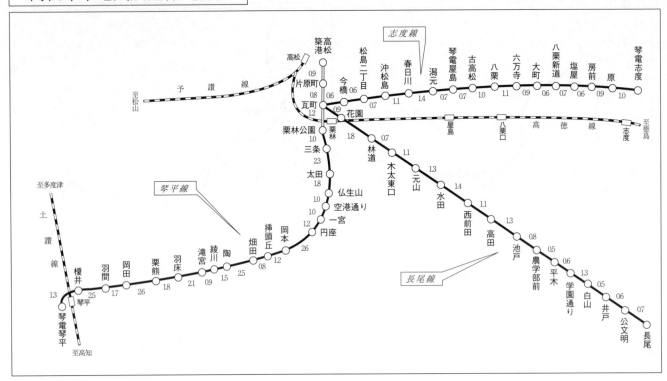

伊予鉄道株式会社

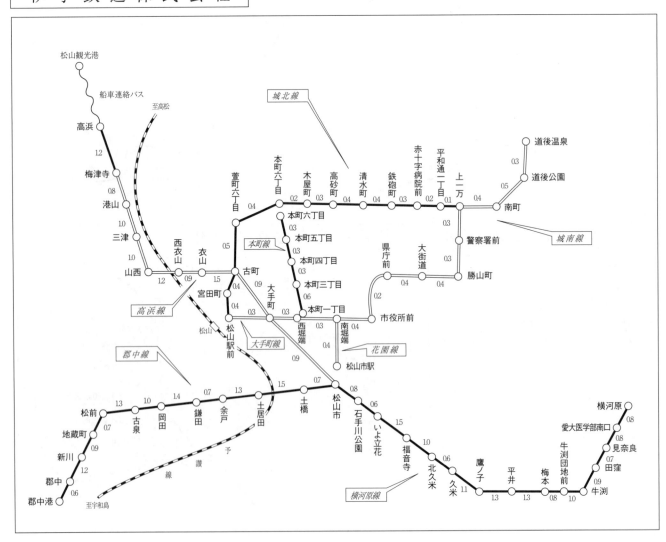

土佐くろしお鉄道株式会社

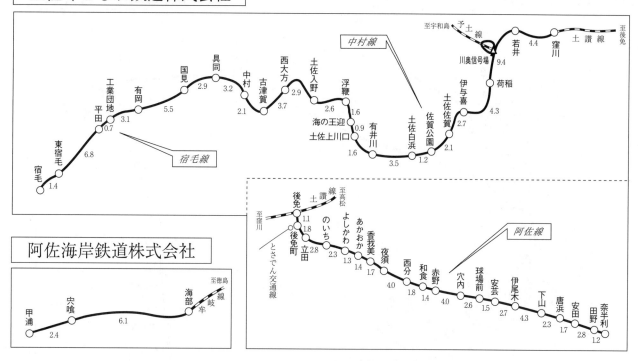

阿佐海岸鉄道株式会社

とさでん交通株式会社

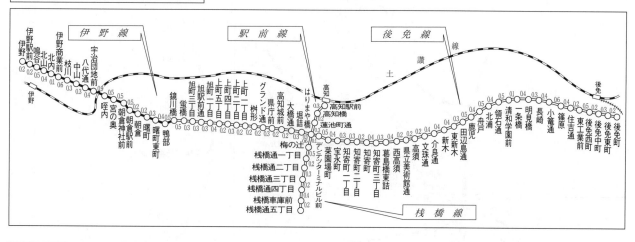

福岡市交通局

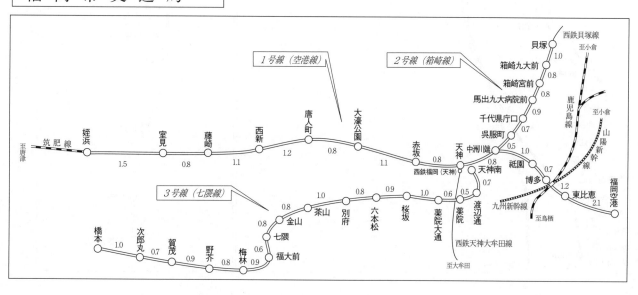

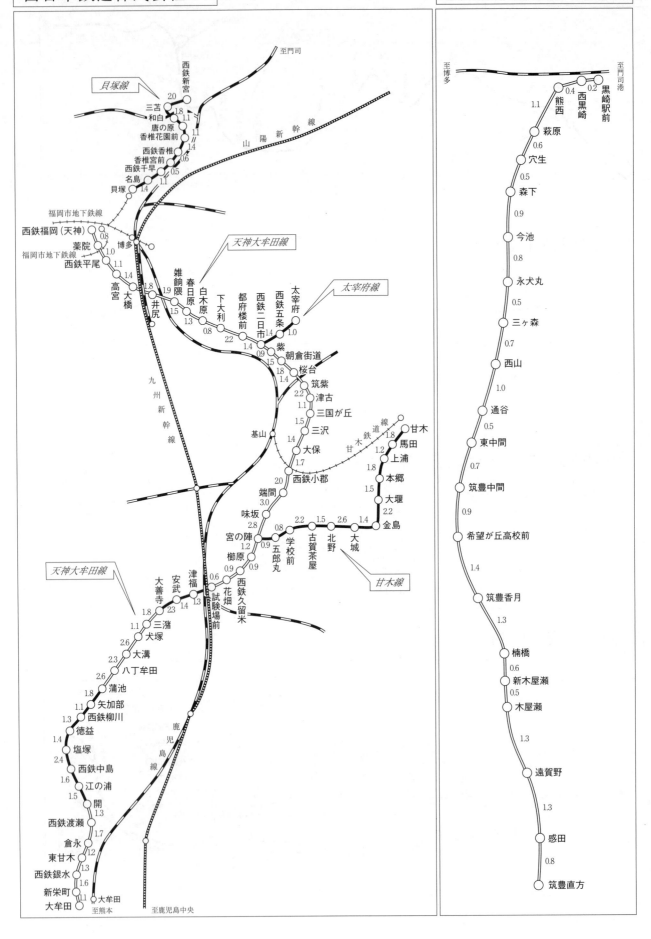

甘木鉄道株式会社

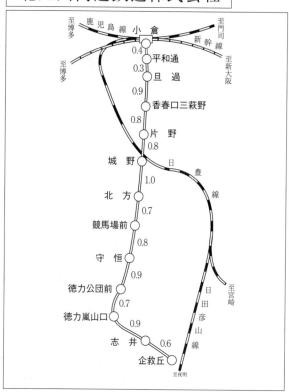

北九州高速鉄道株式会社

平成筑豊鉄道株式会社

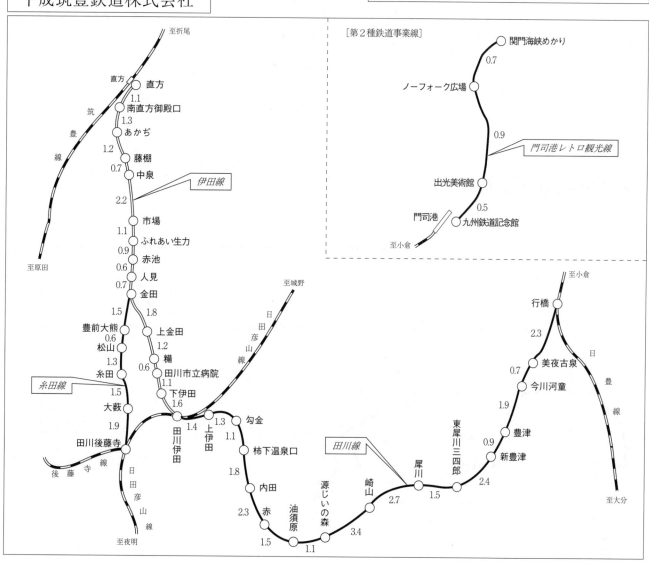

松浦鉄道株式会社

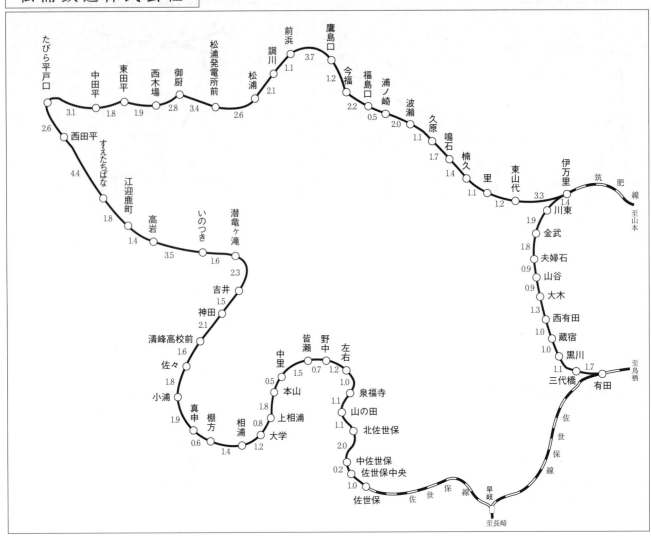

長崎電気軌道株式会社

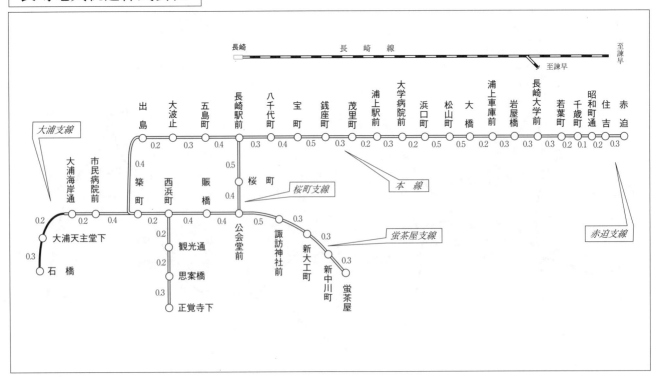

くま川鉄道株式会社

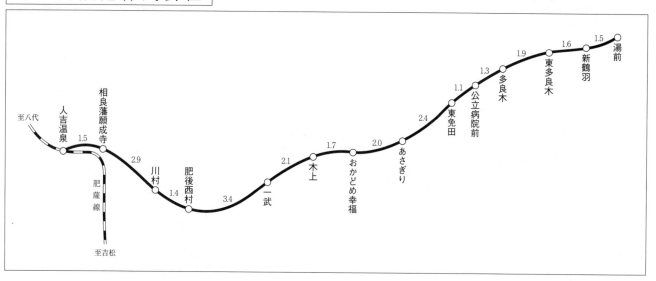

南阿蘇鉄道株式会社

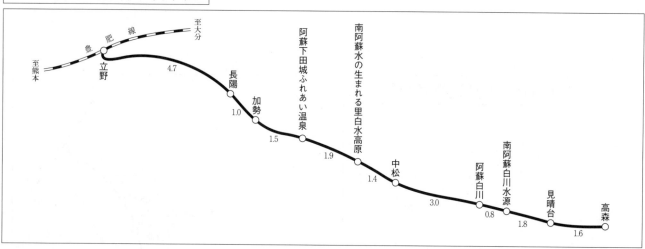

熊本市交通局

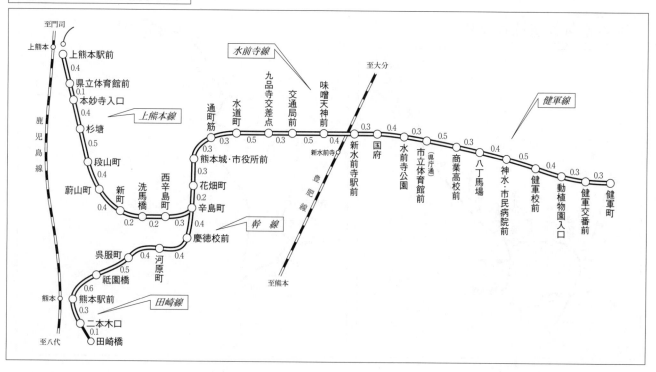

島原鉄道株式会社

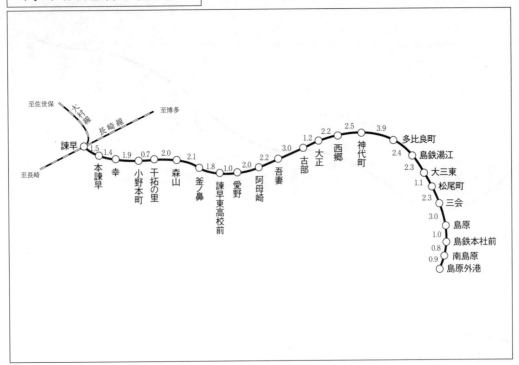

肥薩おれんじ鉄道株式会社

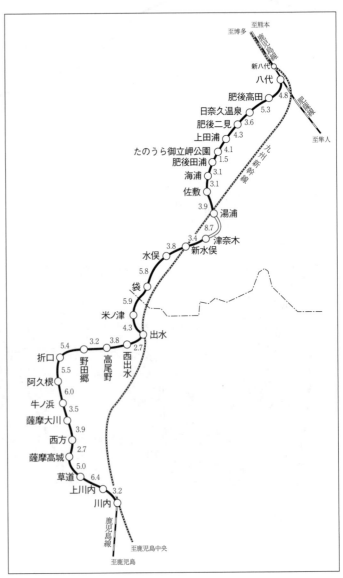

熊本電気鉄道株式会社

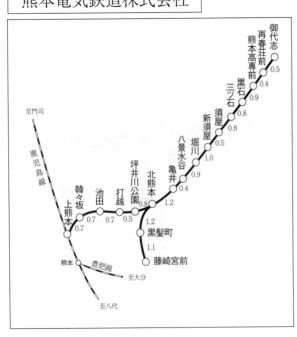

索　道　事　業

(平 30. 3.31現在)

		設置数	キ ロ 程	備　考
普 通 索 道	開 業 線	171	メートル 298,728	
	未 開 業 線	2	5,096	
	計	173	303,824	
特 殊 索 道	開 業 線	2,133	1,387,065	
	未 開 業 線	0	0	
	計	2,133	1,387,065	

索 道 事 業

（普　通・特　殊）

凡例

普通索道　（扉を有する閉鎖式の搬器を使用して旅客又は旅客及び貨物を運送する索道……ロープウェイ，ゴンドラリフト等）

特殊索道　（外部に解放された座席で構成されるいす式の搬器を使用して旅客を運送する索道……夏山リフト，スキーリフト，Tバー・Jバーリフト等）

普通索道　（その1）　　△印　旅客のみ

局別	府県	事業者名	本社又は事務所	代表者	区間	キロ程（米）	動力	許可年月日	運輸開始年月日	備考
北海道	△北海道	㈱札幌振興公社	札幌市中央区北12条西23丁目2番5号	星野　尚夫	藻岩山	1,198	電気	昭32.10. 1	昭33. 7. 5	
	△〃	㈱札幌リゾート開発公社	札幌市南区定山渓937番地先	大谷内　則夫	定山渓高原札幌国際スキー場（スカイキャビン8）	1,979	〃	53. 3.17	53.12.18	
	△〃	〃	〃		（　〃　　6）	1,708	〃	59. 6.14	59.12.18	
	△〃	ワカサリゾート㈱	有珠郡壮瞥町字昭和新山184-5	若狭　高司	大雪山旭岳スキー場（旭岳）	2,361	〃	平10. 4.24	平12. 6.26	
	△〃	〃	〃		昭和新山〜有珠山	1,370	〃	昭38. 9. 3	昭40. 4.18	
	△〃	登別温泉ケーブル㈱	登別市字登別温泉町224番地	西田　吏利	登別温泉	1,260	〃	32. 2.13	32. 7.27	
	△〃	函館山ロープウェイ㈱	函館市元町19-7	竹村　隆	函館山	835	〃	33. 6.10	33.11.15	
	△〃	㈱りんゆう観光	札幌市東区北9条東2丁目40-23	植田　拓史	上川町層雲峡	1,654	〃	40.11.30	42. 6.29	
	△〃	中央バス観光開発㈱	小樽市最上2丁目16-15	岡田　浩司	天狗山スキー場	734	〃	54. 7.23	54.12.18	
海	△〃	㈱プリンスホテル	東京都豊島区南池袋1丁目16-15	小山　正彦	ニセコアンヌプリ国際スキー場	2,273	〃	60. 5.24	60.12.18	
	△〃	〃	〃		富良野スキー場（富良野）	2,330	〃	56.12.25	57.12.18	
	△〃	〃	〃		（　〃　）（北の峰）	2,957	〃	61. 6.30	61.12.14	
	△〃	㈱鈴木商会	東京都千代田区霞ヶ関3丁目2-6	鈴木　一正	函館七飯スノーパーク	3,319	〃	60. 5.24	60.12.18	
	△〃	ニセコビレッジ㈱	虻田郡ニセコ町字東山1番地	ヨーシオック・カー	ニセコビレッジスキーリゾート（ニセコ東山）	2,032	〃	57. 2. 3	57.12.15	休止中
	△〃	〃	〃		（ニセコ）	2,660	〃	平6. 3.24	平6.12.12	
	△〃	〃	〃		Village Express	816	〃	28. 3.31	28.12. 1	
	△〃	〃	〃		Upper Village Gondola	250	〃	〃	28.12. 1	
	△〃	ニセコ東急リゾート㈱	虻田郡倶知安町字山田204番地	磯目　伸二	グラン・ヒラフ	1,878	〃	昭59. 7.23	昭59.12. 8	
	△〃	〃	〃		エース第2センターフォー	1,719	〃	平18. 6. 1	平18. 8. 1	
道	△〃	㈱ザ・ウィンザー・ホテルズ インターナショナル	虻田郡洞爺湖町清水336番地	丹生　雅之	ウィンザースノービレッジ	1,502	〃	3. 8. 6	5. 6.19	
	△〃	㈱星野リゾート・トマム	勇払郡占冠村字トマム2171-2	徐　暁亮	星野リゾートトマムスキー場（雲海ゴンドラ）	2,489	〃	昭57. 8.24	昭58.12.18	
	△〃	加森観光㈱	札幌市中央区北4条西4丁目1	加森　公人	ルスツリゾートスキー場（ウエスト）	1,104	〃	58. 4.12	58. 7.23	
	△〃	〃	〃		（　〃　　イースト1号）	1,654	〃	62.11. 9	62.12.27	
	△〃	〃	〃		（　〃　　2号）	2,071	〃			
	△〃	〃	〃		（イソラ1号）	2,858	〃	63.10.26	63.12.24	

区分	事業者名	所在地	代表者	索道名称					備考
△			〃	手稲山	1,086	〃	49. 3.26	49. 4. 1	休止中
△			〃	テイネオリンピアスキー場（エイトゴンドラ）	1,437	〃	平16. 8.17	平16.12.23	
△			〃	サホロリゾート	2,140	〃	昭60. 9. 6	昭61. 2. 8	
△	（一社）大雪カムイミンタラDMO	旭川市五条通7丁目1486番地	西川将人	カムイスキーリンクス	2,363	〃	60. 7.30	60.12.12	
△	（株）キロロアソシエイツ	余市郡赤井川村字常盤128番地1	メディ・タンマサタクル	キロロスノーワールド	3,309	〃	平3. 4.19	平4.11.14	｛平30. 4. 1 アライ地所（株）より譲受
△			〃	タウンゴンドラ	895	〃	29. 6.30		未開業
△	夕張リゾート（株）	夕張市末広2丁目4	米澤 椋	Mt.レースイスキーリゾート	1,794	〃	2. 3.27	3. 1.19	
△青森	八甲田ロープウェー（株）	青森市大字荒川字寒水沢1-12	蝦名正晴	八甲田ロープウェー（八甲田ロープウェー）	2,460	〃	昭42. 7. 3	昭43.10. 1	
△〃	青森リゾート（株）	西津軽郡鰺ヶ沢町大字長平町字西岩木山75	ケビン・チェン	青森スプリングスキーリゾート（ゴンドラ）	2,967	〃	平1. 6.16	平1.12.23	
△〃	東洋建物管理（株）	青森市橋本1丁目7-3	七尾嘉信	大鰐温泉スキー場（大鰐あじゃら公園ゴンドラ）	2,223	〃	1.10.17	1.12.24	休止中
△岩手	（株）プリンスホテル	東京都豊島区南池袋1丁目16-15	小山正彦	雫石スキー場（ローウェー）	930	〃	昭55. 8.22	昭55.12.17	
△〃		〃	〃	〃（第1ゴンドラ）	3,531	〃	59. 5.10	59.12.22	休止中
△〃		〃	〃	〃（第2ゴンドラ）	3,227	〃	63. 8.30	平1.12.23	
△〃	（株）岩手ホテルアンドリゾート	盛岡市愛宕下1-10	黒澤洋史	安比高原スキー場（安比ゴンドラ）	2,819	〃	62. 6.25	昭62.12.20	
△〃		〃	〃	〃（ザイラーゴンドラ）	3,494	〃	平3. 7. 8	平3.12.28	〃
△〃	（株）北日本リゾート	北上市和賀町岩崎新田国有林内	菅原三多英	夏油高原スキー場（第1ゴンドラ）	1,740	〃	3. 6. 7	5.12.16	
△〃		〃	〃	〃（第2ゴンドラ）	1,235	〃	1. 2. 9	2.12.24	
△〃	（株）鈴木商会	東京都千代田区霞ヶ関3丁目2-6	鈴木一正	岩手高原スノーパーク（ゴンドラ）	1,952	〃	11.12.16	11.12.18	
△宮城	（株）オニコウベ	大崎市鳴子温泉鬼首字小向原9-55	高橋勇次郎	リゾートパークオニコウベスキー場（ゴンドラ）	1,886	〃	昭62. 7. 2	昭62.12. 1	
△〃	宮城蔵王観光（株）	刈田郡蔵王町遠刈田温泉倉石岳国有林311林班ホ小班内	門脇信男	みやぎ蔵王えぼしスキー場（えぼし高原ゴンドラ）	1,979	〃	62. 6.11	62.12.19	
△秋田	特定非営利活動法人 森吉山	北秋田市阿仁銅山字鍵ノ滝字鍵ノ滝79-5	片岡信幸	阿仁スキー場（阿仁ゴンドラ）	3,473	〃	46. 9.14	48. 1. 8	
△山形	蔵王観光開発（株）	山形市鉄砲町2丁目13-18	小関和夫	蔵王温泉スキー場（蔵王中央ロープウェイ）	1,787	〃	38. 5.21	38.12. 7	
△〃	蔵王ロープウェイ（株）	山形市蔵王温泉229	大木剛裕	蔵王温泉スキー場（蔵王ロープウェイ山頂線）	1,871	〃	36. 7.26	37. 9.29	
△〃		〃	〃	〃（山麓線）	1,734	〃	38. 9.19	38.12.28	
△〃	（株）天元台	米沢市大字李山字大笠12118-6	山田長一	天元台高原（天元台ロープウェイ）	989	〃	30.11.16	31. 8.18	
△〃	蔵王観光開発（株）	山形市鉄砲町2丁目13-18	宮林伸一	蔵王温泉スキー場（蔵王スカイケーブル）	1,635	〃			

普通索道 （その2）　　△印　旅客のみ

局別	都道府県	事業者名	本社又は事務所	代表者	区間	キロ程（米）	動力	許可年月日	運輸開始年月日	備考	参考
東北	△福島	㈱日立・猪苗代リゾート	福島県耶麻郡猪苗代町字綿場7126	松村　学	猪苗代リゾートスキー場（天鏡台ゴンドラ）	1,733	電気	昭60. 6. 6	昭60.12.19		
	△ 〃	富士急行㈱	山梨県富士吉田市上吉田2丁目5-1	堀内　光一郎	あだたら高原スキー場（ゴンドラ）	1,506	〃	平1. 6.28	平1.12.22		
	△ 〃	㈱東急リゾートサービス	東京都港区南青山2丁目5-17	速川　智行	グランデコスノーリゾート（ゴンドラ）	2,392	〃	3. 2.25	4.12. 9		
	△ 〃	磐梯リゾート開発㈱	耶麻郡磐梯町大字更科字清水平6838-68	星野　佳路	アルツ磐梯スキー場（アルツゴンドラ）	2,389	〃	2. 7. 4	6. 1. 2		
北陸	△新潟	R&Mリゾート㈱	妙高市大字田切字西原216	石井　龍二	赤倉観光リゾートホテルゲレンデ（妙高高原スカイケーブル）	2,607	〃	昭59. 5.29	昭59.12. 1		
	△ 〃	㈱ライフスタイルサービス	南魚沼郡湯沢町大字土樽731-79	峠　重幸	岩原スキー場（岩原ゴンドラ）	2,812	〃	61.10. 7	62. 1. 7	休止中	
	△ 〃	㈱プリンスホテル	東京都豊島区南池袋1丁目16-15	小山　正彦	苗場スキー場（プリンス第1ゴンドラ）	2,221	〃	60. 4.16	60.12.13		
		〃	〃	〃	〃（ 〃 第2ゴンドラ）	1,753	〃	平6.12. 7	平7.12. 9		
		〃	〃	〃	〃（苗場・田代ゴンドラ）	5,481	〃	12. 6.29	13.12.21		
	△ 〃	〃	〃	〃	かぐらスキー場（みつまたロープウェイ）	823	〃	4. 5.28	4.11.28		
		〃	〃	〃	〃（かぐらゴンドラ）	3,131	〃	昭63.10.28	昭63.12.24		
	△ 〃	〃	〃	〃	妙高杉ノ原スキー場（妙高杉ノ原ゴンドラ）	3,074	〃	平9. 5.19	平9.12. 4		
		〃	〃	〃	六日町八海山スキー場（八海山ロープウェー）	2,217	〃	13. 7.18	13.12.15		
		〃	〃	〃	かぐら湯沢スキー場（田代ロープウェイ）	2,174	〃	昭58. 3.31	昭58.12.10		
	△ 〃	㈱ガーラ湯沢	南魚沼郡湯沢町大字湯沢字茅平1039-2	柳　隆夫	ガーラ湯沢スキー場（ディリィジャンス）	1,541	〃	平2. 5.21	平2.12.20		
		〃	〃	〃	（ランドー）	941	〃	2. 6.15	2.12.29		
信越	△ 〃	弥彦観光索道㈱	西蒲原郡弥彦村大字弥彦2898	加藤　治	弥彦山ロープウェイ	981	〃	昭32. 4.17	昭33. 4.14		
	△ 〃	㈱キュービットバレイ	上越市安塚区須川4820	石田　和久	キュービットバイパス場（ゴンドネージュ）	2,828	〃	平2. 5.11	平2.12.22		
		アパリゾート㈱	東京都港区赤坂3丁目2-3	元谷　外志雄	妙高パインバレースキー場（妙高パインバレーゴンドラ）	1,753	〃	1. 9. 8	1.12.29	休止中	
	△ 〃	㈱舞子リゾート	新潟県南魚沼市舞子2056-108	田中　章生	舞子スノーリゾートスキー場（舞子ゴンドラリフト）	2,736	〃	1. 4.24	1.12.22		
		湯沢高原㈱	新潟県南魚沼郡湯沢町大字湯沢490	島崎　秀典	湯沢高原スキー場（湯沢高原ロープウェイ）	1,303	〃	3. 5. 7	3.12.20		
		㈱ホテルアンドリゾート上越妙高	妙高市両善寺1966	亀田　修造	ロッテアライリゾート（新井ゴンドラ）	2,935	〃	29. 9.12	29.12.16		
長野	〃	ジェイ・マウンテンズ・セントラル㈱	下伊那郡阿智村智里3731-4	白澤　裕次	ヘブンスそのはらスキー場（園原12人乗りゴンドラリフト）	2,549	〃	5.10. 1	8. 8. 8		
	△ 〃	㈱プリンスホテル	東京都豊島区南池袋1丁目16-15	小山　正彦	志賀高原焼額山スキー場（焼額山第1ゴンドラ）	1,934	〃	昭58. 7. 7	昭58.12.16		

府県	事業者名	所在地	代表者	施設名		許可	開業	備考
△ 〃	〃	下高井郡山ノ内町大字平穏7149	春原 高志	（〃 第2ゴンドラ）	2,120	62. 7.16	62.12.24	
△ 〃	志賀高原リゾート開発㈱	〃	伊藤 英喜	東館山スキー場（東館山ゴンドラ）	1,348	51. 2. 7	51.11.20	
△ 〃	㈱五竜	北安曇郡白馬村大字神城22184-10	米村 匡人	白馬五竜スキー場（テレキャビン）	2,013	平7. 7.31	平7.11.30	
△ 〃	立科町	北佐久郡立科町大字芦田2532	江崎 吉剛	白樺高原国際スキー場（蓼科牧場ゴンドラ）	1,260	昭59.10. 3	昭60. 7. 1	
△ 〃	中央アルプス観光㈱	駒ヶ根市赤穂759-489	太田 達彦	千畳敷スキー場（中央アルプス駒ヶ岳ロープウェイ）	2,333	39. 8. 5	42. 7. 1	
△ 〃	㈱白馬フォーティセブン	北安曇郡白馬村大字神城24196-47	〃	Hakuba47ウィンターズスポーツパーク（第1ゴンドラ）	1,455	2. 8. 9	2.12. 1	
△ 〃	〃	〃	〃	（第4ゴンドラ）	1,228	16. 6. 7	16. 8. 1	休止中
△ 〃	栂池ゴンドラリフト㈱	北安曇郡小谷村大字千国乙12840-1	山岸 信也	栂池高原スキー場（栂池ゴンドラ）	4,126	昭57. 4.16	昭57.11.30	
△ 〃	〃	〃	〃	（〃 ロープウェイ）	1,194	平6. 3. 8	平6. 7.20	
△ 〃	㈱北八ヶ岳リゾート	茅野市北山4035	荻原 芳一	ピラタス蓼科スノーリゾート（横岳ロープウェイ）	2,147	2.10.24	4. 1. 1	
△ 〃	㈱野沢温泉	下高井郡野沢温泉村大字豊郷7653	片桐 幹雄	野沢温泉スキー場（長坂ゴンドラ）	3,515	2. 6. 8	2.12. 1	
△ 〃	〃	〃	〃	（日影ゴンドラ）	2,274	昭59. 5.18	昭59.11.20	
△ 〃	白馬観光開発㈱	北安曇郡白馬村大字北城12111 字白馬岳ホワイトプラザ2F	和田 寛	白馬八方尾根スキー場（ゴンドラ）	2,063	32.12.24	33.12.23	
△ 〃	〃	〃	〃	白馬岩岳スノーフィールド（ゴンドラリフト）	2,182	61. 3.12	61.11.15	
△ 〃	㈱興志賀高原リゾート	下高井郡山ノ内町大字夜間瀬 字大沢12377-17	大塚 秀博	奥志賀高原スキー場（ゴンドラ）	1,917	61. 6.16	61.12.13	
△ 〃	㈱御嶽リゾート	木曽郡王滝村3162	一ノ本 達己	おんたけ2240（御岳ゴンドラ山頂線）	2,425	平1. 4. 6	平1.12. 9	
△ 〃	アスモグループ㈱	木曽郡木曽町開田高原西野5346-1	今井 孝志	御岳ロープウェイスキー場（御岳ロープウェイ）	2,331	昭63. 6.13	1.12.13	
△ 〃	㈱北志賀竜王	下高井郡山ノ内町大字夜間瀬11700	荻野 正史	竜王スキーパーク（竜王ロープウェイ）	2,292	平2. 9.14	3.12. 7	
△ 〃	（一社）富士見町開発公社	諏訪郡富士見町富士見6666-703	名取 重治	富士見パノラマスキー場（ゴンドラ）	2,488	4. 3.31	4.12.19	
△ 富 山	立山黒部貫光㈱	富山市桜町1-1-36	佐伯 博	大観峰～黒部平	1,710	昭40. 4. 2	昭44. 7.25	
△ 〃	大山観光開発㈱	富山市原55	谷村 豊彦	山麓駅～山頂駅	1,832	51. 8. 9	52. 1.15	
△ 〃	医王アローザ㈱	南砺市才川七ヲスゲ原115	北島 清	山麓駅～山頂駅	1,649	平3. 3.28	平3.12.21	
△ 石 川	㈱スノーエリアマネジメント白山	白山市尾添リ63	山本 外勝	山麓停留場～山頂停留場	1,416	昭63.10.17	昭63.12.17	
△ 〃	〃	〃	〃	山麓駅～山頂駅	2,444	平2. 9. 3	平3.12.18	
△ 〃	〃	〃	〃	山麓停留場～山頂停留場	1,073	8. 3.28	8. 4.26	休止中

普 通 索 道 （その3）　　△印 旅客のみ

局別	府県	事業者名	本社又は事務所	代表者	区間	キロ程(米)	動力	許可年月日	運輸開始年月日	備考
関	△神奈川	㈱プリンスホテル	東京都豊島区南池袋1丁目16-15	小山正彦	箱根園～駒ヶ岳頂上	1,783	電気	昭37. 3. 8	昭38. 4.27	
	△〃	箱根ロープウェイ㈱	小田原市城山1-15-1 (小田急箱根ビル1階)	駒子篤也	早雲山～大涌谷	1,512	〃	28. 5.21	34.12. 6	
	△〃	〃	〃	〃	大涌谷～桃源台	2,516	〃	〃	35. 9. 7	
	△〃	㈱よみうりランド	東京都稲城市矢野口4015-1	杉山美邦	京王よみうりランド～よみうりランド入口	882	〃	平10. 2. 4	平11. 3.21	
群馬	△	谷川岳ロープウェー㈱	東京都墨田区押上2丁目18-12	池田直人	榛名山字沼の原～同富士山	527	〃	昭33. 4.22	昭33. 7.15	
	△〃	〃	〃	〃	谷川土合口～谷川岳天神平	2,399	〃	平15. 6.26	平17. 9.13	
	△〃	渋川市	渋川市石原80	髙木勉	不知帰～見晴台	499	〃	昭36.12.20	昭37. 7.14	
	△〃	㈱尾瀬岩鞍リゾート	利根郡片品村大字土出2609	星野寛	尾瀬岩鞍スキー場ゴンドラリフト	1,961	〃	平1. 8. 9	平1.12.23	
	△〃	㈱草津観光公社	吾妻郡草津町大字草津28	長井英二	草津町白根地内（白根山麓～山頂)	2,408	〃	昭51.12.22	昭52.12.17	
	△〃	プリーズベイオベレーション6号㈱	吾妻郡嬬恋村大字大笹字大平1832-1	津田則忠	バルコール嬬恋スキー場ゴンドラ	3,193	〃	平1. 7.19	平2.12.21	
	△〃	日本製紙総合開発㈱	東京都北区船堀1丁目1-9	赤津隆一	丸沼高原スキー場ゴンドラリフト	2,492	〃	10. 2.13	10.12.19	
	△埼玉	宝登興業㈱	秩父郡長瀞町大字長瀞1766-1	桜沢勇二	宝登山麓～宝登山頂	832	〃	昭35. 3. 1	昭36.11. 5	
	△千葉	鋸山ロープウェー㈱	富津市金谷4052-1	金子慎一	鋸山山麓～丸山山頂	680	〃	36. 5.20	37.12.12	
	△栃木	鬼怒川高原開発㈱	日光市鬼怒川温泉大原三ツ石1414	齋藤学	温泉山麓～丸山山頂	621	〃	34. 5.18	34.10.15	
	△〃	日光交通㈱	東京都墨田区押上1丁目1-2	渡辺剛志	明智平～展望台	300	〃	25. 9.30	25.10. 5	
	△〃	東野交通㈱	宇都宮市平出工業団地19-8	手塚基文	那須岳山麓～山頂	806	〃	35. 5. 1	37.10.19	
	△〃	㈱ハンターマウンテン塩原	那須塩原市湯本塩原字前黒	磯目伸三	明神岳山麓～山頂	2,419	〃	62. 5.22	63. 1.15	
	△〃	〃	〃	〃	マウント・ジーンズ・スキーリゾート那須	1,845	〃	平5. 4.27	平6.12.21	
東	△山梨	昇仙峡ロープウェイ㈱	甲府市緒方町441	鈴木康彦	仙峡滝～御岳パノラマ	1,009	〃	昭32. 9. 3	昭39.11. 1	
	△〃	富士急行㈱	富士吉田市新西原5-2-1	堀内光一郎	河口湖畔～天上山富士見台	460	〃	33. 6.11	34. 7.11	
	△〃	身延登山鉄道㈱	南巨摩郡身延町身延字上の山4226-2	堀内光一郎	久遠寺境内～奥之院	1,665	〃	37.12.27	38. 8.23	
	△茨城	筑波観光鉄道㈱	つくば市筑波1	手塚真一	つつじヶ丘～女体山	1,296	〃	38.12.27	40. 8.11	
中部	△静岡	遠州鉄道㈱	浜松市中区旭町12-1	斉藤薫	遊園地～大草山	724	〃	平10.11.24	平11. 4.24	
	△〃	㈱アタミ・ロープウェイ	熱海市和田浜南町8-15	小野澤紀雄	後楽園～八幡山	286	〃	昭29.11. 5	昭33. 5.16	

地方	府県		事業者名	所在地	代表者	区間	延長				備考
中部	静岡	△	静岡鉄道(株)	静岡市葵区鷹匠町1丁目1-1	今田 智之	日本平～久能山	1,075	31. 6.11	〃	32. 5.31	
	〃	△	下田ロープウェイ(株)	下田市東本郷1丁目3-2	内藤 誠	新下田～寝姿山	540	36. 2.27	〃	36.11. 1	
	〃	△	大 日(株)	東京都江戸川区西葛西3丁目16-12	中嶋 悟	温泉～葛城山	1,792	35.10.14	〃	37. 5. 3	
	岐阜	△	奥飛騨観光開発(株)	高山市昭和町1丁目165-1	横幕 信樹	新穂高温泉～鍋平高原	573	44. 5. 9	〃	45. 7.15	
	〃	△	〃	〃	〃	しらかば平～西穂高口	2.598	平 9. 3.19	〃	平10. 7. 3	
	〃	△	岐阜観光索道(株)	岐阜市千畳敷下257	篠田 元弘	千畳敷～金華山頂	599	昭29.10. 6	〃	昭30. 4.12	
	〃	△	(株)アルペン	名古屋市中区丸の内2丁目9-40	水野 敦之	ウイングヒルズ白鳥リゾート(ウイングゴンドラリフト)	2,257	平 2. 8.18	〃	平 2.12.20	
	〃	△	飛騨森林都市企画(株)	高山市高根町日和田幕岩下1739-1	松下 宏之	チャオ御岳マウンテンリゾート(リゾートゴンドラ(高)2)	1,967	9. 1.14	〃	10.11.27	
	〃	△	中部スノーアライアンス(株)	郡上市高鷲町西洞3086-1	一ノ本 達己	高鷲スノーパーク(ゴンドラリフト)	2,538	10.10.15	〃	11.12.20	
	三重	△	御在所ロープウエイ(株)	三重郡菰野町大字菰野8625	辻 智幸	湯ノ山温泉～御在所岳山頂	2,160	昭32. 2. 5	〃	昭34. 4.29	
	福井	△	勝山高原開発(株)	勝山市村岡町暮見第21号14-1	速川 智行	山麓駅～中間駅(1区線)～山頂駅(2区線)	4,201	平 3. 2.22	〃		未開業
近畿	滋賀	△	近江鉄道(株)	彦根市古沢町181番地	喜多村 樹美男	公園前～八幡城跡	545	昭36. 9.15	〃	昭37.11.23	
	〃	△	(株)マックアース	養父市丹戸896-2	一ノ本 達己	箱館山ゴンドラ(山ろく～山頂)	1,323	平11. 5.17	〃	平11.11.20	
	〃	△	ビスタジャポン(株)	東京都渋谷区渋谷3丁目13-5	廣嵜 美雄	山麓駅～ホテル前駅(伊吹山ゴンドラ)	1,442	昭63.12.29	〃	昭64. 1. 2	休止中
	〃	△	びわ湖バレイ(株)	大津市木戸1547-1	俣野 博志	柿ノ木～山頂	1,783	50. 4.14	〃	50.10.31	
	京都	△	京福電気鉄道(株)	京都市中京区壬生賀陽御所町3-20	岡本 光司	ロープウェイ比叡～比叡山頂	486	26. 8.20	〃	31. 7. 5	
	大阪	△	千早赤阪村	南河内郡千早赤阪村大字千早9	松本 昌親	千早赤阪村千早地区(金剛山)	1,349	39.11.18	〃	41. 4.17	
	兵庫	△	城崎観光(株)	豊岡市城崎町湯島806-1	橋本 俊郎	城崎温泉～大師山頂	676	37.10. 4	〃	38. 5.26	
	〃	△	(一財)神戸すまいまちづくり公社	神戸市中央区雲井通5丁目3-1	石井 陽一	虹の駅～星の駅(まやビューライン)	856	29. 6.23	〃	30. 7.12	
	〃	△	〃	〃	〃	表六甲～天狗岩～六甲山頂カントリー～有馬	2,268	44. 9.25	〃	45. 8.27	休止中
	〃	△	〃	〃	〃	六甲山頂カントリー～有馬	2,764		〃	45. 7.27	
	〃	△	神戸リゾートサービス(株)	神戸市中央区北野町1丁目4-3	俣野 博志	北野1丁目～風の丘(神戸布引ロープウェイ)	1,460	平 2. 3.15	〃	平 3.10.23	
	〃	△	山陽電気鉄道(株)	神戸市長田区御屋敷通3丁目1-1	上門 一裕	須磨浦公園～鉢伏山上	446	昭32. 3.14	〃	昭32. 9.18	
	〃	△	神姫バス(株)	姫路市西駅前町1	長尾 真	書写～書写山上(書写山ロープウェイ)	781	平 3.11. 1	〃	平 4.10. 1	
	〃	△	(株)MEリゾート但馬	養父市丹戸896-2	一ノ本 智毅	おじろスキー場(香美町小代ゴンドラリフト)	2,014	13.10.19	〃	13.12.23	
	〃	△	(株)ジャパンパーク&リゾート	北九州市八幡東区東田四丁目1番1号	加森 公継	姫路セントラルパーク内	317	15. 6.20	〃	15. 7.18	
	奈良	△	近畿日本鉄道(株)	大阪市天王寺区上本町6丁目1-55	和田林 道宜	葛城山地内	1,421	昭40. 7. 2	〃	昭42. 3.26	
	〃	△	吉野大峯ケーブル自動車(株)	吉野郡吉野町大字吉野山79	内田 恭	千本口～吉野山	349	2. 9. 8	〃	4. 3.12	

普 通 索 道 （その4）　　△印　旅客のみ

局別	府県	事業者名	本社又は事務所	代表者	区間	キロ程（米）	動力	許可年月日	運輸開始年月日	備考
中国	広島	おのみちバス㈱	尾道市東尾道18-1	林原義則	千光寺山麓〜山頂	365	電気	昭31. 9.10	昭32. 3.25	
	〃	広島観光開発㈱	広島市中区東千田町2-9-29	井手ヶ原誠	宮島弥山（紅葉谷〜獅子岩）	1,102 524	〃	32. 9. 3	34. 3.31	
	島根	瑞穂リゾート㈱	広島市西区南観音7丁目16-15	石井寿夫	阿佐山（山麓〜スキー場）	2,064	〃	61. 8. 8	61.12.23	
	〃	〃	〃	〃	〃	1,501	〃	平23. 4.18	平23. 5. 3	
	〃	㈱ユートピアマウンテンリゾート	浜田市旭町市木7600	田中章生	三ッ石山（山麓〜スキー場）	1,742	〃	3. 3.27	6.12.11	
国	山口	下関市	下関市南部町1-1	前田晋太郎	火の山（壇の浦駅〜火の山駅）	438	〃	昭32. 7.18	昭33. 4. 1	
	〃	錦川鉄道㈱	岩国市錦町広瀬7873-9	磯山英明	城山（山麓〜山頂）	412	〃	37. 6.19	38. 3.17	
四	徳島	（一社）徳島新聞社	徳島市中徳島町2-5-2	米田豊彦	西山手町1丁目〜天神山（眉山山頂）	787	〃	昭32. 1.16	昭32.12. 1	
	△	箸蔵山ロープウェイ㈱	三好市池田町字州津蔵谷1006	赤川正樹	藤ノ井〜蔵谷（箸蔵山ロープウェイ）	947	〃	平10.12.25	平11. 4. 1	
	△	四国ケーブル㈱	那賀郡那賀町和食郷字田野76	赤川正樹	和食郷〜龍山（大龍寺ロープ）	2,775	〃	3. 9.26	4. 7.21	
	△香川	小豆島総合開発㈱	小豆郡小豆島町安田甲144-88	佐伯直治	小豆島寒霞渓紅雲亭〜山頂	917	〃	昭36. 3. 3	昭38. 4. 3	
	〃	四国ケーブル㈱	観音寺市大野原町丸井字西開合1974-57	赤川正樹	大野原〜雲辺寺（雲辺寺ロープ）	2,594	〃	60. 7.29	62. 3.28	
	△愛媛	石鎚登山ロープウェイ㈱	西条市西之川下谷甲81	伊藤和豊	下谷〜成就	1,814	〃	42. 6.14	43. 8. 1	
国	〃	奥道後国際観光㈱	松山市末町乙267-1	一色克誠	奥道後公園内	1,168	〃	38.12.19	39.12.25	休止中
	〃	松山市	松山市二番町4丁目7-2	野志克仁	東雲口〜長者ヶ平	327	〃	30. 2. 2	30. 8. 7	
九	△長崎	雲仙ロープウェイ㈱	雲仙市小浜町雲仙551	相原倫明	仁田峠〜妙見	474	〃	昭31.11. 8	昭32. 7.15	
	〃	長崎市	長崎市桜町2-22	田上富久	淵神社〜稲佐山	1,100	〃	34. 5. 7	34.10. 4	
	△熊本	九州産交ツーリズム㈱	熊本市中央区辛島町5-1	小高直弘	阿蘇山西駅〜火口西駅	858	〃	32. 6. 1	33. 4.10	休止中
	〃	東阿蘇観光開発㈱	阿蘇市一の宮町大字宮地字東小堀6029の1	佐藤義興	阿蘇山東駅〜火口東駅	1,485	〃	38. 8.13	39. 8.18	休止中
州	△大分	別府ロープウェイ㈱	別府市大字南立石字寒原10-7	大塚弘	別府高原〜鶴見山頂	1,816	〃	36. 9.27	37.12.21	

特殊索道 （その1）

局別	府県	事業者名	本社又は事務所	代表者	区間	キロ程 米	動力	許可年月日	運輸開始年月日	備考
	北海道	㈱阿寒ロイヤルバレイ	釧路市阿寒町15線40-2	武隈 肇	阿寒ロイヤルバレイスキー場	540	電気	昭47.10. 3	昭48. 1. 5	
	〃	㈱東川振興公社	上川郡東川町西5号北44番地	鬼塚 幹雄	キャンモアスキービレッジ （No.1クワッドリフト）	1,133	〃	平3. 8.30	平3.12.22	未開業
	〃	〃	〃	〃	（No.2ペアリフト）	703	〃	30. 6.15		
北	〃	㈱キロロアソシエイツ	余市郡赤井川村字常磐128番地1	メディ・ダンマツタケル	キロロスノーワールド （長峰第1エクスプレス）	1,583	〃	1. 6.19	3.12. 1	
	〃	〃	〃	〃	（〃 第2エクスプレス）	1,040	〃	〃	〃	
	〃	〃	〃	〃	（センターエクスプレス）	1,127	〃	〃	〃	
	〃	〃	〃	〃	（余市第1エクスプレス）	1,765	〃	〃	〃	
	〃	〃	〃	〃	（〃 第2リフト）	406	〃	3. 2.13	〃	
	〃	〃	〃	〃	（ファミリー）	234	〃	1. 6.19	〃	
	〃	〃	〃	〃	（朝里第1リフト）	626	〃	3. 2.13	〃	
	〃	〃	〃	〃	（〃 第2エクスプレスリフト）	997	〃	〃	〃	
海	芦 別 市	芦別市	芦別市北1条東1丁目3	今野 宏	国設芦別スキー場 （第1ペア）	1,042	〃	6. 6.10	6.12.10	
	〃	〃	〃	〃	（第2リフト）	672	〃	昭56. 7.23	昭56.12.19	
	〃	〃	〃	〃	（第3リフト）	602	〃	60. 8. 8	60.12.14	
	〃	㈱日専連オホーツク網走	網走市南2条西2丁目7番地	小岩 吉夫	網走レークビュースキー場 （第2）	900	〃	平5. 9.24	平5.12.20	
	〃	石狩スポーツ企画㈱	札幌市東区東苗穂1条3丁目1-88	竹口 真	石狩平原スキー場 （第1リフト）	473	〃	14.11.29	14.12.21	
	〃	〃	〃	〃	（第2リフト）	270	〃	〃	〃	
	〃	空知リゾートシティ㈱	岩見沢市4条東1丁目6-1	重光 敬明	グリーンランド	712	〃	昭61. 5.12	昭61. 6.22	
	〃	〃	〃	〃	（第2）	465	〃	63.11. 7	63.12.18	
道	〃	㈱プラッサ	歌志内市歌神94番地15	斉藤 博	かもい岳国際スキー場 （第1Tバー）	710	〃	平1.11. 2	平1.12. 2	
	〃	〃	〃	〃	（第1ペア）	1,002	〃	昭55. 6.27	昭55.12. 6	
	〃	〃	〃	〃	（第2ペア）	584	〃	平5. 6.25	平5.11.28	
	〃	〃	〃	〃	（第3ペア）	911	〃	7.12.22	8.12.21	
	〃	特定非営利活動法人 枝幸三笠山スポーツクラブ	枝幸郡枝幸町北幸町912-44	山川 美智男	枝幸町三笠山スキー場	546	〃	昭57. 6.30	昭57.12.26	
	〃	安平町	勇払郡安平町早来大町95	瀧 孝	安平山スキー場 （安平山スキーリフト）	331	〃	平1.11. 9	平1.12.26	

都道府県	設置者	所在地	代表者	名称	数値		年月日	年月日	備考
北海道	猿払村	宗谷郡猿払村鬼志別西町172	伊藤 浩一	猿払村営スキー場	315	〃	1.10.18	1.12.30	
〃	音威子府村	中川郡音威子府村字音威子府444-3	佐近 勝	音威富士スキー場（第1)	765	〃	昭51. 5. 6	昭51.12.11	
〃	〃	〃	〃	（第2)	823	〃	56. 7. 9	56.12. 5	休止中
〃	小平町	留萌郡小平町字小平町216	関 次雄	小平町望洋台スキー場	484	〃	47. 8.17	47.12.23	
〃	置戸町	常呂郡置戸町字置戸181	井上 久男	南ヶ丘スキー場	314	〃	平 3. 9. 4	平 4. 1. 7	
〃	(一社)大雪カムイミンタラDMO	旭川市五条通7丁目1486番地	西川 将人	旭川カムイスキーリンクス（第1ペアリフトA線)	835	〃	昭59. 7.23	昭59.12.18	｛平30. 4. 1 アライ地所㈱より譲受
〃	〃	〃	〃	（第2ペアリフトA線)	973	〃	〃	〃	
〃	〃	〃	〃	（第3ペアリフト)	638	〃	〃	〃	
〃	〃	〃	〃	（第4ペアリフト)	760	〃	〃	〃	
〃	〃	〃	〃	（第5ペアリフト)	999	〃	40.11. 5	41. 1.15	
〃	加森観光㈱	札幌市中央区北4条西4丁目1	加森 公人	ルスツリゾートスキー場（ウエスト第1クワッド)	619	〃	48. 7.23	48.12.12	
〃	〃	〃	〃	（〃 第2クワッド)	924	〃	平 6. 8.30	平 6.12. 8	
〃	〃	〃	〃	（〃 タイガーペア)	511	〃	昭47. 6. 6	昭47.12. 3	
〃	〃	〃	〃	（イーストクワッド)	1,381	〃	62.10.12	62.12.27	
〃	〃	〃	〃	（〃 第1ペア)	721	〃	平 9.11. 7	平 9.12.13	
〃	〃	〃	〃	（〃 第2ペア)	810	〃	7. 9.11	7.12.17	
〃	〃	〃	〃	（イゾラ第1クワッド)	1,732	〃	1. 9.18	1.12.14	
〃	〃	〃	〃	（〃 第2クワッド)	1,421	〃	2. 7.24	2.12.29	
〃	〃	〃	〃	（〃 第3クワッド)	1,618	〃	7. 9.22	7.12.16	
〃	〃	〃	〃	（〃 第4クワッド)	1,139	〃	8. 9.30	8.12. 7	
〃	〃	〃	〃	（〃 第5ペアリフト)	498	〃	18. 9.25	18.12. 2	
〃	〃	〃	〃	（アクロス第1ペア)	149	〃	昭63.11. 7	昭63.12.24	
〃	〃	〃	〃	（〃 第2ペア)	514	〃	平19.11. 2	平19.12. 6	
〃	〃	〃	〃	（タワーペア)	1,189	〃		19.12.15	
〃	〃	〃	〃	テイネハイランド（サミットエクスプレス）	1,230	〃	昭58. 8.25	昭58.11.30	
〃	〃	〃	〃	（パノラマ1号)	1,024	〃	62. 8.24	62.12. 5	
〃	〃	〃	〃	（パノラマ2号)	997	〃	52. 4.22	52.12. 8	
〃	〃	〃	〃	（パノラマ第3)	721	〃	平 1. 9.19	平 1.12.22	
〃	〃	〃	〃	（パラダイス1号)	479	〃	昭51.11.26	昭52.12.28	休止中

特殊索道 (その2)

局別	府県	事業者名	本社又は事務所	代表者	区間	キロ程（米）	動力	許可年月日	運輸開始年月日	備考
北海道	北海道	加森観光㈱	札幌市中央区北4条西4丁目1	加森公人	テイネハイランド（手稲山第1）	625	電気	昭49. 3.26	昭49. 4. 1	休止中
	〃	〃	〃	〃	中山峠スキー場（第1ペア）	597	〃	41. 9. 2	41.12.11	
	〃	〃	〃	〃	〃（第3ペア）	851	〃	56. 7. 1	56.11.22	休止中
	〃	〃	〃	〃	テイネオリンピア（白樺平第1ペアA）	488	〃	58. 6.17	58.12. 6	
	〃	〃	〃	〃	〃（〃第1ペアB）	488	〃	〃	〃	
	〃	〃	〃	〃	〃（〃第2ペア）	261	〃	48. 6.26	48.12. 9	
	〃	〃	〃	〃	〃（〃第3ペア）	306	〃	46. 6. 7	48. 8.12	
北	〃	〃	〃	〃	〃（聖火台第1トリプル）	514	〃	60. 7.25	60.12.14	
	〃	〃	〃	〃	〃（〃第2）	505	〃	49. 9.25	49.12.20	休止中
	〃	〃	〃	〃	サホロリゾート（サホロ第1高速）	634	〃	平1.11.20	平1.12.15	
	〃	〃	〃	〃	〃（〃第2高速）	815	〃		1.12.10	
	〃	〃	〃	〃	〃（〃第4）	977	〃	昭58. 8. 1	昭58.12.17	
	〃	〃	〃	〃	〃（〃第6）	368	〃	56. 7.23	56.12. 5	
	〃	〃	〃	〃	〃（〃第6ペア）	546	〃	62. 9.25	62.12. 6	
	〃	〃	〃	〃	〃（〃第7）	643	〃	60. 9. 6	60.12.28	
海	〃	〃	〃	〃	〃（〃第8高速）	1,003	〃			
	〃	〃	〃	〃	〃（〃エキスプレス）	1,498	〃	平28. 5.16	平28.12.25	休止中
	〃	㈱函館不動産管理	亀田郡七飯町字大中山988-1	加森公継	函館横津岳スキー場（第1ペア）	594	〃	昭57. 6. 8	昭57.12.12	休止中
	〃	〃	〃	〃	〃（第2ペア）	680	〃	46. 9. 2	46.12.25	
	〃	〃	〃	〃	〃（第3ペア）	535	〃	平2. 9.13	平2.12. 1	
	〃	㈱北見都市施設管理公社	北見市美園369-1	佐藤尚二	北見若松市民スキー場（アカシヤ）	693	〃	6. 6.10	6.12.22	
	〃	特定非営利活動法人阿寒観光協会まちづくり推進機構	釧路市阿寒町阿寒湖温泉2丁目6番20号	大西雅之	阿寒湖畔スキー場（ペアリフト）	937	〃	昭62. 8.18	昭62.12.13	
道	〃	栗山町	夕張郡栗山町松風3丁目252	椿原紀昭	栗山町スキー場	317	〃	46. 8.12	46.12.18	
	〃	㈱鈴木商会	東京都千代田区霞ヶ関3丁目2-6	鈴木一正	北大雪スキー場（第1リフト）	951	〃	54. 7.19	54.12.11	休止中
	〃	〃	〃	〃	〃（第2リフト）	893	〃		54.12.28	〃

地方	事業者	住所	代表者	索道名	長さ(m)		設置	検査	備考
北	〃	〃	〃	（第３リフト）	514	〃	平2.9.6	55.1.2	〃
	〃	〃	〃	（第４リフト）	771	〃	52.9.6	52.12.20	〃
	Northern Arc Resort㈱	北見市端野町二区829	趙　徳英	函館七飯スノーパーク（第１ベア）	995	〃	59.8.30	60.1.2	〃
	〃	〃	〃	（第１高速）	1,766	〃	平1.6.1	平1.12.30	〃
	Yuki Kamui㈱	岩内郡岩内町字野東500番地18	グランナー・ジョン	ノーザンアークリゾートスキー場（ガルデット）	1,004	〃	1.11.8	1.12.16	
	〃	〃	〃	（デュオ）	471	〃			
海	〃	〃	〃	IWANAI RESORT（いわない第１）	827	〃	昭55.7.8	昭55.12.1	｛平29.12.6 岩本正則より譲受
	〃	〃	〃	（〃　第２）	597	〃			〃
	〃	〃	〃	（〃　第３）	607	〃			〃
	〃	〃	〃	（〃　第４）	981	〃	56.8.13	56.12.19	〃
	〃	〃	〃	（〃　第６）	439	〃			〃
	〃	〃	〃	（〃　センターペア）	703	〃	63.10.24	63.12.24	〃
	㈱プリンスホテル	東京都豊島区南池袋１丁目16-15	小山　正彦	（ニセコエストバレークワッド）	1,354	〃	平2.10.12	平2.12.30	休止中
	〃	〃	〃	富良野スキー場（富良野ダウンヒル第１高速）	1,943	〃	昭63.10.3	昭63.12.24	
	〃	〃	〃	（〃　ダウンヒル第２ロマンス）	785	〃	平3.8.13	平3.12.1	
	〃	〃	〃	（〃　ダウンヒル第３ロマンス）	571	〃	昭57.8.13	昭57.12.18	
	〃	〃	〃	（〃　ファミリーロマンス）	609	〃	59.8.30	59.12.1	休止中
	〃	〃	〃	（〃　プリンスロマンス）	600	〃	平4.7.22	平4.12.1	
道	〃	〃	〃	（北の峰第１高速）	1,057	〃	昭62.9.22	昭62.12.6	
	〃	〃	〃	（〃　第２ロマンス）	719	〃	48.10.2	48.12.22	休止中
	〃	〃	〃	（〃　第３Ａ）	1,090	〃	53.7.22	53.12.8	
	〃	〃	〃	（〃　第３Ｂ）	1,090	〃	63.9.12	63.12.8	〃
	〃	〃	〃	（連絡リフト）	924	〃	昭57.8.13	昭57.12.18	
	テルメ観光㈱	河東郡上士幌町字幌平北区48番地1	市田　雅之	（富良野第９）	798	〃	63.9.26	63.12.24	休止中
	〃	〃	〃	ぬかびら源泉郷スキー場（第１高速）	1,463	〃	63.9.12	63.12.21	
	〃	〃	〃	（〃　第２高速）	757	〃	63.8.25	〃	
	ニセコビレッジ㈱	虻田郡ニセコ町字東山1番地	ヨーンオック・カー	（〃　第３高速）	1,328	〃	63.9.12		
	〃	〃	〃	ニセコ東山スキー場（第１ロマンス）	672	〃	平2.9.13	平2.12.1	
	〃	〃	〃	（ダウンヒル第１Ａ）	913	〃	昭59.9.28	昭59.12.16	休止中

特殊索道 (その3)

局別	府県	事業者名	本社又は事務所	代表者	区間	キロ程 米	動力	許可年月日	運輸開始年月日	備考
北海道	北海道	ニセコビレッジ㈱	虻田郡ニセコ町字東山1番地	ヨーン・オッタ・カー	ニセコ東山スキー場 （ダウンヒル第1B）	913	電気	昭59. 9.28	昭59.12.16	休止中
	〃	〃	〃	〃	〃 （カントリーロードチェア）	1,015	〃	58. 8.23	58.12. 3	
	〃	〃	〃	〃	〃 （ワンダーランドチェアA）	838	〃	57. 8.13	57.12.19	
	〃	〃	〃	〃	〃 （ワンダーランドチェアB）	802	〃	〃	〃	
	〃	〃	〃	〃	〃 （森のチェア）	1,093	〃	〃	〃	
	〃	〃	〃	〃	〃 （バンザイチェア）	427	〃	59. 9.28	59.12.16	
	〃	〃	〃	〃	〃 （コミュニティーチェア）	682	〃	平8. 8. 9	平8.12. 1	
	〃	一般財団法人公園財団	東京都文京区関口1丁目47番12号	袰茂 壽太郎	滝野スノーワールド	256	〃	11. 2. 1	11.12.25	
	〃	㈱札幌リゾート開発公社	札幌市南区定山渓937番地先	大谷内 則夫	定山渓高原札幌国際スキー場 （ウッディーペア）	807	〃	5. 9. 2	5.11.23	
北	〃	〃	〃	〃	〃 （メルヘンクワッド）	1,296	〃	8.11. 7	9.12. 6	
	〃	〃	〃	〃	〃 （エコークワッド）	1,089	〃	28. 5.16	28.11.18	
	〃	〃	〃	〃	Fu's （フッズ） スノーエリア （第1ペア）	427	〃	昭39.12. 3	昭39.12.26	
	〃	〃	〃	〃	〃 （第1ロマンス）	606	〃	60.10.28	60.12.20	
海	〃	〃	〃	〃	〃 （第2ロマンス）	437	〃	〃	〃	
	〃	㈱札幌振興公社	札幌市中央区北12条西23丁目2番5号	星野 尚夫	大倉山ジャンプ競技場	346	〃	平10. 3.23	平12. 4.22	
	〃	佐呂間町	常呂郡佐呂間町字永代町3	川根 章夫	佐呂間町営スキー場	386	〃	昭59. 8.30	昭60. 1.15	
	〃	特定非営利活動法人 知床斜里町観光協会	斜里郡斜里町本町29番地8	野尻 勝規	斜里町ウナベツスキー場	708	〃	62.11.19	63. 1.19	
	〃	土別市	土別市東6条4丁目	牧野 勇司	土別日向スキー場 （第1）	528	〃	平29. 3.13	平29.11.28	
	〃	〃	〃	〃	〃 （第2）	761	〃	63. 6.27	63.12.25	
道	〃	標津町	標津郡標津町北2条西1丁目1-3	金澤 瑛	朝日町あさひスキー場	484	〃	55. 6.27	55.12.14	
	〃	〃	〃	〃	金山スキー場 （第1）	450	〃	54. 7. 2	55. 1.21	
	〃	〃	〃	〃	〃 （第2）	570	〃	63. 9.12	63.12.26	
	〃	島松ハイヤー㈱	恵庭市島松仲町1丁目2-24	小原 琢磨	恵庭市民スキー場	264	〃	48. 8.16	48.12.15	
	〃	新得町	上川郡新得町3条南4丁目26	濱田 正利	新得山スキー場 （第1）	802	〃	45. 7.13	45.12.26	
	〃	〃	〃	〃	〃 （第2）	336	〃	60. 7.30	61. 1. 2	休止中

	会社名	所在地	氏名	スキー場・索道名	長さ	単位	設置年月日	検査年月日	備考
新十津川町	(有)オオロロリゾート	樺戸郡新十津川町字中央301-1	熊田義信	新十津川町そっち岳スキー場ベアリフト	331	〃	平9. 5.16	平9.12.13	
〃	(株)ダンケシャパン	有珠郡壮瞥町字弁景204番地5	杉村治男	オロフレスキー場	391	〃	昭43.10.12	昭43.12.27	
〃		旭川市神居町富岡555番地2	大谷寿美子	サンダビントパークフロードリフ（グリーンベアA）	658	〃	55. 7.11	55.12.13	休止中
〃		〃	〃	〃（ B）	658	〃	61. 7.23	61.11.22	
〃		〃	〃	〃（ブラッキーベアA）	778	〃	平7. 9.11	平7.12. 1	
〃		〃	〃	〃（ B）	778	〃	〃	〃	
〃		〃	〃	〃（センターベア）	321	〃	〃	〃	
夕張リゾート(株)		夕張市末広2丁目4	米澤僚	ほろたちスキー場	635	〃	昭49. 7.22	昭49.12.15	
〃		〃	〃	Mt.レースイスキーリゾート（レースイース2）	863	〃	平1.10.27	平1.12.13	
〃		〃	〃	〃（ビギナース4）	588	〃	昭63.11. 7	昭63.12.18	
〃		〃	〃	〃（ダンサース4）	766	〃	〃	63.12.23	
〃		〃	〃	〃（スウィンガース2）	944	〃	平11. 9. 6	平11.11.26	
(株)グリーンたきのうえ		紋別郡滝上町字滝ノ上市街地4条通2丁目1	近藤信一	滝上町桜ヶ丘スキー場	422	〃	昭53. 8. 3	昭53.12.24	
天塩町		天塩郡天塩町新栄通8丁目	浅田弘隆	天塩町民スキー場	381	〃	62.10. 7	62.12.27	休止中
日本ハーモニーリゾート(株)		虻田郡倶知安町字岩尾別328番地36	コリン・リチャード・ハクウォース	花園スキー場（第1クワッド）	1,628	〃	平1.12.22	平4.12.23	
〃		〃	〃	〃（第2クワッド）	742	〃	〃	〃	
〃		〃	〃	〃（第3クワッド）	1,101	〃	〃	〃	
〃		〃	〃	ニセコワイススキー場（第1）	757	〃	昭48. 7. 3	昭49. 1.13	休止中
〃		〃	〃	〃（第2）	619	〃	49.12. 1	49.12. 1	〃
〃		〃	〃	〃（第3）	733	〃	〃	55.12.17	
〃		〃	〃	〃（第4）	563	〃	55.11.18	55.12.17	
〃		〃	〃	〃（第5）	434	〃	〃	〃	
緑風観光(株)		大阪市北区堂山町17番15号	若原康正	ビラオスキー場（イエロートリプル）	775	〃	47. 7.20	47.12.29	休止中
〃		〃	〃	〃（レッド）	443	〃	平12. 9.18	平12.12. 9	
〃		〃	〃	〃（ブルーベア）	486	〃	〃	〃	
登別温泉ケーブル(株)		登別市登別温泉町224	西田吏利	登別温泉	94	〃	昭43. 5. 2	昭43. 7.14	休止中
モイワ・リゾートオペレーション合同会社		虻田郡ニセコ町字ニセコ447番地5	(株)エルスプリングリアルティインベストメンツ	ニセコモイワスキー場（ニセコモイワクワッド）	1,574	〃	63.11. 7	63.12.24	休止中 平29.11.17｛合同会社モイワ・サッテン・ホールディングスより譲受
〃		〃	〃	〃（ベア）	919	〃	〃	〃	
〃		〃	〃	〃 第2ベア	392	〃	平24.10.22	平25. 1. 2	

特殊索道 (その4)

局別	府県	事業者名	本社又は事務所	代表者	区間	キロ程	動力	許可年月日	運輸開始年月日	備考
北海道	北海道	㈱登別ゴルフ場	登別市中登別町171	加森公継	カルルス温泉国設サン・ライパスキー場（第1ペア）	650	電気	平4. 6.24	平4.12.20	
	〃	〃	〃	〃	（第2ペア）	852	〃	〃	〃	
	〃	〃	〃	〃	（第3ペア）	537	〃	〃	〃	
	〃	㈱サロベツカントリークラブ	天塩郡豊富町字上サロベツ1718番地	鈴木講二	豊富温泉スキー場（豊富温泉ペアリフト）	474	〃	1. 9.27	1.12.24	休止中
	〃	当別町	石狩郡当別町白樺58-9	泉亭俊彦	当別町中小屋スキー場	502	〃	3. 7. 3	4.12.20	休止中
	〃	㈱ザ・ウィンザー・ホテルズインターナショナル	虻田郡洞爺湖町清水336番地	丹生雅之	ウィンザースノービレッジ（レイク1）	713	〃	3. 8. 6	5. 1.15	〃
	〃	〃	〃	〃	（レイク2）	290	〃	〃	〃	〃
	〃	〃	〃	〃	（〃3）	565	〃	〃	〃	
	〃	〃	〃	〃	（マリン2）	665	〃	4. 7.30	5.12.19	
	〃	〃	〃	〃	（〃3）	187	〃	5. 7.16	6. 1. 2	休止中
	〃	〃	〃	〃	（〃1）	1,358	〃			
海	〃	中頓別町	枝幸郡中頓別町字中頓別172	小林生吉	寿スキー場	608	〃	昭55. 7. 9	昭55.12.20	
	〃	長沼町	夕張郡長沼町中央北1丁目1-1	戸川雅光	長沼スキー場（第1）	482	〃	54. 7. 4	55. 1. 8	
	〃	〃	〃	〃	（第2）	412	〃	59. 8. 8	59.12.23	
	〃	〃	〃	〃	（第3）	414	〃	平6. 9.29	平6.12.21	
	〃	㈱名寄振興公社	名寄市大通南1丁目1	久保和幸	名寄ピヤシリスキー場（第1ペア）	696	〃	昭48. 7.28	昭48.12.29	
	〃	〃	〃	〃	（第2ペア）	406	〃	平15. 7.16	平15.12. 6	
	〃	〃	〃	〃	（第3ペア）	627	〃	昭61. 6.30	昭61.12. 6	
	〃	〃	〃	〃	（第4ロマンス）	1,395	〃			
道	〃	㈱上富良野振興公社	空知郡上富良野町大町2丁目2-11	石田昭彦	上富良野町営日の出スキー場	200	〃	60.10.14	60.12.21	
	〃	（一社）なかふらの観光協会	空知郡中富良野町本町9番1号	日向猛	中富良野北星スキー場	333	〃	61.12.15	61.12.25	
	〃	㈱北海道名販	伊達市大滝区三階滝町637番地1	元田英樹	仁木町民スキー場	543	〃	58.10.20	59. 1. 2	
	〃	㈱函館ニヤマレジャーセンター	亀田郡七飯町字仁山670	難波節雄	仁山高原スキー場（第1A）	416	〃	61. 9.26	61.12. 7	
	〃	〃	〃	〃	（第1C）	858	〃	58. 8.23	58.12.17	
	〃	〃	〃	〃	（第1ロマンス）	450	〃	61. 9.26	61.12.14	

	事業者	所在地	代表者	施設名					備考
〃				（第2ペア）	353	〃	41. 9.30	41.12.19	
〃				（第3ペア）	518	〃	56. 7.25	56.12.12	休止中
〃				（第1クワッド）	680	〃	41. 9.30	41.12.19	
北	三笠振興開発㈱	三笠市本町971番地1	北 濱 敏 夫	桂沢国設スキー場	811	〃	平13. 9. 7	平13.12.22	
	ニセコ東急リゾート㈱	虻田郡倶知安町字山田204番地	磯 目 伸 三	グラン・ヒラフ（キング第1ペアA）	581	〃	昭58. 8.24	昭58.11.23	
	〃		〃	（キング第1ペアB）	581	〃	〃	〃	
	〃		〃	（キング第2クワッド）	1,138	〃	63.11. 7	63.12.11	
	〃		〃	（キング第3クワッド）	1,356	〃	平28. 4.20	平28.12. 3	
	〃		〃	（キング第4）	526	〃	昭58. 7. 1	昭58.11.23	
	〃		〃	（ホリデー第1ペア）	668	〃	平19. 8.31	平19.12. 8	
	〃		〃	（ホリデー第3）	991	〃	昭57. 6. 8	昭57.11.21	
海	〃		〃	（エース第1ペア）	626	〃	62.11. 9	62.12.12	
	〃		〃	（エース第3ペアB）	881	〃	58. 8.23	58.11.23	
	〃		〃	（エース第4ペア）	722	〃	59. 5.26	59.12. 8	
	〃		〃	（エース第2センター4）	1,719	〃	60. 4.25	60.11.23	
	〃		〃	（スインギングモンキークワッド）	532	〃	平17. 9.12	平17.12.10	
	〃		〃	（エースファミリークワッド）	841	〃	29. 3. 8	29.12. 1	
	㈱ニュージャパン	岩見沢市上志文町452	舘 田 信 彦	岩見沢萩の山市民スキー場（第1ペアA）	395	〃	昭41.10. 8	昭41.12.15	
	〃		〃	（ 〃 第1ペアB）	395	〃	43. 9.12	43.12.14	
	〃		〃	（第3ペア）	446	〃	平6. 9.19	平6.12.17	
	〃		〃	（第7ペアA）	444	〃	昭56. 7.13	昭56.12.20	
	〃		〃	（第7ペアB）	444	〃	〃	〃	
	㈱Sasson	小樽市朝里川温泉1丁目504番地	渡 邊 謙 二	朝里川温泉スキー場（レッドA）	694	〃	54. 7. 3	54.11.24	
	〃		〃	（ 〃 B）	694	〃	〃	〃	
道	〃		〃	（グリーン）	457	〃	平3. 8.13	平3.12. 1	
	〃		〃	（イエローA）	461	〃	昭57. 6. 8	昭57.11.26	
	〃		〃	（ 〃 B）	461	〃	〃	〃	
	〃		〃	（パープル）	944	〃	63. 9. 2	63.11.26	休止中
	㈱アンビックス	札幌市中央区南1条西7丁目1-2	前 川 二 郎	美唄国設スキー場 （ペア）	717	〃	50. 8.21	50.12.21	

特殊索道

（その5）

局別	府県	事業者名	本社又は事務所	代表者	区間	キロ程 (米)	動力	許可年月日	運輸開始年月日	備考
北海道	北海道	㈱アンビックス	札幌市中央区南1条西7丁目1-2	前川 二郎	美唄国設スキー場（Jバー）	398	電気	平6.9.30	平6.12.17	休止中
〃	〃	〃	〃	〃	北広島クラッセスノーパーク	255	〃	20.11.6	20.12.27	
	〃	沼田町	雨竜郡沼田町南1条3丁目6-53	金平 嘉則	沼田町営高穂スキー場	337	〃	昭54.8.17	昭54.12.28	
北	〃	グリーンピア大沼㈱	茅部郡森町字赤井川229番地	安田 富夫	グリーンピア大沼スキー場（第1ペア）	690	〃	63.10.5	63.12.7	
	〃	〃	〃	〃	（第2ペア）	483	〃	〃	〃	
	〃	羽幌町	苫前郡羽幌町南町1番地1	駒井 久晃	羽幌町営スキー場	724	〃	平9.12.1	平10.12.13	
	〃	㈱マックアースリゾート北海道	小樽市春香町357番地	一ノ本 達己	スノークルーズ・オーンズ（オーンズA）	410	〃	1.10.24	1.12.16	
	〃	〃	〃	〃	（ クワッド）	829	〃	1.10.3	2.12.25	
	〃	札幌ばんけい㈱	札幌市中央区盤渓475	井上 浩勝	今金町ピリカスキー場（第1）	1,294	〃	昭55.6.27	昭55.12.6	
海	〃	〃	〃	〃	ばんけいスキー場（ウエストシングル）	342	〃	57.7.6	57.12.25	
	〃	〃	〃	〃	（オレンジペア）	709	〃			
	〃	〃	〃	〃	（グリーンペア）	407	〃			
	〃	〃	〃	〃	（センター）	391	〃	58.8.4	58.12.13	
	〃	〃	〃	〃	（イーストペア）	455	〃	60.8.30	60.12.28	
	〃	〃	〃	〃	（ウエストペア）	759	〃	61.10.4	61.12.19	
	〃	㈱フォーレストパーク	紋別郡遠軽町字野上150-1	河原 英男	ロックバレースキー場（ロックバレーペアリフト）	883	〃	61.8.15	61.11.30	
	〃	興部町	紋別郡興部町字興部710	硲 一寿	興部町営スキー場	336	〃	61.7.8	61.12.20	
	〃	㈱美瑛英スパークヒルリゾート	旭川市2条通7丁目左6号	加藤 昌樹	白金スキーハイランドパークヒルバレー	458	〃	平3.8.6	平3.12.24	休止中
	〃	日高町	沙流郡日高町本町東3丁目299-1	三輪 茂	日高国際スキー場（第1ペア）	598	〃	昭47.7.12	昭47.12.17	
	〃	〃	〃	〃	（第2ペア）	553	〃			
道	〃	〃	〃	〃	（第3ペア）	452	〃	平25.5.22	平26.1.4	
	〃	〃	〃	〃	（第4ペア）	513	〃			
	〃	美幌町	網走郡美幌町字東2条北2丁目25番地	土谷 耕治	リリー山スキー場	397	〃	14.4.30	14.12.14	
	〃	比布町	上川郡比布町北町1丁目2-1	伊藤 喜代志	びっぷスキー場（第1）	541	〃	昭54.7.2	昭54.11.24	
	〃	〃	〃	〃	（第2ペアバラA）	617	〃	平4.7.30	平4.11.21	

地方	会社名	所在地	代表者	名称	こう長(m)	種別	年月日①	年月日②	備考
北海道	〃			（　　B）	617	〃	昭57. 7. 6	昭57.11.20	休止中
	〃			（第3パラレルA）	440	〃			
	〃			（　　B）	440	〃			
	〃			（第6ペア）	1,181	〃	平1. 9.21	平1.11.18	
	㈱ダイナスティリゾート	北広島市仁別82番地4	草野　馨	ダイナスティスキー場（ダイナスティ第1）	374	〃	昭53. 8. 3	昭53.12.23	
	〃			（　〃　　第2）	440	〃	56. 7.23	56.12.15	
	〃			（　〃　第3ペア）	436	〃	59. 8.21	60. 1. 6	
	北海道リゾート開発㈱	稚内市大黒2丁目3-14	丹羽幹典	ノースバレースキー場	1,008	〃	平6. 8. 9	平6.12.25	
	中央バス観光開発㈱	小樽市最上2丁目16-15	岡田浩司	ニセコアンヌプリ国際スキー場（ファミリーリー）	516	〃	昭62.10.27	昭62.11.29	
	〃			（ジャンボ第1クワッド）	1,117	〃	平4. 8.25	平4.12.18	
	〃			（　〃　第2ペア）	764	〃	昭63. 9.26	昭63.12.13	
	〃			（　〃　第3ペア）	569	〃	47. 5.24	47.12.27	
	〃			（　〃　第4ペア）	604	〃	59. 6.23	59.12.28	
	〃			（ドリーム第1クワッド）	433	〃	平29. 6.20	平29.12. 1	
	〃			小樽天狗山スキー場（山頂ファミリー）	378	〃	昭54. 9.27	昭54.12.21	
	〃			（パノラマペア）	1,094	〃	平5. 9. 3	平5.12.18	
	増毛町	増毛郡増毛町大字弁天町3丁目	堀　雅志	暑寒別岳スキー場（第1ペア）	836	〃	昭55. 7. 9	昭55.12.21	
	〃			（第2ペア）	568	〃	平4. 7. 6	平4.12.19	
	㈱りんゆう観光	札幌市東区北9条東2丁目40-23	植田拓史	藻岩山スキー場（第1A）	378	〃	昭54. 7. 2	昭54.12.12	
	〃			（第1B）	378	〃	〃	〃	
	〃			（第2トリプル）	690	〃	34.12. 4	35. 1.30	
	〃			（第3ペア）	390	〃	58. 8. 4	58.12.24	
	〃			（第4トリプル）	626	〃	43. 9.27	43.12.20	
	〃			大雪山・層雲峡黒岳スキー場	1,108	〃	45. 9. 3	46. 1.12	
	㈱星野リゾート・トマム	勇払郡占冠村字中トマム2171-2	徐　暁亮	星野リゾートトマムスキー場（第1ペア）	882	〃	57. 8.24	58.12.18	
	〃			（ニボチェア）	1,214	〃	57. 8.24	58.12.18	
	〃			（フォレストチェア）	601	〃	59.10.23	59.12.22	
	〃			（フリースタイルチェア）	992	〃	61.10. 7	61.12.25	
	〃			（タワーエキスプレス）	1,061	〃	61.10. 7	61.12.25	

特殊索道

（その6）

局別	府県	事業者名	本社又は事務所	代表者	区間	キロ程	動力	許可年月日	運輸開始年月日	備考
北海道	北海道	㈱星野リゾート・トマム	勇払郡占冠村字中トマム2171-2	徐　暁亮	星野リゾートトマムスキー場（トマムエキスプレス）	米 1,401	電気	平25. 8. 9	平25.12.15	
	〃	〃	〃	〃	〃 （ロマンスチェア）	644	〃	〃	25.12.19	
	〃	〃	〃	〃	〃 （パウダーエキスプレス）	1,795	〃	26. 7.23	26.12.13	
	〃	室蘭リゾート開発㈱	室蘭市香川町224-1	小泉　賢一	だんパラスキー場	414	〃	昭62.10. 3	昭62.12.25	
	〃	めむろ新嵐山㈱	河西郡芽室町中美生2線42番地	常山　誠	メムロスキー場（第1パラレルA）	605	〃	53. 8.21	53.12.23	
	〃	〃	〃	〃	〃 （　〃　B）	605	〃	〃	〃	
	〃	〃	〃	〃	（第2パラレルB）	333	〃	58. 8. 1	59. 1.14	
	〃	特定非営利活動法人 紋別市体育協会	紋別市南が丘町7丁目47-1	森　安春	紋別大山スキー場（第1ロマンス）	393	〃	49. 9. 4	49.12.22	
	〃	羅臼町	目梨郡羅臼町栄町100-83	脇　紀美夫	羅臼町民スキー場（第1）	706	〃	55. 7.31	55.12.27	
	〃	〃	〃	〃	〃 （第2）	414	〃	55. 7. 2	56. 1.10	休止中
	〃	㈱ホーツクアパイロメント	北見市留辺蘂町旭中央26番地9	森谷　正道	留辺蘂町八方台スキー場（第2）	526	〃	平 2.10.29	平 3. 1.12	〃
	〃	稚内市	稚内市中央3丁目13-15	工藤　広	こまどりスキー場（第1ペア）	457	〃	1. 8. 4	1.12.24	
	〃	〃	〃	〃	（こまどりスキー場第2ペアリフト）	289	〃	1.11. 7	1.12.24	
	〃	〃	〃	〃	（　　ペアリフト）	296	〃	3. 9.10	3.12.27	
	〃	道北農環境整備事業協同組合	上川郡和寒町字西野120	伊藤　昭宣	東山スキー場（第1ペア）	574	〃	昭44. 9.27	昭44.12.19	
	〃	〃	〃	〃	〃 （第2）	309	〃	56. 7. 9	56.12. 5	
	〃	南富良野町	空知郡南富良野町字幾寅	池部　彰	南ふらのスキー場（第1）	555	〃	60. 8.30	60.12. 6	
	〃	〃	〃	〃	〃 （第2）	786	〃	55. 7.31	55.12.26	
	〃	〃	〃	〃	〃 （第3）	640	〃	60. 8.30	60.12. 6	休止中
	〃	沢口産業㈱	紋別郡湧別町上湧別屯田市街地3015番地5	吉田　耕造	五鹿山スキー場	459	〃	60. 6. 3	60.12.21	
	〃	清里町	斜里郡清里町羽衣町13	櫛引　政明	清里町営緑スキー場	462	〃	平 2. 8.23	平 3. 1. 3	
	〃	幌延町	天塩郡幌延町宮園町1-1	野々村　仁	東ケ丘スキー場	231	〃	4. 7.30	4.12.29	
	〃	積丹町	積丹郡積丹町大字美国町字船潤48	益子　清美	積丹町野外スポーツ林スキー場	389	〃	昭60. 8. 8	昭60.12.24	休止中
	〃	倶知安町	虻田郡倶知安町北1条東3丁目3	西江　栄二	倶知安町旭ケ丘スキー場	362	〃	平 5. 7. 5	平 5.12.25	
	〃	美深町	中川郡美深町字西町18	山口　信夫	美深町民スキー場	289	〃	7. 7.28	7.12. 2	

地方	設置者	所在地	氏名	スキー場名	人員		設置年月日	検査年月日	備考
北海道	知内町	上磯郡知内町字重内21-1	大野幸孝	知内町営スキー場	310	〃	3.10.9	4.1.16	
〃	八雲町	二海郡八雲町住初町138番地	岩村克詔	八雲町営スキー場	401	〃	13.2.21	13.12.22	
〃	幕別町	中川郡幕別町本町130番地	飯田晴義	明野ヶ丘スキー場	288	〃	15.5.1	15.12.24	
〃	〃		〃	白銀台スキー場	685	〃	4.6.9	4.12.23	
青森	(一財)青森市観光レクリエーション振興財団	青森市大字雲谷字梨野木63	石澤幸造	モヤヒルズ（オダマリペア）	551	〃	平10.12.17	平10.12.18	
〃	〃	〃	〃	（カタクリペア）	727	〃	〃		
〃	〃	〃	〃	（アケビペア）	568	〃	〃		
〃	〃	〃	〃	（コスモスクワッド）	593	〃	〃		
〃	(株)岩木スカイライン	中津軽郡岩木町大字常盤野字黒森56-2	梅原寛	岩木山（津軽岩木スカイライン）	560	〃	昭41.2.24	昭41.9.14	
〃	(一財)岩木山振興公社	弘前市大字百沢字寺沢28-29	對馬壽幸	岩木山百沢スキー場（第1ペア）	1,089	〃	63.10.3	63.12.10	
〃	〃	〃	〃	（第2ペア）	764	〃	2.10.25	3.1.5	
〃	〃	〃	〃	（第3ペア）	980	〃	平3.10.17	平3.12.20	
〃	東洋建物管理(株)	青森市橋本1丁目7-3	七尾嘉信	そうまロマントピアスキー場（ロマントピアペア）	353	〃	9.11.27	9.12.13	
〃	〃	〃	〃	大鰐温泉スキー場（大鰐第3ペア）	507	〃	昭63.10.17	昭63.12.24	
〃	〃	〃	〃	（〃第5）	938	〃	平1.10.17	平1.12.24	
〃	〃	〃	〃	（〃第7ペア）	733	〃	2.10.11	2.12.24	
〃	〃	〃	〃	（〃第8ペア）	789	〃	17.10.30		休止中
〃	〃	〃	〃	（大鰐あじゃら公園第9ペア）	761	〃	9.11.27	9.12.13	
〃	〃	〃	〃	（国際ファミリー）	864	〃	〃	〃	
〃	〃	〃	〃	（雨池ペア）	557	〃	〃	〃	
〃	青森リゾート(株)	西津軽郡鯵ヶ沢町大字長平町字西岩木山75	ケビン・チェン	青森スプリングスキーリゾート（第1高速）	1,699	〃	2.5.30	2.12.27	
〃	〃	〃	〃	（第2高速）	1,006	〃	4.9.3	4.12.23	
〃	〃	〃	〃	（第1ロマンス）	1,448	〃	5.8.30	5.12.23	
〃	〃	〃	〃	（第2ロマンス）	1,137	〃	12.8.21	12.12.8	
〃	田子町	三戸郡田子町大字田子字天神堂平81	山本晴美	創遊村229スキーランド（第1）	587	〃	6.9.12	6.12.23	
〃	〃	〃	〃	（第2）	442	〃	〃	〃	
〃	南部縦貫(株)	上北郡七戸町字荒田48-1	盛田隆造	七戸町営スキー場（第1ペア）	407	〃	昭50.7.16	昭51.1.8	休止中

特殊索道 （その7）

局別	府県	事業者名	本社又は事務所	代表者	区間	キロ程(米)	動力	許可年月日	運輸開始年月日	備考
東	青森	十和田観光電鉄㈱	十和田市稲生町17-3	白石 鉄右ェ門	まかど温泉スキー場（第1ロマンス）	306	電気	平1. 9.13	平1.12.28	
	〃	〃	〃	〃	〃（第2ロマンス）	556	〃	昭62.10.13	昭62.12.31	
	〃	〃	〃	〃	〃（第3ロマンス）	819	〃	平7. 9.13	平7.12.17	
	〃	(一財)十和田湖ふるさと活性化公社	十和田市大字奥瀬字渡道39-1	渡部 毅	十和田湖温泉スキー場（第1ロマンス）	635	〃	1. 8.30	1.12.16	
	〃	〃	〃	〃	〃（第2ロマンス）	759	〃	4. 8.27	4.12.12	
	〃	八甲田パーク㈱	青森市大字荒川字寒水沢1-34	田中 日出雄	八甲田スキー場（第1ペアA）	599	〃	昭57. 9. 2	昭57.12. 4	休止中
	〃	〃	〃	〃	〃（第1ペアB）	735	〃	62. 8.31	62.11.29	
	〃	㈱グリーンシステム平内	東津軽郡平内町大字小湊字下槻5-24	七尾 孝洋	夜越山スキー場（夜越山ペア）	487	〃	平6. 9.12	平6.12.18	
	〃	特定非営利活動法人むつ市体育協会	むつ市中央1丁目8-1	吉原 朋治	むつ市釜臥山スキー場（むつ市第1）	609	〃	昭47. 9.28	昭48. 1. 9	
	〃	〃	〃	〃	〃（〃 第2）	759	〃	56. 7. 8	57. 1.10	
北	岩手	八幡平市	八幡平市野駄第21地割170	田村 正彦	八幡平市田山スキー場（第1）	684	〃	58. 9.10	58.12.21	
	〃	〃	〃	〃	〃（〃 第2）	321	〃	平15.10. 7	平15.12.27	
	〃	㈱岩手ホテルアンドリゾート	盛岡市愛宕下1-10	黒澤 洋史	安比高原スキー場（セントラル第1）	1,037	〃	昭58. 7.29	昭58.12.11	
	〃	〃	〃	〃	〃（〃 第3A）	774	〃	57. 8.20	57.12.19	
	〃	〃	〃	〃	〃（〃 第3B）	773	〃	56. 8.21	56.12.15	
	〃	〃	〃	〃	〃（〃 第6）	900	〃	60. 8. 9	60.12. 1	
	〃	〃	〃	〃	〃（〃 第3D）	901	〃	58. 7.29	59.12.20	
	〃	〃	〃	〃	〃（〃 第4）	664	〃	61. 8.30	61.12.12	休止中
	〃	〃	〃	〃	〃（西森）	652	〃	60. 8. 9	60.12. 1	
	〃	〃	〃	〃	〃（セントラルクワッド）	954	〃	56. 8.21	56.12.15	
	〃	〃	〃	〃	〃（ザイラークワッド）	2,142	〃	61. 8.30	61.12.24	
	〃	〃	〃	〃	〃（〃 連絡）	1,288	〃	62. 9.25	62.12.20	
	〃	〃	〃	〃	〃（〃 第1）	1,310	〃	平2. 9.10	平2.12.27	
	〃	〃	〃	〃	〃（〃 第2）	1,511	〃	昭62. 9.25	昭62.12.20	
	〃	〃	〃	〃	〃（セントラル第2）	969	〃	57. 8.20	57.12.19	

東北地方（索道）

区分	事業者	所在地	代表者	名称	長さ(m)	設置年月日	検査年月日	備考
〃	〃	〃	〃	（ 〃 第5）	1,185	〃	〃	
〃	〃	〃	〃	（ビスタクワッド）	1,988	63. 9. 5	63.12.28	
〃	一 関 市	一関市竹山町7-2	勝 部 修	祭時スノーランド（祭時第1）	612	平6. 2. 2	平6.12.23	
〃	〃	〃	〃	（ 〃 第2）	454	〃	7.12.23	
〃	㈱奥中山高原リゾート公社	二戸郡一戸町奥中山字西田子662-1	田 中 辰 也	奥中山高原スキー場（西岳第1）	537	昭58. 9. 5	昭58.12.17	
〃	〃	〃	〃	（ 〃 第3）	856	平5. 8.30	平5.12.11	
〃	〃	〃	〃	（ 〃 第4）	995	昭62. 7.21	昭62.12. 5	
〃	〃	〃	〃	（ 〃 第5）	540	平2. 9.10	平2.12.18	
〃	〃	〃	〃	（ 〃 第6）	882	6. 5.30	8.12. 4	休止中
東	花 巻 市	花巻市花城町9-30	上 田 東 一	鉛温泉スキー場（第1ペア）	361	昭38.10.29	昭39. 1. 1	
〃	〃	〃	〃	（第2ペア）	591	40. 9.20	40.12.28	
〃	〃	〃	〃	（第3ペア）	675	61. 8. 8	62. 1. 3	
〃	江刺開発振興㈱	奥州市江刺区岩谷堂字小名丸86-1	小 沢 昌 記	奥州市越路スキー場（ペア）	800	平3. 3. 7	平3.12.21	
〃	九 戸 村	九戸郡九戸村大字伊保内10-11-6	五枚橋 久 夫	村営くのへスキー場（第1ペア）	582	昭56. 9.10	昭56.12.25	
〃	〃	〃	〃	（第2ペア）	1,065	平7.10. 2	平7.12.27	休止中
〃	㈱北日本リゾート	北上市和賀町岩崎新田国有林内	菅 原 三多英	夏油高原スキー場（第1ペア）	550	3. 6. 7	5.12.16	
〃	〃	〃	〃	（クワッド）	947			
〃	〃	〃	〃	（第2ペア）	434	8. 8. 6	8.12.17	
〃	（一財）休暇村協会	東京都台東区東上野5丁目1-5	河 本 利 夫	網張温泉スキー場（第1A）	370	昭43.10.15	昭43.12.15	
〃	〃	〃	〃	（第1B）	580	45. 9.24	45.12.20	
〃	〃	〃	〃	（第2A）	1,080	40.11.24	40.12.28	
〃	〃	〃	〃	（第2B）	1,217	56. 9. 7	56.12.26	休止中
〃	〃	〃	〃	（第3）	700	41. 9.16	42.12.23	
〃	〃	〃	〃	（第4A）	584	平6. 9.12	平6.12.19	休止中
〃	〃	〃	〃	（第4B）	594			休止中
北	㈱プリンスホテル	東京都豊島区南池袋1丁目16-15	小 山 正 彦	雫石スキー場（ダウンヒルリフトA）	1,203	昭55. 8.22	昭55.12.27	
〃	〃	〃	〃	（ 〃 リフトB）	1,203	〃	〃	
〃	〃	〃	〃	（ 〃 第2）	1,118	〃	〃	
〃	〃	〃	〃	（クリスタルA）	1,146	〃	56.12.22	

特 殊 索 道 (その8)

局別	府県	事業者名	本社又は事務所	代表者	区　　間	キロ程(米)	動力	許可年月日	運輸開始年月日	備考
東北	岩手	㈱プリンスホテル	東京都豊島区南池袋1丁目16-15	小山正彦	雫石スキー場（クリスタルB）	1,146	電気	昭55. 8.22	昭56.12.22	休止中
〃	〃	〃	〃	〃	〃　（サンシャイン）	995	〃	57. 9. 1	57.12.24	休止中
〃	〃	〃	〃	〃	〃　（プリンス第2）	704	〃	62. 9.22	62.12.17	〃
〃	〃	〃	〃	〃	〃　（　〃　第3）	445	〃	〃	〃	〃
〃	〃	〃	〃	〃	〃　（ファミリーロマンス）	567	〃	63.10. 5	63.12.25	
〃	〃	〃	〃	〃	〃　（初級ロマンス）	643	〃	平2. 7.13	平2.12. 7	
〃	〃	〃	〃	〃	〃　（プリンス第1）	547	〃	〃	〃	
〃	〃	〃	〃	〃	〃　（雫石高速）	1,357	〃	3. 6.21	3.12.25	
〃	〃	〃	〃	〃	〃　（パラダイス）	668	〃	7. 7.25	7.12.16	
〃	〃	奥州市	奥州市水沢区大手町1-1	小沢昌記	国見平スキー場（第1）	813	〃	昭54.10. 2	昭55. 1. 8	休止中
〃	〃	〃	〃	〃	〃　（第2）	744	〃	58. 9.12	58.12.28	
〃	〃	〃	〃	〃	〃　（第3）	803	〃	60.10. 9	60.12.26	
〃	〃	㈱鈴木商会	東京都千代田区霞ヶ関3丁目2-6	鈴木一正	ひめかゆ（ひめかゆ第1ペア）	566	〃	平9. 8.26	平10.12.31	
〃	〃	〃	〃	〃	〃　（　〃　第2ペア）	557	〃	9. 7.11	〃	
〃	〃	〃	〃	〃	岩手高原スノーパーク（第1ペアA）	625	〃	1. 2. 9	2.12.26	
〃	〃	〃	〃	〃	〃　（第1ペアB）	625	〃	〃	〃	
〃	〃	〃	〃	〃	〃　（第2ペア）	777	〃	〃	〃	
〃	〃	〃	〃	〃	〃　（第3ペア）	764	〃	〃	〃	
〃	〃	〃	〃	〃	〃　（第4ペア）	768	〃	〃	〃	
〃	〃	〃	〃	〃	〃　（高速）	1,183	〃	〃	〃	
北	〃	八幡平リゾート㈱	八幡平市松尾寄木第1地割509-1	鳥海良信	八幡平リゾートパノラマスキー場（第1ペア）	1,264	〃	2. 7.30	2.12.24	
〃	〃	〃	〃	〃	〃　（第2ペアA）	1,197	〃	〃	2.12.25	
〃	〃	〃	〃	〃	〃　（第2ペアB）	1,199	〃	17.10.20	2.12.23	
〃	〃	〃	〃	〃	〃　（ファミリーペア）	375	〃	昭52.11. 8	昭53.12.24	休止中
〃	〃	〃	〃	〃	〃　（センタークワッド）	1,940	〃	平10. 7.21	平10.12.12	

地方	事業者	所在地	代表者	施設名		単位			備考
東	八幡平観光㈱	八幡平市緑が丘5丁目2-1	三船 博敏	八幡平リゾート下倉スキー場（下倉第1トリプル）	784	〃	昭63.10.28	1.12.23	
〃	〃	〃	〃	〃 （〃 第2ペア）	859	〃	〃	〃	
〃	〃	〃	〃	〃 （〃 第3ペア）	957	〃	〃	〃	
〃	〃	〃	〃	八幡平スキー場（第1B）	581	〃	55. 7. 7	昭55.12. 6	休止中
〃	〃	〃	〃	〃 （第2ペア）	636	〃	36. 9.26	36.12.28	〃
〃	〃	〃	〃	〃 （第3ペア）	736	〃	〃	〃	〃
〃	平和観光開発㈱	盛岡市北山1丁目5-12	波紫 裕司	岩山パークスキー場（第1）	315	〃	43. 9.20	43.12.24	
〃	〃	〃	〃	〃 （第2ペア）	289	〃	60. 8.27	60.12.21	
〃	平庭観光開発㈱	久慈市山形町来内20-13-1	下舘 満吉	平庭高原スキー場（白樺第1）	701	〃	55. 7.22	55.12.28	休止中
〃	〃	〃	〃	〃 （〃 第3）	535	〃	平7. 6.21	平7.12.16	
〃	〃	〃	〃	〃 （第2ペア）	709	〃	昭61. 8.12	昭61.12.20	
〃	西和賀町	和賀郡西和賀町川尻40地割40-71	細井 洋行	西和賀町営湯田スキー場（ペア）	705	〃	平7.11.16	平7.12.23	
〃	〃	〃	〃	西和賀町志賀来スキー場（沢内村第1）	270	〃	昭58. 8.31	昭59. 1. 8	休止中
宮 城	栗原市	栗原市築館薬師1丁目7-1	千葉 健司	細倉マインパーク（細倉マインパーク）	338	〃	平14. 4. 1	平14. 4. 1	
〃	泉ヶ岳総合観光開発㈱	仙台市泉区福岡字岳山9-4	都築 健一	泉ヶ岳スキー場（兎平ロマンス）	821	〃	昭63. 5.14	昭63.10. 8	
〃	〃	〃	〃	〃 （第2ロマンス）	418	〃	61. 7.25	62. 1. 1	
〃	大生総業㈱	新潟県南魚沼市石打1938-3	鳥海 良信	泉高原スプリングバレースキー場（第1ペア）	276	〃	平1.11. 9	平2.12.29	
〃	〃	〃	〃	〃 （第2クワッド）	906	〃			
〃	〃	〃	〃	〃 （第3ペア）	490	〃	2.10. 8	3. 1. 5	
〃	〃	〃	〃	〃 （第4ペア）	299	〃			
北	上野々スキーリフト㈲	大崎市鳴子温泉字古戸前132-159	佐々木 秀人	上野々スキー場（第1ペア）	239	〃	昭36.10.23	昭36.12.28	
〃	〃	〃	〃	〃 （第2ペア）	366	〃	平4.10. 2	平4.12.26	
〃	〃	〃	〃	〃 （第3ペア）	239	〃	昭44. 6.30	昭44.12.29	
〃	㈱オニコウベ	大崎市鳴子温泉字鬼首字小向原9-55	高橋 勇次郎	オニコウベスキー場（第1ペア）	551	〃	平11.12.16	平11.12.18	
〃	〃	〃	〃	〃 （第2ペア）	817	〃			
〃	〃	〃	〃	〃 （第3ペア）	483	〃			
〃	〃	〃	〃	〃 （第5ペア）	351	〃			
〃	〃	〃	〃	〃 （第6ペア）	748	〃			
〃	㈱いろ	仙台市若林区大和町5丁目6-17	片瀬 泰之	みやぎ蔵王すみかわスノーパーク（第1）	488	〃	昭44. 8.14	昭44.12.14	

特殊索道　（その9）

局別	府県	事業者名	本社又は事務所	代表者	区	間	キロ程（米）	動力	許可年月日	運輸開始年月日	備考
東	宮城	㈱せいる	仙台市若林区大和町5丁目6-17	片瀬泰之	みやぎ蔵王すがかわスノーパーク	（第2）	777	電気	昭44. 8.14	昭44.12.14	
	〃	〃	〃	〃	〃	（第3）	534	〃	38.10.11	38.12.29	
	〃	〃	〃	〃	〃	（第3B）	489	〃	47. 3.29	47.12. 3	休止中
	〃	〃	〃	〃	〃	（第4）	784	〃			〃
	〃	㈱ゆらいず	柴田郡川崎町大字今宿字猪ノ沢3番地の10	鈴木章弘	セント・メリースキー場	（スターライト）	556	〃	平11.12. 6	平11.12.19	
	〃	〃	〃	〃	〃	（ミルキーウェイ）	1,167	〃		11.12.21	
	〃	〃	〃	〃	〃	（プラネット）	676	〃		11.12.26	
	〃	〃	〃	〃	〃	（ムーンライト）	210	〃		11.12.18	
	〃	〃	〃	〃	〃	（アルタイルリフト）	595	〃	14. 6.24	15. 1. 4	
	〃	特定非営利活動法人不忘アザレア	白石市福岡八宮字不忘山無番地	木村孝	みやぎ蔵王白石スキー場（不忘山）	（第2）	606	〃	11. 9.13	11.12.18	
	〃	〃	〃	〃	〃	（第5）	541	〃			
	〃	〃	〃	〃	〃	（第6）	533	〃			
	〃	〃	〃	〃	〃	（スポーツコムクワッド）	660	〃			
	〃	ヤマコーリゾート㈱	山形市鉄砲町2丁目13-18	草刈健	蔵王刈田（蔵王刈田）		468	内燃	昭38. 4.25	昭38. 8. 1	
	〃	㈲はあとりぞーと	刈田郡七ケ宿町字御所の上129	森下摩利子	みやぎ蔵王七ケ宿スキー場	（第1ペア）	506	電気	59. 8. 7	60.12.15	
	〃	〃	〃	〃	〃	（第2ペアB）	579	〃	61.10. 4	61.12.26	
	〃	〃	〃	〃	〃	（第3ペア）	689	〃	59. 8. 7	60.12.15	
	〃	〃	〃	〃	〃	（第4）	768	〃			
	〃	宮城蔵王観光㈱	刈田郡蔵王町遠刈田温泉倉石岳国有林311林班ホ小班内	門脇次男	みやぎ蔵王えぼしスキー場	（えぼし高原第1クワッド）	829	〃	昭61. 9.16	昭61.12.29	
	〃	〃	〃	〃	〃	（えぼしジャンボ）	1,333	〃	54. 1.25	55. 1. 9	
	〃	〃	〃	〃	〃	（石子第1）	648	〃	55. 4. 4	55.12.14	
	〃	〃	〃	〃	〃	（〃 第2）	442	〃			
	〃	〃	〃	〃	〃	（〃 ペア）	1,029	〃			
北	〃	〃	〃	〃	〃	（えぼし倉石第1）	841	〃	平1.10. 6	平1.12.20	
	〃	〃	〃	〃	〃	（〃 第2）	691	〃	昭56. 7.14	昭57. 1.15	

地方・県	経営者	所在地	氏名	名称					備考
〃	やくらいガーデン㈱	加美郡加美町字味ヶ袋やくらい原1-9	木 藤 昌 俊	せれかMAやくらいファミリースキー場（やくらい第1ペア）	741	〃	59. 7.10	59.12.19	
〃	秋田土建㈱	北秋田市米内沢字沢口5番1	北 林 一 成	米内沢スキー場（倉の山）	581	〃	平8. 9.11	平9. 1. 4	
秋 田	湯沢市	湯沢市佐竹町1-1	鈴 木 俊 夫	稲川スキー場（ファミリー）	374	〃	昭56. 8. 8	昭56.12.20	
〃	大田町リゾート㈱	大仙市太田町中里字新屋敷114	久 米 正 雄	大仙市営大台スキー場（大台ロマンス）	559	〃	平11. 9.16	平11.12.21	
〃	〃	〃	〃	〃（〃バラダイス）	604	〃	平6. 6. 7	平6.12.17	
〃	㈱大曲スポーツセンター	大仙市花館柳町1番1号	松 岡 伸 幸	大仙市営大曲スキー場（ロマンス）	916	〃	11.11.26	13.12.22	
〃	㈱協和振興開発公社	大仙市協和船岡字庄内214	久 米 正 雄	大仙市営協和スキー場（ペア）	521	〃	2. 5. 9	2.12.29	
〃	〃	〃	〃	〃（第2ペア）	458	〃	昭61. 9. 4	昭62. 1. 2	
〃	㈱ゴールデン佐渡	新潟県佐渡市下相川1305	浦 野 成 昭	水晶山スキー場（第1ペア）	867	〃	平21. 4.20	平21.12.26	
〃	〃	〃	〃	〃（第2）	665	〃	昭63.10. 8	昭63.12.18	
〃	東京美装興業㈱	東京都新宿区西新宿6丁目5-1	八 木 秀 記	花輪スキー場（第1高速ペア）	348	〃	47. 8. 2	47.12.15	休止中
〃	〃	〃	〃	〃（第2高速ペア）	697	〃	平5.12. 9	平7.12.28	
〃	〃	〃	〃	〃（第3）	1,091	〃	7. 3.22	〃	
〃	秋田栗駒リゾート㈱	雄勝郡東成瀬村椿川字柳沢39-7	佐々木 哲 男	ジュネス栗駒スキー場（ジュネス栗駒第1ペア）	332	〃	5.12. 9	7.12.28	
〃	〃	〃	〃	〃（〃第2クワッド）	629	〃	3.10.17	3.12.25	
〃	〃	〃	〃	〃（〃第3ペア）	989	〃	〃	〃	
〃	〃	〃	〃	〃（〃第4クワッド）	645	〃	5. 9. 8	5.12.18	
〃	特定非営利活動法人森吉山	北秋田市阿仁鍵ノ滝字滝ノ滝79-5	片 岡 信 幸	阿仁スキー場（阿仁第1ロマンス）	932	〃	6. 9. 9	6.12.17	
〃	〃	〃	〃	〃（〃第2ロマンス）	1,006	〃	2. 7.23	2.12.25	
〃	太平山観光開発㈱	秋田市仁別字マンタラメ213	中 野 鋼 一	秋田市太平山スキー場オーパス（第1クワッド）	993	〃	7. 3.22	7.12.23	
〃	〃	〃	〃	〃（第2ペア）	853	〃	4. 8.28	4.12.20	
〃	〃	〃	〃	〃（第3ペア）	971	〃		4.12.27	
北	田沢湖高原リフト㈱	仙北市田沢湖生保内字下高野73-2	福 原 幸 成	たざわ湖スキー場（かもしかクワッド）	1,036	〃		4.12.21	
〃	〃	〃	〃	〃（黒森山ロマンス）	1,093	〃	17. 8.31	17.12.23	
〃	〃	〃	〃	〃（銀嶺第1リフト）	528	〃	4. 9. 1	4.12.18	
〃	〃	〃	〃	〃（〃第2ロマンス）	819	〃	18. 7. 7	18.12.24	
〃	〃	〃	〃	〃（〃第3）	814	〃	9. 9.12	10. 1. 3	
〃	〃	〃	〃	〃	831	〃	17. 8.31	17.12.23	休止中

特殊索道　（その10）

局別	府県	事業者名	本社又は事務所	代表者	区間	キロ程（米）	動力	許可年月日	運輸開始年月日	備考
東北	秋田	田沢湖高原リフト㈱	仙北市田沢湖生保内字下高野73-2	福原　幸成	たざわ湖スキー場（銀嶺クワッド）	1,568	電気	平17. 8.31	平17.12.23	
	〃	〃	〃	〃	（水沢ロマンス）	933	〃	3. 9.26	3.12.30	
	〃	秋八高原リゾート合同会社	鹿角市八幡平字熊沢外8 国有林3133林班ホ小班	浅石　教幸	秋田八幡平スキー場（第1ロマンス）	1,023	〃	昭61. 5.12	昭61.11.22	
	〃	藤里町	山本郡藤里町藤琴字藤琴8-2	佐々木　文明	藤里町営スキー場（ロマンス）	426	〃	62. 8.27	63. 1.10	
	〃	横手市	横手市条里1丁目1-1	高橋　大	横手公園スキー場（第1）	491	〃	56. 7.22	56.12.20	
	〃	㈱天下森振興公社	横手市増田町狙半内夏虫沢188	鈴木　信好	横手市天下森スキー場（第1ベア）	803	〃	平5. 8.30	平5.12.18	
	〃	〃	〃	〃	（Tバー）	585	〃	昭59. 8.22	昭59.12.22	休止中
	〃	由利本荘市	由利本荘市尾崎17	柳田　弘	鳥海高原矢島スキー場（矢島クワッド）	961	〃	平18. 9.22	平18.12.23	
	〃	〃	〃	〃	（矢島ベア）	779	〃			
	〃	㈲皆瀬村活性化センター	湯沢市皆瀬字新処106	齊藤　光喜	小安温泉スキー場（小安峡パノラマベア）	490	〃	昭61. 8.15	昭61.12.28	
	山形	最上町	最上郡最上町大字向町644	高橋　重美	山形県最上町赤倉温泉スキー場（第1ベアA）	670	〃	平13.10. 4	平13.12.22	
	〃	〃	〃	〃	（第1ベアB）	670	〃	〃		
	〃	〃	〃	〃	（第2ベア）	309	〃	13.10.12		
	〃	特定非営利活動法人まちづくりnet松山	酒田市字本町9	後藤　俊	松山スキー場（シュレップ）	300	〃	昭55. 9.12	昭55.12.25	
	〃	㈱朝日自然観	西村山郡朝日町大字白倉745-1	川口　幸男	朝日自然観スキー場（ユーユーベア）	485	〃	平7. 8.10	平7.12.16	
	〃	〃	〃	〃	（ハートピアベア）	470	〃	1. 9.20	1.12.16	
	〃	〃	〃	〃	（ファンタジーベア）	518	〃	1. 9.27	1.12.16	
	〃	〃	〃	〃	（エアートップベア）	438	〃	2.10. 5	2.12.22	
	〃	プラネットワーク㈱	米沢市板谷529-2A	近藤　勇人	栗子国際スキー＆リゾート（クワッド）	825	〃	昭61. 8. 7	昭61.12.23	休止中
	〃	〃	〃	〃	（第6）	607	〃	54. 8. 4	54.12.16	
	〃	〃	〃	〃	（第7ロマンス）	390	〃	58. 6. 2	58.12.25	
	〃	〃	〃	〃	（第8）	627	〃		58.12.17	休止中
	〃	〃	〃	〃	（バレーロマンス）	627	〃	平3.10.30	平3.12. 9	
	〃	月山観光開発㈱	西村山郡西川町大字間沢59	阿部　和典	月山スキー場（ベア）	995	〃	昭41. 6.22	昭44. 5. 1	
	〃	〃	〃	〃	西川町民スキー場（西川町民）	351	〃	58. 9.14	58.12.25	

	市町村	事業者	所在地	代表者	名称					備考
〃	金山町	金山町	最上郡金山町大字金山324-1	鈴木　洋	神室スキー場（第1ペア）	579	〃	平1. 8.30	平2. 1. 2	
〃		(一財)休暇村協会	東京都台東区東上野5丁目1-5	中島　都志明	休暇村羽黒スキー場（休暇村羽黒ペア）	411	〃	4. 8.24	4.12.19	
〃		おぐに白い森㈱	西置賜郡小国町大字栄町30	髙橋　耕司	横根スキー場（第1ペア）	467	〃	昭62.12. 3	昭63. 2.11	
〃		〃	〃	〃	〃（第2ペア）	541	〃	平2. 6. 8	平3. 1. 6	休止中
〃	飯豊町	飯豊町	西置賜郡飯豊町大字椿3622	後藤　幸平	飯豊町手ノ子スキー場（シュレップ）	445	〃	昭54.10. 1	昭55. 1.12	
東	蔵王温泉観光㈱	蔵王温泉観光㈱	山形市蔵王温泉18	斉藤　長右衛門	蔵王温泉スキー場（蔵王温泉第1ペア）	486	〃	26.12.25	27. 1.18	
〃		〃	〃	〃	〃（　〃　第2クワッド）	962	〃	平7. 6. 2	平7.12. 9	
〃		〃	〃	〃	〃（　〃　第3パラレルA）	485	〃	昭56. 4.16	昭56.12.12	
〃		〃	〃	〃	〃（　〃　第3パラレルB）	485	〃	〃	〃	
〃		〃	〃	〃	〃（　〃　第4クワッド）	1,002	〃	63.10.14	63.12.22	
〃		〃	〃	〃	〃（蔵王温泉見返ペア）	444	〃	58. 7. 7	58.12.10	
〃		〃	〃	〃	〃（竜山ペアA）	544	〃	平1. 9.20	平1.12. 9	
〃		〃	〃	〃	〃（竜山ペアB）	544	〃			
〃		〃	〃	〃	〃（蔵王国体）	699	〃	昭57. 4.15	昭57.12.25	
〃		〃	〃	〃	〃（唐松ペア）	468	〃	平1.10.23	平1.12.16	
〃	白鷹町	白鷹町	西置賜郡白鷹町大字荒砥甲833	佐藤　誠七	白鷹町営スキー場（白鷹ペア）	460	〃	11. 9.16	11.12.19	
〃		(一財)新庄市体育協会	新庄市金沢3072-2	柿崎　好昭	新庄市民スキー場（ペア）	635	〃		12.12.30	
〃	蔵王観光開発㈱	蔵王観光開発㈱	山形市鉄砲町2丁目13-18	宮林　伸一	蔵王温泉スキー場（中央第1ペアA）	359	〃	昭60. 7.23	昭60.11.28	
〃		〃	〃	〃	〃（　〃　第1ペアB）	359	〃	60.12. 1	60.12. 1	
〃		〃	〃	〃	〃（　〃　第2ペアA）	430	〃	57. 4.15	57.12.18	
〃		〃	〃	〃	〃（　〃　第2ペアB）	430	〃	〃	〃	
〃		〃	〃	〃	〃（片貝トリプル）	417	〃	63. 9.14	63.12. 3	
〃		〃	〃	〃	〃（蔵王中森第1リフト）	606	〃	平2. 6.14	平2.12.24	
〃		〃	〃	〃	〃（　〃　第2ペア）	561	〃	昭63. 5.28	昭63.12.19	
〃		〃	〃	〃	〃（ダイヤモンド第1ペア）	621	〃	59. 3.26	59.12.18	
北	鶴岡市	鶴岡市	鶴岡市馬場町9-25	皆川　治	櫛引たらのきだいスキー場（第1ペア）	430	〃	昭60. 7.27	昭60.12.20	
〃		(一社)月山畜産振興公社	鶴岡市羽黒町荒川字前田元89	山本　益生	鶴岡市営羽黒山スキー場（ペア）	811	〃	平8.10. 9	平8.12.14	
〃	尾花沢市	尾花沢市	尾花沢市若葉町1丁目1-3	加藤　國洋	花笠高原スキー場（ペア）	811	〃	5. 8.16	5.12.22	
〃		㈱蔵王サンライズ観光	山形市蔵王温泉荒敷832	岡崎　重弥	蔵王温泉スキー場（蔵王サンライズペアA）	483	〃	1. 9.20	1.12.10	

特殊索道

(その11)

局別	府県	事業者名	本社又は事務所	代表者	区間	キロ程 米	動力	許可年月日	運輸開始 年月日	備考
	山形	㈱蔵王サンライズ観光	山形市蔵王温泉荒敷832	岡崎重弥	蔵王温泉スキー場（蔵王サンライズベアB）	483	電気	平1. 9.20	平1.12.10	
	〃	蔵王ローブウェイ㈱	山形市蔵王温泉229	大木剛裕	蔵王温泉スキー場（ユートピア第1ベア）	322	〃	昭37. 9.11	昭37.12.22	
	〃		〃	〃	〃（　　〃　　第2ベア）	492	〃	43. 7.30	43.12.26	
東	〃		〃	〃	〃（横倉第1ベアA）	635	〃	46. 7. 6	46.12.11	
	〃		〃	〃	〃（　〃　第1ベアB）	635	〃	〃	〃	
	〃		〃	〃	〃（　〃　第2ベア）	617	〃	60. 3.26	60.11.30	
	〃		〃	〃	〃（大森クワトロ）	1,347	〃	平1. 2.23	平1.12.10	
	〃		〃	〃	〃（黒姫第1クワトロ）	1,672	〃	〃	2.12.20	
	〃		〃	〃	〃（　〃　第2クワトロ）	1,375	〃	2. 9.25	〃	
	〃		〃	〃	〃（アストリア第1ベア）	711	〃	昭58. 7.15	昭58.12.10	
	〃		〃	〃	〃（　〃　第2ベア）	533	〃			
	〃		〃	〃	〃（　〃　第3ベア）	513	〃	43. 8.20	43.12.26	
	〃	㈱天元台	米沢市大字李山字大笠12118-6	山田長一	天元台高原（しらかばロマンス）	544	〃	59. 6.13	59.12.17	
	〃		〃	〃	〃（しゃくなげロマンス）	722	〃	平3. 8.27	平3.11.16	
	〃		〃	〃	〃（つがもりロマンス）	1,221	〃	昭62. 7.28	昭62.11.29	休止中
	〃	特定非営利活動法人 NPO天童高原	天童市老野森一丁目15-5	工藤一夫	天童高原スキー場（第1B）	310	〃	58. 6.20	58.12.18	
	〃		〃	〃	〃（第2ベア）	436	〃	61. 8.15	61.12.20	
	〃		〃	〃	〃（第3ベア）	307	〃	平3.10.31	平3.12.22	
	〃	㈱鈴木商会	東京都千代田区霞ヶ関3丁目2-6	鈴木一正	黒伏高原スノーパークジャングルジャングル（イーストエクスプレス）	1,281	〃	8. 5.17	8.12.24	
	〃		〃	〃	〃（ウエストエクスプレス）	1,001	〃	〃	〃	
	〃		〃	〃	〃（ジャングルベア）	410	〃	〃		
北	〃	日東商事㈱	上山市蔵王字蔵王2843-1	川口豊	蔵王猿倉スキー場（第1ロマンス）	289	〃	昭59. 6. 6	昭59.12.21	
	〃		〃	〃	〃（第2ロマンス）	485	〃	平1.10.30	平1.12. 9	
	〃	蔵王観光開発㈱	山形市鉄砲町2丁目13-18	秋場正彦	蔵王温泉スキー場（蔵王パラダイスベアA）	570	〃	昭57. 7.14	昭57.12. 5	
	〃		〃	〃	〃（　　〃　　ベアB）	570	〃	〃	〃	

地方	会社名	所在地	代表者	施設名					備考
東	〃	〃	〃	（　〃　第3ペア）	463	〃	46. 8.17	46.12.19	
	〃	〃	〃	（ダイヤモンド第2ペア）	421	〃	61. 4.22	61.12.23	
	ヤマコーリゾート㈱	山形市鉄砲町2丁目13-18	草刈　健	（菖蒲沼第1トリプル）	348	〃	62. 8.10	62.12. 5	休止中
	〃	〃	〃	（菖蒲沼第2ペア）	351	〃	57. 7.14	57.12.11	
	〃	〃	〃	蔵王ライザワールド（ライザペアⅠ）	546	〃	平3. 5.16	平3.12.14	
	〃	〃	〃	（ライザペアⅡ）	708	〃	5. 3.31	5.12.12	
	〃	〃	〃	（ライザエクスプレス）	753	〃			休止中
	仙山観光開発㈱	山形市大字山寺字面白山8543	小野　匡義	面白山スキー場（コスモスペア）	439	〃	3. 9. 3	3.12.19	休止中
	〃	〃	〃	（面白山第1ペア）	312	〃	昭60. 5.11	昭60.12.21	〃
	〃	〃	〃	（面白山第2ペア）	424	〃	平1. 8.30	平1.12.16	〃
	〃	〃	〃	（　〃　第3ペア）	542	〃	昭52. 7.12	昭52.12.17	〃
	㈱月山あさひ振興公社	鶴岡市越中山字名平3-1	山本　益生	湯殿山スキー場（第1ロマンスA）	890	〃	平5. 7.21	平5.12. 4	
	〃	〃	〃	（第1ロマンスB）	890	〃	昭60. 8. 9	昭60.12. 7	
	〃	〃	〃	（第2ロマンス）	400	〃	平1.10.23	平1.12.20	
	〃	〃	〃	（第3ロマンス）	778	〃			
	米沢観光㈱	東京都品川区戸越5丁目7-14	柳　京太朗	米沢スキー場（第1ロマンスA）	702	〃	平3. 7.24	平3.12.14	
	〃	〃	〃	（第1ロマンスB）	702	〃	5. 9.30	7.12.12	
	〃	〃	〃	（第2ロマンス）	490	〃			
	〃	〃	〃	（第5ロマンスA）	939	〃			
	〃	〃	〃	（第5ロマンスB）	939	〃			
	特定非営利活動法人 おのがわ	米沢市アルカディア1丁目808-17	武田　誠一郎	小野川温泉スキー場（小野川温泉スキー場リフト）	450	〃	5. 9.30	5.12.25	
	㈱ニコウベ	宮城県大崎市鳴子温泉鬼首字小向原9-55	高橋　勇次郎	リゾートパークオニコウベスキー場（鍋倉第1ペア）	489	〃	昭60. 7.23	昭60.12. 7	休止中
	〃	〃	〃	（鍋倉第2ペア）	395	〃			〃
	〃	〃	〃	（小栗ペア）	900	〃			
北 福島	会津高原リゾート㈱	南会津郡舘岩村高杖原535	星　和明	会津高原たかつえスキー場（第1ペア）	892	〃	59. 5.14	59.12.20	
	〃	〃	〃	（第2ペア）	684	〃	61. 4. 7	61.12.23	
	〃	〃	〃	（第3ペア）	1,050	〃	56. 8.20	56.12.19	
	〃	〃	〃	（第4ペア）	538	〃	57. 7.27	58. 1.12	
	〃	〃	〃	（第5）	1,053	〃			休止中

特殊索道（その12）

局別	府県	事業者名	本社又は事務所	代表者	区間	キロ程（米）	動力	許可年月日	運輸開始年月日	備考
東	福島	会津高原リゾート㈱	南会津郡舘岩村高杖原535	星 和明	会津高原たかつえスキー場（第6）	911	電気	昭61. 7.25	昭62. 2. 8	
	〃	〃	〃	〃	〃 （スカイロード1）	1,676	〃	平1. 9.27	平1.12.11	
	〃	〃	〃	〃	〃 （ 〃 2）	950	〃	8. 8.29	8.12. 7	
	〃	〃	〃	〃	〃 （第1トリプル）	702	〃			
	〃	喜多方ふるさと振興㈱	喜多方市大清水東4744-2	唐橋 幸市郎	喜多方市三ノ倉スキー場（第1ペア）	242	〃	8. 7. 4	10. 1. 7	
	〃	〃	〃	〃	〃 （第2ペア）	595	〃	5. 9. 7	5.12.25	
	〃	㈱マックアースリゾート福島	耶麻郡猪苗代町葉山7105	一ノ本 達己	猪苗代スキー場（猪苗代営業クワッド）	652	〃	昭45.10.27	昭46. 1.14	
	〃	〃	〃	〃	〃 （ 第3ロマンス）	509	〃	59. 6.15	59.12.23	休止中
	〃	〃	〃	〃	〃 （第1クワッド）	889	〃	62. 7. 1	62.12.18	
	〃	〃	〃	〃	〃 （第2ペアパラA）	726	〃	平6. 7. 7	平6.12.18	休止中
	〃	〃	〃	〃	〃 （第2ペアパラB）	726	〃	〃	〃	〃
	〃	〃	〃	〃	〃 （第3ロマンス）	493	〃	19. 8.29	19.12.15	
	〃	〃	〃	〃	〃 （第4）	528	〃	昭48. 2.26	昭49. 1.12	休止中
	〃	〃	〃	〃	〃 （第5ロマンス）	371	〃	38.10.21	38.12.28	
	〃	〃	〃	〃	〃 （第6ロマンス）	923	〃	61. 1.16	61.12.30	
	〃	〃	〃	〃	〃 （大沢）	375	〃	47.10.31	48. 1.19	休止中
	〃	〃	〃	〃	猪苗代スキー場三ネロ（第1クワッド）	1,221	〃	平4. 6. 8	平5.12.23	
	〃	〃	〃	〃	〃 （第2ペアパラA）	461	〃	〃	〃	
	〃	〃	〃	〃	〃 （第2ペアパラB）	461	〃	〃	〃	
	〃	〃	〃	〃	〃 （第3ペア）	734	〃	〃	〃	
	〃	〃	〃	〃	〃 （第4ペア）	608	〃		5.12.30	
	〃	〃	〃	〃	裏磐梯スキー場（第1ロマンス）	450	〃	9.10.23	9.12.20	
	〃	〃	〃	〃	〃 （第2ロマンス）	476	〃			
	〃	〃	〃	〃	〃 （第3ロマンス）	641	〃			
北	〃	㈱猫魔リゾート	東京都中央区銀座1-11-1東京橋ビル2F	八木 貴博	裏磐梯猫魔スキー場（子供）	98	〃	昭63. 9. 5	昭63.12.25	休止中

区分	会社名	所在地	代表者	施設名	数値	単位	年月日①	年月日②	備考
東	〃	〃	〃	〃（フライングゲキャットトリプル）	1,001	〃	61. 6. 6	61.12.20	
	〃	〃	〃	〃（アビルキャットチェア）	693	〃	〃	〃	
	〃	〃	〃	〃（フォレストキャットチェア）	676	〃			休止中
	〃	〃	〃	〃（丸山第1クワッド）	802	〃	平2. 9.14	平2.11.30	
	〃	〃	〃	〃（エキサイトキャットチェア）	692	〃	昭61. 6. 6	昭61.12.20	
	〃	〃	〃	〃（フレンドリーキャットチェア）	355	〃	63. 9. 5	63.12.25	
	〃	〃	〃	〃（ディープキャットチェア）	861	〃	61. 6. 6	61.12.20	
	リゾートトラスト（株）	愛知県名古屋市中区東桜2丁目18-31	伊藤 勝康	グランディ羽鳥湖スキーリゾート（第1ペア）	1,086	〃	58. 9.30	58.12.25	
	〃	〃	〃	〃（第2ペア）	746	〃	59. 9.13	59.12.22	
	〃	〃	〃	〃（第3ペア）	1,069	〃	59. 9.13	59.12.22	休止中
	〃	〃	〃	〃（第4ペア）	948	〃	63.10. 3	63.12.24	
	〃	〃	〃	〃（第5）	1,622	〃	60. 9. 6	平19.12.26	
	〃	〃	〃	〃（第6ペア）	721	〃	58. 9.30	昭58.12.25	休止中
	（株）天栄村振興公社	岩瀬郡天栄村大字大里字天房50番地1	添田 幸	スキーリゾート天栄（第1ペア）	566	〃	平7. 7.25	平7.12.22	
	（株）日立・猪苗代リゾート	福島県耶麻郡猪苗代町字綿場7126	松村 学	猪苗代リゾートスキー場（天鏡台第1）	810	〃	昭60. 6. 6	昭60.12.20	
	〃	〃	〃	〃（ 〃 第2）	627	〃	7.10. 2	7.12.16	
	〃	〃	〃	〃（ 〃 第3）	406	〃			休止中
	（株）会津かねやま	大沼郡金山町大字中川字上居平949-8	長谷川 盛雄	フェアリーランドかねやまスキー場（早坂ロマンス）	583	〃	平9. 9. 4	平9.12.13	
	〃	〃	〃	〃（石ヶ森第1高速）	810	〃	8. 8.28	8.12.14	
	〃	〃	〃	〃（ 〃 第2）	225	〃	7.10. 2	7.12.16	
	（株）会津ただみ振興公社	南会津郡只見町大字只見字田の口24	菅家 三雄	只見スキー場（第1ロマンス）	535	〃	昭47. 9.25	昭47.12.26	
	長治観光（株）	東京都新宿区新宿5丁目3-20	鈴木 裕久	リステルスキーファンタジア（第1A）	693	〃	61. 7.15	61.12.20	
	〃	〃	〃	〃（第1B）	693	〃			
	〃	〃	〃	〃（第2）	383	〃			
北	（株）東急リゾートサービス	東京都港区南青山2丁目5-17	速川 智行	グランデコスノーリゾート（第1クワッド）	1,496	〃	平3. 2.25	平4.12. 9	
	〃	〃	〃	〃（第2クワッド）	1,010	〃			
	〃	〃	〃	〃（第3クワッド）	1,138	〃			
	〃	〃	〃	〃（第4クワッド）	777	〃			
	（株）東北サファリパーク	二本松市沢松倉1	熊久保 信重	二本松塩沢スキー場（第1ペア）	332	〃	昭38.11.16	昭38.12.27	

特殊索道 (その13)

局別	府県	事業者名	本社又は事務所	代表者	区間	キロ程	動力	許可年月日	運輸開始年月日	備考
東	福島	㈱東北サファリパーク	二本松市沢松倉1	熊久保信重	二本松塩沢スキー場（第2ペア）	478米	電気	昭59. 9.22	昭60.12.25	
	〃	㈱オーティエンスサービス	耶麻郡猪苗代町大字蚕養字沼尻山甲2855-434	一ノ本達己	沼尻スキー場（第1ペア）	287	〃	30.10.22	31. 1. 1	
	〃	〃	〃	〃	〃（第2）	515	〃	35.10.26	35.12.26	
	〃	〃	〃	〃	〃（第5）	912	〃	63. 9.14	63.12.17	
	〃	〃	〃	〃	〃（第6）	386	〃	〃	〃	
	〃	〃	〃	〃	〃（第7）	228	〃	平7. 5.18	平7.12.20	
	〃	〃	〃	〃	〃（一本松クワッド）	894	〃	11.10. 4	11.12.24	
	〃	檜枝岐村	南会津郡檜枝岐村字下の原880	星 光祥	檜枝岐温泉スキー場（第1）	319	〃	3. 9. 4	3.12.26	
	〃	〃	〃	〃	〃（第2）	551	〃	昭61. 7. 3	昭61.12.13	
	〃	㈲コアラアウトドアサービス	耶麻郡猪苗代町字渋谷2483	村井正太郎	ファミリースノーパークバンダイ×2（第1）	577	〃	平14.12.19	平14.12.20	
	〃	〃	〃	〃	〃（第2）	473	〃	〃	〃	
	〃	磐梯リゾート開発㈱	耶麻郡磐梯町大字更科字清水平6838-68	星野佳路	アルツ磐梯スキー場（Vandai第1高速ペア）	1,617	〃	6. 1.19	6.12.22	休止中
	〃	〃	〃	〃	〃（バトウチェア）	738	〃	〃	6.12.17	
	〃	〃	〃	〃	〃（Vandai第3クワッド）	1,847	〃	〃	6.12.22	休止中
	〃	〃	〃	〃	〃（アルツエクスプレス）	1,913	〃	2. 7. 4	5. 1.28	
	〃	〃	〃	〃	〃（ファーストチェア）	696	〃	〃	〃	
	〃	〃	〃	〃	〃（ホワイトバレーチェア）	764	〃	〃	5.12.23	
	〃	〃	〃	〃	〃（ブラックバレーエクスプレス）	777	〃	〃	〃	
	〃	〃	〃	〃	〃（Vandai第8ペア）	514	〃	〃	〃	休止中
	〃	〃	〃	〃	〃（ピークチェア）	999	〃	〃	〃	
	〃	〃	〃	〃	〃（霧氷チェア）	713	〃	〃	5.12.26	
北	〃	富士急行㈱	山梨県富士吉田市上吉田2丁目5-1	堀内光一郎	あだたら高原スキー場（地蔵）	346	〃	昭39.11.28	昭39.12.28	
	〃	〃	〃	〃	〃（オレンジライン）	506	〃	60. 7. 9	平20.12.19	
	〃	〃	〃	〃	〃（薬師）	452	〃	63. 7.25	昭63.12. 9	
	〃	〃	〃	〃	〃（ゴールドライン）	764	〃	平21. 4.16	平21.12.18	

地区	都道府県	事業者	所在地	代表者	索道名称	こう長(m)		(設置)	(検査)	備考
東北		横向観光開発㈱	耶麻郡猪苗代町大字若宮字横向山甲2987	一ノ瀬 正一	横向温泉スキー場（第1ペア）	297	〃	昭38.11.15	昭38.12.29	休止中
〃		横向高原リゾート㈱	耶麻郡猪苗代町大字若宮字吾妻山国有林194林班	前後 公	箕輪スキー場（横向高原スキー場A）	1,107	〃	平1.6.28	平2.2.3	
〃		〃	〃	〃	（　〃　B）	575	〃	〃	1.12.16	
〃		〃	〃	〃	（　〃　C）	1,457	〃	〃	1.12.31	休止中
〃		〃	〃	〃	（　〃　D）	231	〃	〃	2.1.13	休止中
〃		㈱マックアースリゾート福島	耶麻郡猪苗代町大字若宮字葉山7105	一ノ本 達己	会津高原南郷スキー場（南郷第1ペアB）	813	〃	4.8.27	4.12.12	
〃		〃	〃	〃	（　〃　第3ペア）	1,099	〃	1.9.1	1.12.9	
〃		〃	〃	〃	（　〃　第4）	702	〃	昭58.9.30	昭58.12.18	
〃		〃	〃	〃	（　〃　第5ペア）	570	〃	平1.9.1	平1.12.9	
〃		〃	〃	〃	（　〃　第6）	614	〃	昭52.5.6	昭52.12.25	
北		〃	〃	〃	会津高原高畑スキー場（高畑ブラックラインA）	897	〃	63.9.14	平1.12.17	
〃		〃	〃	〃	（　〃　B）	897	〃	〃	〃	
〃		〃	〃	〃	（高畑ブルーライン）	731	〃	62.9.10		
〃		〃	〃	〃	（高畑レッドライン）	315	〃	〃	〃	
〃		〃	〃	〃	（高畑オレンジライン）	1,156	〃	平2.10.11	2.12.16	休止中
〃		みなみやま観光㈱	南会津郡南会津町田島字西番場甲361-9	渡部 龍一	会津高原だいくらスキー場（春木沢トリプル）	1,072	〃	昭62.10.5	昭62.12.20	
〃		〃	〃	〃	（白樺トリプル）	893	〃	平1.10.13	平2.1.13	
〃		〃	〃	〃	（中央ペア）	391	〃	昭57.9.17	昭57.12.25	
〃		〃	〃	〃	（駒止ペア）	876	〃	59.8.22	59.12.23	
〃		〃	〃	〃	（台鞍シングル）	490	〃	57.9.17	57.12.25	
北陸	新潟	妙高市	妙高市栄町5番1号	入村 明	あらい船岡山スキー場（ペア）	356	〃	61.8.15	62.1.10	休止中
信越	〃	村上市	村上市三之町1-1	高橋 邦芳	村上市ぶどうスキー場（第1ペア）	703	〃	63.9.14	63.12.24	
〃	〃	〃	〃	〃	（第2ペア）	817	〃	平2.6.5	平2.12.27	
〃	〃	R＆Mリゾート㈱	妙高市大字田切字西原216	石井 龍二	赤倉観光リゾートホテルゲレンデ（ホテル第1高速）	592	〃	3.9.3	3.12.20	
〃	〃	〃	〃	〃	（ホテル第2高速）	1,100	〃	1.9.20	1.12.15	
〃	〃	〃	〃	〃	（　〃　第3）	1,144	〃	1.10.3	1.12.16	
〃	〃	〃	〃	〃	（　〃　第5）	764	〃	4.7.28	4.12.20	

特 殊 索 道 (その14)

局別	府県	事業者名	本社又は事務所	代表者	区間	キロ程	動力	許可年月日	運輸開始年月日	備考
北陸信越	新潟	R＆Ｍリゾート㈱	妙高市大字田切字西原216	石井 龍二	赤倉観光リゾートチャンピオンゲレンデ（チャンピオン第1）	1,365	電気	平2. 9.13	平2.12.15	
	〃	〃	〃	〃	（ 〃 第3）	1,195	〃	1.11.16	1.12. 8	
	〃	〃	〃	〃	（ 〃 第5）	814	〃	5. 6. 1	5.12. 1	休止中
	〃	㈱鈴木商会	東京都千代田区霞ヶ関3丁目2-6 東京倶楽部ビル6Ｆ	鈴木 一正	赤倉温泉ヨーデルスキー場（ヨーデル第2クワッド）	491	〃	1. 9. 8	1.12.10	
	〃	〃	〃	〃	（ヨーデル第3トリプル）	310	〃	1. 9.14	1.12.16	
	〃	㈱Ｍｔグランビュー	南魚沼市大字宮野下1200-49	品田 武士	Ｍｔグランビュースキー場（石打大和第3Ｂ）	421	〃	〃	〃	休止中
	〃	〃	〃	〃	（ 〃 第5）	376	〃	昭40.10.22	昭40.12.28	
	〃	〃	〃	〃	（ 〃 第6Ｂ）	301	〃	54. 8.30	54.12.15	
	〃	〃	〃	〃	（宮野下線）	534	〃	41.10.26	41.12.23	
	〃	五日町スキー場観光㈱	南魚沼市寺尾1448	鈴木 一彰	五日町スキー場（高原第1）	828	〃	55. 7.28	55.12.24	
	〃	〃	〃	〃	（ 〃 第2）	513	〃	60. 6.26	60.12.26	
	〃	〃	〃	〃	（第1ペア）	479	〃	平1.11. 8	平1.12.22	
	〃	〃	〃	〃	（第5）	488	〃	昭52. 7.12	昭52.12.28	
	〃	一本杉スキー場施設㈱	南魚沼郡湯沢町大字湯沢2521	塙 恵一	湯沢一本杉スキー場（ペア）	280	〃	32. 9.11	32.12.28	
	〃	(特非)入広瀬元気クラブ	魚沼市大白川356-2	住安 正信	大原スキー場（大原第1ペア）	566	〃	平7.10. 4	平7.12.15	
	〃	(特非)スノーパーク小出	魚沼市青島1609	上村 伯人	（ 〃 第2ペア）	643	〃	〃	〃	
	〃	〃	〃	〃	小出スキー場（第1ペア）	228	〃	9.10.31	9.12.23	
	〃	〃	〃	〃	（第2ペア）	221	〃	9.10.31	9.12.23	
	〃	〃	〃	〃	（第3ペア）	337	〃	10. 9. 2	10.12.31	
	〃	㈱魚沼須原スキー場	魚沼市須原18 46-13	大塚 秀治	須原スキー場（フーディクワッド）	1,352	〃	昭63.11.17	昭63.12.23	
	〃	〃	〃	〃	（第2ロマンス）	546	〃	平4.10.28	平4.12.19	
	〃	(特非)四季の郷やくし	魚沼市七日市新田643-1	佐藤 孝一	（須原高原ロマンスリフト）	548	〃	8. 9.30	8.12.21	
	〃	〃	〃	〃	湯之谷薬師スキー場（内山）	409	〃	昭57. 8. 3	昭58. 1. 1	休止中
	〃	㈱大湯温泉温泉スキー場	魚沼市大湯温泉299	桜井 伸明	（第1ロマンス）	463	〃	55. 7.24	55.12.25	
	〃	〃	〃	〃	大湯温泉温泉スキー場（ペアリフト）	462	〃	平6. 9.14	平6.12.24	

地区	事業者	住所	氏名	スキー場・設備名		種別			備考
〃	㈱ライフスタイルサービス	南魚沼郡湯沢町大字土樽731-79	峠 重幸	岩原スキー場（第1ペア）	615	〃	昭58. 6.30	昭58.12.17	
〃	〃	〃	〃	〃 （第1ペアパラレルA）	630	〃	61. 6.21	61.12.21	休止中
〃	〃	〃	〃	〃 （ 〃 B）	630	〃	〃	〃	
〃	〃	〃	〃	〃 （第2ペアA）	621	〃	59. 4.18	59.12.21	
〃	〃	〃	〃	〃 （ 〃 B）	621	〃	〃	〃	
〃	〃	〃	〃	〃 （第3ペアA）	628	〃	〃	〃	
〃	〃	〃	〃	〃 （ 〃 B）	624	〃	〃	〃	
北	〃	〃	〃	〃 （中央クワッド）	1,148	〃	61. 8.15	61.12.10	
〃	〃	〃	〃	〃 （山頂クワッド）	1,237	〃	62. 9. 7	62.12.29	
〃	〃	〃	〃	〃 （奥添地高原第1ロマンス）	655	〃	平 3.10. 9	平 3.12.30	
〃	〃	〃	〃	〃 （ 〃 第2ロマンス）	991	〃	4. 5.28	4.12.23	休止中
陸	㈱生態計画研究所	東京都東村山市栄町二丁目28番5号	小河原 孝生	高柳スキー場（ペア）	424	〃	6. 9. 6	7. 1.13	
〃	㈱銀嶺観光	妙高市大字赤倉498	板倉 睦江	赤倉くまどースキー場（銀嶺第1ペア）	500	〃	3. 9. 6	3.12.14	
〃	〃	〃	〃	〃 （銀嶺第2ペア）	413	〃	昭59. 8.18	昭59.12.16	
〃	〃	〃	〃	〃 （銀嶺第3ペア）	240	〃	平 5. 9.21	平 5.12.18	
信	〃	〃	〃	〃 （銀嶺第5ペア）	382	〃	8. 8.15	8.12.14	
〃	奥只見観光㈱	東京都千代田区九段北4丁目2-5	川名 荘三郎	奥只見丸山スキー場（第1ペアA）	823	〃	昭63.10. 8	昭63.12. 3	
〃	〃	〃	〃	〃 （第1ペアB）	823	〃	〃	〃	
〃	〃	〃	〃	〃 （第2ペアA）	786	〃	〃	〃	
〃	〃	〃	〃	〃 （第2ペアB）	786	〃	〃	〃	
〃	〃	〃	〃	〃 （山頂ペア）	362	内燃	〃	〃	
越	㈱鈴木商会	東京都千代田区霞ヶ関3丁目2-6 東京倶楽部ビル6F	鈴木 一正	赤倉温泉くまどースキー場（くまどー第5～第5ペア）	552	電気	54. 3.14	54.12.22	
〃	〃	〃	〃	〃 （くまどー第2ペア）	460	〃	平 2.10.19	平 2.12.28	
〃	〃	〃	〃	〃 （ 〃 第1クワッド）	1,068	〃	昭63.11. 2	昭63.12.17	
〃	〃	〃	〃	〃 （ 〃 第4）	568	〃	61. 8.15	61.12.20	
〃	〃	〃	〃	〃 （ 〃 第3ペア）	752	〃	63.11. 2	63.12.21	
〃	大生総業㈱	南魚沼市石打1938-3	鳥海 良信	石打丸山スキー場（グリーン）	227	〃	平 9. 8.13	平 9.12.14	
〃	㈱胎内リゾート	胎内市夏井1191-3	小野 昭治	胎内スキー場（胎内第7ペア）	351	〃	57. 7.19	58. 1. 4	
〃	〃	〃	〃	〃 （ 〃 第10ペア）	888	〃	59. 8.18	59.12.24	

特殊索道（その15）

局別	府県	事業者名	本社又は事務所	代表者	区間	キロ程（米）	動力	許可年月日	運輸開始年月日	備考
北陸信越	新潟	㈱胎内リゾート	胎内市夏井1191-3	小野昭治	胎内スキー場（胎内ロマンスA）	838	電気	昭63. 9. 7	昭63.12.17	
	〃	〃	〃	〃	〃（〃ロマンスB）	838	〃	〃	〃	
	〃	〃	〃	〃	〃（風倉第1ペア）	948	〃	昭62. 9. 7	昭63. 1.24	
	〃	〃	〃	〃	〃（〃第2ペア）	990	〃	平 3. 9.12	平 4. 1.15	
	〃	〃	〃	〃	〃（風倉高原第1ペア）	663	〃	〃	〃	
	〃	〃	〃	〃	〃（〃第2ペア）	520	〃	4. 8.28	4.12.25	
	〃	〃	〃	〃	（小倉沢ペア）	700	〃	1.10. 2	1.12.16	
	〃	国際スキー開発㈱	東京都世田谷区松原3丁目31-8	石川光一	石打丸山スキー場（ハッカ石第2ペア）	411	〃	昭58. 7.22	昭58.12.17	
	〃	〃	〃	〃	〃（〃サミット）	411	〃	61. 8.15	61.12.21	
	〃	〃	〃	〃	〃（〃スーパー）	580	〃	35. 9.29	35.12.28	
	〃	〃	〃	〃	〃（〃入口A）	190	〃	平 1.10.13	平 1.12.21	休止中
	〃	〃	〃	〃	〃（〃入口B）	190	〃	〃	〃	
	〃	〃	〃	〃	〃（〃レインボー）	525	〃	2. 9.25	2.12.22	休止中
	〃	㈱糸魚川シーサイドバレー	糸魚川市大字山口151-1	川嶋武	糸魚川シーサイドバレースキー場（第1グランド）	1,320	〃	4. 8. 5	4.12.19	
	〃	〃	〃	〃	〃（第2グランド）	744	〃			
	〃	〃	〃	〃	〃（第2ロマンス）	915	〃			
	〃	〃	〃	〃	〃（第3ロマンス）	660	〃			
	〃	〃	〃	〃	〃（第5ロマンス）	636	〃			
	〃	〃	〃	〃	〃（第6ロマンス）		〃			
	〃	㈱スマイルリゾート	南魚沼郡湯沢町土樽5044-1	田中章生	湯沢中里スキー場（第1ロマンスB）	585	〃	60. 9. 6	昭60.12.21	
	〃	〃	〃	〃	〃（第1高速）	641	〃	60. 8. 2	60.12.14	
	〃	〃	〃	〃	〃（第2ロマンス）	429	〃	62. 9.10	62.12. 6	
	〃	〃	〃	〃	〃（第2A）	296	〃	60. 8. 2	60.12.22	
	〃	〃	〃	〃	〃（第2B）	296	〃	50. 7.24	50.12.17	
	〃	〃	〃	〃	〃（第3ロマンス）	1,006	〃	59. 7.17	59.12.21	
	〃	〃	〃	〃	〃（第4ロマンス）	599	〃	〃	59.12.23	

地区	会社	所在地	代表者	施設名	長さ		設置	検査	備考
北陸	㈱プリンスホテル	東京都豊島区南池袋1丁目16-15	小山　正彦	（第5ロマンスB）	379	〃	昭63.10.18	昭63.12.29	
	〃	〃	〃	（第6ロマンス）	532	〃	平2. 9.12	平2.12.30	
	〃	〃	〃	苗場スキー場（第3ロマンス）	482	〃	昭59. 7. 9	昭59.12.21	
	〃	〃	〃	（第4ロマンス・1番）	325	〃	60. 8. 2	60.11.29	
	〃	〃	〃	（第4ロマンス・2番）	325	〃	60. 8. 2	60.11.29	
	〃	〃	〃	（第5ロマンス）	402	〃	63.10.24	63.12.18	休止中
	〃	〃	〃	（第2高速）	1,135	〃	61. 8. 6	62.12.20	
	〃	〃	〃	（第3高速）	723	〃	62. 8.13	62.12. 6	
	〃	〃	〃	（第4高速）	765	〃	62. 8.21	62.12. 2	
	〃	〃	〃	（第5高速）	654	〃	63.10.22	63.12.17	
	〃	〃	〃	（第6高速）	668	〃	平1. 9.20	平1.12.16	休止中
	〃	〃	〃	（第8高速）	779	〃	5. 9.20	5.12.24	
	〃	〃	〃	（筍平ロマンス1番）	423	〃	昭61. 8. 1	昭61.12. 6	
	〃	〃	〃	（筍平ロマンス2番）	423	〃	〃	〃	
	〃	〃	〃	（大斜面ロマンス）	766	〃	57. 9. 7	59.12.19	
	〃	〃	〃	（火打平第1高速）	922	〃	平3. 8.26	平3.12.21	休止中
信越	〃	〃	〃	（〃第1ロマンス）	490	〃	昭60. 4.16	昭60.12.21	
	〃	〃	〃	（筍山ロマンス）	557	〃	57. 9. 7	58.12.19	
	〃	〃	〃	（白樺第1ロマンス）	460	〃	平10. 9.11	平11. 1. 2	休止中
	〃	〃	〃	（〃第2ロマンス）	508	〃	5. 9. 6	5.12.24	
	〃	〃	〃	六日町八海山スキー場（第1ロマンス）	651	〃	昭59. 7.16	昭59.12.23	
	〃	〃	〃	（第2ロマンス）	906	〃	平2. 9. 4	〃	
	〃	〃	〃	（第3ロマンス）	969	〃	昭62.10. 2	平2.12.20	
	〃	〃	〃	妙高国際スキー場（三田原第1高速）	2,159	〃	63.10. 8	昭62.12.12	休止中
	〃	〃	〃	（〃第2高速）	1,774	〃	平2. 5.21	63.12.18	
	〃	〃	〃	（〃第3高速）	1,726	〃	2. 5.21	平3.12.31	
	〃	〃	〃	妙高杉ノ原スキー場（〃第1ロマンス）	894	〃	昭51. 8.21	3.12.31	休止中
	〃	〃	〃	（妙高杉ノ原第1A）	863	〃	〃	昭51.12.21	
	〃	〃	〃	（〃第1B）	863	〃	〃	〃	

特殊索道 （その16）

局別	県府	事業者名	本社又は事務所	代表者	区　間	キロ程 米	動力	許可年月日	運輸開始年月日	備考	参考
北陸信越	新潟	㈱プリンスホテル	東京都豊島区南池袋1丁目16-15	小山正彦	妙高杉ノ原スキー場（杉ノ原第1ロマンス）	1,047	電気	昭56. 7.22	昭56.12.19		
	〃	〃	〃	〃	かぐらスキー場（みつまた高原第1高速）	1,059	〃	62. 9.16	62.12. 5		
	〃	〃	〃	〃	（ 〃 第2高速）	794	〃	平4. 8.12	平4.12.19		
	〃	〃	〃	〃	（みつまた第2ロマンス）	433	〃	22.11.17	22.12.18		
	〃	〃	〃	〃	（ 〃 第3ロマンス）	339	〃	昭63. 9.27	昭63.12.24		
	〃	〃	〃	〃	（かぐら第1高速）	1,200	〃	平4. 5.28	平4.11.28		
	〃	〃	〃	〃	（かぐら第1ロマンス）	517	〃	19.10.12	19.11.23		
	〃	〃	〃	〃	（ 〃 第3ロマンス）	1,147	〃	昭59. 7. 9	昭59.12.28		
	〃	〃	〃	〃	（ 〃 第4ロマンス）	687	〃	〃	60. 1. 3		
	〃	〃	〃	〃	（ 〃 第5ロマンス）	669	〃	60. 4.16	60.12.28		
	〃	〃	〃	〃	（田代第1高速）	1,427	〃	平12. 7.17	平12.12.16		
	〃	〃	〃	〃	（ 〃 第1ロマンス）	355	〃	昭58. 3.31	昭58.12.18		
	〃	〃	〃	〃	（ 〃 第2ロマンス）	1,059	〃	58. 7. 6	〃		
	〃	〃	〃	〃	（ 〃 第2高速）	905	〃	平12. 6. 7	平13.12.17		
	〃	〃	〃	〃	（ 〃 第4ロマンス）	901	〃	昭58. 7. 6	昭58.12.18		
	〃	〃	〃	〃	（ 〃 第6ロマンス）	648	〃	59. 7. 9	59.12.31		
	〃	〃	〃	〃	（ 〃 第7ロマンス）	946	〃	59. 7. 9	60. 1. 1		
	〃	〃	〃	〃	（ 〃 第8ロマンス）	318	〃	62. 8.21	62.12.19		
	〃	(一財)休暇村協会	東京都台東区東上野5丁目1-5	河本利夫	休暇村妙高スキー場（妙高山麓ペア）	809	〃	平9. 6.17	平9.12. 6		
	〃	㈱シャトーテル塩沢	南魚沼市塩沢2071	宮本直文	シャトー塩沢スキー場（吉里第2ペア）	723	〃	1.11.20	1.12.23		
	〃	〃	〃	〃	（ 〃 第3ペア）	563	〃	3.11.20	3.12.29		
	〃	〃	〃	〃	（ 〃 第4ペア）	378	〃	6.10.14	6.12.20		
	〃	〃	〃	〃	（一本杉第1ペア）	909	〃	5. 9. 9	5.12.22		
	〃	㈱上越観光開発	南魚沼市樺野沢112-1	峠重幸	上越国際スキー場（美奈第1トリプル）	502	〃	昭60. 7.11	昭60.12.13		
	〃	〃	〃	〃	（ 〃 第4ロマンス）	928	〃	60. 9.10	60.12.25		

地区	事業者	所在地	代表者	索道名称		輸送能力		設置年月日		備考
北陸信越	㈱舞子リゾート	新潟県南魚沼市舞子2056-108	田中章生	（リーゼン第1トリプル）	〃	575	〃	63.11.16	63.12.28	
			〃	（〃 第2ロマンスA）	〃	632	〃	58. 7.14	58.12.10	
			〃	（〃 第2ロマンスB）	〃	632	〃	〃	〃	
			〃	（パノラマクワッド）	〃	1,045	〃	平9. 7.18	平9.12.13	
			〃	（長峰クワッド）	〃	1,049	〃	9. 4.25	〃	
			〃	（〃 第2ロマンスA）	〃	454	〃	昭60. 7.11	昭60.12.13	
			〃	（〃 第2ロマンスB）	〃	454	〃	〃	〃	
			〃	（〃 第3ロマンス）	〃	508	〃	56. 9. 7	56.12.20	
			〃	（大別当チャンピオンヒル）	〃	661	〃	61. 8.22	62. 1. 1	
			〃	（Mt.ATEMA第3）	〃	522	〃	〃	62. 1. 2	
			〃	（〃 第4）	〃	1,550	〃	〃	〃	
			〃	（〃 第5）	〃	469	〃	〃	62. 1. 5	
			〃	（〃 第6）	〃	453	〃	61. 9. 4	〃	
			〃	（ホテル前ロマンス）	〃	93	〃	58. 9.22	58.12.10	
			〃	（大沢第1トリプル）	〃	1,109	〃	59. 8. 7	59.12.25	
			〃	（〃 第2ロマンスA）	〃	1,008	〃	60. 9.21	61. 1.15	
			〃	（〃 第2ロマンスB）	〃	1,008	〃	60. 9.21	61. 1.15	
			〃	（〃 第3ロマンスA）	〃	411	〃	60. 9. 6		休止中
			〃	（〃 第3ロマンスB）	〃	411	〃	60. 9. 6		〃
			〃	（パノラマ第2ロマンス）	〃	902	〃	59. 9. 5	59.12.25	
			〃	（〃 第3ロマンス）	〃	953	〃	63. 5.11	63.12.29	
			〃	（〃 第4ロマンス）	〃	429	〃	63. 9.19	〃	
			〃	（当間第1ロマンス）	〃	952	〃	59. 9.19	59.12.25	
			〃	（〃 第2ロマンス）	〃	966	〃	60. 8. 5	60.12.25	
			〃	（〃 第8ロマンス）	〃	771	〃	平1. 6.29	平2.12.29	
			〃	（清津第3クワッド）	〃	1,505	〃	5. 1.27	10. 1. 1	
			舞子スノーリゾートスキー場 （舞子ファミリーA）	〃	440	〃	昭59. 4.18	昭59.12.22		
			〃	（〃 ファミリーB）	〃	437	〃			
			〃	（〃 トリプル）	〃	930	〃	61. 5.13	61.12.16	

特殊索道 (その17)

局別	府県	事業者名	本社又は事務所	代表者	区間	キロ程（米）	動力	許可年月日	運輸開始年月日	備考
北陸信越	新潟	(株)舞子リゾート	新潟県南魚沼市舞子2056-108	田中章生	舞子スノーリゾートスキー場（舞子センターフワッド）	725	電気	平6. 9.30	平6.12.17	
	〃	〃	〃	〃	〃 （ 〃 第1ペア）	745	〃	昭44. 7.15	昭44.12.20	
	〃	〃	〃	〃	〃 （ 〃 第2ペア）	508	〃	平3.10.17	平3.12.29	
	〃	〃	〃	〃	〃 （長峰ペア）	980	〃	昭63.12.14	1.12.22	休止中
	〃	〃	〃	〃	〃 （長峰第2フワッド）	1,315	〃	〃	〃	
	〃	〃	〃	〃	〃 （奥添地ペア）	510	〃	平1.11.10	〃	
	〃	〃	〃	〃	〃 （ 〃 フワッド）	808	〃	1.11.17	5.12.23	
	〃	〃	〃	〃	〃 （長峰第1フワッド）	1,298	〃	5.10. 8	6.12.17	
	〃	〃	〃	〃	〃 （シャトルペア）	193	〃	6.10.17		
	〃	上越市	上越市木田1-1-3	村山秀幸	金谷山スキー場（第2）	264	〃	昭35.11. 2	昭35.12.27	
	〃	(株)ガーラ湯沢	南魚沼郡湯沢町大字湯沢字茅平1039-2	柳隆生	ガーラ湯沢スキー場（シャリオ）	257	〃	平2. 4.17	平2.12.20	
	〃	〃	〃	〃	〃 （ビクトリア）	656	〃	2. 4.18		
	〃	〃	〃	〃	〃 （バルーシュ）	814	〃	2. 4.17	2.12.29	
	〃	〃	〃	〃	〃 （ディルバリー）	401	〃	〃		
	〃	〃	〃	〃	〃 （バギー）	166	〃	〃		
	〃	〃	〃	〃	〃 （ワゴネット）	689	〃	2. 4.20	3.12.15	
	〃	〃	〃	〃	〃 （フェートン）	289	〃	3. 6. 7	4. 1. 3	
	〃	〃	〃	〃	〃 （ソーシャブル）	799	〃	3. 7.24	5.12.17	
	〃	〃	〃	〃	〃 （コーチ）	667	〃	5. 6. 1		
	〃	(株)ルーデンス	南魚沼郡湯沢町大字土樽3226	山本諭	ルーデンス湯沢スキー場（第1ペア）	417	〃	2.10.24	2.12.15	
	〃	(株)サクヤスリゾート越後湯沢ホテル	東京都千代田区麹町3丁目4	十文字弘美	湯沢パークスキー場（大源太第1ペア）	362	〃	昭57.10. 5	昭57.12.28	
	〃	〃	〃	〃	〃 （ 〃 第2ペア）	362	〃			
	〃	〃	〃	〃	〃 （ 〃 第3ペア）	550	〃	62. 9.16	63. 1.10	
	〃	〃	〃	〃	〃 （ 〃 第5）	307	〃	57.10. 5	57.12.28	
	〃	〃	〃	〃	〃 （ 〃 第7）	306	〃			休止中

地方	会社名	所在地	代表者	施設名	数		年月日	年月日	備考
	〃	〃	〃	（〃　第8ペア）	471	〃	平6.11.16	平6.12.17	
	〃	〃	〃	（〃　第9ペア）	471	〃	昭62.9.21	昭63.1.10	
北	(株)わかぶな高原	岩船郡関川村大字沼132-2	永井　伸治	わかぶな高原スキー場（第1ペア）	672	〃	〃	〃	
	〃	〃	〃	（〃第2ペア）	431	〃	〃	〃	
	〃	〃	〃	（〃第3ペア）	590	〃	〃	63.1.30	
	〃	〃	〃	（クワッド）	1,022	〃	62.10.8	63.1.10	
陸	大生総業(株)	南魚沼市石打1938-3	鳥海　良信	石打丸山スキー場（観光第1エクスプレス）	505	〃	60.8.10	60.12.22	
	〃	〃	〃	（〃第2エクスプレス）	525	〃	平5.9.10	平5.12.18	
	〃	〃	〃	（〃第3エクスプレス）	548	〃	昭62.10.8	昭62.12.19	
	〃	〃	〃	（〃第4ペア）	301	〃	55.5.28	55.12.16	
	(株)妙高	妙高市大字関山字妙高山国有林23林小班	井上　幹夫	関温泉スキー場（神奈山第1ペア）	497	〃	63.10.26	63.12.3	
	〃	〃	〃	（〃第3）	520	〃	47.8.21	47.12.28	
	(株)たかだ	新潟市中央区八千代2丁目2-1	高田　政俊	角神スキー場（角神ロマンス）	395	〃	平4.10.13	平4.12.26	休止中
信	二王子観光開発(株)	新発田市大字上三光字大平国有林	田中　章生	ニックススノーパーク（第1クワッド）	817	〃	昭63.9.24	昭63.12.24	
	〃	〃	〃	（第2クワッド）	1,517	〃	〃	〃	
	〃	〃	〃	（第5ペア）	326	〃	平6.9.6	平6.12.17	
	長岡トラック(株)	長岡市中島6-1-40	市村　輝男	長岡市営スキー場（第1ペア）	606	〃	5.7.23	6.1.21	
	〃	〃	〃	（第2ペア）	414	〃	昭62.6.30	昭63.1.24	
	(株)山古志観光開発公社	長岡市山古志種苧原4526	田中　仁	古志高原スキー場（第1ペア）	545	〃	平1.10.23	平1.12.10	
	栃尾施設管理合同会社	長岡市栃堀6044	青柳　孝三	とちおファミリースキー場（第1）	235	〃	10.11.11	11.1.2	
	富達観光(株)	南魚沼郡湯沢町大字土樽5172	富沢　恒	中里スノーウッドスキー場（第1ロマンス）	416	〃	昭63.10.14	昭63.12.23	
越	〃	〃	〃	（第4ロマンス）	458	〃	60.10.9	60.12.28	
	(株)赤倉温泉スキー場	妙高市大字関山字妙高山国有林第29林班	鈴木　一正	赤倉温泉ヨーデルスキー場（ヨーデル第4ペア）	307	〃	35.11.15	37.1.12	
	〃	〃	〃	（ヨーデル第1トリプル）	1,386	〃	59.7.13	59.11.28	
	〃	〃	〃	（ヨーデル第5トリプル）	580	〃	平4.9.1	平4.12.19	
	荒井アンドアソシエイツ(株)	東京都千代田区紀尾井町4-1	荒井　三ノ進	池の平ゲレンデ（池の平クワッド）	1,622	〃	9.9.4	9.12.20	
	〃	〃	〃	（〃　カナメ）	470	〃	昭54.5.24	昭55.1.7	休止中
	〃	〃	〃	（〃　中央ペア）	1,296	〃	平7.8.23	平7.12.15	
	〃	〃	〃	（しらかばカプセルペア）	1,750	〃	昭63.10.28	昭63.12.10	

特殊索道

（その18）

局別	府県	事業者名	本社又は事務所	代表者	区間	キロ程（米）	動力	許可年月日	運輸開始年月日	備考
北陸信越	新潟	荒井アンドアシエイツ(株)	東京都千代田区紀尾井町4-1	荒井 三ノ進	池の平ゲレンデ（カラマツペアリフト）	500	電気	平24.10.15	平24.12.22	
〃	〃	(株)日本リフトサービス	南魚沼市石打1655	島崎 秀典	石打丸山スキー場（中央第１高速）	806	〃	昭62.9.8	昭62.12.19	
〃	〃	〃	〃	〃	（〃　第２Ａ）	329	〃	30.10.17	30.12.27	
〃	〃	〃	〃	〃	（〃　第２Ｂ）	329	〃	30.10.17	30.12.27	
〃	〃	〃	〃	〃	（〃　第３高速）	751	〃	59.6.23	59.12.22	
〃	〃	〃	〃	〃	（〃　チロルＡ）	281	〃	47.9.14	47.12.30	休止中
〃	〃	〃	〃	〃	（〃　チロルＢ）	281	〃	〃	〃	〃
〃	〃	〃	〃	〃	（〃　パラダイス）	472	〃	平6.9.28	平6.12.10	
〃	〃	〃	〃	〃	（〃　山頂高速）	921	〃	14.8.7	14.12.14	
〃	〃	(株)津南高原開発	中魚沼郡津南町大字秋成12300	樋口 明	花岡スキー場（花岡ペア）	616	〃	3.10.30	3.12.30	
〃	〃	〃	〃	〃	ニュー・グリーンピア津南スキー場（第１ペア）	419	〃	昭60.3.26	昭60.12.10	
〃	〃	〃	〃	〃	（〃　第４ペア）	382	〃	〃	〃	
〃	〃	〃	〃	〃	（〃　第６高速ペア）	972	〃	平3.11.20	平3.12.6	
〃	〃	〃	〃	〃	（第２クワッドリフト）	877	〃	27.10.28	27.12.19	
〃	〃	火打山麓振興(株)	糸魚川市西飛山1821	小林 忠	シャルマン火打スキー場（第１クワッド）	1,390	〃	10.3.2	10.12.19	
〃	〃	〃	〃	〃	（〃　第２ペア）	599	〃	10.2.17	10.12.19	
〃	〃	〃	〃	〃	（〃　第３ペア）	987	〃	12.11.10	12.12.16	
〃	〃	荒井アンドアシエイツ(株)	妙高市大字関川字細野2452	荒井 三ノ進	池の平温泉スキー場（アルペンブリック第１ペア）	1,134	〃	2.10.24	2.12.22	
〃	〃	〃	〃	〃	（アルペンブリック第２ペア）	1,161	〃	昭61.8.27	昭61.12.22	
〃	〃	十日町市	十日町市千歳町3-3	関口 芳史	松之山温泉スキー場（第２ロングリフト）	964	〃	平19.10.22	平20.1.1	
〃	〃	〃	〃	〃	（第１）	355	〃	昭63.9.14	昭63.12.18	
〃	〃	(株)上越観光開発	南魚沼市樺野沢112-1	峠 重幸	十日町市松代ファミリースキー場（千年ペア）	495	〃	平3.10.30	平4.1.1	
〃	〃	〃	〃	〃	（〃　第２ペア）	341	〃	9.8.19	10.1.24	
〃	〃	阿賀町	東蒲原郡阿賀町津ッ580	神田 敏郎	三川・温泉スキー場（第１ペア）	536	〃	昭57.4.23	昭58.1.11	
〃	〃	〃	〃	〃	（第３ペア）	508	〃	59.8.28	59.12.29	休止中

北陸信越運輸局

運輸局	事業者	所在地	代表者	索道名	亘長(m)	動力	月日	月日	備考
〃	〃			（第5ペア）	470	〃	60. 8.19	60.12.25	
〃	〃			（第6ペア）	536	〃	61. 9. 1	62. 1. 7	
〃	〃			（第7ペア）	316	〃	平3.10. 9	平4. 1.24	
北	㈱六日町リゾート	南魚沼市小栗山2910-114	田中章生	ムイカリゾート（第1ペア）	701	〃	昭62.10. 1	昭62.12.18	
〃	〃			（第1クワッド）	1,066	〃	62. 9. 3	〃	
〃	〃			（第2ペア）	469	〃	58. 2. 2	58.12.18	
〃	〃			（第3ペア）	704	〃	平1.10.26	平1.12.17	
陸	〃			（第6ペア）	532	〃	昭59. 8.18	昭59.12.14	
〃	パノラマ（同）	中魚沼郡津南町上郷上田甲1745-1	バドック・デイビッド・アンドリュー	マウンテンパーク津南スキー場（第1ペア）	535	〃	平1. 6.29	平1.12.16	休止中
〃	〃			（第2ペア）	846	〃		〃	休止中
〃	〃			（第3ペア）	760	〃		〃	休止中
〃	〃			（第7ペア）	942	〃		〃	〃
〃	〃			（第10ペア）	331	〃		〃	休止中
信	妙高観光開発㈱	東京都中央区日本橋室町1丁目8-7	手塚邦明	妙高スキーパーク（第1高速）	1,043	〃		〃	〃
〃	アパサービス㈱	東京都港区赤坂3丁目2-3	元谷外志雄	妙高パインバレースキー場（第1高速）	556	電気	3. 8. 8	3.12.20	
〃	〃			（第2高速）	695	〃	昭63. 9.24	昭63.12.24	
〃	〃			（第4高速）	682	〃	平3.10.17	平3.12.31	
〃	㈱キューピットバレイ	上越市安塚区須川4820	石田和久	キューピットバレイスキー場（第1クワッド）	1,598	〃	2. 5.11	2.12.22	
〃	〃			（第2クワッド）	924	〃	2. 5.19	2.12. 6	
〃	〃			（第3ペア）	466	〃	8. 6.17	8. 7.27	
〃	〃			（第4ペア）	672	〃	9. 9.24	9.12. 6	
越	南魚沼市	南魚沼市六日町180-1	林茂男	八海山麓スキー場（第1ペア）	591	〃	昭60. 7. 4	昭60.12.20	
〃	〃			（第2ペア）	239	〃	平6. 9. 6	平6.12.18	
〃	湯沢高原㈱	南魚沼郡湯沢町大字湯沢490	島崎秀典	湯沢高原スキー場（布場ロマンス）	253	〃	昭36.12. 1	昭36.12.28	
〃	〃			（布場ファミリー）	240	〃	平3.10. 7	平3.12.29	
〃	〃			（湯沢高原第1トリプル）	640	〃	昭61. 7.12	昭61.12.23	
〃	〃			（〃 山頂ペア）	518	〃	平13.10.12	平13.12.21	
〃	〃			（コスモスペア）	464	〃	13. 6.21	13. 7.26	
〃	〃			（やまびこペアリフト）	219	〃	24.11. 1	24.12.15	

特殊索道 （その19）

局別	府県	事業者名	本社又は事務所	代表者	区間	キロ程	動力	許可年月日	運輸開始年月日	備考
北陸信越	新潟	エイチアールティーニューコーポレーター㈱	南魚沼郡湯沢町大字湯沢2117-9	原田 明久	ナスパスキーガーデン（NASPA第1）	308	電気	平4.11.17	平4.12.19	
	〃	〃	〃	〃	（ 〃 第2ペア）	463	〃	5.8.16	5.12.30	
	〃	〃	〃	〃	（ 〃 第3クワッド）	718	〃	5.10.19	5.12.19	
	〃	〃	〃	〃	（ 〃 第4ペア）	514	〃	6.10.13	6.12.18	
	〃	〃	〃	〃	（ 〃 第5クワッド）	567	〃	5.10.19	5.12.19	
	〃	㈱マックアース	兵庫県養父市丹戸896-2	一ノ本 達巳	神立高原スキー場（戸沢ペアA）	605	〃	昭61.9.4	昭61.12.19	休止中
	〃	〃	〃	〃	（戸沢ペアB）	605	〃	〃	〃	
	〃	〃	〃	〃	（戸沢ペアC）	602	〃	62.10.30	62.12.24	
	〃	〃	〃	〃	（夢沢高速）	1,003	〃	61.9.4	61.12.24	
	〃	〃	〃	〃	（池の平高速）	1,031	〃	〃	61.12.19	
	〃	〃	〃	〃	（大中平高速）	963	〃	〃	61.12.19	
	〃	〃	〃	〃	（白板山ペア）	862	〃	〃	61.12.24	
	〃	（一財）佐渡市スポーツ協会	佐渡市吉岡1675番地	濱田 毅	佐渡市平スキー場（ペアリフト）	289	〃	平29.10.18	平30.1.13	
	〃	㈱ホテルアンドリゾート上越妙高	妙高市両善寺1966	亀田 修造	ロッテアライリゾート（山麓第一リフト）	430	〃	29.8.1	29.12.16	
	〃	〃	〃	〃	（山麓第二リフト）	1,406	〃	〃	〃	
	〃	〃	〃	〃	（小毛無リフト）	1,302	〃	29.9.12	〃	
	〃	〃	〃	〃	（膳棚リフト）	1,085	〃	〃	〃	
	長野	㈱岩岳リゾート	北安曇郡白馬村大字北城12111 白馬岩岳ホテルプラザ2F	和田 寛	岩岳リゾートスキー場（ビュー1）	704	〃	昭61.7.17	昭61.12.1	
	〃	〃	〃	〃	（ 〃 2）	751	〃	平2.9.25	平2.12.23	
	〃	飯綱東高原観光開発（同）	上水内郡飯綱町大字川上字霊仙寺山2755-209	仲俣 俊晴	いいづなリゾートスキー場霊仙寺山（第1クワッド）	1,719	〃	2.7.19	2.12.16	
	〃	〃	〃	〃	（ 〃 第2高速ペア）	949	〃	4.10.1	4.12.16	
	〃	〃	〃	〃	（ 〃 第4ペア）	940	〃	3.8.8	3.12.14	
	〃	白馬観光開発㈱	北安曇郡白馬村大字北城12111 白馬岩岳ホテルプラザ2F	和田 寛	岩岳スキー場（かも1）	903	〃	昭44.7.19	昭44.12.20	
	〃	〃	〃	〃	（日影リフト）	508	〃	平1.9.2	平1.12.31	
	〃	〃	〃	〃	（沢リフト）	842	〃	昭47.7.21	昭47.12.16	

	会社名	所在地	代表者	索道名称			設置年月日	検査年月日	備考
〃				(かも4)	333	〃	平1. 9.14	平1.12. 2	
〃				(パラダイストリプル)	677	〃	昭61. 7. 1	昭61.12. 2	
〃				(らいペア)	396	〃	平5. 9. 6	平5.12.26	
〃				(ラインリフト)	626	〃	昭46. 8.11	昭46.12.18	休止中
北	㈱シャトレーゼリゾート八ケ岳	南佐久郡川上村御所平1841-5	古屋 竜三	(岩岳ラインB) シャトレーゼリゾート八ケ岳 (第1ペア)	615 347	〃 〃	〃 63. 9.14	〃 63.12.17	
〃				(第2クワッド)	722	〃	63.10.14	63.12.29	
〃	㈱乗鞍	兵庫県養父市丹戸896-2	一ノ本 達己	(第3ペア) Mt.乗鞍スノーマイルエリア (猪谷ペア)	681 633	〃 〃	63. 9.14 63.10.11	63.12.17 63.12.22	休止中
陸	㈱岳都リゾート開発	松本市大字笹賀7600番地51	永瀬 完治	信州野麦峠スキー場 (第1ペア)	640	〃	平8.10.24	平8.12. 1	
〃				(第5ペア)	300	〃	昭59. 8.28	昭59.12.15	
〃				(第7スカイライナー)	1,579	〃	62.10.27	62.12.25	
〃	㈱池の平ホテル&リゾーツ	北佐久郡立科町大字芦田八ケ野1596	矢島 義擴	(第8高速ペア) 白樺リゾートスキー場 (第1ペア)	1,064 319	〃 〃	平4. 5.28 昭63. 9.30	平4.12.27 昭63.12. 4	
〃				(第2ペア)	275	〃			
信	㈱大糸	北安曇郡白馬村大字北城1-15	太田 具英	白馬五竜スキー場(飯森第1高速ペア)	537	〃	63.11. 2	63.12.25	
〃				(〃 第2)	520	〃	平5.11. 2	平5.12.22	
〃				(〃 第3クワッド)	933	〃	3.10. 3	3.12.23	
〃				(〃 第6ペアA)	640	〃	昭59. 8.29	昭59.12.22	
〃	アスモグループ㈱	木曽郡木曽町開田高原西野5346番地1	今 孝志	(〃 第6ペアB) 御岳ロープウェイスキー場 (第1ペア)	640 768	〃 〃	63. 5.20	平1.12.13	休止中
〃				(第2ペア)	654	〃		〃	〃
越	㈱御嶽リゾート	木曽郡王滝村3162	一ノ本 達己	(第3ペア) おんたけ2240 (御岳第4ペアA)	927 676	〃 〃	59. 5.18	〃 昭59.12.23	〃 休止中
〃				(〃 第4ペアB)	676	〃	63. 5.20	63.11.29	
〃				(〃 第4ペアD)	640	〃	59. 5.18	59.12.28	
〃				(〃 第5クワッド)	1,183	〃	平6. 9. 5	平6.12.16	休止中
〃				(御岳第7クワッド)	799	〃	2. 9. 3	2.12.29	
〃				(〃 チャンピオンクワッド)	1,287	〃			休止中

特殊索道 （その20）

局別	県府	事業者名	本社又は事務所	代表者	区　間	キロ程	動力	許可年月日	運輸開始年月日	備考	参考
	長野	大町温泉観光㈱	大町市大字平4819	真島愼介	爺ガ岳スキー場（天狗第1ペア）	541	電気	昭60. 7.27	昭60.12.21		
	〃	〃	〃	〃	（〃第2ペア）	851	〃	平3. 9.26	平3.12.27		
	〃	〃	〃	〃	（〃第3ペア）	669	〃	〃	〃		
北	〃	〃	〃	〃	（〃第4ペア）	544	〃				
	〃	㈱鹿島槍	大町市大字平字袖の原20490-4	星野裕二	鹿島槍スポーツヴィレッジ（鹿島第1クワッド）	938	〃	2. 9.14	2.12.21		
	〃	〃	〃	〃	（〃第2ペア）	317	〃	昭38. 9. 4	昭38.12.24		
	〃	〃	〃	〃	（〃第3クワッド）	250	〃	63. 9.14	63.12.17		
	〃	〃	〃	〃	（〃第5ペア）	584	〃	62. 8.10	62.12.20		
陸	〃	〃	〃	〃	（〃第6クワッド）	959	〃	平4. 9.16	平4.12.26		
	〃	〃	〃	〃	（〃第7ペア）	274	〃	4. 9.16	4.12.20		
	〃	〃	〃	〃	（〃第8ペア）	394	〃	1. 9. 5	1.12.30		
	〃	〃	〃	〃	（〃第10ペア）	563	〃	〃	1.12.27		
	〃	奥白馬高原開発㈱	北安曇郡小谷村大字中土乙7246	安達暁子	白馬コルチナ国際スキー場（コルチナ第1ペア）	513	〃	昭63.11. 2	昭64. 1. 2		
	〃	〃	〃	〃	（〃第2クワッド）	1,093	〃	63.11. 9	〃		
	〃	〃	〃	〃	（〃第3クワッド）	800	〃	平5.12.24	平6.12.22		
信	〃	〃	〃	〃	（〃第4ペア）	698	〃	昭63.11. 2	昭64. 1. 2		
	〃	〃	〃	〃	（〃第5ペア）	651	〃	〃	〃		
	〃	〃	〃	〃	（〃第6ペア）	724	〃	平1.10.31	平1.12.26		
	〃	〃	〃	〃	（〃第7ペア）	489	〃	昭63. 9.14	昭63.12.17		
	〃	麻績村	東筑摩郡麻績村麻3837	高野忠房	聖高原スキー場（第1ペア）	321	〃	平1. 9.14	平1.12.23		
	〃	朝日村	東筑摩郡朝日村大字小野沢296-5	中村武雄	あさひプライムスキー場（第1ペア）	468	〃	3. 9.18	4. 1.20		
越	〃	〃	〃	〃	（第2ペア）	424	〃	〃	〃		
	〃	木島平観光㈱	下高井郡木島平村大字上木島3878-2	日臺正博	木島平スキー場（第2ペア）	594	〃	6. 9.20	6.12.18		
	〃	〃	〃	〃	（第3山頂ペア）	860	〃	5.10. 1	5.12.16		
	〃	〃	〃	〃	（木島平第6ペア）	645	〃	昭58. 8.19	昭58.12.15		

事業者名	所在地	代表者	索道名称	能力				備考
〃	〃	〃	（木島平第7ペア）	541	〃	59. 8.18	59.12.18	
〃	〃	〃	（第8スカイフォー）	1,203	〃	61. 7.28	61.12.12	
〃	〃	〃	（第10ペア）	785	〃	平 1. 8.22	平 1.12.26	
〃	〃	〃	（第11クワッド）	741	〃	9.10.24	9.12.20	休止中
奥木曽グリーンリゾート㈱	木曽郡木祖村大字菅2857-16	川口 勝	やぶはら高原スキー場（国設第1ペア）	600	〃	昭58. 6.20	昭58.12.26	
〃	〃	〃	（ 〃 第2ペア）	616	〃	平 3.10. 9	平 3.12.30	
〃	〃	〃	（ 〃 第3ペア）	383	〃	昭59. 7.10	昭59.12.31	
〃	〃	〃	（丸山ファミリーペア）	386	〃	平 6. 9. 6	平 6.12.23	
〃	〃	〃	（さつきクワッド）	736	〃	6. 8. 8	〃	
〃	〃	〃	（やぶはら中央ペアリフト）	802	〃	4. 7.28	4.12. 6	休止中
北志賀藤田観光㈱	下高井郡山ノ内町大字夜間瀬11494	藤田 健太郎	北志賀小丸山スキー場（小丸山第1ロマンス）	459	〃	昭41.10.26	昭41.12.31	休止中
〃	〃	〃	（ 〃 第2）	340	〃	44. 7.19	44.12.25	
〃	〃	〃	（ 〃 第3ロマンスA）	412	〃	57. 7. 8	58. 1. 1	
〃	〃	〃	（ 〃 第3ロマンスB）	412	〃	〃	〃	
〃	〃	〃	（ 〃 第4ロマンスA）	435	〃	60. 8.10	60.12.15	
〃	〃	〃	（ 〃 第4ロマンスB）	435	〃	〃	〃	
〃	〃	〃	（ 〃 第5）	604	〃	52. 8.29	52.12.21	
〃	〃	〃	（ 〃 第7）	444	〃	60. 8.10	60.12.15	
霧ヶ峰沢渡スキーリフト㈱	諏訪市大字四賀字霧ヶ峰7718-15	高橋 保夫	霧ヶ峰沢渡スキー場（第1ペア）	473	〃	昭55. 8. 7	昭55.12.28	休止中
熊の湯リフト㈱	下高井郡山ノ内町大字平穏7148	佐藤 勝	熊の湯スキー場（第1ペア）	329	〃	57. 5.29	57.11.27	
〃	〃	〃	（第2ペアA）	905	〃	平 4. 9. 8	平 4.11.22	
〃	〃	〃	（第2ペアB）	905	〃	〃	〃	
〃	〃	〃	（第3クワッド）	909	〃	昭62. 8.13	昭62.12. 4	
〃	〃	〃	（第4ペア）	704	〃	平 8. 8. 7	平 8.11.30	
㈱マックアース	兵庫県養父市丹戸896-2	一ノ本 達己	黒姫高原スノーパーク（第1クワッド）	945	〃	2. 7.19	2.12.20	
〃	〃	〃	（第2ペア）	569	〃	昭62. 8. 3	昭62.12.26	
〃	〃	〃	（第3ペア）	378	〃	58. 8.26	58.12.10	
〃	〃	〃	（第5ペア）	871	〃	63. 9.14	63.12.18	
〃	〃	〃	（第6）	865	〃	57. 8.27	58.12.10	休止中

特 殊 索 道 (その21)

局別	府県	事業者名	本社又は事務所	代表者	区　間	キロ程	動力	許可年月日	運輸開始年月日	備考	参考
北	長野	㈱マックアース	兵庫県養父市丹戸896-2	一ノ本 達己	黒姫高原スノーパーク（スマイル第1ペア）	808 米	電気	昭63. 9.30	昭63.12.18		
	〃	中央アルプス観光㈱	駒ヶ根市赤穂759-489	江崎 吉剛	駒ヶ根高原スキー場（第1ペア）	452	〃	昭63. 5.17	昭63.12.22		
	〃			〃	（第2ペア）	482	〃	〃	63.12.24		
	〃	㈱伊那リゾート	伊那市西春近字細ヶ谷3390	白澤 裕次	中央道伊那リゾートスキー場（伊那第1クワッド）	589	〃	平2.10.23	平2.12.20		
	〃			〃	（伊那第2ペア）	586	〃	昭63.10. 7	昭63.12.25		
	〃	アイリゾート白馬㈱	大町市平21770	環 明彦	サンアルピナ青木湖スキー場（青木湖第1トリプル）	559	〃	61. 6.30	61.12.23	休止中	
	〃			〃	（ 〃 第2ペア）	544	〃	平4. 9.14	平4.12.18	〃	
	〃			〃	（ 〃 第3ペア）	700	〃	昭47. 7.20	昭47.12.17	〃	
陸	〃			〃	（ 〃 第4ペア）	716	〃	平2. 9. 6	平2.12.29	〃	
	〃			〃	（ 〃 第5ペア）	814	〃	昭61. 6.30	昭61.12.29		
	〃	上田リゾート観光㈱	上田市菅平高原1223-3307	永山 勝利	菅平奥ダボススキー場（第1トリプル）	964	〃	61. 7.12	61.12.20		
	〃			〃	（第2トリプル）	320	〃	平2. 8. 1	平2.12.15		
	〃			〃	（第3ペア）	313	〃	昭57. 8. 3	昭57.12.31		
	〃	㈱プリンスホテル	東京都豊島区南池袋1丁目16-15	小山 正彦	軽井沢プリンスホテルスキー場（第1ロマンス）	369	〃	62.10.27	62.12. 5		
	〃			〃	（第1高速）	1,050	〃	平1.10.26	平1.12.21		
信	〃			〃	（第2ロマンス）	377	〃	昭61. 8.27	昭61.12.13		
	〃			〃	（第2高速）	999	〃	平8. 8.15	平8.12.14		
	〃			〃	（第3ロマンス）	554	〃	昭58. 6.30	昭58.12.10		
	〃			〃	（第4ロマンス）	935	〃	60. 7.26	60.12.14		
	〃			〃	（第5ロマンス）	514	〃	62. 9.10	62.12.19		
	〃			〃	（第6トリプル）	274	〃	63. 9. 6	63.12. 1		
	〃			〃	（第7ロマンス）	750	〃	平2.10. 5	平2.12. 9		
越	〃			〃	（第8ロマンス）	263	〃	4.10.13	4.12. 1	休止中	
	〃			〃	（第9ロマンス）	526	〃	7. 9.18	7.12.22		
	〃			〃	志賀高原焼額山スキー場（第2高速）	992	〃	昭62. 7.16	昭62.12.31	〃	

418

区分	会社名	所在地	代表者	施設名	(m)			
北陸信越	〃	〃	〃	（第3高速）	1,031	〃	63.10. 7	63.12.23
	〃	〃	〃	（第4ロマンス）	955	〃	平1.12.15	平2.12.13
	(一財)休暇村協会	東京都台東区東上野5丁目1-5	河 本 利 夫	乗鞍高原温泉スキー場（第1トリプル）	854	〃	1. 9.27	1.12.16
	〃	〃	〃	（第2ペア）	418	〃	休止中	
	志賀高原リゾート開発㈱	下高井郡山ノ内町大字平穏7149	春 原 高 志	高天ヶ原マンモススキー場（高天ヶ原クワッド）	855	〃	昭58. 9.29	昭58.12.28
	〃	〃	〃	（ 〃 第2トリプル）	329	〃	59. 6.27	59.12. 3
	〃	〃	〃	（ 〃 第3ペア）	887	〃	52. 5.11	52.12.11
	〃	〃	〃	一の瀬ファミリースキー場（一の瀬クワッド）	1,074	〃	60. 6. 1	60.11.25
	〃	〃	〃	（ 〃 第2ペアA）	559	〃	55. 7.24	55.12. 6
	〃	〃	〃	（ 〃 第2ペアB）	596	〃	〃	〃
	〃	〃	〃	（ 〃 第3クワッド）	1,014	〃	平1. 8.22	平1.12.12
	〃	〃	〃	（ 〃 第8クワッド）	464	〃	昭62. 7.21	昭62.12. 4
	〃	〃	〃	前山スキー場（ペア）	304	〃	平1. 8.22	平1.12.15
	〃	〃	〃	一の瀬ダイヤモンドスキー場（ダイヤモンドクワッド）	474	〃	昭62. 6. 2	昭62.11.14
	〃	〃	〃	（ダイヤモンドペアリフト）	100	〃	平29. 9.12	平29.12. 6
	〃	〃	〃	西館山スキー場（第2トリプル）	237	〃	昭62. 6. 2	昭62.12. 4
	〃	〃	〃	（第1フーディクワッド）	787	〃	63. 9.30	63.11.26
	〃	〃	〃	一の瀬山の神スキー場（山の神第2）	711	〃	平1. 8.18	平1.12. 3
	〃	〃	〃	蓮池スキー場（トリプル）	421	〃	昭62. 7.17	昭62.12. 5
	〃	〃	〃	丸池スキー場（第1トリプル）	431	〃	平6.10. 7	平6.12.10
	〃	〃	〃	（第2ペア）	132	〃	昭29. 9.16	昭29.12.22
	〃	〃	〃	サンバレースキー場（法坂第1クワッド）	518	〃	63.11. 1	63.11.26
	〃	〃	〃	（ 〃 第2ペア）	284	〃	34.10.13	34.12.22
	〃	〃	〃	（ 〃 第3）	317	〃	38.10.30	38.12.26
	〃	〃	〃	発哺ブナ平スキー場（ぶな平クワッド）	520	〃	62.10. 1	62.12. 4
	〃	〃	〃	（発哺クワッド）	1,047	〃	62.10.14	〃
	〃	〃	〃	ジャイアントスキー場（ペア）	955	〃	43. 9. 3	43.12.20
	〃	〃	〃	寺小屋山スキー場（第1ペア）	394	〃	平6. 8.16	平6.11.26
	〃	〃	〃	（第4ペア）	334	〃	昭58. 7.19	昭58.12. 1

特殊索道 (その22)

局別	府県	事業者名	本社又は事務所	代表者	区間	キロ程（米）	動力	許可年月日	運輸開始年月日	備考	参考
北陸信越	長野	志賀高原リゾート開発㈱	下高井郡山ノ内町大字平穏7149	春原高志	寺小屋山スキー場（クワッド）	725	電気	昭63.10.14	昭63.12.1		
	〃	治部坂観光㈱	下伊那郡阿智村浪合1192	伊藤義寛	西館山スキー場（クワッド）	603	〃	平7.8.23	平7.12.9		
	〃	〃	〃	〃	治部坂高原スキー場（第1ペアＡ）	635	〃	2.9.27	2.12.24		
	〃	〃	〃	〃	（第1ペアＢ）	635	〃	8.9.20	8.12.13		
	〃	〃	〃	〃	（第2ペア）	400	〃	3.9.18	3.12.21		
	〃	〃	〃	〃	（第3ペア）	354	〃	6.9.14	6.12.23	休止中	
	〃	㈱鈴木商会	東京都千代田区霞ヶ関3丁目2-6 東京倶楽部ビル6Ｆ	鈴木一正	白樺湖ROYAL-HILLスキー場（白樺湖第1クワッド）	744	〃	昭63.10.18	昭63.12.10		
	〃	〃	〃	〃	（ 〃 第2クワッド）	512	〃	平2.10.23	平2.12.21		
	〃	〃	〃	〃	（ 〃 第3ペア）	403	〃	3.9.12	3.12.27		
	〃	(公財)おかや文化振興事業団	岡谷市字内山4769-14	宮坂泰幸	鳥居平やまびこ公園（やまびこ）	172	〃	昭60.12.7	昭61.4.26		
	〃	㈱五竜	北安曇郡白馬村大字神城22184-10	伊藤英喜	白馬五竜スキー場（とおみスカイフォー）	879	〃	62.7.7	62.12.6		
	〃	〃	〃	〃	（ 〃 第1ペア）	360	〃	平12.10.20	平12.12.9		
	〃	〃	〃	〃	（ 〃 第2ペア）	756	〃	〃	12.12.24		
	〃	〃	〃	〃	（アルプス第1ペア）	616	〃	4.9.7	4.12.12		
	〃	〃	〃	〃	（ 〃 第2ペア）	574	〃	1.9.8	1.12.2		
	〃	〃	〃	〃	（ 〃 第3ペア）	672	〃	昭59.5.22	昭59.12.17		
	〃	〃	〃	〃	（ 〃 第4ペア）	739	〃	平7.10.16	平7.12.8		
	〃	信州綜合開発観光㈱	茅野市北山3413	安井一哉	車山高原スキー場（第1クワッド）	728	〃	昭61.7.28	昭61.12.6		
	〃	〃	〃	〃	（第2クワッド）	551	〃	63.10.14	63.12.1		
	〃	〃	〃	〃	（第3クワッド）	869	〃	平4.10.13	平4.12.5		
	〃	〃	〃	〃	（第4ロマンス）	944	〃	1.11.8	1.12.29		
	〃	〃	〃	〃	（第5ロマンスＡ）	394	〃	1.11.8	1.12.2		
	〃	〃	〃	〃	（第5ロマンスＢ）	391	〃	〃	〃		
	〃	〃	〃	〃	（第6ロマンス）	592	〃	昭55.7.14	昭55.12.24		
	〃	〃	〃	〃	（第7ロマンス）	521	〃	60.7.11	60.12.14		

地方	事業者	所在地	代表者	名称（索道・スキー場）	人員	（単位）			備考
〃	〃	〃	〃	（第8ロマンス）	474	〃	平1.11.16	平1.12.17	
〃	㈱ハーレスキーリゾート（同）	上田市菅平高原1223-146	高田 彰彦	菅平高原スキー場（グラン）	569	〃	2.9.18	2.12.14	
〃	〃	〃	〃	（ビート1）	723	〃	昭61.6.23	昭61.12.6	
〃	〃	〃	〃	（ステージ1）	433	〃	平7.9.18	平7.12.9	
〃	〃	〃	〃	（ 〃 2）	483	〃	昭36.8.30	昭36.12.26	
〃	〃	〃	〃	（ 〃 3）	445	〃	平1.11.24	平1.12.27	
〃	〃	〃	〃	（ウェーブ）	566	〃	3.9.27	3.12.21	
〃	〃	〃	〃	（マック）	609	〃	昭62.9.7	昭62.12.11	
北	シュナイダー索道（同）	上田市菅平高原1223	柄澤 章司	菅平シュナイダー・トリプル（菅平高原スキー場）	412	〃	平3.9.6	平3.12.14	
〃	㈱菅平スキーハウス	上田市菅平高原1223	田中 栄一	菅平高原天狗スキー場（天狗クワッド）	600	〃	4.9.16	4.12.18	
〃	〃	〃	〃	菅平高原日の出スキー場（日の出ペア）	428	〃	2.10.23	2.12.15	
陸	㈱マックアース	兵庫県養父市丹戸896-2	一ノ本 達己	パインビークスキー場（大松山第1クワッド）	781	〃	3.9.9	3.12.9	
〃	〃	〃	〃	（ 〃 第3ペア）	491	〃	1.11.16	1.12.21	
〃	〃	〃	〃	（ 〃 第5ペア）	766	〃	8.8.22	8.12.7	
〃	〃	〃	〃	（ 〃 第6ペア）	792	〃	5.10.26	5.12.26	
〃	〃	〃	〃	（大松山つばくろ第1ペア）	1,015	〃	昭62.9.25	昭63.1.9	
〃	〃	〃	〃	（ 〃 第2ペア）	360	〃	平5.10.1	平5.12.4	
信	諏訪市	諏訪市高島1丁目22-30	金子 ゆかり	霧ヶ峰スキー場（第1ロマンス）	310	〃	昭62.11.6	昭62.12.20	
〃	〃	〃	〃	（第2ロマンス）	251	〃	平1.11.10	平1.12.23	
〃	㈲浅日ゴルフ倶楽部	東京都練馬区富士見台4丁目13-3	大野 正次	木島平WEST（牧の入第1ペア）	504	〃	昭62.9.10	昭62.12.12	休止中
〃	〃	〃	〃	（ 〃 第4ペア）	1,033	〃	平1.9.20	平1.12.19	〃
〃	〃	〃	〃	（ 〃 第7トリプル）	501	〃	3.10.3	3.12.7	
越	㈱マックアース	兵庫県養父市丹戸896-2	一ノ本 達己	X－JAM高井富士（第1ペア）	974	〃	昭48.5.31	昭48.12.24	
〃	〃	〃	〃	（第2ペア）	692	〃	平5.9.6	平5.12.24	
〃	〃	〃	〃	（第3ペア）	546	〃	24.11.22	24.12.22	
〃	〃	〃	〃	（第5ペア）	501	〃	昭58.7.22	昭58.12.20	
〃	〃	〃	〃	（第6ペア）	651	〃	63.10.7	63.12.21	
〃	〃	〃	〃	よませ温泉スキー場（池の平第1クワッド）	887	〃	平6.9.28	平7.12.23	
〃	〃	〃	〃	（ 〃 第2ペア）	443	〃	6.8.18	6.12.21	

特 殊 索 道 (その23)

局別	府県	事業者名	本社又は事務所	代表者	区　　間	キロ程 (米)	動力	許可年月日	運輸開始年月日	備考
北陸信越	長野	(有)浅日ゴルフ倶楽部	東京都練馬区富士見台4丁目13-3	大野 正次	牧の入スノーパーク (牧の入第3ペア)	684	電気	平5.10. 1	平5.12.17	
	〃	〃	〃	〃	(〃 第5ペア)	867	〃	6. 9.14	6.12.15	休止中
	〃	〃	〃	〃	(〃 第6クワッド)	926	〃	8.10. 3	8.12.20	
	〃	(一財)上田市地域振興事業団	上田市上丸子1612	井上 晴樹	番所ヶ原スキー場 (武石番所ヶ原スキー場第1ペアリフト)	608	〃	23. 9. 5	23.12.22	
	〃	〃	〃	〃	(第2ペア)	412	〃	8.10.24	8.12.21	
	〃	立科町	北佐久郡立科町大字芦田八ヶ野字蓼科牧場745	米村 匡人	白樺高原国際スキー場 (蓼科牧場第1クワッド)	686	〃	4.10. 1	4.12.20	
	〃	〃	〃	〃	(〃 第2ペア)	689	〃	昭62. 9.10	昭62.12.12	
	〃	〃	〃	〃	(〃 第3ペア)	267	〃	平4.10. 1	平4.12.23	休止中
	〃	〃	〃	〃	しらかば2in1スキー場 (南平第1ペア)	553	〃	昭61. 5.14	昭61.12. 6	
	〃	〃	〃	〃	(〃 第2ペア)	632	〃	〃	61.12.31	
	〃	〃	〃	〃	(〃 第3ペア)	275	〃	61. 8. 1	61.12. 6	休止中
	〃	〃	〃	〃	(〃 第4ペアA)	582	〃	平1. 9. 5	平1.12.29	
	〃	〃	〃	〃	(〃 第4ペアB)	420	〃		1.12.23	
	〃	〃	〃	〃	(〃 第5ペア)	494	〃	昭63. 9.26	昭63.12.18	
	〃	〃	〃	〃	(〃 クワッド)	629	〃	平2. 9.12	平2.12.29	
	〃	(株)白馬フォーティセブン	北安曇郡白馬村大字神城24196-47	太田 達彦	Hakuba47ウィンタースポーツパーク (第2ペア)	992	〃	2.10. 5	2.12.17	
	〃	〃	〃	〃	(第3ペアA)	594	〃	2.10. 2		
	〃	〃	〃	〃	(第3ペアB)	594	〃	〃		
	〃	〃	〃	〃	(第4クワッド)	1,228	〃	2.10. 5		
	〃	〃	〃	〃	(第5高速ペア)	1,035	〃	5.10. 1	5.12.18	
	〃	栂池観光開発(株)	北安曇郡小谷村大字千国乙12840-1	栗田 優	栂池高原スキー場 (丸山第1クワッド)	727	〃	2. 8. 4	2.12.26	
	〃	〃	〃	〃	(栂池第1ペア)	436	〃	昭60. 8. 1	昭60.12.14	
	〃	〃	〃	〃	(〃 中央トリプル)	1,146	〃	52. 7.25	52.12.20	
	〃	〃	〃	〃	(チャンピオンクワッド)	954	〃	平4.10. 1	平4.12.19	
	〃	栂池ゴンドラリフト(株)	北安曇郡小谷村大字千国乙12840-1	山岸 信也	栂池高原スキー場 (つが第1ペア)	520	〃	昭57. 8.16	昭57.12.15	

区分	事業者	所在地	代表者	施設名称				備考
北陸	（株）天山リゾート	南佐久郡南牧村大字野辺山461-1	佐々木 峻	レーシングキャンプ野辺山スキー場（イエローＡライン）	629	62. 2. 7	62.11.29	休止中
	〃	〃	〃	（ 〃 　Ｂライン）	629	〃	〃	〃
	〃	〃	〃	（ 〃 オレンジライン）	554	59. 5.22	59.12. 6	〃
	〃	〃	〃	（ 〃 ブルーライン）	856	57. 7.30	59.12.21	
	（株）東急リゾートサービス	東京都港区南青山２丁目5-17	橋詰 雅彦	蓼科東急スキー場（第1ペア）	297	57. 7.30	57.12.21	
	〃	〃	〃	タングラムスキーサーカス（第1ペア）	885	平1. 8. 3	平1.12.29	
	〃	〃	〃	（ 〃 第2ペア）	475	〃	〃	
	〃	〃	〃	（ 〃 第3クワッド）	571	〃	〃	
	〃	〃	〃	（ 〃 第4ペア）	220	15. 9. 8	15.12.19	休止中
	〃	〃	〃	（ 〃 第5クワッド）	974	1. 8. 3	1.12.29	
	〃	〃	〃	（ 〃 第6ペア）	588	2. 8. 1	2.12. 8	
信越	戸狩温泉スキー場（株）	長野県飯山市大字豊田6356ニ	村松 敏人	戸狩温泉スキー場（ペガサスビートル4）	1,051	昭60. 5.18	昭60.12. 7	
	〃	〃	〃	（ペガサススピードリフト）	1,220	平7.10.12	平7.12.10	
	〃	〃	〃	（とん平第1ペア）	426	1.10.12	1.12.11	
	〃	〃	〃	（ 〃 第2高速クワッド）	746	2. 9.12	2.12. 8	
	〃	〃	〃	（ 〃 第3）	559	昭56. 2.26	昭56.12. 5	休止中
	〃	〃	〃	（オリオン高速クワッド）	870	平4.10.13	平4.12. 5	
	〃	〃	〃	（ 〃 第1ペア）	657	昭54. 4.23	昭54.12.27	
	〃	〃	〃	（ 〃 第5ペア）	361	62. 9.10	62.12.12	
	（株）エコーバレースキー場	長野県小県郡長和町姫木平3524	一ノ本 達己	エコーバレースキー場（エコー第1ペア）	573	62. 8.10	62.12.13	
	〃	〃	〃	（ 〃 第2トリプル）	463	56. 4.28	56.12.21	
	〃	〃	〃	（ 〃 第3ペア）	458	〃	〃	
	〃	〃	〃	（ 〃 第4トリプル）	457	平5. 9. 8	平5.12.20	
	〃	〃	〃	（ 〃 第5トリプル）	562	2. 8. 1	2.12.15	
	〃	〃	〃	（ 〃 第6クワッド）	821	7. 5.30	7.12. 9	
	〃	〃	〃	（ 〃 第7ペア）	506	昭59. 7.16	昭59.12.20	休止中
	〃	〃	〃	（ 〃 第8ペア）	375	昭59. 7.16	59.12.21	
	（一財）長野県農協共済福祉事業団	長野市大字南長野北石堂町1117-3	岩下 秀樹	黒姫高原スノーパーク	282	平6. 9.30	平6.12.17	
	白馬村	北安曇郡白馬村大字北城7025	下川 正剛	白馬ジャンプ競技場（白馬ジャンプ台）	239	4. 9.25	4.12.18	

特 殊 索 道 (その24)

局別	府県	事業者名	本社又は事務所	代表者	区間	キロ程	動力	許可年月日	運輸開始年月日	備考
						米				
北陸信越	長野	長野市	長野市大字鶴賀緑町1613	加藤 久雄	国設飯縄高原スキー場（第1クワッド）	933	電気	平6. 3.31	平6.12.21	
	〃	〃	〃	〃	〃（第2ペア）	296	〃	昭41. 8. 1	昭41.12.25	
	〃	〃	〃	〃	〃（第3ペア）	557	〃	43. 9.24	44. 1. 1	
	〃	〃	〃	〃	〃（第4）	375	〃	平8. 9. 5	平8.12.20	
	〃	〃	〃	〃	〃（第5）	711	〃	8. 9. 5	8.12.20	
	〃	〃	〃	〃	〃（第6）	461	〃	昭56. 8.10	昭56.12.26	休止中
	〃	〃	〃	〃	〃（第7トリプル）	374	〃	平1. 9.20	平1.12.23	〃
	〃	〃	〃	〃	戸隠スキー場（第2ロマンス）	244	〃	昭57. 6.24	昭57.12.27	
	〃	〃	〃	〃	〃（第3クワッド）	995	〃	63.10.22	63.12.21	
	〃	〃	〃	〃	〃（第4高速ペア）	691	〃	平1. 8.22	平1.12.16	
	〃	〃	〃	〃	〃（第5高速ペア）	1,016	〃	2. 7. 6	2.12.22	
	〃	〃	〃	〃	〃（第6クワッド）	1,135	〃	昭61. 7.22	昭61.12.20	
	〃	〃	〃	〃	〃（中社第1ペア）	415	〃	平6.11. 8	平6.12.10	
	〃	〃	〃	〃	〃（中社第2ペアリフト）	898	〃	21. 9. 4	21.12.19	
	〃	㈱奥志賀高原リゾート	下高井郡山ノ内町夜間瀬字大沢12377-17	大塚 秀博	奥志賀高原スキー場（第1ペア）	824	〃	昭63. 9.24	昭63.12. 9	
	〃	〃	〃	〃	〃（第2高速ペア）	1,555	〃	63.10.14	〃	
	〃	〃	〃	〃	〃（第3高速ペア）	526	〃		〃	
	〃	〃	〃	〃	〃（第4ペア）	376	〃	平1. 9.14	平1.11.23	
	〃	㈱あららぎ	名古屋市名東区藤が丘143	加藤 常文	〃（第6ペア）	667	〃	昭47.12. 8	昭48.12. 1	
	〃	〃	〃	〃	あららぎ高原スキー場（第1クワッド）	721	〃	62. 8.13	62.12.19	
	〃	〃	〃	〃	〃（第2ペア）	406	〃	63.10.18	63.12.24	
	〃	ジェイ・マウンテンズ・セントラル㈱	下伊那郡阿智村智里3731-4	白澤 裕次	ヘブンスそのはらスキー場（富士見台第2）	635	〃	平5. 7.30	平8.12.11	
	〃	〃	〃	〃	〃（〃第3）	465	〃			
	〃	〃	〃	〃	〃（〃第4）	290	〃		8. 8. 8	
	〃	〃	〃	〃	〃（〃第6）	85	〃		〃	

地域	経営者	所在地	代表者	索道名					備考
北陸信越	㈱長和町振興公社	小県郡長和町大字古町2436-1	西藤 栄二	ブランシュたかやまスキー場（　〃　第7）	219	〃	9. 9.24	9.12.12	
	〃	〃	〃	（鷹山第1ペア）	1,566	〃	昭60. 3.26	昭60.12.15	
	〃	〃	〃	（鷹山第2ペア）	1,112	〃	〃	〃	
	〃	〃	〃	（鷹山第3ペア）	582	〃	〃	〃	
	〃	〃	〃	（鷹山第4ペア）	378	〃	62. 9. 8	62.12.12	
	〃	〃	〃	（鷹山第1クワッド）	1,059	〃	平2. 8.10	平3.12.14	
	〃	〃	〃	（鷹山第5ペアリフト）	445	〃	23. 9. 6	23.12.10	
	㈱北八ヶ岳リゾート	茅野市北山4035-2541	荻原 芳一	ピラタス蓼科スキー場（横岳トリプル）	413	〃	2. 9. 3	2.12. 8	
	〃	〃	〃	（　〃　クワッド）	889	〃	1.10. 6	1.12. 9	
	栄　村	下水内郡栄村大字北信字柚林2903	森川 浩市	さかえ倶楽部（第1ペア）	860	〃	8. 6.11	8.12.20	
	〃	〃	〃	（第2ペア）	530	〃	〃	〃	
	〃	〃	〃	（第3ペア）	421	〃	〃	〃	
	㈱野沢温泉	下高井郡野沢温泉村大字豊郷7653	片桐 幹雄	野沢温泉スキー場（日影トリプル）	201	〃	昭25.12.21	昭26. 3. 3	
	〃	〃	〃	（　〃　クワッド）	523	〃	29.12. 4	29.12.27	
	〃	〃	〃	（長坂トリプル）	271	〃	55. 6.16	55.12.15	
	〃	〃	〃	（長坂フォー）	664	〃	平2. 9.27	平2.12.19	
	〃	〃	〃	（柄沢ペアリフト）	1,031	〃	昭63.10.14	昭63.12.17	
	〃	〃	〃	（長坂ゴンドラ連絡ペアリフト）	431	〃	59. 8.13	59.12.15	
	〃	〃	〃	（スカイライン連絡ペアリフト）	198	〃	平1.10. 2	平1.12.15	
	〃	〃	〃	（やまびこフォー）	1,097	〃	5. 8.12	5.12.25	
	〃	〃	〃	（　〃　第2ペア）	707	〃	5. 7.23	5.12.24	
	〃	〃	〃	（　〃　第2フォー）	732	〃	7. 9.18	7.12. 2	休止中
	〃	〃	〃	（上ノ平フォー）	1,752	〃	4.10. 1	4.12.12	
	〃	〃	〃	（パラダイスフォー）	934	〃	昭61. 8.15	昭61.11.30	
	〃	〃	〃	（ユートピアペア）	401	〃	62.10. 1	62.12. 3	
	〃	〃	〃	（チャレンジペア）	1,223	〃	62.10.16	62.12. 3	
	〃	〃	〃	（真湯ペア）	560	〃	58. 7.19	58.12. 2	
	〃	〃	〃	（カンダハーペアリフト）	872	〃	60. 9.17	60.12.14	
	〃	〃	〃	（湯の峰ペア）	623	〃	63. 9.20	63.12.10	

特殊索道 （その25）

局別	府県	事業者名	本社又は事務所	代表者	区間	キロ程 米	動力	許可年月日	運輸開始年月日	備考	参考
北陸	長野	㈱野沢温泉	下高井郡野沢温泉村大字豊郷7653	片桐 幹雄	野沢温泉スキー場（水無トリプル）	547	電気	平1.10.13	平1.12.15		
	〃	㈱乗鞍	兵庫県養父市丹戸896-2	一ノ本 達己	Mt.乗鞍スキー場（夢の平クワッド）	1,415	〃	2.9.14	2.12.18		
	〃	〃		〃	（かもしかリフト）	544	〃	昭44.8.16	昭45.12.25		
	〃	〃		〃	（〃 第5ペア）	339	〃	63.10.28	63.12.11	休止中	
	〃	〃		〃	（のりくら山麓リフトA）	554	〃	61.7.9	61.12.25		
	〃	〃		〃	（のりくら山麓リフトB）	554	〃	〃	〃	休止中	
	〃	〃		〃	（やまぼうしリフト）	493	〃	平1.9.20	平1.12.10		
	〃	〃		〃	（わさび沢リフトA）	539	〃	2.10.24	2.12.15		
	〃	〃		〃	（わさび沢リフトB）	539	〃	〃	〃	休止中	
	〃	〃		〃	（鳥居尾根クワッド）	973	〃	昭63.9.6	昭63.12.17		
	〃	㈱白馬さのさか	北安曇郡白馬村大字神城458	一ノ本 達己	サンアルピナ白馬さのさかスキー場（第2クワッド）	985	〃	平9.9.24	平10.1.1		
	〃	〃		〃	（第3クワッド）	874	〃	8.9.6	8.12.21		
	〃	〃		〃	（第6ペア）	514	〃	4.9.22	4.12.19		
	〃	〃		〃	（第1トリプル）	423	〃	2.8.23	2.12.15		
	〃	〃		〃	（第5ペア）	441	〃	2.8.22	〃		
信越	〃	㈱白馬館	北安曇郡白馬村大字北城6307-ロ	松沢 貞一	栂池高原スキー場（鐘の鳴る丘ロマンス）	128	〃	1.11.10	1.12.22		
	〃	〃		〃	（第11ロマンス）	134	〃	7.11.1	7.12.22		
	〃	〃		〃	（スカイライナー1）	872	〃	昭63.11.2	昭63.12.21		
	〃	〃		〃	（スカイライナー2）	876	〃	平1.10.3	平1.12.22		
	〃	〃		〃	（スカイライナー3）	909	〃	昭59.6.28	昭59.12.19		
	〃	〃		〃	（スカイライナー4）	882	〃	平2.9.12	平2.12.24		
越	〃	㈱みねかた	北安曇郡白馬村大字北城23632-1	黒川 正博	白馬みねかたスキー場（第1ロマンス）	942	〃	1.11.8	1.12.24	休止中	
	〃	白馬観光開発㈱	北安曇郡白馬村大字北城12111	和田 寛	白馬八方尾根スキー場（兎平ペア）	534	〃	昭34.10.20	昭34.12.25		
	〃	〃	白馬岩岳ホワイトプラザ2F	〃	（パノラマペア）	707	〃	35.9.10	35.12.24		
	〃	〃		〃	（アルペンクワッド）	783	〃	平5.11.9	平5.12.11		

区分	事業者	所在地	代表	索道名称	こう長				備考
				（白樺第1ペア）	413	〃	昭60. 9.11	昭60.12.20	
				（〃 第2ペア）	312	〃	61. 7. 9	61.12.30	
				（〃 第3ペア）	535	〃	56. 7. 8	57. 1. 7	休止中
				（八方セントラルペア）	809	〃	平5.10. 1	平5.12.26	
				栂池高原スキー場（からまつ高速ペア）	1,200	〃	1.11.16	1.12.30	
				（しらかば第1クワッド）	1,201	〃	昭63.11. 2	昭63.12.17	
				（つが第2ペア）	626	〃	62. 8.27	62.11.20	
				（ハンの木高速ペア）	790	〃	63.11. 2	63.12.17	
北				（〃 第1クワッド）	1,149	〃	平2. 9.13	平2.12.19	
				（〃 第2ペア）	809	〃	昭60. 6.26	昭60.12. 1	
				（〃 第3クワッド）	1,602	〃	平2. 8. 7	平2.12.19	
陸				（〃 第4）	642	〃	1.10. 3	1.12.22	
	八方尾根開発㈱	北安曇郡白馬村大字北城5713		白馬岩岳スノーフィールド（4線イースト）	315	〃	1. 9.27	1.12. 2	
				（5線サウス）	751	〃	1.11.16	1.12.16	
信				（3線ノース）	683	〃	4.10.13	4.12.18	
				（6線）	477	〃	10.10. 1	10.12.14	
				（中央高速）	1,651	〃	9.10. 9	9.12.10	
越			倉田保緒	白馬八方尾根スキー場（八方第1ペア）	553	〃	昭58. 7.19	昭58.12. 1	
				（八方リーゼンクワッド）	1,682	〃	63.10.14	63.12.28	
				（黒菱第2クワッド）	275	〃	62. 9.10	62.12. 3	
				（〃 第3ペア）	415	〃	47. 8.21	48. 8.21	
				（国際第1ペア）	1,334	〃	平12.10.25	平12.12.16	
				（白馬国際第3ペアA）	668	〃	昭54. 7. 6	昭54.12.28	
				（〃 第3ペアB）	668	〃	〃	〃	
				（グラートクワッド）	598	〃	平5. 9.21	平5.12.26	
				（名木山第2ペアA）	263	〃	1. 9. 8	1.12.21	
				（名木山第2ペアB）	263	〃	1. 9. 8	1.12.21	
				（〃 第3トリプルA）	609	〃	昭62. 9. 3	昭63. 1. 9	
				（〃 第3トリプルB）	609	〃			休止中

特 殊 索 道
（その26）

局別	府県	事業者名	本社又は事務所	代表者	区　間	キロ程 米	動力	許可年月日	運輸開始年月日	備考
北陸信越	長野	八方尾根開発㈱	北安曇郡白馬村大字北城5713	倉田　保緒	白馬八方尾根スキー場（咲花第2ペア）	558	電気	昭62. 9.25	昭62.12.25	
		〃	〃	〃	〃（〃第3トリプル）	360	〃	平3. 9.12	平3.12.27	
		〃	〃	〃	〃（〃 北尾根クワッド）	1,099	〃	6.10.14	6.12.28	
		〃	〃	〃	〃（北尾根第3ペア）	465	〃	1. 9.20	1.12.10	
		〃	〃	〃	〃（スカイライン第2ペア）	953	〃	昭60. 8. 2	昭60.11.23	
		㈲みなみ信州平谷リゾート	下伊那郡平谷村1511	小池　正充	平谷高原あかさかスキー場（第1ペア）	362	〃	59. 6.23	60. 1.15	
		〃	〃	〃	〃（第2ペア）	314	〃	平1.11. 8	平1.12.28	
		学校法人文化学園	東京都渋谷区代々木3丁目22-1	大沼　淳	いいやま北竜温泉ファミリースキー場（第1ペア）	322	〃	3. 8.26	3.12.20	
		斑尾高原リゾート㈱	飯山市大字飯山1149-2-298	吉田　雄二郎	斑尾高原サンパティックスキー場（第1ペア）	528	〃	昭59.10.23	昭59.12.28	休止中
		〃	〃	〃	〃（第3ペア）	487	〃	59.10.23	59.12.28	〃
		富士見高原リゾート㈱	諏訪郡富士見町境12067-898	福田　敏明	富士見高原スキー場（第1）	367	〃	59. 7.16	59.12.21	
		〃	〃	〃	〃（第2ペア）	305	〃	61. 7.28	61.12.29	
		〃	〃	〃	〃（第3ペア）	515	〃	平2. 8.28	平2.12.22	
		〃	〃	〃	〃（第4ペア）	287	〃	2. 9. 5	2.12.27	
		(一社)富士見町開発公社	諏訪郡富士見町富士見6666-703	名取　重治	富士見パノラマスキー場（第1ペア）	285	〃	昭62. 7. 9	昭62.12.19	
		〃	〃	〃	〃（第2ペア）	519	〃	〃	〃	
		〃	〃	〃	〃（第3ペア）	754	〃	〃	63. 1.28	
		〃	〃	〃	〃（第5ペア）	376	〃	平2.10. 1	平2.12.15	
		〃	〃	〃	〃（第6ペア）	498	〃	4. 3.31	4.12.19	
		〃	〃	〃	〃（第7ペア）	355	〃	〃	〃	
		㈱白馬アルプスホテル	北安曇郡小谷村大字千国字若栗乙12851	鷲澤　汪	白馬乗鞍スキー場（アルプス第1ペア）	719	〃	2.10. 4	2.12.22	
		〃	〃	〃	〃（第5高速ペア）	1,125	〃	3.10.17	3.12.30	
		〃	〃	〃	〃（第6高速ペア）	780	〃	〃	3.12.29	
		〃	〃	〃	〃（第7ペア）	478	〃	昭63.10. 8	昭63.12.10	
		〃	〃	〃	〃（第8ペア）	524	〃	63. 9.26	〃	

地方	事業者	所在地	代表者	索道名（スキー場名）	長さ(m)	単位	年月日①	年月日②	備考
北陸	菅平峰の原グリーン開発㈱	須坂市仁礼町峰の原3153-124	坂本誠治	（峰の原高原スキー場）第9ペア	721	〃	61. 9. 4	61. 12. 6	
〃	〃	〃	〃	〃 第10ペア	449	〃	63. 10. 8	63. 12. 23	
〃	〃	〃	〃	〃 第3高速ペア	1,017	〃	平7. 10. 2	平7. 12. 22	
〃	〃	〃	〃	〃 第4ペアリフト	682	〃	昭63. 9. 21	昭63. 12. 10	
〃	〃	〃	〃	峰の原高原スキー場（峰の原スカーレットライン）	556	〃	平5. 9. 22	平5. 12. 18	
〃	〃	〃	〃	〃 （イエローライン）	726	〃	昭59. 7. 20	昭59. 12. 21	
〃	〃	〃	〃	（峰の原ブルーライン）	614	〃	平1. 11. 8	平1. 12. 23	
〃	南志賀開発㈱	上高井郡高山村大字奥山田字山田入3681-352	関谷小一郎	〃 第2ペア	665	〃	8. 9. 20	8. 12. 15	
〃	〃	〃	〃	（第3）	589	〃	1. 9. 2	1. 12. 17	
陸	〃	〃	〃	山田牧場スキー場（第1ペア）	437	〃	昭57. 7. 19	昭57. 12. 19	
〃	〃	〃	〃	〃 （第2ペア）	1,655	〃	平6. 8. 16	平8. 12. 9	
〃	アスモグループ㈱	木曽郡木曽町開田高原西野5346-1	今孝志	開田高原マイアスキー場 第1クワッド	1,241	〃	昭63. 6. 2	昭63. 12. 22	
〃	〃	〃	〃	第2高速ペア	822	〃	平1. 8. 21	平1. 12. 9	
〃	〃	〃	〃	第3高速ペア	1,338	〃	昭63. 5. 17	昭63. 12. 22	
信	㈱シャトレーゼリゾート八ヶ岳	南佐久郡川上村御所平1841-5	古屋竜二	小海リエックススキー場バレースキー場（No.1クワッド）	497	〃	平2. 10. 24	平2. 12. 16	
〃	〃	〃	〃	〃 （No.2ペア）	450	〃	4. 10. 1	4. 12. 25	
〃	〃	〃	〃	（No.3ペア）	572	〃	5. 5. 14	6. 12. 21	
〃	〃	〃	〃	（No.4ペア）	641	〃	〃	〃	
〃	〃	〃	〃	（No.5ペア）	180	〃	〃	〃	休止中
〃	佐久穂町	南佐久郡佐久穂町大字畑164	佐々木勝	八千穂高原スキー場（第1ペア）	745	〃	昭59. 6. 14	昭59. 12. 2	
〃	〃	〃	〃	〃 （第2ペア）	563	〃	59. 6. 14	59. 12. 19	
〃	〃	〃	〃	（第3ペア）	472	〃	60. 7. 26	60. 12. 15	
越	〃	〃	〃	（第4ペア）	628	〃	平2. 10. 24	平2. 12. 16	
〃	〃	〃	〃	（第5ペア）	574	〃	4. 10. 1	4. 12. 25	
〃	佐久平尾山開発㈱	佐久市大字根々井15-10	樫山宏	佐久スキーガーデン「パラダ」（八ヶ岳第6ロマンス）	447	〃	5. 5. 14	6. 12. 21	
〃	〃	〃	〃	（八ヶ岳第7ロマンス）	447	〃	〃	〃	
〃	〃	〃	〃	〃 第8ロマンス	454	〃	〃	〃	
〃	㈱平尾山観光	佐久市上平尾2066-1	越山進一	佐久スキーガーデン「パラダ」（浅間第1ロマンス）	684	〃	〃	〃	
〃	〃	〃	〃	〃 （第2ロマンス）	684	〃	〃	〃	休止中
〃	〃	〃	〃	（第3ロマンス）		〃	〃	〃	休止中

特殊索道

（その27）

局別	府県	事業者名	本社又は事務所	代表者	区　間	キロ程	動力	許可年月日	運輸開始年月日	備考	参考
北陸信越	長野	㈱平尾山観光	佐久市上平尾2066-1	越山進一	佐久スキーガーデン「パラダ」（浅間第4ロマンス）	600米	電気	平5. 5.14	平6.12.21		
〃	〃	〃	〃	〃	（ 〃第5ロマンス）	644	〃	〃	7.12.20		
〃	〃	㈱ヤナバ	大町市平22548番地	一ノ本達己	ヤナバスキー場（第1エクスプレス）	655	〃	7.10. 4	7.12.20		
〃	〃	〃	〃	〃	（ 〃第2ペア）	808	〃	昭60. 8. 9	昭60.12.19	休止中	
〃	〃	湯の丸観光開発㈱	東御市大字県288ノ7	峯村文博	湯の丸スキー場（第1ロマンス）	514	〃	平2.10. 9	平2.12. 1		
〃	〃	〃	〃	〃	（ 〃第2ペア）	465	〃	6. 9. 9	6.12.10		
〃	〃	〃	〃	〃	（ 〃第3ペア）	603	〃	〃	6.12.30		
〃	〃	〃	〃	〃	（ 〃ロマンス）	758	〃	昭61. 5.27	昭61.12.20		
〃	〃	〃	〃	〃	（ 〃トリプル）	405	〃	平3.10.17	平3.12.14		
〃	〃	〃	〃	〃	（高速カプセル）	1,041	〃	10. 6.22	10.12.27		
〃	〃	㈱マックアース	兵庫県養父市丹戸896-2	一ノ本達己	よませ温泉スキー場（第1ペア）	373	〃	昭59. 9. 4	昭59.12.17		
〃	〃	〃	〃	〃	（ 〃第2クワッド）	999	〃	平6. 9.14	平6.12.17		
〃	〃	〃	〃	〃	（ 〃第3ペア）	1,088	〃	4. 9.14	4.12. 5		
〃	〃	〃	〃	〃	（ 〃第5ペア）	356	〃	昭57. 9. 9	昭57.12.18		
〃	〃	横手山リフト㈱	下高井郡山ノ内町大字平穏7148	小林義郎	横手山スキー場（第1スカイA）	1,122	〃	60. 8.29	60.11.16		
〃	〃	〃	〃	〃	（ 〃第1スカイB）	1,122	〃	〃	〃		
〃	〃	〃	〃	〃	（ 〃第2スカイ）	1,103	〃	50. 6. 4	50.12.13		
〃	〃	〃	〃	〃	（ 〃第3スカイ）	403	〃	平3. 8.15	平3.11.26		
〃	〃	〃	〃	〃	（ 〃第4ペア）	357	〃	昭38. 9.30	昭38.12.23		
〃	〃	〃	〃	〃	（ 〃第5）	391	〃	57. 1.12	57.11.27		
〃	〃	〃	〃	〃	（ 〃第6）	616	〃	〃	〃		
〃	〃	㈱比賀竜王	下高井郡山ノ内町大字夜間瀬11700	萩野正史	竜王スキーパーク（第1クワッド）	481	〃	55. 7.10	55.12.18		
〃	〃	〃	〃	〃	（ 〃第2ペアA）	547	〃	57. 6.23	57.12.18		
〃	〃	〃	〃	〃	（ 〃第3）	676	〃	52. 9.22	52.12.20		
〃	〃	〃	〃	〃	（ 〃第4ペアA）	405	〃	56. 6.10	56.12. 5		

地方	都道府県	事業者名	住所	代表者	施設名	長さ	単位	設置	完成	備考
北	〃	〃	〃	〃	（第4ペアB）	405	〃	〃	〃	休止中
	〃	〃	〃	〃	（第5ペア）	495	〃	58. 6.30	58.12. 3	
	〃	〃	〃	〃	（第6ペア）	630	〃	53. 7.31	53.12.21	
	〃	〃	〃	〃	（第8）	598	〃	58. 6.30	58.12. 3	
	〃	〃	〃	〃	（第9ペアA）	271	〃	59. 7. 5	59.12.21	
	〃	〃	〃	〃	（第9ペアB）	271	〃	〃	〃	
陸	〃	〃	〃	〃	（竜王山頂第1クワッド）	1,073	〃	平2. 4. 9	平3.12.13	
	〃	〃	〃	〃	（ 〃 第2ペア）	698	〃	4. 1. 1	4. 1. 1	
	〃	〃	〃	〃	（ 〃 第3ペア）	160	〃	3.12.13	3.12.13	
	〃	アスモグループ㈱	木曽郡木曽町新開10034	今 〇 孝志	きそふくしまスキー場（第1トリプル）	801	〃	昭62.10.27	昭62.12.26	
	〃	〃	〃	〃	（ 〃 第2クワッド）	1,097	〃	62. 8.10	63. 1. 8	
	〃	〃	〃	〃	（ 〃 第3ペア）	602	〃	63. 1.16	63. 1.16	
	〃	〃	〃	〃	（ 〃 第4ペア）	463	〃	62.12.19	62.12.19	
	〃	㈱アビラ	長野県飯山市大字飯山字八坊塚11492-321	関 〇 均	斑尾高原スキー場（第1ペアB）	456	〃	平1. 7.11	平1. 8.12	
信	〃	〃	〃	〃	（第1トリプルC）	462	〃	1. 9.20	〃	
	〃	〃	〃	〃	（第1ペアD）	473	〃	昭58. 7.20	昭58.12. 5	
	〃	〃	〃	〃	（第2クワッド）	621	〃	62. 8.27	62.12. 8	
	〃	〃	〃	〃	（第3ペア）	550	〃	63.10.27	63.12.10	
	〃	〃	〃	〃	（第3ペアB）	281	〃	平1. 9.14	平1.12.20	
	〃	〃	〃	〃	（第5トリプル）	543	〃	2. 9. 5	2.12.21	
	〃	〃	〃	〃	（第11トリプルB）	488	〃	1. 9.27	1.12.20	
	〃	〃	〃	〃	（第12ペア）	454	〃	昭59. 7.30	昭59.12.25	
越	〃	〃	〃	〃	（第13）	598	〃	57. 6.24	58. 1. 2	
	〃	〃	〃	〃	（第15トリプル）	484	〃	63.10.31	63.12.17	
	〃	〃	〃	〃	（斑尾スーパークワッド）	991	〃	平3.10.21	平3.12.13	
	富 山	特定非営利活動法人 あおすの	富山市本宮1868	荻原孝夫	粟巣野スキー場（第1ペア）	655	〃	5. 9. 3	5.12.15	
	〃	〃	〃	〃	（第2ペア）	303	〃	昭62.10. 2	昭62.12.15	
	黒 部 市	黒 部 市	黒部市三日市1301	堀内康男	宇奈月温泉スキー場（第1ペア）	360	〃	59.10.11	59.12.25	
	〃	〃	〃	〃	（ 〃 第3ペア）	300	〃	40. 8.21	40.12.26	

特殊索道
（その28）

局別	府県	事業者名	本社又は事務所	代表者	区間	キロ程	動力	許可年月日	運輸開始年月日	備考	参考
	富山	大山観光開発㈱	富山市原55	谷村豊彦	極楽坂スキー場（第3ペア）	米 527	電気	平3. 9.20	平3.12.30		
北	〃	〃	〃	〃	〃 （第8ペア）	697	〃	昭50. 8. 6	昭50.12.25		
	〃	〃	〃	〃	〃 （第9ペア）	716	〃	〃	〃		
	〃	〃	〃	〃	〃 （第1クワッド）	510	〃	平19.10. 9	平19.12.31		
	〃	〃	〃	〃	（ビスタクワッド）	1,468	〃	3. 9.20	3.12.30		
	〃	〃	〃	〃	らいちょうバレースキー場（第2ペアパラレルA）	870	〃	1. 9.21	1.12.28		
	〃	〃	〃	〃	（第2ペアパラレルB）	724	〃	〃	〃		
陸	〃	〃	〃	〃	（第3ペア）	700	〃	〃	〃		
	〃	〃	〃	〃	（第5ペア）	623	〃	3. 8.29	3.12.28		
	〃	富山市	富山市新桜町7-38	森雅志	牛岳温泉スキー場（第2高速ペア）	817	〃	1.10.20	2. 1. 1		
	〃	〃	〃	〃	（第1ペアリフト）	796	〃	平21. 9.17	平21.12.19		
	〃	〃	〃	〃	（牛岳クワッド）	1,553	〃	昭61. 9. 1	昭61.12.11		
	〃	砺波市五谷観光企業組合	砺波市五谷字源谷22	山本信一	となみ夢の平スキー場（第2）	861	〃	45.11. 6	46. 1. 1		
信	〃	（一財）利賀ふるさと財団	南砺市利賀村上百瀬482	野原宏史	スノーバレー利賀スキー場（第1高速クワッド）	1,108	〃	平5.12. 9	平9.12. 8	休止中	
	〃	〃	〃	〃	（第2ペア）	495	〃	〃	〃	〃	
	〃	〃	〃	〃	（第3ペア）	817	〃	〃	〃	〃	
	〃	㈱長田組	南砺市大島104	長田一政	たいらスキー場（ロマンス）	556	〃	昭60. 7.29	昭60.12.20		
	〃	〃	〃	〃	（第2ロマンス）	201	〃	62.10.17	62.12.19		
	〃	〃	〃	〃	（第3ロマンス）	490	〃	平1.10.12	平1.12.28		
越	〃	上平観光開発㈱	南砺市西赤尾町1767	広島久也	タカンボースキー場（第1ペア）	538	〃	昭62. 9. 9	昭62.12.18		
	〃	〃	〃	〃	（第2）	474	〃	平8. 9. 4	平8.12.21		
	〃	〃	〃	〃	（第3）	401	〃	3. 3.28	3.12.21		
	〃	医王アロー㈱	南砺市才川七字ススケ原115	北島清	IOXアローザスキー場（第1ペア）	377	〃	〃	〃		
	〃	〃	〃	〃	（第4ペア）	239	〃	〃	〃		
	〃	〃	〃	〃	（第5ペアA線）	666	〃	〃	〃	休止中	

区分	事業者	所在地	代表者	施設名	番号	検査年月日	有効期限	備考
〃	〃	〃	〃	（第５ペアＢ線）	406	〃	〃	
〃	〃	〃	〃	（第２ペア）	377	15. 8. 6	15.12.20	
〃	〃	〃	〃	（第３ペア）	653	〃	〃	
石川	七尾市	七尾市袖ケ江町イ部25	不嶋 豊和	七尾コロサスキー場（ペアリフト）	221	10.10.12	10.12.23	休止中
〃	白山市	白山市白峰ノ130	作野 広昭	白山市白峰アルペン競技場（キャニオン）	667	昭62.11. 2	昭62.12.20	
〃	〃	〃	〃	（ジャイアント）	365	平5.10.29	平5.12.23	
〃	〃	〃	〃	（ファミリー）	241	昭59. 6.16	昭59.12.23	
〃	〃	〃	〃	（ダイヤモンド第１）	681	平5.10.29	平5.12.23	
〃	〃	〃	〃	（〃　第２）	622	昭60. 7. 4	昭60.12.15	
〃	〃	〃	〃	（ヤングバレー第１）	550	54. 7.10	54.12.26	
〃	〃	〃	〃	（〃　第２）	581	62.10.28	62.12.20	
〃	(一財)白山市地域振興公社	白山市鶴来本町４丁目ヌ85	新 正孝	中宮温泉スキー場（中宮第１ペア）	448	60. 7. 4	60.12.15	休止中
〃	〃	〃	〃	（中宮第２）	739	59. 5.28	59.12.23	
〃	〃	〃	〃	（〃　第２ペア）	485	60. 7. 4	60.12.15	
〃	〃	〃	〃	（〃　第３）	516	59. 5.28	59.12.23	
〃	〃	〃	〃	（〃　第３ペア）	572	61. 8. 6	62. 1.11	
〃	〃	〃	〃	（〃　第４シュレップ）	410	59. 5.28	59.12.22	
〃	〃	〃	〃	（〃　ファミリーペア）	332	58. 7.29	59. 1. 7	
〃	(特非)とりごえ	白山市別宮町ロ170	前川 一	鳥越高原大日スキー場（第１Ａ）	418	46. 7.28	46.12.18	休止中
〃	〃	〃	〃	（第１Ｂ）	463	56. 7. 7	57. 1.15	
〃	〃	〃	〃	（第４）	517	平8.10.25	平8.12.15	
〃	〃	〃	〃	（第５Ｂ）	585	1.10.11	1.12.20	
〃	〃	〃	〃	（第６）	785	昭63.11. 7	13.12.15	
〃	㈱スノーエリアマネジメント白山	白山市尾添リ63	山本 外勝	白山一里野温泉スキー場（あい・あーる第１）	348	55. 6.23	昭58. 1.15	
〃	〃	〃	〃	（〃　第２）	395	57. 7.26	57. 1.15	
〃	〃	〃	〃	（〃　第３クワッドリフト）	361	平26. 9.17	平26.12.20	
〃	〃	〃	〃	（のだいら第１）	448	昭57. 7.26	昭58. 1.15	
〃	〃	〃	〃	（〃　第２）	534	53. 7. 3	53.12.30	
〃	〃	〃	〃	（中ノ原）	562	59. 6.27	60. 1. 3	

北陸信越

特殊索道 (その29)

局別	府県	事業者名	本社又は事務所	代表者	区間	キロ程(米)	動力	許可年月日	運輸開始年月日	備考
北陸	石川	㈱スノーエリアマネジメント白山	白山市尾添リ63	山本外勝	白山千丈温泉セイモアスキー場（セイモア第2ベアリフト）	892	電気	昭61. 9. 4	昭61.12.24	
	〃	〃	〃	〃	（ 〃 第3ベアリフト）	724	〃	62.10.21	62.12.19	
	〃	〃	〃	〃	（ 〃 第4ベアリフト）	790	〃	平9. 7. 1	平9.12.13	
	〃	〃	〃	〃	（ 〃 第1クワッドリフト）	778	〃	22.12. 9	22.12.26	
	〃	〃	〃	〃	白山瀬女高原スキー場（高速ベア）	1,068	〃	2.10. 4	3.12.18	
	〃	〃	〃	〃	（クワッド）	1,340	〃	2.10.12	〃	
	〃	〃	〃	〃	（瀬戸ベア）	243	〃	3. 6.12	〃	
信越	石川	金沢市	金沢市広坂1丁目1-1	山野之義	医王山スキー場（ファミリーリフト）	241	〃	昭59. 6.27	昭59.12.29	
	〃	〃	〃	〃	（ベアリフト）	418	〃	61. 9. 1	62. 1.14	
	〃	小松市	小松市小馬出町91	和田愼司	大倉岳高原スキー場（第1ベア）	889	〃	平3. 9.25	平4.12.19	
	〃	〃	〃	〃	（第2ベア）	342	〃	11. 5.18	11.12.22	休止中
	〃	〃	〃	〃	（第3）	424	〃	昭55. 7.30	昭55.12.27	
	〃	〃	〃	〃	（第4）	661	〃	59. 6.27	59.12.23	
関東	群馬	㈱アサマリゾート	小諸市大字滝原字原1101	近江幹男	アサマ2000パークスキー場（第2クワッド）	463	〃	昭58. 4.28	昭58.12.28	
	〃	〃	〃	〃	（第4ベア）	589	〃	〃	平10. 1.10	
	〃	〃	〃	〃	（第1ベア）	384	〃	平1. 9.27	1.12.27	
	〃	〃	〃	〃	（第3ベア）	693	〃	〃	〃	
東京	群馬	五輪観光㈱	吾妻郡嬬恋村大字田代1017	市川憲治	鹿沢ハイランドスキー場（第1ロマンス）	410	〃	昭40.11. 8	昭40.12.30	
	〃	〃	〃	〃	（第2ダブル）	681	〃	平28. 9.13	平29.12. 2	
	〃	〃	〃	〃	（第3）	691	〃	昭53.12.23	昭54. 1.12	
	〃	〃	〃	〃	（第5ロマンス）	551	〃	59.10. 4	59.12.22	
	〃	〃	〃	〃	（第6ロマンス）	920	〃	62.10.14	62.12.12	
	〃	〃	〃	〃	（第7ダブル）	513	〃	57. 9.17	57.12.22	
	〃	〃	〃	〃	（第8ダブル）	643	〃	平11. 2.15	平12.12.19	

地方	会社名	所在地	代表者	索道名				備考
関	ブリーズベイオペレーション6号㈱	神奈川県横浜市中区花咲町1-22-2	津田則忠	バルコール嬬恋スキーリゾート（第9クワッド）	722	〃		
〃		〃	〃	（第6ペア）	1,375	〃	17.10.25	17.12.23
〃		〃	〃	（第5クワッド）	1,109	〃	1.10.17	1.12.16
〃		〃	〃	（第1クワッド）	1,262	〃	1. 7.19	2.12.21
〃		〃	〃	（第2ロマンス）	676	〃		2.12.23
〃		〃	〃	（第4高速フード付）	840	〃		3. 1.26
〃	㈱プリンスホテル	東京都豊島区東池袋3-1-5	小山正彦	万座温泉スキー場（第1ロマンス）	327	〃	平27. 9.25	平27.12. 9
〃		〃	〃	（第5ロマンスA）	501	〃	昭62. 9.28	昭62.12.12
〃		〃	〃	（第5ロマンスB）	501	〃		
〃		〃	〃	（第5ロマンスC）	505	〃	55. 9.18	55.12.15	休止中
〃		〃	〃	（朝日山ロマンス）	759	〃	35.10.18	36. 1. 8	〃
〃		〃	〃	（朝日山第2ロマンス）	445	〃	平 2. 6.15	平 2.12.30	〃
〃		〃	〃	（万座第2高速）	721	〃	平14. 6.24	平14.12. 7
〃		〃	〃	（万座山ロマンス）	732	〃	昭60. 6.17	昭60.12.20
〃	㈱鈴木商会	東京都千代田区霞が関3丁目2-6	鈴木一正	表万座スノーパーク（表万座第1ペア）	1,394	〃	59. 6.14	59.12.20	休止中
〃		〃	〃	（ 〃 第2ペア）	1,435	〃			〃
〃		〃	〃	（ 〃 第3ペア）	1,309	〃		59.12.29	〃
〃		〃	〃	（ 〃 第1高速）	1,321	〃	平 3. 9. 9	平 3.12.28	〃
〃		〃	〃	喫利根スノーパーク（第1A）	433	〃	昭47. 9.25	昭47.12.17
〃		〃	〃	（第1B）	494	〃	56. 9. 8	56.12.26
〃		〃	〃	（第2ペアA）	501	〃	47. 9.25	47.12.17
〃		〃	〃	（第2ペアB）	810	〃	平 1.11. 2	平 2. 1. 1
〃		〃	〃	（第3ペアA）	509	〃	昭50.10. 3	昭50.12.30
〃		〃	〃	（第3ペアB）	509	〃	平 1.11. 2	平 2. 1. 1
〃		〃	〃	（第4ペア）	805	〃	28. 9.28	28.12.12
東	水上高原リゾート㈱	東京都港区西新橋3-7-1	毛利寛	水上高原スキー場（水上高原高速4人乗り）	1,047	〃	昭61. 9.11	昭61.12.28
〃		〃	〃	（ 〃 ロマンス）	544	〃	62. 9.25	63. 1.14
〃		〃	〃	（ 〃 第2ロマンス）	648	〃	平 2. 9.11	平 2.12.28
〃		〃	〃	（ 〃 第3ロマンス）	426	〃	10.10.16	10.12. 5

特殊索道

（その30）

局別	府県	事業者名	本社又は事務所	代表者	区間	キロ程（米）	動力	許可年月日	運輸開始年月日	備考
関東	群馬	㈱草津観光公社	吾妻郡草津町大字草津28	長井英二	草津天狗山スキー場（ペアＴバラＡ）	431	電気	昭45.10. 6	昭45.12.26	
	〃	〃	〃	〃	（ペアＴバラＢ）	431	〃			
	〃	〃	〃	〃	（天狗山第4ロマンス）	433	〃	59. 9.11	59.12.15	
	〃	〃	〃	〃	（〃 クワッド）	829	〃	51. 9.27	51.12.18	
	〃	〃	〃	〃	草津御成山スキー場（第1ロマンス）	346	〃	45.10. 6	45.12.26	
	〃	〃	〃	〃	草津青葉山スキー場（第1ロマンス）	242	〃			
	〃	〃	〃	〃	〃 （第2ロマンス）	356	〃	41.10.12	42. 2. 4	
	〃	〃	〃	〃	草津白根スキー場（殺生クワッド）	1,284	〃	49.12. 7	50.12.14	
	〃	〃	〃	〃	草津本白根スキー場（本白根第1ロマンス）	330	〃	60. 9.17	60.11.23	
	〃	〃	〃	〃	（〃 第2ロマンス）	327	〃	59. 9.11	59.12.15	
	〃	〃	〃	〃	草津達の峰スキー場（達の峰ロマンス）	215	〃		〃	休止中
	〃	㈱中沢ヴィレッジ	吾妻郡草津町大字草津618	小西弘晃	中沢ヴィレッジスキー場（森のスキーリフト）	196	〃	58.11. 1	58.12.24	
	〃	横手山リフト㈱	長野県下高井郡山ノ内町大字平穏7148	小林義郎	横手山スキー場（渋峠第1ロマンス）	892	〃	61. 9. 1	61.11.15	
	〃	谷川岳ロープウェー㈱	東京都墨田区押上2丁目18-12	池田直人	天神平スキー場（天神峠ペア）	429	〃	37. 8. 6	38. 8. 1	
	〃	〃	〃	〃	（天神平ペアＡ）	256	〃	36.10.18	36.12.27	
	〃	〃	〃	〃	（〃 ペアＢ）	256	〃			
	〃	〃	〃	〃	（高倉山第1ペア）	405	〃	58. 6. 1	58.11.19	
	〃	〃	〃	〃	（〃 第2ペア）	346	〃	平1. 9.11	平1.11.20	
	〃	水上・大穴スキー場㈲	利根郡みなかみ町大穴277	穂苅清一	大穴スキー場（第2Ａ）	329	〃	昭39.11.30	昭40. 1.20	
	〃	〃	〃	〃	（第3ペア）	232	〃	平6. 9.26	平6.12.22	
東	〃	谷川温泉観光開発㈱	東京都中央区銀座6丁目7-16	矢吹潤一	ホワイトバレースキー場（第1ロマンス）	272	〃	昭63.11. 1	昭63.12.18	
	〃	〃	〃	〃	（第2ロマンス）	950	〃	平2. 9.28	平2.12.28	
	〃	㈱松商	利根郡みなかみ町大字藤原甲4957-1	松本亨太	水上高原藤原スキー場（第1）	385	〃	昭47. 9.21	昭47.12.27	
	〃	〃	〃	〃	（第2）	280	〃	48. 9.17	48.12.23	
	〃	〃	〃	〃	（第3）	361	〃	平7. 9.29	平7.12.22	

事業者名	所在地	代表者	索道名	延長(m)	単位	設置年月日	使用開始年月日	備考
玉原東急リゾート㈱	沼田市上発知町字迦葉山丙350-1	磯目伸二	玉原スキーパーク（第1A）	696	〃	昭63. 8. 3	昭63.12.24	
〃	〃	〃	（第1B）	697	〃	平2. 7.31	平3.12.30	
〃	〃	〃	（第2）	1,363	〃	昭63. 8. 3	昭63.12.24	
〃	〃	〃	（第3）	620	〃	〃	〃	
〃	〃	〃	（第4）	775	〃	〃	〃	
〃	〃	〃	（第5）	607	〃	平6. 6.28	平6.12.18	
川場リゾート㈱	利根郡川場村谷地2755-2	松井雅也	川場スキー場（第2クワッド）	1,508	〃	昭63. 9. 7	2. 1. 3	
〃	〃	〃	（第3クワッド）	1,064	〃	〃	1.12.22	
〃	〃	〃	（第4トリプル）	676	〃	63. 8.15	2. 1. 3	
〃	〃	〃	（第5クワッド）	1,620	〃	63. 9. 7	1.12.22	
〃	〃	〃	（第6ペア）	1,177	〃	63. 8.15	〃	
大都開発㈱	利根郡片品村大字越本2990	澤 生道	かたしな高原スキー場（第1トリプルA）	338	〃	62.10.14	昭62.12.19	
〃	〃	〃	（第1トリプルB）	338	〃	〃	〃	
〃	〃	〃	（第2ペア）	838	〃	〃	〃	
〃	〃	〃	（第3ペア）	690	〃	63. 8.10	63.12.17	
〃	〃	〃	（第5トリプル）	372	〃	63.11. 1	〃	
〃	〃	〃	（第6ペア）	1,048	〃	63. 8.10	〃	
㈱尾瀬岩鞍リゾート	利根郡片品村大字土出2609	星野 寛	四季の森ホワイトワールド尾瀬岩鞍スキー場（第1ロマンスA）	438	〃	59. 9.21	59.12.15	
〃	〃	〃	（〃 第1ロマンスB）	358	〃	63. 8.10	63.12. 1	
〃	〃	〃	（〃 第3クワッド）	883	〃	〃	〃	
〃	〃	〃	（〃 第4ロマンス）	716	〃	62.11.13	62.12.17	
〃	〃	〃	（〃 第7ロマンス）	355	〃	平3. 9. 9	平3.12.29	
〃	〃	〃	（〃 第8クワッド）	750	〃	63. 8.10	〃	
〃	〃	〃	（西山第1ロマンス）	443	〃	1. 8. 9	2.12.22	
〃	〃	〃	（〃 第2ロマンス）	489	〃	63. 8.10	〃	
〃	〃	〃	（〃 第3ロマンス）	641	〃	〃	〃	
〃	〃	〃	（〃 第4ロマンス）	942	〃	1. 8. 9	2.12.13	
〃	〃	〃	（〃 第5ロマンス）	791	〃	2. 8.29	〃	
〃	〃	〃	（ミルキーウェイロマンス）	467	〃	4. 9.24	4.12. 5	休止中

特 殊 索 道 (その31)

局別	府県	事業者名	本社又は事務所	代表者	区間	キロ程	動力	許可年月日	運輸開始年月日	備考	考
関	群馬	㈱P＆C尾瀬	利根郡片品村戸倉329	萩原文和	尾瀬戸倉スキー場（第1ペア）	米 243	電気	昭37.10.25	昭37.12.28		
	〃	〃	〃	〃	〃 （第2ペアA）	243	〃	51. 8.30	51.12.25		
	〃	〃	〃	〃	〃 （第2ペアB）	327	〃	37.10.25	37.12.28		
	〃	〃	〃	〃	〃 （第3高速ペア）	1,074	〃	63.10.17	平1.12.15		
	〃	〃	〃	〃	〃 （第4ペア）	297	〃	61. 9.29	昭61.12.13		
	〃	〃	〃	〃	〃 （高速第5）	806	〃	平4. 8.28	平4.12.1		
	〃	〃	〃	〃	〃 （第6ペア）	374	〃	昭57. 9.24	昭57.12.25		
	〃	武尊山観光開発㈱	前橋市荒牧町二丁目38番地9	関隆之	スノーパル・オグナほたか（オグナ第1ペア）	535	〃	平15.10.6	平15.12.22		
	〃	〃	〃	〃	（ 〃 第2ロマンス）	1,034	〃	昭63.11.1	昭63.12.24		
	〃	〃	〃	〃	（ 〃 第4ペア）	759	〃	平15.10.6	平15.12.22		
	〃	〃	〃	〃	（ 〃 第5ペア）	461	〃	1.11.2	2.12.15		
	〃	〃	〃	〃	（ 〃 第6ペア）	704	〃	〃	〃		
	〃	〃	〃	〃	（ 〃 第7ペア）	690	〃	25. 8.29	25.12.21		
	〃	〃	〃	〃	宝台樹スキー場（第1ペア）	530	〃	昭54.10.19	昭54.12.23		
	〃	〃	〃	〃	〃 （第2ペア）	519	〃				
	〃	〃	〃	〃	〃 （第6ペアA）	872	〃	63.10.17	63.12.17		
	〃	〃	〃	〃	〃 （第6ペアB）	872	〃				
	〃	〃	〃	〃	〃 （第7ペア）	675	〃	61. 9.29	61.12.28		
	〃	〃	〃	〃	宝台樹第2スキー場（宝台樹第8クワッド）	1,194	〃	平3. 3.6	平3.12.29		
	〃	〃	〃	〃	（ 〃 第9クワッド）	1,515	〃	4. 1.1	4. 1.1		
東	〃	日本製紙総合開発㈱	東京都北区堀船1丁目1-9	山本哲哉	丸沼高原スキー場（第1ペアA）	712	〃	昭48.10.4	昭49.11.25		
	〃	〃	〃	〃	〃 （第1ペアB）	712	〃			休止中	
	〃	〃	〃	〃	〃 （第2ペアA）	608	〃	62. 9.14	62.12.3		
	〃	〃	〃	〃	〃 （第2ペアB）	608	〃			〃	
	〃	〃	〃	〃	〃 （第3ペア）	578	〃	48.10.4		〃	

区分	県	町・会社名	所在地	代表者	施設名		番号		年月日	年月日	備考
関東	群馬	みなかみ町	〃	〃	〃	(第4スーパーツイン)	583	〃	50. 7.25	50.12.12	
		〃	〃	〃	〃	(第5スーパーツイン)	742	〃	57. 9.24	58. 1. 1	
		〃	〃	〃	〃	(第7)	337	〃	〃	60.12. 7	
		〃	〃	〃	〃	(第8ペア)	316	〃	61. 9. 1	61.12. 5	
		〃	〃	前田 善成	〃	(中央ペア)	392	〃	53. 9.11	53.12. 8	
		みなかみ町	利根郡みなかみ町後閑318		町営赤沢スキー場 (第1)		266	〃	55.11. 7	55.12.25	
		〃	〃		〃 (第2)		545	〃	56.10.30	56.12.25	
		スノーアライアンス㈱	利根郡みなかみ町寺間479-139	辻 隆	ノルン水上スキー場 (第1クワッド)		1,455	〃	平6. 6.13	平7. 1.14	
		〃	〃	〃	〃 (第2ペア)		341	〃	〃	6.12.23	
		〃	〃	〃	〃 (第3クワッド)		907	〃	〃	〃	
		〃	〃	〃	〃 (第4ペア)		720	〃	7.11. 9	8. 1. 1	
		さくらリゾート㈱	利根郡片品村東小川4648	野島 伸恭	サエラスキーリゾート (第1クワッド)		968	〃	6. 8.11	6.12.10	休止中
		〃	〃	〃	〃 (第2クワッド)		978	〃	〃	6.12.16	〃
		〃	〃	〃	〃 (第3ペア)		778	〃	〃	〃	〃
		〃	〃	〃	〃 (第4クワッド)		1,218	〃	6. 8.11	6.12.10	
		鹿島軽井沢リゾート㈱	吾妻郡長野原町大字北軽井沢2032-16	金井 元	プレジデントリゾート軽井沢スノーパーク (第1ペア)		450	〃	11. 7.26	11.12.10	
		〃	〃	〃	〃 (第2ペア)		413	〃	〃	〃	
		〃	〃	〃	〃 (第3ペア)		194	〃	16. 9.10	16.12.10	
	栃木	東武興業㈱	東京都墨田区押上2丁目18-12	佐藤 国夫	奥日光湯元スキー場 (第2ペア)		429	〃	昭35. 7.23	昭35.12.25	
		〃	〃	〃	〃 (第3ペア)		616	〃	39. 7. 3	39.12. 3	
		〃	〃	〃	〃 (第4)		629	〃	昭59. 9.21	昭60. 2.16	休止中
		〃	〃	〃	〃 (第5ペア)		377	〃	平7. 9.28	平7.12.16	
		鬼怒高原開発㈱	日光市鬼怒川温泉大原三ツ石1414	齋藤 学	エーデルワイススキーリゾート (枯木沼ペア)		516	〃	昭44. 9.25	昭44.12.25	
		〃	〃	〃	〃 (見晴クワッド)		1,123	〃	63. 9. 1	平1.12.18	
		〃	〃	〃	〃 (第2クワッド)		940	〃	54. 9.10	昭54.12.20	
		〃	〃	〃	〃 (見晴ファミリー場)		361	〃	62. 9.14	62.12.19	
		那須未来㈱	那須郡那須町大字高久乙593-8	薄井 正明	〃 (第2ファミリー場)		568	〃	平8. 8. 1	平9. 1. 1	
東		〃	〃	〃	那須温泉ファミリースキー場 (那須品第1ペア)		285	〃	昭56. 9.17	昭56.12.20	
		〃	〃	〃	〃 (〃 第2ペア)		401	〃	43. 9.19	43.12.25	

特　殊　索　道　(その32)

局別	府県	事業者名	本社又は事務所	代表者	区間	キロ程（米）	動力	許可年月日	運輸開始年月日	備考
関東	栃木	㈱ハンターマウンテン塩原	那須塩原市湯本塩原字前黒	磯目伸二	ハンターマウンテン・塩原（明神第1クワッド）	985	電気	昭62. 5.22	昭62.12.17	
	"	"	"	"	（　〃　第3ペア）	587	"	63. 9.28	63. 1.29	
	"	"	"	"	（　〃　第4ペア）	794	"	63. 9.28	64. 1. 1	
	"	"	"	"	（　〃　第5ペア）	989	"	平2. 9.11	平3.11.23	
	"	"	"	"	（　〃　ハンタークワッド）	1,709	"	昭63. 9.28	昭63.12.17	
	"	"	"	"	（　〃　ハンターストリプル）	724	"	平1. 9.27	平1.12.10	
	"	"	"	"	マウント・ジーンズ・スノーリゾート那須（ジーンズ第1ペア）	561	"	5. 4.27	6.12.30	
	"	"	"	"	（　〃　第2ペア）	1,127	"	"	7. 1.14	休止中
	"	"	"	"	（　〃　第3ペア）	360	"		7. 1. 2	
	"	"	"	"	（　〃　ジーンズ第5ペア）	267	"	13.11.15	13.12.16	
	"	"	"	"	（　〃　クワッド）	992	"	5. 4.27	6.12.21	
	"	那須高原リゾート開発㈱	那須郡那須町大字大島1988	佐藤哲也	那須どうぶつ王国（ペア）	171	"	10. 2.19	10. 4.17	
	埼玉	西武鉄道㈱	所沢市くすのき台1丁目11-1	若林久	狭山スキー場（狭山リフトA）	247	"	昭60. 9. 9	昭60.11. 1	
	"	"	"	"	（　〃　B）	237	"	"		
東京	東京	高尾登山電鉄㈱	八王子市高尾町2205	船江栄次	高尾山麓～高尾山頂	872	"	38.10. 8	39.10.10	
	"	御岳登山鉄道㈱	青梅市御岳2-483	仲田美治	御岳平～大展望台	98	"	33.12.17	34. 7.18	
	山梨	富士観光開発㈱	南都留郡鳴沢村字富士山8545-6	志村和也	ふじてんスノーリゾート（第1）	1,038	"	61. 9.11	61.12.28	
	"	"	"	"	（第2）	692	"	"		
	"	"	"	"	（第3）	401	"	"		
	"	"	"	"	（第4）	345	"	"		
	"	㈱カムイ	甲府市西高橋町134-1	佃健志	御坂スキーランド（第1ペアA）	454	"	63.11.22	63.12.28	
	"	"	"	"	（第1ペアB）	444	"	"		
	"	"	"	"	（第2ペアA）	458	"	平2.12. 7	平3.12.29	休止中
	"	"	"	"	（第2ペアB）	458	"	"		
	"	"	"	"	（第3ペア）	245	"	"	4. 1.15	

地方	都道府県	会社名	所在地	代表者	施設名	輸送能力			
関東	〃	サンメドウズ清里㈱	北杜市大泉町西井出8240-1	中嶋　悟	大泉・清里スキー場（第1）	1,109	〃	2. 7.26	3. 1. 7
	〃	〃	〃	〃	〃（第2）	517	〃		2.12.29
	〃	〃	〃	〃	〃（第3）	434	〃	19.10.17	21. 1. 9
	神奈川	富士急行㈱	富士吉田市新西原5-2-1	堀内　光一郎	さがみ湖リゾートプレジャーフォレスト（ペアパラレルリフトA線）	238	〃	28. 6.30	28.10.22
	〃	〃	〃	〃	（ペアパラレルリフトB線）	238	〃	28. 6.30	28.10.22
中部	静岡	富士急行㈱	富士吉田市新西原5-2-1	堀内　光一郎	スノータウンイエティ（Yeti第1リフト）	587	〃	平10. 8.26	平10.10.24
	〃	〃	〃	〃	〃（〃第2リフト）	361	〃	〃	11. 1. 2
	〃	〃	〃	〃	〃（〃第3リフト）	556	〃	11. 9.17	11.10.23
	〃	池観光開発㈱	伊東市池672-2	稲葉　明夫	大室山登山リフト	305	〃	2.12.18	3. 3. 1
	〃	東海自動車㈱	伊東市渚町2-28	早川　弘之	小室山観光リフト	252	〃	昭63. 2.15	昭63. 3.20
	愛知	豊根村	北設楽郡豊根村大字下黒川字薮平2	伊藤　実	茶臼山高原（第1ペアリフト）	611	〃	61. 9. 1	61.12.28
	〃	〃		〃	〃（第2ペアリフト）	514	〃	62.10.28	63. 1.14
	三重	御在所ロープウエイ㈱	三重郡菰野町大字菰野8625	辻　智幸	御在所岳山上スキー場（第1リフト）	195	〃	61. 7.15	61.12.24
	〃	〃		〃	御在所岳山上リフト	494	〃	35. 1.13	35. 2.21
	〃	志摩マリンレジャー㈱	鳥羽市鳥羽1-2383-4	喜多　勇司	イルカ島展望リフト	143	〃	37.12.27	38. 3.17
岐阜	〃	㈱養老ローウェー	養老郡養老町押越714	久保寺　和哉	養老観光リフト	220	〃	43. 9.28	44.11. 1
	〃	中部スノーアライアンス㈱	郡上市高鷲町西洞3086-1	一ノ本　達己	ひるがの高原スキー場（第1クワッド）	920	〃	平4. 9.29	平4.12.18
	〃	〃		〃	〃（第2ペアパラレル）	275	〃	昭61. 9. 1	昭61.12.29
	〃	〃		〃	〃（第3ペアパラレル）	275	〃	〃	〃
	〃	〃		〃	〃（第5ペア）	693	〃	60. 7. 4	60.12. 7
	〃	〃		〃	〃（第6ペア）	693	〃	〃	〃
	〃	〃		〃	ダイナランド（大日岳7m勾配7ライナー）	1,377	〃	59. 6.16	59.12.23
	〃	〃		〃	〃（〃第1ペア）	480	〃	61. 7.15	62. 1. 9
	〃	〃		〃	〃（〃第4クワッド）	1,242	〃	平1.10.20	平2. 1. 1
	〃	〃		〃	〃（〃ガンマライナー）	851	〃	8. 9.12	8.12.14
	〃	〃		〃	〃（〃からまつペア）	396	〃	昭56. 7. 7	昭57. 1.15
部	〃	〃		〃	高鷲スノーパーク（第1）	1,683	〃	平10. 9.24	平11.12.20
	〃	〃		〃	（第4）	1,237	〃		

特殊索道 (その33)

局別	府県	事業者名	本社又は事務所	代表者	区間	キロ程 米	動力	許可年月日	運輸開始年月日	備考	参考
中	岐阜	中部スノーアライアンス㈱	郡上市高鷲町西洞3086-1	一ノ本達己	高鷲スノーパーク (第5)	1,671	電気	平10. 9.24	平11.12.23		
	〃	㈱三好ゴルフ倶楽部	三好市黒笹町三ケ峯1271	滝 茂夫	荘川高原スキー場 (荘川高原第2ペア)	431	〃	昭46.10.13	平 2.12.28		
	〃	〃	〃	〃	(〃 第3ペア)	454	〃	平 5. 9. 3	5.12.25		
	〃	㈲六ノ里	郡上市白鳥町六ノ里1410-18	曽我重孝	しらおスキー場 (しらお第1シングルA線)	852	〃	昭59. 6.27	昭59.12.25		
	〃	〃	〃	〃	(〃 第1ロマンスB線)	852	〃	〃	〃		
	〃	〃	〃	〃	(〃 第2ロマンス)	519	〃	〃	〃		
	〃	〃	〃	〃	(〃 第3シングル)	557	〃	〃	〃		
	〃	〃	〃	〃	(〃 第5ロマンス)	235	〃	60. 7.29	60.12.20		
	〃	〃	〃	〃	(〃 第7ロマンス)	947	〃	61. 8. 6	61.12.28		
	〃	郡上バカンス㈱	郡上市高鷲町鷲見上野2363-395	北村 守	郡上ヴァカンス村 (第1ペアリフトA線)	464	〃	平 1.11. 4	平 1.12.16		
	〃	〃	〃	〃	(B線)	464	〃	〃			
	〃	緑風観光㈱	大阪市北区堂島2丁目3番2号 堂北ビル	若原康正	スターシュプール緑風リゾートひるがの流葉 (流葉第1クワッド)	1,154	〃	10. 9. 4	10.12.19		
	〃	〃	〃	〃	(〃 第2ペア)	539	〃	昭52. 8.17	昭52.12. 3		
	〃	〃	〃	〃	(〃 第3ペアパラレルA線)	619	〃	60. 7.22	60.12. 9		
	〃	〃	〃	〃	(〃 第3ペアパラレルB線)	619	〃	〃	〃		
	〃	〃	〃	〃	(〃 第10ペア)	562	〃	62.10. 2	62.12. 1		
	〃	〃	〃	〃	(〃 第11ペア)	232	〃	平 8. 9.12	平 8.12.13		
	〃	〃	〃	〃	(〃 第12ペア)	542	〃	1.10.11	1.12.23		
	〃	㈲ひだ桃源郷	高山市久々野町渚2885	中合順一	飛騨舟山スノーリゾートＡｒｃｏアルコピア スキー場 (アルコピア第1クワッド)	969	〃	4. 9.29	4.12.18		
	〃	〃	〃	〃	(第2クワッド)	576	〃	9.10.22	9.12.27		
	〃	〃	〃	〃	(〃 第1ペア)	792	〃	6. 9. 5	7. 1.15		
	〃	〃	〃	〃	(〃 第2ペア)	680	〃	9.10.22	10. 1.10		
	〃	〃	〃	〃	(〃 第2シングル)	760	〃	昭61. 7.15	昭62. 1.13		
	〃	高山市	高山市花岡町2-18	國島芳明	乗鞍高原飛騨高山スキー場 (第1ペア)	479	〃	63. 9.30	63.12.11		
部	〃	〃	〃	〃	(第2)	368	〃	50. 7.31	50.11.22		

区分	事業者	所在地	代表者	索道名称			
中部	(一財)位山ふれあいの里	高山市一之宮町7846-1	西倉 良介	モンデウス飛騨位山スノーパーク（位山第1リフト）（高速ペア）	939	63.10.17	63.12.11
〃	〃	〃	〃	（〃 第1ペア）	977	平7. 9.18	平7.12.23
〃	〃	〃	〃	（〃 第4ペア）	549	8. 9.20	9. 1.17
〃	〃	〃	〃	（〃 第7）	635	昭62.10.27	昭62.12.12
〃	白川村	大野郡白川村鳩谷517	成原 茂	白川郷平瀬温泉白弓スキー場（第3ロマンス）	315	60. 7.22	60.12.14
〃	有限責任事業組合ほおのき平	高山市丹生川町久手447	山越 辰雄	ほおのき平スキー場（第7ペアパラレルA）	790	平15.10. 9	平15.12.19
〃	〃	〃	〃	（第7ペアパラレルB）	445	4. 9.29	4.12.15
〃	〃	〃	〃	（第8ペア）	445	〃	〃
〃	〃	〃	〃	（第1ペア）	529	2.10. 4	2.12.15
〃	〃	〃	〃	（第3クワッド）	173	2.10.23	〃
〃	〃	〃	〃	（第5ペア）	803	昭61. 5.26	昭61.12. 6
〃	(株)ひらゆの森	高山市奥飛騨温泉郷平湯763-1	岡田 昇	平湯温泉スキー場（平湯第1ペア）	461	60. 7. 4	60.12.14
〃	〃	〃	〃	（〃 第2ペア）	502	平3.10. 9	平3.12.28
〃	東和観光(株)	郡上市高鷲町大鷲3262-1	一ノ本 達己	鷲ヶ岳スキー場（第1クワッド）	1,177	2.10.12	2.12.21
〃	〃	〃	〃	（第3クワッド）	990	4. 9.29	5.11.27
〃	〃	〃	〃	（第2ペア）	864	昭55. 7.30	昭55.12.28
〃	〃	〃	〃	（第2クワッド）	817	59. 6.16	59.12.25
〃	〃	〃	〃	（第1ペア）	1,385	61. 9. 1	61.12. 6
〃	母袋総合開発(株)	愛知県一宮市富田字石宮95-1	奥村 浩三	アウトドアイン母袋スキー場（母袋第1ペア）	464	平2.10.26	平2.12.20
〃	飛騨数河リゾート(株)	飛騨市古川町数河80-1	李 大勇	飛騨数河リゾートスキー場（第1ペア）	409	2.10.18	2.12.17
〃	〃	〃	〃	（第2ペア）	550	〃	2.12.19
〃	八木興産(株)	名古屋市中区富士見町13-19	八木 寛一	スノーウェーパーク白鳥高原（第1ロマンス）	728	昭52. 8.17	昭52.12.19
〃	〃	〃	〃	（ロマンス）	474	平2.10.18	平2.12. 7
〃	〃	〃	〃	（フーディクワッド）	954	〃	〃
部	国見観光(有)	揖斐郡揖斐川町春日美束字古田2678-1	新川 義廣	国見岳スキー場（国見岳第2）	995	昭56. 9.18	昭56.12.20
〃	〃	〃	〃	（〃 第3ペア）	259	59. 6.27	59.12.28
〃	〃	〃	〃	（〃 第4ペア）	597	63.11. 7	平1.12.20
〃	〃	〃	〃	（〃 第5ペア）	636		
〃	〃	〃	〃		636		

特殊索道 (その34)

局別	府県	事業者名	本社又は事務所	代表者	区間	キロ程	動力	許可年月日	運輸開始年月日	備考
	岐阜	(株)飛驒ゆい	飛騨市古川町壱之町14-5	清水和也	飛騨かわいスキー場(第2)	米 501	電気	昭59. 6. 6	昭59.12.15	
	〃	〃	〃	〃	(第3)	611	〃	63.10.17	63.12.10	
	〃	〃	〃	〃	(第4)	705	〃	平8.10.25	平8.12.26	
中	〃	〃	〃	〃	(第5)	714	〃	〃		
	〃	(一財)いびがわ	揖斐郡揖斐川町東横山264-3	窪田直樹	揖斐高原貝月日坂スキー場(日坂第1ペア)	732	〃	平3. 8.26	平3.12.30	
	〃	めいほう高原開発(株)	郡上市明宝奥住字水沢上3447-1	伊藤正司	(〃第2ペア)	642	〃	昭63.10.17	昭63.12.30	
	〃	〃	〃	〃	めいほうスキー場(第2ペア)	829	〃	平1. 7.24	平1.12.13	
	〃	〃	〃	〃	(第1クワッド)	1,434	〃	〃		
	〃	〃	〃	〃	(第2クワッド)	1,548	〃	〃	2.12.24	
	〃	〃	〃	〃	(第3クワッド)	783	〃	3. 8.29	3.12.30	
	〃	〃	〃	〃	(第4クワッド)	895	〃	5. 9. 3	5.12.23	
	〃	飛騨森林都市企画(株)	高山市高根町日和田幕岩下1739-1	松下宏之	チャオ御岳マウントリゾート(御嶽リゾートリフト(高)1-1)	834	〃	9. 1.14	10.11.27	
	〃	〃	〃	〃	(　〃　(高)2)	568	〃	〃		
	〃	〃	〃	〃	(　〃　(高)3)	683	〃	〃		
	〃	(株)アルペン	名古屋市中区丸の内2丁目9-40	水野敦之	ウイングヒルズ白鳥リゾート(ウイング第1クワッド)	898	〃	2. 8.18	2.12.20	
	〃	〃	〃	〃	(　〃　第1ペア)	562	〃	5. 9. 3	5.12.23	
	〃	〃	〃	〃	(　〃　第2クワッド)	1,241	〃	9.10.15	9.12.29	
	〃	(株)P.I.A.ネクサス	郡上市高鷲町鷲見512	谷口美徳	ホワイトピアたかす(第1クワッド)	1,396	〃	4. 8.24	4.12.12	
	〃	〃	〃	〃	(第2クワッド)	1,115	〃	17. 8.30	17.12.10	
	〃	〃	〃	〃	(第4ペア)	769	〃	5.10.29	5.12.17	
	〃	〃	〃	〃	(第5ペア)	537	〃	8.10. 9	8.12.25	
	福井	森山観光(株)	大野市清滝124-3	三輪欣也	九頭竜スキー場(九頭竜第1ペア)	441	〃	13.11. 6	13.12.22	
	〃	〃	〃	〃	(　〃　第2ロマンス)	441	〃	5.10.29	5.12.23	
部	〃	〃	〃	〃	(　〃　第3ロマンス)	624	〃	2.10.26	2.12.30	
	〃	〃	〃	〃	(　〃　第4)	794	〃	昭61. 9. 4	昭62. 1.14	

県	事業者	所在地	代表者	名称		設置年月日	更新年月日	備考
〃	勝山観光施設㈱	勝山市170-11-1	藤　田　幸　輝	雁が原スキー場				
〃	〃	〃	〃	（雁が原第1パラレルA線）	299	59. 6.16	59.12.22	
〃	〃	〃	〃	（　〃　第1パラレルB線）	309	〃	〃	
〃	〃	〃	〃	（　〃　第2　〃　）	339	58. 8.18	58.12.28	
中	〃	〃	〃	（　〃　クワッド）	700	平3. 9.30	平3.12.18	
〃	㈱マックアース	兵庫県養父市丹戸896-2	一ノ本　達　己	国境高原スノーパーク	479	昭63.10.17	1. 2. 5	
〃				（国境第2ロマンス）				
〃	福井和泉リゾート㈱	大野市朝日前坂27	巣　守　和　義	福井和泉スキー場	831	平2. 9.14	2.12.19	
〃	〃	〃	〃	（和泉第1高速）	662	3. 9. 6	4.12. 1	
〃				（和泉第1ロマンス）				
〃	㈱マックアース	兵庫県養父市丹戸896-2	一ノ本　達　己	今庄365スキー場 （今庄第1ペア）	551	1.10.20	2.12.28	
〃	〃	〃	〃	（　〃　第2クワッド）	1,270	2.10.24	〃	
〃	〃	〃	〃	（　〃　第3ペア）	605	〃	〃	
〃	〃	〃	〃	（　〃　第4ペア）	748	4. 3.24	4.12.22	
〃	勝山高原開発㈱	勝山市村岡町暮見第21-14-1	速　川　智　行	スキージャム勝山 （法恩寺第1クワッド）	1,634	3. 1.14	5.12.23	
〃	〃	〃	〃	（　〃　第2クワッド）	1,560	〃	〃	
〃	〃	〃	〃	（　〃　第3トリプル）	368	3. 2.18	〃	
〃	〃	〃	〃	（　〃　第4クワッド）	1,392	3. 1.14	6.12.17	
〃	〃	〃	〃	（　〃　第5クワッド）	1,010	〃	9.12.13	
〃	〃	〃	〃	（　〃　第6ペア）	429	6. 9. 7	6.12.17	
〃	〃	〃	〃	（　〃　第7ペア）	209	3. 1.14	〃	
部	〃	〃	〃	（　〃　第8ペア）	516	5. 9. 3	5.12.23	
〃	池　田　町	今立郡池田町稲荷35-4	杉　本　博　文	新保ファミリースキー場（新保ロマンス）	258	7. 7. 7	8. 1. 1	
〃	㈱レインボーライン	三方上中郡若狭町気山18-2-2	石　田　靖　彦	梅丈岳 （観光第1）	151	昭58. 4. 2	昭58. 5. 1	
〃	〃	〃	〃	（　〃　第2）	180	46. 7. 7	46. 9.15	
滋　賀	ビステジャポン㈱	東京都渋谷区渋谷3丁目13-5	廣　兼　美　雄	伊吹山スキー場 （一合目ロマンスリフト）	446	昭31. 9.14	昭32. 1.13	休止中
〃	〃	〃	〃	（　〃　B線）	419	43. 9.17	44. 1. 5	〃
〃	〃	〃	〃	（二合目リフトA）	768	57.10. 7	58. 1.12	〃
近	〃	〃	〃	（　〃　リフトB）	768	〃	〃	〃
畿	〃	〃	〃	（　〃　リフトC）	655	33. 6.26	33. 8.16	〃
〃	〃	〃	〃	（三合目A線）	263	59. 9.20	59.12.25	〃

特　殊　索　道　(その35)

局別	府県	事業者名	本社又は事務所	代表者	区　間	キロ程（米）	動力	許可年月日	運輸開始年月日	備考
近畿	滋賀	ビスタジャパン㈱	東京都渋谷区渋谷3丁目13-5	廣兼美雄	伊吹山スキー場（三合目B線）	263	電気	昭59. 9.20	昭59.12.25	休止中
〃	〃	〃	〃	〃	〃（〃 ロマンスリフト）	335	〃	61.10.16	62. 1.15	〃
〃	〃	〃	〃	〃	（四合目ロマンスリフト）	433	〃	平 6.10. 5	平 6.12.10	〃
〃	〃	〃	〃	〃	（五合目ロマンスリフト）	458	〃	9.10.24	9.12.25	〃
〃	〃	〃	〃	〃	（伊吹山山麓第2）	448	〃	昭50.10.23	昭50.12. 7	
〃	〃	㈱マックアース	養父市丹戸896-2	一ノ本達己	箱館山スキー場（第2ロマンスA線）	210	〃	37. 8.21	38. 1. 4	
〃	〃	〃	〃	〃	（第2ロマンスB線）	210	〃			
〃	〃	〃	〃	〃	（第1C線）	200	〃	36.10.30	37. 1.17	
〃	〃	〃	〃	〃	（第1D線）	200	〃			
〃	〃	〃	〃	〃	（第1・A線）	189	〃	57.10. 7	58. 1.12	休止中
〃	〃	〃	〃	〃	（第1・B線）	189	〃			
〃	〃	〃	〃	〃	（第3ロマンスリフト）	203	〃	平17.10. 2	平17.12. 3	
〃	〃	〃	〃	〃	（第4ロマンス）	407	〃	7. 9.28	7.12.28	
〃	〃	〃	〃	〃	（第5）	297	〃	昭53.11.14	昭53.12.26	休止中
〃	〃	〃	〃	〃	国境高原スノーパーク（第1ロマンス）	537	〃	61.10.16	62. 1.11	
〃	〃	〃	〃	〃	（第3ロマンス）	702	〃	平 8.10.29	平 8.12.27	
〃	〃	〃	〃	〃	（第4ロマンス）	387	〃	昭47.10.30	昭47.12.30	
〃	〃	近江鉄道㈱	彦根市古沢町181番地	喜多村樹美男	賤ヶ岳山ろく～古戦場（賤ヶ岳）	512	〃	33. 6.26	34. 8. 8	
〃	〃	奥伊吹観光㈱	米原市甲津原530	草野丈太	奥伊吹スキー場（第1ペア）	302	〃	63. 9.14	63.12.18	
〃	〃	奥伊吹森林レクリエーション㈱	米原市甲津原530	草野丈治	奥伊吹スキー場（第2クワッド）	705	〃	55. 9.30	55.12.13	
〃	〃	〃	〃	〃	（第3ペア）	391	〃	52. 9.28	52.12.24	
〃	〃	〃	〃	〃	（第4トリプル）	413	〃	54. 8. 4	54.12.16	
〃	〃	〃	〃	〃	（第5パラレルペアA線）	608	〃	62. 9.14	62. 1.10	
〃	〃	〃	〃	〃	（第5パラレルペアB線）	608	〃			
〃	〃	〃	〃	〃	（第6ペア）	406	〃	58. 5.31	59. 1. 8	休止中

地方	府県	事業者	所在地	代表者	索道名	全長	種別	設置年月日	運輸開始年月日	備考
近畿	〃				（第7）	403	〃	平7.11.14	平7.12.21	〃
	〃				（第8ペア）	245	〃			〃
	〃				（第9ペア）	702	〃			〃
	〃				（第10ペア）	241	〃	4.12.7	8.12.5	〃
	〃	びわ湖バレイ㈱	大津市木戸1547-1	俣野博志	びわ湖バレイスキー場（ジャイアントクワッド）	587	〃	昭39.10.30	昭40.2.12	〃
	〃	〃			（打見ペア）	352	〃			〃
	〃	〃			（ホーライクワッド）	430	〃			〃
	〃	〃			（ホーライクワッド）	425	〃	43.10.1	44.1.8	〃
	〃	〃			（チャンピオン第1ペア）	270	〃	42.9.27	42.12.25	〃
	〃	〃			（チャンピオン第2ペア）	666	〃			〃
	〃	（一財）高島まちおこし公社	高島市朽木柏341-3	八田人志	朽木スキー場（第1ペア）	628	〃	平14.10.16	平14.12.13	〃
	〃	〃			（第2ペア）	390	〃	16.10.6	17.2.3	〃
	〃	〃			（第3）	276	〃	昭59.10.20	昭60.1.5	〃
	〃	余呉長浜スキー振興㈱	長浜市余呉町中河内防ノ木峠373	清水寛一	余呉高原スキー場（前谷第1）	609	〃	平1.12.7	平1.12.31	〃
	〃	〃			（〃第2）	795	〃			〃
	〃	〃			（〃第3）	297	〃			〃
	〃	〃			（〃第4）	474	〃	3.10.9	3.12.14	〃
	〃	〃			ベルグ余呉スキー場（第1）	552	〃	12.11.21	13.1.5	〃
	〃	〃			（第2）	239	〃			〃
	〃	〃			（第3）	930	〃		13.12.22	〃
	〃	〃			（第5）	837	〃	13.12.7	15.1.11	休止中
	京都	天橋立総合事業㈱	宮津市字文珠437	山本大八朗	文珠~ビューランド（天橋立ビューランド）	357	〃	昭44.11.14	昭45.5.29	〃
	〃	丹後海陸交通㈱	与謝郡与謝野町字上山田641-1	小倉信彦	府中~傘松（天橋立）	370	〃	36.6.21	39.4.3	〃
	〃	㈱スイス村管理組合	京丹後市弥栄町野中2562	大江俊太郎	スイス村スキー場（第1）	318	〃	59.11.13	59.12.28	〃
	〃	〃			（第2）	333	〃	59.12.13		〃
	〃	〃			（第3）	208	〃	60.11.15	60.12.16	〃
	〃	（有）エヌエスビー	京都市西京区大枝沓掛26-145	西河友彦	京都広河原スキー場（第1ペア）	354	〃	63.11.9	63.12.18	〃
	兵庫	鉢伏開発観光㈱	大阪市西区新町1丁目3-12	平田真基	ハチ高原スキー場（中央ペア）	652	〃	56.9.29	56.12.26	〃
	〃	〃			（〃トリプル）	768	〃	61.9.25	61.12.28	〃

特殊索道
（その36）

局別	府県	事業者名	本社又は事務所	代表者	区間	キロ程	動力	許可年月日	運輸開始年月日	備考
近	兵庫	鉢伏開発観光㈱	大阪市西区新町1丁目3-12	平田真基	ハチ高原スキー場（中央クワッド）	752	電気	平7. 9.18	平7.12.23	
	〃	〃	〃	〃	〃（ファミリートリプル）	273	〃	2.10.23	2.12.27	
	〃	〃	〃	〃	〃（鉢伏頂上トリプル）	551	〃	平14. 8. 8	平14.12.28	
	〃	〃	〃	〃	〃（林間ペア）	1,020	〃	昭43.12.16	昭44.12.31	
	〃	〃	〃	〃	ハチ北高原スキー場（民宿街ペア）	706	〃	平18. 8.23	平18.12.16	
	〃	〃	〃	〃	〃（中央クワッド）	655	〃	昭46. 9. 6	昭46.12.28	
	〃	〃	〃	〃	〃（マローニエペアリフト）	542	〃	平15. 7.18	平15.12.14	
	〃	〃	〃	〃	〃（北壁ペア）	714	〃	1. 8.17	1.12.30	
	〃	〃	〃	〃	〃（〃トリプル）	1,074	〃	6. 6. 6	6.12.23	
	〃	〃	〃	〃	〃（野間クワッド）	1,155	〃	8.10. 1	9. 1. 7	
	〃	〃	〃	〃	〃（民宿街シングル）	676	〃	昭47.10.19	昭48. 1.13	
	〃	〃	〃	〃	〃（アルペンペア）	994	〃	昭59. 8. 1	昭59.12.26	
	〃	〃	〃	〃	〃（パノラマペア）	439	〃	58. 9.14	58.12.19	
	〃	〃	〃	〃	〃（ファミリーペア）	240	〃	平12.11.17	平12.12.10	
	〃	㈱奥神鍋	豊岡市日高町山田710	飯田正治郎	奥神鍋スキー場（第1ペアA線）	525	〃	昭29. 1. 8	昭29. 1.21	
	〃	〃	〃	〃	〃（第1ペアB線）	525	〃			
	〃	〃	〃	〃	〃（第2ペア）	209	〃	平5.11.18	平5.12.23	
	〃	〃	〃	〃	〃（第3ペア）	724	〃	昭57.11. 5	昭58. 1.10	
	〃	〃	〃	〃	〃（第5ペア）	986	〃	平9. 9.25	平10. 1. 7	
	〃	〃	〃	〃	〃（第6ペア）	543	〃			
畿	〃	アドバンス㈱	豊岡市日高町栗栖野60番	鷲尾晋	向井山線（登降ファミリーリフト）	493	〃	18.11.15	18.12.28	｛平29.12.1 栗栖野観光㈱から アドバンス㈱に譲
	〃	〃	〃	〃	アップかんなべスキー場（山頂ペア）	610	〃	9. 9.25	10. 1.24	
	〃	〃	〃	〃	〃（山頂高速クワッド）	682	〃	〃	〃	
	〃	〃	〃	〃	アップかんなべスキー場（うえ野平）	386	〃	12. 8. 4	12.12.22	｛平29.12.1 神鍋観光㈱から アドバンス㈱に譲
	〃	〃	〃	〃	〃（北壁）	377	〃	〃	〃	

地区	事業者名	所在地	代表者	施設名		設置	完成	備考
近				（みやの森）	637	8. 6.26	8.12.21	
	㈱MEリゾート但馬	養父市丹戸896-2	一ノ本 智毅	万場スキー場（万場第1ペア）	677	昭63.11. 7	昭63.12.25	
	〃	〃	〃	〃（〃第2ペア）	475	52. 9.30	53. 1. 3	
	〃	〃	〃	〃（〃第3ペア）	896	58. 9.27	58.12.28	
	〃	〃	〃	〃（〃第4ペア）	734	平10. 8.17	平10.12.20	
	能勢電鉄㈱	川西市平野1丁目35-2	城南 雅一	ふれあい広場前～妙見山	580	昭35. 7.19	昭35. 8.27	
	山陽電気鉄道㈱	神戸市長田区御屋敷通3丁目1-1	上門 一裕	針伏山（せっつ）～梅本谷（はりま）	268	34. 5. 1	34. 7.24	
	㈱湯村温泉愛宕山観光	美方郡新温泉町丹土1033	西坂 修	但馬牧場公園（第1ペア）	639	平7. 6.30	平7. 9.23	
	ハチ高原㈱	養父市大久保字横角1584	濱 宣義	ハチ高原スキー場（高丸ペア）	764	昭46. 7.11	昭46.12.29	
	〃	〃	〃	〃（大久保第1）	227	平2.10.23	平2.12.26	
	〃	〃	〃	〃（大久保第2）	214	昭38. 9.19	昭39. 1. 2	
	〃	〃	〃	〃（ダウンヒルペア）	1,241	48. 7.26	48.12.22	
	〃	〃	〃	〃（千石平トリプル）	403	平8. 9.24	平8.12.24	
	〃	〃	〃	〃（ハチハイランドA線）	372	昭57.10.19	昭58. 1. 4	休止中
	〃	〃	〃	〃（ハチハイランドB線）	372	〃	〃	
	㈱ユースランド	美方郡香美町村岡区中大谷701	今岡 秀毅	ハイパーボウル東鉢（かつら第1ペア）	879	平3.11.11	平3.12.21	
	〃	〃	〃	〃（〃第2ペア）	470	昭47.10.30	昭47.12.24	
	〃	〃	〃	〃（〃第3ペア）	530	56.10.22	56.12.26	
	〃	〃	〃	〃（〃第4ペア）	819	59.11.30	59.12.30	
	道合観光㈱	宍粟市波賀町道合21-2	若山 雅紀	新戸倉スキー場（第3ペアA線）	356	平6.10.11	平6.12.21	
	〃	〃	〃	〃（第3ペアB線）	356	〃	〃	休止中
	〃	〃	〃	〃（第4）	339	昭57.10.12	昭57.12.28	
	〃	〃	〃	〃（第5ペア）	318	61.10.28	61.12.21	
	〃	〃	〃	〃（第6クワッド）	688	62.10.30	62.12.23	
	㈱マックアース	養父市丹戸896-2	一ノ本 達己	ばんしゅう戸倉スノーパーク（高丸トリプル）	486	平8. 7.23	平8.12.20	
	〃	〃	〃	〃（みはらしペア）	302	6. 8. 3	6.12.16	
畿	㈱ユースランド	美方郡香美町村岡区中大谷701	今岡 秀毅	スカイバレイスキー場（戸倉振子沢第1ペア）	349	昭43. 9.17	昭44. 1. 4	
	〃	〃	〃	〃（登行ペアパラレルA線）	640	平3.10. 2	平3.12.25	
	〃	〃	〃	〃（B線）	640	〃	〃	

特殊索道 (その37)

局別	府県	事業者名	本社又は事務所	代表者	区間	キロ程 (米)	動力	許可年月日	運輸開始年月日	備考	参考
近畿	兵庫	㈱ユニースランド	美方郡香美町村岡区中大谷701	今岡 秀毅	スカイバレイスキー場（ペアトリプル）	681	電気	平3.11.3	平3.12.25		
〃	〃	〃	〃	〃	（ラビットペア）	420	〃	3.10.2	8.12.21		
〃	〃	〃	〃	〃	（山頂ペア）	850	〃	8.9.24			
〃	〃	㈱MEリゾート但馬	養父市丹戸896-2	一ノ本 智毅	おじろスキー場（小代第1）	382	〃	昭56.10.22	昭56.12.24		
〃	〃	〃	〃	〃	（〃 第2ペア）	614	〃	58.9.19	58.12.24		
〃	〃	〃	〃	〃	（〃 第4ペア）	589	〃	平3.11.18	平3.12.21		
〃	〃	若杉高原開発企業組合	養父市大屋町若杉字奥山99-2	辻 隆	若杉高原大屋スキー場（藤無第1号）	370	〃	昭58.9.19	昭58.12.24		
〃	〃	〃	〃	〃	（藤無第3号ファミリー）	214	〃	63.11.11	63.12.24		
〃	〃	〃	〃	〃	（〃 2号ファミリー）	384	〃	59.10.20	59.12.28		
〃	〃	㈱MEリゾート但馬	養父市丹戸896-2	一ノ本 智毅	氷ノ山国際スキー場（旧ビギナー）	351	〃	59.8.1	〃	休止中	
〃	〃	〃	〃	〃	（パノラマ）	822	〃	〃	〃		
〃	〃	〃	〃	〃	（ロマンス）	638	〃	〃	〃		
〃	〃	〃	〃	〃	（チャレンジ）	427	〃	〃	〃		
〃	〃	〃	〃	〃	（新ビギナー）	394	〃	平10.9.7	平10.12.26		
〃	〃	〃	〃	〃	（ファミリー）	347	〃	27.7.31	28.1.22		
〃	〃	六甲山観光㈱	神戸市灘区六甲山町一ヶ谷1-32	宮西 幸治	六甲山スノーパーク（第1A線）	187	〃	昭38.9.10	昭39.1.22		
〃	〃	〃	〃	〃	（第1B線）	187	〃	43.10.1	43.12.31		
〃	〃	〃	〃	〃	（第2）	138	〃	40.6.25	40.8.8		
〃	〃	〃	〃	〃	六甲山カンツリーハウス（展望台連絡）	130	〃	58.10.31	59.1.27		
〃	〃	西日本リゾート観光㈱	美方郡香美町小代区新屋1024	石田 信之	ミカタスノーパーク（奥ハチ第1）	330	〃	63.11.21	63.12.28		
〃	〃	〃	〃	〃	（第2ロマンス）	704	〃	平10.12.4	平10.12.20		
〃	〃	〃	〃	〃	（第3ロマンス）	331	〃	〃	〃		
〃	〃	〃	〃	〃	（第5ロマンス）	513	〃	〃	〃		
〃	〃	ちくさ高原開発企業組合	宍粟市千種町西河内1047-218	一ノ本 達己	ちくさ高原ネイチャーランド（第1ペア）	593	〃	昭61.5.1	昭61.12.25		
〃	〃	〃	〃	〃	（第2ペア）	761	〃	〃	〃		

地方	会社名	所在地	代表者	索道名					備考
近畿	〃	〃	〃	（第3ペア）	560	〃	平1.11.28	平1.12.31	
	〃	〃	〃	（第4ペア）	487	〃	8.10.28	8.12.20	休止中
	㈱マックアース	養父市丹戸896-2	一ノ本達己	峰山高原スキー場（第2ペア）	757	〃	29.5.19	29.12.16	
	〃	〃	〃	（第1トリプル）	701	〃	29.8.23	〃	
中	広島	道後山観光㈱	庄原市西城町三坂73	今田　實	道後山スキー場（ロマンス）	1,088	〃	平7.10.27	平7.12.25	
	〃	〃	〃	（月見ケ丘ロマンス）	360	〃	昭45.10.9	昭45.12.29	
	〃	㈱恐羅漢	山県郡安芸太田町大字横川740-1	川本泰生	恐羅漢スノーパーク（第1A線）	644	〃	57.6.22	57.12.19	
	〃	〃	〃	（第1B線）	637	〃	42.9.5	42.12.24	
	〃	〃	〃	（第2）	404	〃	45.9.9	45.12.30	
	〃	〃	〃	（第3トリプル）	399	〃	57.6.22	57.12.18	
	〃	〃	〃	（カヤバタA）	794	〃	62.7.14	62.12.14	
	〃	〃	〃	（　〃　B）	366	〃	63.9.1	63.12.10	
	〃	〃	〃	（第1ペアA）	524	〃	平4.9.28	平4.12.15	
	〃	〃	〃	（第1ペアB）	512	〃	〃	〃	休止中
	〃	〃	〃	（第2ペア）	812	〃	9.10.28	9.12.13	〃
	〃	〃	〃	（第3ペア）	782	〃	〃	〃	
	〃	大朝観光開発㈱	山県郡北広島町大朝2461	古本弘子	蟹曳山スキー場（第1）	463	〃	4.12.10	4.12.21	
	〃	〃	〃	（第2）	404	〃	〃	〃	休止中
	〃	㈱マックアース	兵庫県養父市丹戸896-2	一ノ本達己	芸北国際スキー場（トリプルA線）	467	〃	4.10.29	4.12.26	
	〃	〃	〃	（トリプルB線）	467	〃	〃	〃	
	〃	〃	〃	（国際エクスプレス）	730	〃	9.10.30	9.12.6	
	〃	〃	〃	おーひら（第1）	904	〃	昭60.8.13	昭60.12.21	
	〃	〃	〃	（エクスプレス）	1,631	〃	平9.11.25	平9.12.13	
国	〃	〃	〃	ユートピアサイオト（第1）	291	〃	昭61.9.16	昭61.12.25	
	〃	〃	〃	（第2）	633	〃	〃	〃	
	〃	〃	〃	（第3）	685	〃	〃	〃	
	〃	〃	〃	（第4）	682	〃	〃	〃	
	〃	〃	〃	（第5）	852	〃	〃	〃	

特殊索道　(その38)

局別	府県	事業者名	本社又は事務所	代表者	区間	キロ程（米）	動力	許可年月日	運輸開始年月日	備考
中国	広島	㈱マックアース	兵庫県養父市丹戸896-2	一ノ本達己	ユートピアサイオト（第6）	274	電気	平7. 9.28	平7.12. 1	
	〃	㈱比婆の森	庄原市西城町油木156-14	小笠原洋行	県民の森スキー場（第2）	449	〃	昭62.10.12	昭63. 1.24	
	〃	〃	〃	〃	（第3）	714	〃	平2.10. 9	平2.12.27	
	〃	芸北開発㈱	山県郡安芸太田町戸河内882	久保早苗	雄鹿原（第1）	621	〃	昭56. 9.29	昭57. 1.10	
	〃	〃	〃	〃	（第2）	317	〃	〃	〃	
	〃	松原観光㈱	山県郡安芸太田町松原135-1	加川征司	ホワイトバレー松原（第1ペア）	259	〃	60. 9.26	60.12.25	
	〃	〃	〃	〃	（第2ペア）	573	〃			休止中
	〃	㈱BTM	庄原市西城町三坂5190-50	山口和男	ドルフィンバレイ（第1）	742	〃	62.12. 2	62.12.27	〃
	〃	〃	〃	〃	（第2）	721	〃			〃
	〃	〃	〃	〃	（第3）	750	〃			〃
	〃	〃	〃	〃	（第4）	566	〃			〃
	〃	〃	〃	〃	（第5）	290	〃			
	〃	〃	〃	〃	スノーリゾート猫山（第1ペア）	523	〃	平4.12.10	平4.12.23	
	〃	〃	〃	〃	（第2ペア）	643	〃	昭63.11. 2	昭63.12.18	
	〃	〃	〃	〃	（第3ペア）	836	〃	63. 9. 1	〃	
	〃	〃	〃	〃	（第4ペア）	293	〃	〃	〃	
	〃	㈱エス・ティー・ユー	広島市安佐南区安東7丁目14-1	田辺俊則	やわたハイランド191（第1）	331	〃	平8.12.20	平9. 1.14	
	〃	〃	〃	〃	（第2）	747	〃	昭63. 9. 1	昭63.12.21	
	〃	〃	〃	〃	（第3）	746	〃	〃	〃	
	〃	〃	〃	〃	（第4）	340	〃	〃	〃	
	〃	㈱広島リゾート	廿日市市栗栖508	中本雅生	女鹿平（第1）	655	〃	平4.12. 1	平5. 1.17	
	〃	〃	〃	〃	（第2）	451	〃	10.10.21	11. 1. 9	
	〃	〃	〃	〃	（第4）	177	〃	11.11.22	11.12. 4	
	〃	〃	〃	〃	（第5）	597	〃	16. 9. 1	16.11.12	
	〃	〃	〃	〃	（第6クワッド）	1,000	〃	16.10.22	16.12.17	

		事業者	所在地	代表者	名称	人員		設置	検査	備考
中国	岡山	（一財）休暇村協会	東京都台東区東上野5丁目1-5		大佐山スキー場（第1ロマンス）	390	〃	昭49. 9. 9	昭49.12.26	
					〃 （第2ペア）	381	〃	61. 9.10	61.12.27	
					〃 （第3ペア）	368	〃	60. 9.14	60.12.21	
					〃 （第4ペア）	375	〃	〃	〃	休止中
					〃 （第7）	654	〃	平 3.10. 4	平 3.12.24	
					〃 （第8）	654	〃	昭52.11.24	昭53. 1.19	
					〃 （第9ペア）	639	〃	平 2. 7. 2	平 3.12.24	
		㈱おおくらグリーンリゾート	英田郡西粟倉村影石418	河本 利夫	上斎原スキー場（ペア）	569	〃	平 8.10.14	平 8.12.10	
		（一財）上斎原振興公社	苫田郡鏡野町上斎原409	青木 秀樹	大茅スキー場（第2ペア）	291	〃	昭62. 8.21	昭63. 1.10	
				山崎 親男	レイクサイドスキー場（第1ペア）	358	〃	平 7.10.12	平 7.12.23	
					（第2ペア）	409	〃	昭62.10.13	昭62.12. 6	
					パノラマ（第1ペア）	381	〃	平 1.10. 5	平 1.12.31	
					（第2ペア）	596	〃	〃	〃	
					（第3ペア）	227	〃	〃	〃	
					レイクサイド（第1ペア）	358	〃	平 7.10.12	平 7.12.23	
					（第2ペア）	409	〃	昭62.10.13	昭62.12. 6	
		㈱アストピア蒜山	真庭市蒜山上長田2300-1	小谷 敏樹	津黒高原スキー場（ペア）	362	〃	平 9.11.27	平10. 1. 7	
		㈱グリーンピア蒜山	真庭市蒜山上徳山1380-6	芦立 紘一	ひるぜんベアバレースキー場（第1ペア）	555	〃	9.11.28	9.12.24	
					（第2ペア）	354	〃	27. 8.31	27.12.10	
		㈱いぶき	新見市上市699-1	石田 尭庸	いぶき（第1トリプル）	404	〃	15.10.24	15.11.29	
					（第2ペア）	207	〃	〃	〃	
					（第3ペア）	602	〃	〃	〃	
	鳥取	㈱だいせんリゾート	西伯郡大山町大山136-2	澤 志郎	だいせんホワイトリゾート（U1号リフトA線）	508	〃	平25. 9.24	平25.12.27	
					（U1号リフトB線）	508	〃	〃	25.12.22	休止中
					（U2号リフト）	747	〃	9. 6. 9	10. 1. 2	
					（G1号リフト）	513	〃	昭63. 9. 1	昭63.12.11	
					（G2号リフト）	540	〃	平11.12. 8	平11.12.23	
					（アクセスリフトA線）	147	〃	昭57. 7.12	昭57.12.19	
					（アクセスリフトB線）	144	〃	平11.12. 8	平11.12.23	

特殊索道 (その39)

局別	府県	事業者名	本社又は事務所	代表者	区　間	キロ程(米)	動力	許可年月日	運輸開始年月日	備考
中国	鳥取	エムイ開発㈱	西伯郡伯耆町大内桝水高原1069-50	河上貴一	桝水高原(第1)	285	電気	昭60.11.6	昭60.12.28	
		〃	〃	〃	(第2)	558	〃	平5.9.1	〃	
		〃	〃	〃	(第3)	499	〃	〃	平5.12.23	休止中
		(一財)休暇村協会	東京都台東区東上野5丁目1-5	河本利夫	鏡ヶ成スキー場(擬宝珠山第1)	200	〃	昭59.9.7	昭59.12.16	
		〃	〃	〃	(擬宝珠山第2)	350	〃	平2.10.11	平2.12.24	休止中
		花見山観光㈱	日野郡日南町神戸上3084-10	松原保昭	花見山スキー場(第3ペア)	833	〃	昭61.9.16	昭61.12.20	
		〃	〃	〃	(第4ペア)	240	〃	平4.11.19	平4.12.12	
		鳥取砂丘大山観光㈱	鳥取市福部町湯山2083	澤志郎	鳥取砂丘観光リフト	225	〃	昭37.11.10	昭38.7.29	
		〃	〃	〃	だいせんホワイトリゾート(K1号リフトA線)	392	〃	昭45.7.20	昭45.12.26	
		〃	〃	〃	(K1号リフトB線)	394	〃	51.4.28	51.12.19	
		〃	〃	〃	(K2号リフト)	570	〃	平3.8.21	平3.12.20	
		〃	〃	〃	(K3号リフト)	880	〃	〃	〃	
		〃	〃	〃	(K4号リフト)	906	〃	平29.8.25		
		〃	〃	〃	(K5号リフト)	547	〃	昭45.7.20	昭45.12.26	
		江府町	日野郡江府町江尾475	白石祐治	奥大山(第1)	385	〃	57.9.2	58.1.3	
		〃	〃	〃	(第2)	479	〃	〃	〃	
		(一財)若桜町観光開発事業団	八頭郡若桜町つく米635-13	木島儀弘	若桜(第1ペア)	457	〃	63.9.1	63.12.18	
		〃	〃	〃	(第2ペア)	824	〃	平1.10.16	平1.12.17	
		〃	〃	〃	(第3)	476	〃	〃	〃	
		〃	〃	〃	氷の山(いぬわし第1リフト)	545	〃	昭60.8.23	昭60.12.15	
		〃	〃	〃	(〃 第2リフト)	545	〃	〃	〃	休止中
		若桜観光㈱	八頭郡若桜町つく米631-13	山根政彦	氷ノ山スキー場	418	〃	46.10.21	46.12.20	
国	島根	さんべ観光㈱	大田市三瓶町志学ロ1640-2	水口郷	三瓶山(ロマンス)	856	〃	平3.10.4	平3.12.26	
		〃	〃	〃	(第2ロマンス)	507	〃	7.10.12	7.12.16	休止中
		〃	〃	〃	(第3)	306	〃	昭56.10.26	昭56.12.28	〃

地方	府県	事業者	所在地	名称	代表者	亘長	単位	年月日①	年月日②	備考
中国	〃	奥出雲町	仁多郡奥出雲町三成358-1	三井野原スキー場（第1）	勝田　康則	283	〃	45. 9. 9	46. 1. 5	休止中
〃	〃	〃	〃	（第2）	〃	279	〃	平3.10. 4	平3.12.30	
〃	〃	〃	〃	（第4）	〃	318	〃	昭62.10. 2	昭63. 1.24	
〃	〃	津和野町	鹿足郡津和野町日原54-25	津和野三本松城跡	下森　博之	333	〃	46. 5. 4	46. 9.22	
〃	〃	瑞穂リゾート㈱	広島市西区南観音7丁目16-15	阿佐山（第1）	石井　寿夫	898	〃	平2.10. 9	平2.12.23	
〃	〃	〃	〃	（第2）	〃	783	〃	9.11.25	10. 1. 7	
〃	〃	〃	〃	（第3）	〃	1,501	〃	昭63.11.17	1. 2. 4	
〃	〃	〃	〃	（第4）	〃	356	〃	平1.10.12	2. 1. 6	
〃	〃	〃	〃	（第5）	〃	582	〃	2.10. 9	2.12.19	
〃	〃	〃	〃	（第6）	〃	995	〃	4. 3.11	5. 1.18	
〃	〃	飯南町	飯石郡飯南町下赤名890	赤名（ロマンス）	山崎　英樹	421	〃	昭63. 9. 5	1. 1.28	休止中
〃	〃	㈱飯南トータルサポート	飯石郡飯南町上赤名38-2	琴引（第1）	後藤　浩二	303	〃	平1.10.12	平3.12.21	
〃	〃	〃	〃	（第2）	〃	720	〃	〃	3.12.30	
〃	〃	〃	〃	（第3）	〃	673	〃	〃	〃	
〃	〃	㈱ユートピア・マウンテンリゾート	浜田市旭町市木7600	第1ロマンス	田中　章生	940	〃	3. 3.27	7. 1. 2	
〃	〃	〃	〃	第2トリプル	〃	602	〃	〃		
〃	〃	〃	〃	第3ロマンス	〃	1,013	〃	〃		
〃	〃	〃	〃	第4シングル	〃	658	〃	3. 3.27	7. 2. 4	
〃	山口	㈱願成就	山口市阿東徳佐上2-95	十種ヶ峰（第1ペア）	金子　順一	469	〃	昭62. 9. 7	昭63. 2.11	
四国	徳島	つるぎ町	美馬郡つるぎ町貞光字東浦1-3	剣山（徳島県美馬郡つるぎ町一宇字桑平）	兼西　茂	386	〃	平5. 7.19	平6. 1.16	休止中
〃	〃	石鎚登山ロープウェイ㈱	西条市西之川下谷甲81	腕山（第1トリプル）	伊藤　和豊	400	〃	8.12.13	9.12. 6	
〃	〃	〃	〃	（第2ペアリフト）	〃	291	〃	13. 8. 7	13.11.23	
〃	香川	剣山観光登山リフト㈱	美馬郡つるぎ町貞光字西山35-1	剣山見の越〜同西島	郡　敬	823	〃	昭44. 7. 9	昭45. 9. 6	
〃	〃	宗教法人津峯神社	阿南市津乃峰町東分343	陳ヶ丸〜津峯神社	林　明典	164	〃	43. 5.15	44.10.10	
〃	〃	四国ケーブル㈱	観音寺市大野原町丸井字西開合 1974-57	スノーパーク雲辺寺トリプルリフト	赤川　正満	244	〃	平13. 9.14	平13.12.15	
〃	愛媛	ソルファオダ㈱	喜多郡内子町小田447	小田深山（第2）	田中　年満	350	〃	1. 8. 7	1.12. 1	
〃	〃	〃	〃	（第3）	〃	960	〃	15. 9.18	15.12.20	
〃	〃	石鎚登山ロープウェイ㈱	西条市西之川下谷甲81	石鎚スキー場（第1）	伊藤　和豊	504	〃	昭60. 4.17	昭60.12.24	

特殊索道

(その40)

局別	府県	事業者名	本社又は事務所	代表者	区間	キロ程 米	動力	許可年月日	運輸開始年月日	備考
四国	愛媛	石鎚登山ロープウェイ㈱	西条市西之川下谷甲81	伊藤 和豊	石鎚スキー場（第3ペア）	303	電気	昭60.4.17	昭60.12.24	
〃	〃	〃	〃	〃	〃（第4ペア）	144	〃	平11.10.28	平11.12.20	
〃	〃	〃	〃	〃	〃（第6ペア）	170	〃	12.8.10	12.12.1	
〃	〃	㈱久万高原開発	上浮穴郡久万高原町東明神乙754-60	宇都宮 正直	久万スキーランド（第1トリプル）	344	〃	昭60.9.3	昭60.12.24	
〃	〃	〃	〃	〃	（第2トリプル）	344	〃	62.11.19	62.12.24	
国	〃	松山市	松山市二番町4丁目7-2	野志 克仁	東雲口〜長者ケ平	348	〃	41.2.8	41.7.13	
九州	福岡	飯塚市	飯塚市新立岩5-5	齊藤 守史	茜屋野外活動センターリフト	275	〃	平1.6.9	平2.8.10	
〃	佐賀	㈱天山リゾート	佐賀市富士町大字市川2338-6	佐々木 峻	天山スキー場（第1リフト）	570	〃	14.11.5	14.11.15	
〃	〃	〃	〃	〃	（第2リフト）	913	〃	〃	〃	休止中
〃	長崎	諫早市	諫早市東小路町7-1	宮本 明雄	いこいの森たかきリフト	312	〃	5.6.29	5.10.1	
〃	熊本	西日本メンテナンス㈱	大牟田市山の上町2-2	清水 進	グリーンランドリフト	155	〃	昭42.11.8	昭43.4.28	
〃	〃	芦北町	葦北郡芦北町大字芦北2015	竹崎 一成	芦北海浜総合公園ペアリフト	277	〃	平11.12.21	平12.7.9	
〃	〃	大和索道㈱	玉名郡南関町豊永5703	住友 誠之助	グリーンピア シン綿引登降リフト	280	〃	12.7.7	12.8.10	
〃	大分	耶馬渓リフト㈱	中津市本耶馬渓町跡田1441	赤岩 英雄	耶馬渓羅漢寺リフト	432	〃	昭42.10.2	昭44.4.19	
〃	〃	九重森林公園㈱	玖珠郡九重町大字湯坪612-1	安部 武己	九重森林公園第1リフト	490	〃	平8.7.30	平8.12.20	
〃	〃	〃	〃	〃	第2リフト	319	〃	〃	〃	
〃	〃	〃	〃	〃	第3リフト	396	〃	17.10.12	17.12.16	
〃	宮崎	国富町	東諸県郡国富町大字本庄4800	中別府 敏	法華嶽リフト	376	〃	5.3.31	5.7.18	
〃	〃	五ヶ瀬町	西臼杵郡五ヶ瀬町三ケ所1670	原田 俊平	向坂山第1リフト	910	〃	1.9.1	3.10.15	
〃	〃	〃	〃	〃	第2リフト	604	〃	〃	2.12.21	
〃	〃	〃	〃	〃	第3リフト	312	〃	3.10.2	4.8.9	
〃	〃	都城市	都城市姫城町6街区21号	池田 宜永	観音池公園リフト	368	〃	7.12.26	12.6.8	
〃	〃	㈱まほろばの里	霧島市牧園町高千穂3040	小牟禮 康成	まほろばの里リフト	99	〃	1.6.22	1.7.29	
〃	鹿児島	霧島神話の里公園㈱	霧島市霧島田口2583-22	前田 終止	神話の里公園リフト	222	〃	6.3.28	6.4.1	

沖縄	（株）南国楽園パラダイス	宮古島市上間字宮国784-1	三國浩紀	シギラベアリフト	283	〃	26. 8.22	27.10.17	
沖縄									

| 平成30年度　鉄道要覧 | 定価5,980円（本体5,537円） |

平成 30 年 9 月 30 日　発行

監修者　国土交通省鉄道局

編集兼
発行人　今　津　直　久

印刷所　奥村印刷株式会社

発行所　　株式
　　　　　会社　電気車研究会・鉄道図書刊行会

〒101-0052　東京都千代田区神田小川町3-8
電話03（3294）5221（代）　　振替口座　00170-6-44256

乱丁・落丁はお取替え致します．©2018　Printed in Japan
ISBN978-4-88548-131-4 C3002

川崎重工業株式会社

代表取締役社長　金 花 芳 則

東京本社 営 業 部	〒105-8315 電話	東京都港区海岸1−14−5 （03）3435-2569
兵庫工場 営 業 部	〒652-0884 電話	兵庫県神戸市兵庫区和田山通2−1−18 （078）682-3132

鉄道写真記録集　鉄道青春時代

久保 敏・小山政明 編

1960〜1970年代を中心に、バラエティに富んだ国鉄車両が行き交う魅力的な鉄道シーンを紙上に再現する鉄道写真集、「鉄道青春時代」。特急列車や客車列車が行き交う国鉄の幹線を取り上げたシリーズに加え、新しく旧形国電そのものに焦点を当てた国電シリーズもラインナップ。懐かしい「あの頃」の風景、車両をお楽しみ下さい。

中央線　定価2,263円（本体2,095円）
日本有数の通勤路線である近郊区間から緑豊かな山岳線まで、多彩な表情を見せる中央線のありし日の姿を紹介。

東海道線　定価2,571円（本体2,381円）
キハ81やEF57形、交流・交直流電機や電車、交流電化試作車両群、沿線私鉄など新旧のバラエティ豊かな車両を紹介。

東北・常磐線　定価2,365円（本体2,190円）
日本有数の通勤路線である近郊区間から緑豊かな山岳線まで、多彩な表情を見せる中央線のありし日の姿を紹介。

鉄道ピクトリアル 2011年2月号別冊 国電（Ⅰ）　定価2,365円（本体2,190円）
首都圏での17m旧形国電の姿から、地方の旧形国電運用線区で活躍するモハ73系、また事業用電車など多彩な車両を収録。

鉄道ピクトリアル 2011年6月号別冊 国電（Ⅱ）　定価2,365円（本体2,190円）
「流電」モハ52の誕生とその生涯をはじめ、飯田、阪和、福塩、宇部・小野田など各線での戦前形旧形国電の姿を紹介。

鉄道ピクトリアル 2011年8月号別冊 国電（Ⅲ）　定価2,365円（本体2,190円）
各地の私鉄で晩年を過ごした戦前製旧形国電と戦災復旧車、木造国電と鋼体化改造車、社形国電（私鉄買収車）、私鉄のモハ63系などを収録。

大光電気株式会社

本　　　社　〒581-0056　大阪府八尾市南太子堂1丁目1番53号
　　　　　　　TEL.(072)994-3251　JR電話 074-4257　FAX.(072)991-0096
東京営業所　〒110-0015　東京都台東区東上野3丁目14番12号(辻井ビル2F)
　　　　　　　TEL.(03)3832-6408　JR電話 054-3432　FAX.(03)3832-6409

■鉄道車両用品：車掌スイッチ／戸じめスイッチ／半自動ドアスイッチ／ツナギ箱
　　　　　　　　各種スイッチ／LED表示灯／車両電気機器等の設計・製造・販売

IKKI 日本軌道工業株式会社

代表取締役社長　長藤　敬晴

〈営業品目〉
日軌式連接軌道工事
総研型踏切舗装版
日軌式各種レール締結装置
日軌式コンクリートマクラギ(PC及RC)
日軌式連接横断排水溝
日軌式クレーン走行路直結装置
新交通システム特殊軌道設計施工
荷役設備構内軌道設計施工

本　　　社	〒151-0053	東京都渋谷区代々木3丁目25番3号	
	NTT☎03-5358-4631	JR☎058-4509	
	FAX☎03-5358-4638	JRFAX☎058-4540	
札幌営業所	NTT☎011-671-1113	JR☎021-2257	
仙台営業所	NTT☎022-246-5658	JR☎031-3778	
東京営業所	NTT☎03-5358-4639	JR☎058-4508	
名古屋営業所	NTT☎052-452-2838	JR☎061-3884	
大阪営業所	NTT☎06-6779-5660	JR☎074-2892	
金沢事務所	NTT☎076-222-1390	JR☎065-2877	
四国事務所	NTT☎087-822-5317	JR☎086-2657	
九州営業所	NTT☎093-551-3116		
利根工場	NTT☎0280-48-0733